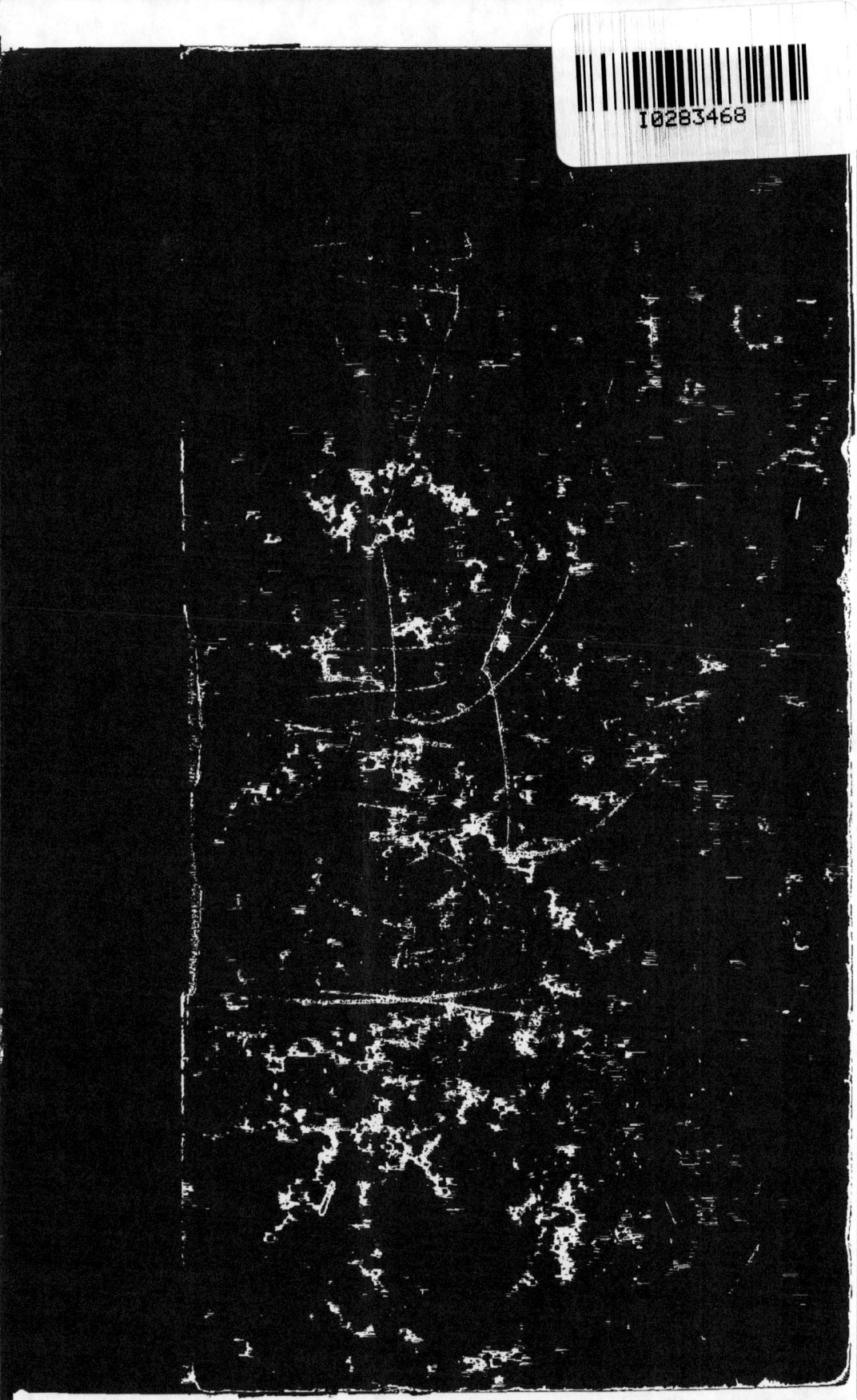

1957

REIMS EN 1814

PENDANT L'INVASION

L'auteur et les éditeurs déclarent réserver leurs droits de reproduction et de traduction en France et dans tous les pays étrangers, y compris la Suède et la Norvège.

Ce volume a été déposé au ministère de l'intérieur (section de la librairie) en mai 1902.

DU MÊME AUTEUR

Vers l'Occident. *Nord du Maroc, Andalousie, Lisbonne.* — (Librairie Plon, 1899.)

A. DRY

REIMS EN 1814
PENDANT L'INVASION

Ouvrage accompagné de vingt gravures hors texte
ET DE TROIS CARTES

PRÉFACE
DE
M. HENRY HOUSSAYE
DE L'ACADÉMIE FRANÇAISE

PARIS
LIBRAIRIE PLON
PLON-NOURRIT ET Cie, IMPRIMEURS-ÉDITEURS
8, RUE GARANCIÈRE — 6^e

1902
Tous droits réservés

 A LA MÉMOIRE

DES OFFICIERS ET SOLDATS FRANÇAIS

ET DE TOUS LES VAILLANTS

QUI EN 1814

A REIMS ET PRÈS DE REIMS

SONT MORTS

EN DÉFENDANT LA PATRIE

AVERTISSEMENT

Le titre même de cette étude indique clairement les limites que j'ai voulu lui donner. Il ne s'agit pas de refaire, une fois de plus, un récit complet de la guerre de 1814. L'immortelle campagne est connue, et ses grandes lignes, à plusieurs reprises, ont été magistralement fixées par les historiens.

Mais, à côté des faits d'ordre général, il peut paraître curieux de raconter avec quelques détails les événements mémorables dont certaines régions envahies ont été le théâtre à cette époque.

Or, Reims a vécu un coin du drame. La ville a été trois fois prise par les Russes, le 6 février, le 12 mars, le 19 mars ; deux fois reprise par les Français, le 5 et le 13 mars. Elle a subi des assauts, a été bombardée, pillée, incendiée, dévastée. Elle a vu passer dans l'espace de deux mois Winzingerode, Saint-Priest, Langeron, Sacken, Yorck, Blücher et les maréchaux Kellermann, Ney, Berthier, Marmont, Mac-Donald, Lefebvre, Mortier. Elle a acclamé Napoléon. Près d'elle se sont déroulées des opérations importantes, et des faits dignes d'intérêt ont eu ses vieilles murailles pour témoins.

C'est donc simplement une sorte d'histoire de la cité et de la région pendant les mois de l'invasion que j'ai tenté d'écrire ici. Pour ne pas dépasser mon cadre je me suis borné à raconter les combats sous Reims et près de Reims. Mais, afin de relier entre elles les opérations successives en pays rémois, j'ai cherché à tenir le lecteur chronologiquement au courant des principales étapes des armées.

Si je me suis décidé à entreprendre ce long travail, c'est que, pour cette grande ville, personne — je le crois du moins — ne l'avait encore tenté. C'est aussi parce que, les hasards de la vie m'ayant conduit à Reims l'année dernière, j'ai été de suite frappé de voir le peu de place que tiennent les souvenirs de l'Invasion dans la tradition locale.

La splendeur des églises, les pompes royales des sacres ont assuré la gloire de Reims dans le passé. Aujourd'hui, la ville doit sa célébrité à ses vins et à ses laines. Elle est fière à juste titre de son antique renommée, plus orgueilleuse encore de ses industries et de ses richesses actuelles, et les noms mêmes de ses rues reflètent son double état d'âme. Saint Rémi, l'évêque Hincmar, Gerbert et Urbain qui furent papes aux dixième et onzième siècles, les chanoines Flodoard, Maucroix et Anquetil, le cardinal de Lorraine, les bénédictins Mabillon et Marlot, les archevêques Lenoncourt et de Talleyrand-Périgord ont donné leur nom à des rues ou à des boulevards. De même, les grands négociants et manufacturiers du dix-neuvième siècle, — dont plusieurs d'ailleurs furent les administrateurs ou les bienfaiteurs de la ville, — Ponsardin, Andrieux, Rogelet, Marteau, Willeminot, Heidsieck,

Rœderer, Lundy, Pierrard, Werlé, Pommery, Ruinart de Brimont, Savoye, Croutelle, David, Jobert, Dérodé, Gilbert, Camu-Didier, Saint-Marceaux, Piper, etc., ont aussi leurs noms inscrits sur les murs de la cité.

Mais rien, absolument rien, ni sur les places publiques de Reims, ni dans les faubourgs qui furent des champs de bataille, ni dans la région rémoise, ne rappelle les rudes combats de 1814. Rien ne parle aux Rémois du vingtième siècle de ceux qui, voilà cent ans, sont morts ici pour la France envahie. Aucun souvenir n'a été gardé de la belle défense de Corbineau, de la charge superbe et folle des gardes d'honneur à la porte de Paris, de l'ardent dévouement de la vieille garde, de l'héroïsme des « Maries-Louises » du 6ᵉ corps. Rien, pas même une humble plaque, ne signale au passant la maison historique de la rue de Vesle où dans la nuit du 13 au 14 mars, après toute une journée de lutte glorieuse, l'empereur vainqueur des Alliés descendit triomphalement aux acclamations du peuple !

Il m'a paru bon de chercher à combler ces lacunes. A l'heure où, plus que jamais, après trente années de paix, nous devons garder nos traditions de vaillance et exalter nos gloires militaires, — à l'heure où à Waterloo même, grâce à l'initiative généreuse de la « Sabretache », un aigle gigantesque, aux ailes meurtries, mais vivant encore et luttant toujours, va s'élever dans les plaines de Belgique, sublime monument de pitié et d'espérance, — j'ai voulu, dans la modeste sphère où il m'a plu de me confiner, parler de la terrible invasion et, — sans cacher les défaillances individuelles, inévitables compagnes du malheur, — signaler une fois de plus les vaillantes actions accomplies sur cette terre de Champagne rémoise.

C'est là surtout le but de ce livre. J'espère l'avoir fait impartial mais « impartialité n'est pas indifférence (1) », et, je tiens à l'avouer franchement dès ces premières pages, certes je ne suis pas resté indifférent !

Dans la lutte géante entreprise, il y avait d'une part l'empereur, l'armée, les paysans, les ouvriers, presque toute la France nouvelle. De l'autre, se trouvaient les Alliés et aussi, hélas ! quelques mauvais Français de certaines classes qui consciemment marchèrent avec les ennemis, se réjouirent de leurs succès, applaudirent à nos désastres. Tous ceux-là ne seront jamais assez flétris !

En jugeant sur leurs actes les hommes de 1814, je n'ai pas voulu faire de politique rétrospective. Si j'ai suivi avec émotion et sympathie la fortune de l'empereur, c'est qu'il a personnifié l'âme même du pays aux heures tragiques et douloureuses, qu'il tenait en main le drapeau, que ses victoires et ses défaites furent celles de la grande nation. Et ce n'est pas, je pense, pour un Français, faire de la politique, que d'être avec ceux qui, pendant l'invasion, ont défendu le sol de la Patrie.

A. D.

---

(1) HENRY HOUSSAYE, préface de « 1814 ».

PRÉFACE

Un membre de la *Sabretache* vient habiter Reims. Il sait qu'en 1814 Reims a été pris trois fois par les Alliés et repris deux fois par les Français, et que le 13 mars Napoléon y a gagné une bataille importante. Il traverse souvent le faubourg de Vesles, où le général de Ségur, avec un seul escadron de gardes d'honneur, enleva une batterie, culbuta un carré et refoula huit cents cavaliers russes. Il va de temps en temps, dans ses promenades à cheval, jusqu'au village de Thillois, où, surpris au lit, en pleine nuit, par un parti de lanciers français, les landwehrs de Jagow combattirent nu-pieds et en chemise. Il habite non loin de la maison Ponsardin, où l'empereur logea du 13 au 17 mars et où il réprimanda Marmont pour l'impardonnable négligence qui avait causé le désastre d'Athies. Il longe parfois le mur du cimetière de Mars, contre lequel le chevalier de Rougeville (le Maison-Rouge sans peur et sans reproche d'Alexandre Dumas), condamné à mort pour avoir guidé volontairement des reconnaissances ennemies, fut fusillé dans la soirée du 10 mars.

Ces sites, ces routes, ces vieilles murailles évoquent sans cesse aux yeux de M. A. Dry les personnages et les scènes de la campagne de 1814. Il ne les voit plus dans la poussière des livres; ils lui apparaissent avec le relief, la couleur, le mouvement de la vie. Il lui semble qu'il a approché ces hommes et assisté à ces spectacles. Pour soi-même, et, accessoirement, pour les autres, il veut fixer et préciser ses visions. Il compulse les archives municipales, il recueille les traditions, lit les histoires générales et particulières, la Correspondance de Napoléon, les rapports des commandants de corps d'armée, les lettres des généraux ennemis, les Mémoires des hommes célèbres, les relations des inconnus. De là, le livre *Reims en* 1814.

Οὐδὲ ὁ πρῶτος, οὐδὲ ὁ ὕστερος, disaient les Grecs. M. Dry n'est ni le premier ni le dernier qui s'avise de conter la vie d'une ville française pendant l'invasion de 1814. Ces monographies sont déjà nombreuses et paraissent devoir se multiplier. Parmi les livres publiés depuis cinq ans seulement, je citerai, à la fortune de la mémoire, *Dijon en* 1814 *et en* 1815, par M. Gaffarel, doyen honoraire de la Faculté des lettres; *Autun en* 1814, par M. Charles Boël; *Compiègne en* 1814, par Pierre Lehautcourt, pseudonyme d'un militaire-écrivain du plus grand mérite. Chacun apporte sa pierre au monument. L'histoire générale est faite avec des histoires locales comme celles-ci.

Au reste, le livre très travaillé, bien documenté, tout à fait intéressant, de M. Dry est un peu plus que de l'histoire locale. A Dijon, à Autun, à Compiègne, il ne s'est passé aucun événement qui pût influer sur la marche générale des opérations. La victoire de Reims eut, au contraire, des conséquences militaires importantes; elle en aurait eu de capitales si l'empereur avait arrêté ses résolutions dès qu'il fut maître de cette ville.

Le 11 mars, Napoléon, après son échec devant Laon, a replié l'armée à Soissons. Il risque d'être refoulé vers Paris par Blücher, tandis que sur la haute Seine, Macdonald sera rejeté dans la même direction par Schwarzenberg. Les deux grandes armées prusso-russe et austro-russe sont en situation de marcher concentriquement sur Paris. Le 13 mars, Napoléon s'empare de Reims. Tout change. Les communications entre les deux armées ennemies sont coupées. Blücher, intimidé, immobilise ses masses autour de Laon ; Schwarzenberg, terrifié, arrête son offensive contre Macdonald. Ce répit permet à l'empereur d'agir librement, de jouer son jeu sur l'échiquier. Il va reprendre la direction virtuelle des opérations, faire la loi à l'ennemi; il exécutera l'admirable plan qu'il médite depuis quinze jours et qui consiste à se porter vers ses places de l'Est, à en rallier les garnisons, et à se rabattre ensuite sur les derrières de la grande armée austro-russe. Par malheur, il tarde deux jours à se mettre en marche. C'est seulement le 17 mars qu'il quitte Reims. Schwarzenberg a le temps de reprendre ses esprits ; il concentre ses cinq corps d'armée, il menace la marche de Napoléon. L'empereur se voit forcé, contre ses prévisions, d'accepter à Arcis-sur-Aube une bataille dont l'issue est malheureuse et dont les conséquences seront funestes. Si Napoléon était parti de Reims le 15 au lieu du 17, il serait arrivé en vue de l'Aube le 18 au lieu du 20, et, au lieu de trouver l'armée austro-russe massée derrière cette rivière, il l'eût surprise en pleine dislocation, espacée (les ordres de Schwarzenberg pour le 18 mars en témoignent) sur un immense arc de cercle dont le développement atteignait cent trente kilomètres à vol d'oiseau. L'occasion eût été trop belle pour que l'empereur ne la saisît pas. Tout en manœuvrant vers ses places, il eût renouvelé les grands coups de Champaubert, de Montmirail et de Vauchamps.

HENRY HOUSSAYE.

Paris, 4 mai 1902.

REIMS EN 1814

PENDANT L'INVASION

CHAPITRE PREMIER

REIMS AVANT L'INVASION

Situation militaire. — Reims en 1789. — Coup d'œil historique sur la Révolution, le Consulat et l'Empire. — Réceptions et fêtes. — Progrès accomplis. — Industrie et commerce en 1813.

La ville de Reims n'est pas située sur une ligne naturelle d'invasion. Alors que Laon, que Soissons sur l'Aisne, que Châlons et Épernay sur la Marne — pour parler des cités de la région, — ont, de tout temps, représenté des objectifs nécessaires, des points de passage forcés pour l'envahisseur, Reims, grâce à sa situation toute spéciale, n'a jamais été — jusqu'à la création des voies ferrées — qu'une place intermédiaire de liaison entre les lignes de l'Aisne et de la Marne.

Ville historiquement fameuse, centre important, possédant de grandes ressources, elle a dû tenter les armées ennemies; cependant, dans la longue histoire de nos invasions modernes la région rémoise n'a joué aucun rôle militaire intéressant. A peine, depuis le moyen âge, trouve-t-on à signaler le petit combat du

14 juillet 1421 livré aux portes mêmes de la ville contre les troupes du duc de Bourgogne, et la bataille de la Pompelle où le comte de Grandpré, à la tête de la milice rémoise, en 1656, repoussa les efforts de Montal, commandant de Rocroy pour les Espagnols.

Depuis cette dernière rencontre, Reims n'avait pas connu la guerre. Même en 1712 les Hollandais, lors de l'occupation de Vervins, après avoir menacé Laon et pillé Neufchâtel sur l'Aisne, se contentèrent d'envoyer vers Reims quelques partis, qui, dit un historien local, « s'avancèrent assez près de la ville et y répandirent l'alarme et la terreur. »

Si, contrairement au passé, Reims a joué en 1814 un rôle militaire important et si la ville a été trois fois prise par les Alliés, c'est qu'elle s'est trouvée, à certains moments de la campagne, entre les masses des armées ennemies. C'était donc une nécessité stratégique de l'occuper comme place de liaison. C'est pour relier l'armée du Nord que Winzingerode s'y installera dès le 16 février; c'est pour établir la communication avec l'armée de Silésie que Saint-Priest, du 7 au 12 mars, opérera contre la ville; c'est pour rejoindre Schwarzenberg que les Russes y rentreront le 19 mars. De même, c'est pour empêcher la jonction des deux principales armées alliées que Napoléon jugera nécessaire de faire occuper Reims le 5 mars par le général Corbineau et de la reprendre lui-même le 13 mars.

Mais, en somme, en 1814, l'intérêt militaire de Reims ne commence à se montrer clairement que

VUE GÉNÉRALE DE REIMS EN 1814
PRISE DE LA BUTTE SAINT-NICAISE
(D'APRÈS UNE AQUARELLE DE MAQUART, MUSÉE DE REIMS)

V. Gondeux, phot., à Reims.

lorsque les mouvements offensifs de l'envahisseur sont complètement dessinés. Ce n'est que plusieurs jours après la bataille de Rothière que les premiers cosaques se sont présentés devant Reims. Jusque-là la ville a été traversée par des troupes françaises, est anxieuse, énervée, très misérable, mais reste en dehors des grandes lignes de marche de l'ennemi.

Toute ville a sa personnalité ; pour s'intéresser à elle, il faut la connaître. Avant donc d'aborder le récit des événements de 1814, jetons un regard en arrière et voyons d'une façon générale ce qu'était Reims pendant les années qui ont précédé la campagne de France.

Son histoire, jusqu'à la fin du dix-huitième siècle, peut se résumer en quelques mots : beaucoup de gloire, peu de vitalité. Les habitants de Reims faisaient montre d'un esprit très conservateur, c'est-à-dire que, suivant le sens grammatical du mot conservateur, ils ne faisaient sous la monarchie aucune opposition au gouvernement. Ils sont d'ailleurs, aujourd'hui encore, restés sous ce rapport, essentiellement conservateurs! Mais les Rémois du siècle dernier étaient aussi très traditionnels. Ils possédaient de nombreuses coutumes locales, y tenaient beaucoup, et étaient restés très en dehors du mouvement général des esprits qui précéda la Révolution. Les discussions politiques de la Fronde au dix-septième siècle, les discussions religieuses du dix-huitième n'avaient trouvé dans Reims qu'un faible écho, bien que le jansénisme y eût recruté un assez grand nombre de partisans.

Le pays de Reims avait d'ailleurs encore en 1789 une organisation politique très ancienne et compliquée. Il formait une élection dépendante de l'intendance de Châlons et était administré, à la suite des édits de 1764 et 1765, par un lieutenant ou maire, quatre échevins, des conseillers de ville, un procureur-syndic, un receveur et un secrétaire-greffier. Le procureur-syndic était élu dans une assemblée de dix-sept notables que l'on choisissait dans le chapitre métropolitain, l'ordre ecclésiastique, les nobles et les officiers militaires, les commensaux du roi, avocats, médecins et bourgeois, les notaires, etc. Les laboureurs et artisans fournissaient deux notables, les négociants, marchands et chirurgiens réunis en fournissaient six.

Le Conseil de ville était le rouage important. Vingt-sept membres se distribuaient les charges entre eux. Ces charges consistaient à exercer la surveillance du Conseil sur les choses les plus diverses, sur les comptes, les procès, les ouvrages de maçonnerie, la charpenterie, la serrurerie et la couverture des maisons, les chaussées et pavés, la police générale, l'Université, les gens de guerre, l'achat des vins, l'achat et la distribution des chandelles, les clefs du cartulaire, la direction des promenades et l'inspection des écoles mathématiques !

En résumé, le Conseil de ville remplissait des fonctions analogues à celles d'un conseil municipal de nos jours, et l'institution n'avait rien de très archaïque, malgré les termes anciens.

A côté de ce Conseil siégeaient le lieutenant de Reims et les échevins.

En sa qualité de « chef de corps » de la ville, le lieutenant était gouverneur de Reims, colonel de la milice bourgeoise, colonel des chevaliers de l'Arquebuse. Il pouvait, avec les échevins et le Conseil de ville, faire les alignements des rues et chaussées. En sa qualité de chef militaire, il était en outre chargé de la défense de la ville, de l'entretien des remparts, de la garde des clefs, d'assembler la milice, de donner des ordres aux habitants pour ce qui concernait « le militaire » et de condamner les opposants à cent livres d'amende. Au lieutenant revenait encore l'honneur de garder les tours, l'arsenal, le magasin à poudre, l'artillerie, de nommer les sergents de ville et d'assujettir aux ordres du conseil les nobles et les roturiers. Fonctions très complètes et très compliquées en vérité que celles du lieutenant de Reims !

Enfin, au-dessus du lieutenant, on trouvait le capitaine, dont la charge, au dix-huitième siècle, était devenue presque complètement honorifique. Les fonctions de capitaine, en 1789, étaient exercées par Claude-Jean-Antoine, marquis d'Ambly, « maréchal des camps des armées du roi, commandant les troupes de Sa Majesté dans Reims. »

A côté de ce capitaine comblé d'honneurs mais d'influence très relative, le premier personnage de Reims était sans conteste l'archevêque, Mgr de Talleyrand-Périgord. Il avait été nommé au siège de saint Rémi en 1777, portait les titres de duc de Reims, premier pair de France, légat du Saint-Siège, primat de la Gaule Belgique. En dehors même de la politique, l'influence de l'archevêque avait un vaste champ d'action sur tous les établissements religieux de la ville. Pour vingt-six mille habitants en tout, Reims comptait en effet, en 1789, treize paroisses, le chapitre métropolitain, trois églises collégiales, trois abbayes et sept couvents d'hommes, deux abbayes et quatre couvents de femmes, deux commanderies, dix-huit chapelles et deux aumôneries !

Il est donc facile de se rendre compte du rôle prépondérant que jouait alors le clergé, tant séculier que régulier. Reims était une ville essentiellement religieuse où les pompes extérieures du catholicisme constituaient une partie de la vie de la cité, où l'on se complaisait dans le glorieux souvenir des sacres. Trente-six rois de France avaient reçu l'onction sainte dans les murs de Reims !

Le culte du passé, le respect des traditions tenaient la plus grande place. L'industrie était ancienne, mais stationnaire; le mouvement était presque nul dans la ville, et les Rémois, gens essentiellement tranquilles et peu frondeurs, sans aspirations définies, acquittaient régulièrement leurs impôts malgré la diversité et la mauvaise répartition des charges, ici comme ailleurs. Les finances de Reims étaient un véritable chaos depuis que la vénalité des emplois avait été admise par les successeurs du grand Colbert. Déjà le fonctionnarisme était de mode et nous n'avons rien innové sous ce rapport; pour récolter les impôts, dont beaucoup de privilégiés étaient exemptés et dont le poids retombait sur les plus pauvres, la ville entretenait en effet une nuée de fonctionnaires ! Chacune des treize paroisses, outre ses receveurs de taille, avait des collecteurs et des adjoints pour lever les contributions, et des percepteurs particuliers, dont les places, ayant des privilèges, étaient fort recherchées. Il existait également des receveurs pour les consignations, des contrôleurs des actes, des changeurs du roi, des directeurs et receveurs pour les aides, un nombreux personnel pour les tabacs, les gabelles, les bureaux de loterie et les octrois, etc.

Telle était, dans ses grandes lignes, l'organisation administrative et financière de Reims en 1789. La Révolution n'y était ni désirée ni attendue. Elle surprit la cité endormie dans sa gloire religieuse et dans ses souvenirs, et, au début, fut accueillie sans enthousiasme, le caractère rémois étant naturellement calme et peu disposé à l'emportement. « Cependant, la bourgeoisie, bien plus nombreuse que la noblesse dans la ville, jalouse de ses libertés municipales, voyait sans déplaisir la disparition des privilèges féodaux, et l'on comptait parmi les jacobins de Reims des citoyens comme Ponsardin dont la fortune était considérable (1). »

Dès les premiers mois de la Constituante, les anciens rouages municipaux, capitaine, lieutenant, échevins et Conseil de ville, furent remplacés par un maire et une municipalité de dix-huit membres ; le 28 août 89 on établit un comité permanent et une garde nationale pour le maintien de l'ordre, garde nationale qui l'année suivante atteignit le chiffre énorme de quatre mille hommes. Puis, le 15 janvier 1790, Reims, aupa-

(1) Bazin, *Une vieille cité de France : Reims.*

ravant subdélégation de l'intendance de Châlons, devint un des six districts du département de la Marne.

Ces changements furent facilement acceptés. Les passions se continrent jusqu'en 1791 et commencèrent seulement à se montrer au moment de la constitution civile du clergé, qui, dans une ville religieuse comme Reims, détruisait tant de traditions, blessait tant de croyances et lésait tant d'intérêts. L'archevêque de Talleyrand-Périgord ne crut pas devoir l'accepter, et, conformément aux décrets de l'Assemblée nationale du 18 avril 1791, les électeurs rassemblés à Châlons nommèrent évêque métropolitain l'abbé Diot, curé de Vendresse. Diot était bien connu dans le pays. Il avait exercé le ministère sacré à Saint-Brice, aux portes de la ville, avant d'aller à Vendresse. C'était un orateur et un poète de grande érudition et très saint homme. Mais l'évêque constitutionnel fut naturellement assez mal accueilli ; deux prêtres de paroisse seulement acceptèrent la constitution civile (1).

Cependant les événements de 1792 commencèrent à secouer Reims de sa torpeur. La guerre une fois déclarée, les fureurs révolutionnaires gagnent la province, plusieurs centaines de jeunes volontaires rémois s'enrôlent, partent pour l'armée et s'y conduisent brillamment ; les chasseurs sont incorporés aux treizième et quatorzième demi-brigades, les grenadiers forment la cent soixante-douzième demi-brigade.

Ces jeunes patriotes de la ville appartenaient aux

(1) Diot se retira à Ville-en-Tardenois lorsque la liberté du culte commença à renaître et mourut en 1802.

classes populaires, et la bourgeoisie rémoise fournit peu de défenseurs à la patrie! Mais cette bourgeoisie fut généreuse ; elle envoya à Paris 68,709 livres pour acheter une frégate qui porterait le nom de Reims ! Aussi le 14 août 1792 l'Assemblée nationale, « après avoir entendu la lecture du rapport de ses commissaires envoyés à l'armée du Centre », décréta que la ville de Reims avait bien mérité de la patrie (1).

Malheureusement, le mouvement patriotique fut suivi d'actes purement révolutionnaires lorsque des émissaires venus de la capitale et envoyés par Danton arrivèrent à Reims pour y organiser les persécutions. Ainsi qu'à Paris, aux premiers jours de septembre, les prisons s'ouvrirent devant les égorgeurs. Une femme, la baronne de Lyons, M. de Montrosier, plusieurs prêtres du diocèse, furent victimes de ces fureurs. Coupet, dit Beaucourt, procureur de la commune, qui aurait pu calmer la populace, laissa faire. Il ne put ou ne voulut employer la garde nationale pour rétablir l'ordre et doit être considéré, dans ces fatales journées, comme l'auteur responsable des massacres.

Toutefois, les fureurs populaires furent vite calmées. Dès le 6 septembre, Château, l'un des fauteurs des troubles, qui avait dénoncé les suspects, fut à son tour victime des passions qu'il avait déchaînées. Enlevé de la salle municipale où il était venu chercher la protection de Beaucourt, il fut décapité sur les degrés de l'hôtel de ville.

(1) Cette inscription est placée aujourd'hui à l'hôtel de ville, sur le murs de l'escalier d'honneur.

Dès lors et jusqu'en 1794, c'est la plus complète anarchie à Reims. La mairie est abolie, un conseil dit municipal choisit un président tous les mois, un club principal tient ses séances dans la cathédrale, les sépultures sont violées, le culte catholique renversé, de nouveaux suspects sont jetés dans les prisons !

Mais la loi du 11 prairial an III rend la liberté du culte. Le clergé reprend ses fonctions, les églises sont en partie rouvertes, une ère nouvelle de tranquillité relative commence pour la ville des sacres, la tourmente s'éloigne.

Puis, peu à peu, la Révolution s'épure, la nation se retrouve, l'idée de patrie s'affirme, les jeunes armées, qu'enflamme un souffle ardent, triomphent, repoussent l'envahisseur, répandent au loin les idées de liberté et de justice. A la période sanglante et douloureuse succède une période de gloire extérieure, et le consulat, en consacrant les conquêtes réelles de l'esprit humain, montre au monde des opprimés un avenir encore difficile mais plein d'espérances. Le nouveau siècle s'ouvre sous les plus heureux auspices ; la France consultée acclame le chef victorieux qui semble lui apporter l'ordre définitif et l'autorité juste qu'elle attend depuis si longtemps.

Reims aussi acclame le premier consul ! La ville est redevenue gouvernementale et conservatrice, correcte avec le pouvoir, toujours très pondérée. Sans doute pendant le Consulat et l'Empire elle se sent un peu déchue de son ancienne gloire. Le sacre aura lieu à Paris ! Reims, plus importante que Châlons, n'est

qu'une sous-préfecture du département de la Marne !
L'archevêché n'est pas rétabli ! Bien plus, le département de la Marne forme avec celui de Seine-et-Marne le diocèse de Meaux ! L'influence cléricale est donc bien réduite et la ville ne compte plus que trois cures et une succursale !

Cependant, pendant les quatorze années du Consulat et de l'Empire, la ville se développe considérablement, des usines se fondent, des maisons de commerce se créent, des rues se percent, des faubourgs naissent en dehors des vieilles murailles. Reims à la fin de l'Empire ne sera plus la petite ville glorieuse et tout à fait religieuse de 1789, mais elle sera agrandie, assainie, offrira d'immenses ressources. Bien administrée depuis 1800 (1), elle n'a pas d'histoire particulière, elle travaille.

Aussi, pendant la période de 1800 à 1813, très féconde pour le développement commercial et industriel, les annales de Reims sont-elles presque exclusivement remplies par le récit des fêtes données et des visites reçues par la ville, et il m'a paru curieux d'en rappeler ici le souvenir.

Le 18 brumaire an X, on fêta à Reims, par de grandes réjouissances, les préliminaires de la paix. La grande salle de l'hôtel de ville fut brillamment ornée ; sur un cartouche, on lisait en lettres énormes : « A

(1) Maires de Reims depuis 1800 : en 1801, Jobert-Lucas, négociant ; en 1805, Tronsson-Lecomte, négociant, chevalier de la Légion d'honneur, puis membre du Corps législatif ; en 1810, Ponsardin, négociant, chevalier de la Légion d'honneur.

Bonaparte, vainqueur et pacificateur », et les poètes rémois s'en mêlèrent ! On chanta une ode très longue dont il suffira amplement de citer ici une strophe :

> Il veut la Paix, l'obtient des mains de la Victoire.
> Le plus heureux succès couronne ses desseins.
> Quelque hautes que soient sa Fortune et sa Gloire,
> Nous voyons ses vertus surpasser ses destins !

En 1803 (22 thermidor an XI), on attend anxieusement à Reims la visite du premier consul lui même, qui, accompagné de Mme Bonaparte, revient alors d'un triomphal voyage en Belgique. Tout, dans ce voyage, a été admirablement prévu et préparé et l'enchantement a été complet. Non seulement les fonctionnaires mais aussi les membres du clergé ont rivalisé de zèle ; Bonaparte a réclamé officiellement les prières des évêques, il les a eues, et les prélats, dans leurs mandements aux fidèles, ont parlé avec emphase de leur dévouement au chef de l'État.

La femme du premier consul, elle aussi, a recueilli sa part d'hommages. Accompagnée de ses dames du palais, elle a dignement tenu sa place de quasi souveraine, son charme et son élégance ont fait impression sur les foules et elle a conquis tous les cœurs.

Compiègne, Amiens, Lille, puis toute la Belgique ont illuminé et pavoisé pour Bonaparte. Au retour, les voyageurs rentrent en France par Mézières et Reims. Et Reims, à son tour, veut dignement recevoir ses hôtes.

Le cérémonial, dont j'ai retrouvé trace dans les archives municipales, est complet. A partir des limites du département, il y a des arcs de triomphe toutes les cinq cents toises ; à l'arrivée, le maire apporte les clefs de la ville comme jadis pour les souverains ; les audiences sont réglées minute par minute avec toutes les traditions protocolaires. Sur la place ci-devant Royale, trois corbeilles de pains d'épices sont offertes à Mme Bonaparte par douze jeunes filles. La femme du premier consul prend les pains d'épices et remet en échange à l'une des jeunes filles, Mlle Moreau, qui a dit le compliment traditionnel de bienvenue, une croix d'or émaillée, ornée de cinq diamants et attachée à une longue chaîne d'or.

A quatre heures et demie du soir, le consul, après avoir parcouru à cheval toute la ville, accompagné des généraux de Valence, Dupont et Rigau (1) et escorté des gardes d'honneur de Reims, se rend aux manufactures Jobert et Derodé.

Jobert, dont le nom reviendra souvent, était né trois ans avant Bonaparte ; jeune encore, il avait présidé l'administration municipale en 1797, puis avait abandonné les fonctions administratives pour créer un établissement superbe où furent fabriqués les premiers schalls qui devinrent si fort à la mode sous l'Empire. Un de ces schalls fut offert à Mme Bonaparte en souvenir de la visite du premier consul. Quant à Dérodé, ancien avocat qui avait renoncé au barreau, il dirigeait la plus grosse fabrique de Reims. Le premier consul laissa mille écus aux ouvriers des deux

---

(1) Valence demeurait à Sillery, près Reims ; nous parlerons plus loin de lui. Dupont, homonyme du général tristement célèbre qui fut ministre de Louis XVIII, était inspecteur de l'armée du Rhin. Rigau commandait le territoire.

fabriques, où le jeune préfet de la Marne, Bourgeois Jessaint, l'avait accompagné (1).

Bonaparte, entré sous un arc de triomphe à la porte Cérès, repartit de Reims sous un autre arc de triomphe élevé à la porte de Paris, le lendemain 23 thermidor, après avoir utilement employé sa journée et assisté le soir à un bal offert à la salle de la Bourse (2).

Il partait très satisfait de l'accueil reçu dans toute la région. Déjà en arrivant à Reims le matin du 22 thermidor (10 août 1803), il avait pu écrire au consul Cambacérès : « Je suis arrivé à Reims, citoyen consul, à quatre heures du matin. Je pense y passer la

---

(1) Une brillante escorte dite de gardes d'honneur avait été mobilisée pour la circonstance. Ces gardes d'honneur étaient à proprement parler une compagnie d'élite des pompiers. La compagnie avait soixante hommes, choisis parmi les pompiers de la ville, dont la création était d'ailleurs fort récente (27 vendémiaire an X). En vue de l'arrivée du premier consul, les gardes d'honneur avaient reçu un costume spécial dont voici la description succincte :

Pour les hommes à pied : bottes galonnées en argent, habit chamois et pantalon pareil, gilet blanc, chapeau avec plumes blanches, ceinture blanche avec frange en argent, épée dorée.

Pour les hommes à cheval : bottes galonnées en argent, pantalon chamois galonné en argent, gilet blanc, habit écarlate, collet et parements bleu de ciel, ceinture bleu de ciel, franges en argent.

[Bibl. municipale. Cabinet de Reims, dossier 2140.]

En citant ici une première pièce provenant de la Bibliothèque municipale de Reims, je tiens à remercier très cordialement le savant bibliothécaire M. Henri Jadart qui a bien voulu guider et faciliter mes recherches. J'adresse aussi mes remerciements à ses dévoués collaborateurs MM. Menu et Charlier et à l'érudit archiviste de la ville, M. Demaison.

(2) Le libellé de l'invitation était :

M.

Vous êtes invité au bal paré que le Commerce de cette ville donnera au premier Consul et à Mme Bonaparte dans la salle de la Bourse, le lendemain de leur arrivée :

Pour le Commerce :
PONSARDIN.

journée. Je suis satisfait de l'esprit que j'ai trouvé dans toute la Champagne. »

Dans une ville autrefois religieuse comme Reims il était important de ne pas oublier le clergé. Le premier consul avait donc convoqué l'évêque. Le remaniement des évêchés en 1802, qui supprimait un certain nombre de sièges avait réuni les départements de la Marne et de la Seine-et-Marne pour former le diocèse de Meaux, et l'évêque du diocèse était alors Mgr de Barral.

Reims avait profondément souffert dans son amour-propre de cette décision. Sans doute, Meaux avait les illustres souvenirs de Bossuet ! Mais le clergé rémois avait difficilement accepté cette déchéance. Lorsque l'évêque de Meaux en 1802 était venu pour la première fois à Reims, il avait été reçu à la cathédrale par l'abbé de Soize le 15 messidor an X (4 juillet) et l'abbé s'était fait l'interprète des doléances générales des fidèles. « Ce que l'église de Reims regrette le plus, dit-il à l'évêque, c'est d'être privé du bonheur de vous posséder dans son sein, du bonheur de vous voir assis sur la chaire antique et vénérable du grand saint Rémi, l'apôtre de la France, du bonheur de jouir habituellement de l'édifiant spectacle de votre piété et de vos vertus... »

Mgr de Barral, lui, se plaignait bien un peu de l'étendue de son diocèse, mais était en somme très satisfait d'avoir à la fois le siège de Bossuet et celui de saint Rémi. Son dévouement au gouvernement n'avait pas de bornes et son admiration pour Bonaparte était complète. Dans son mandement (1) du 24 thermidor an X, après avoir entonné un hymne à la paix qui était « rendue à l'Église, rendue à la France, rendue au monde », il terminait ainsi : « Un seul homme a fait toutes ces choses et déjà son nom rappelle de plus grands souvenirs que la série entière des annales de plusieurs peuples... » Mgr de Barral, en 1803, fit donc volontiers cortège au premier consul et était auprès de Bonaparte aux réceptions de l'hôtel de ville.

Quant à l'ancien archevêque, Mgr de Talleyrand-Périgord, il s'était récemment rangé parmi les ennemis du Consulat. Le 6 avril 1803, avec trente-six autres anciens prélats, il venait de protester contre l'acte qui établissait une nouvelle circonscription des diocèses. Au moment de l'apaisement, c'était une faute politique, un acte inutile. L'ancien archevêque, cardinal duc de Reims, premier pair du royaume, ne reprit jamais le siège de saint Rémi. La Restauration ne nomma un archevêque à Reims qu'en 1817 et Talleyrand fut réservé pour le siège de Paris.

Le premier consul logea à Reims chez M. Ponsardin, un des gros négociants de la ville. Ce Ponsardin avait été jacobin, mais lui aussi professait alors pour Bonaparte une admiration sans bornes, et, très flatté d'être appelé à l'honneur de recevoir un hôte aussi illustre, il voulut garder de cette visite un souvenir lapidaire : sur un des murs de sa maison, il fit donc,

---

(1) Archives du diocèse de Meaux.

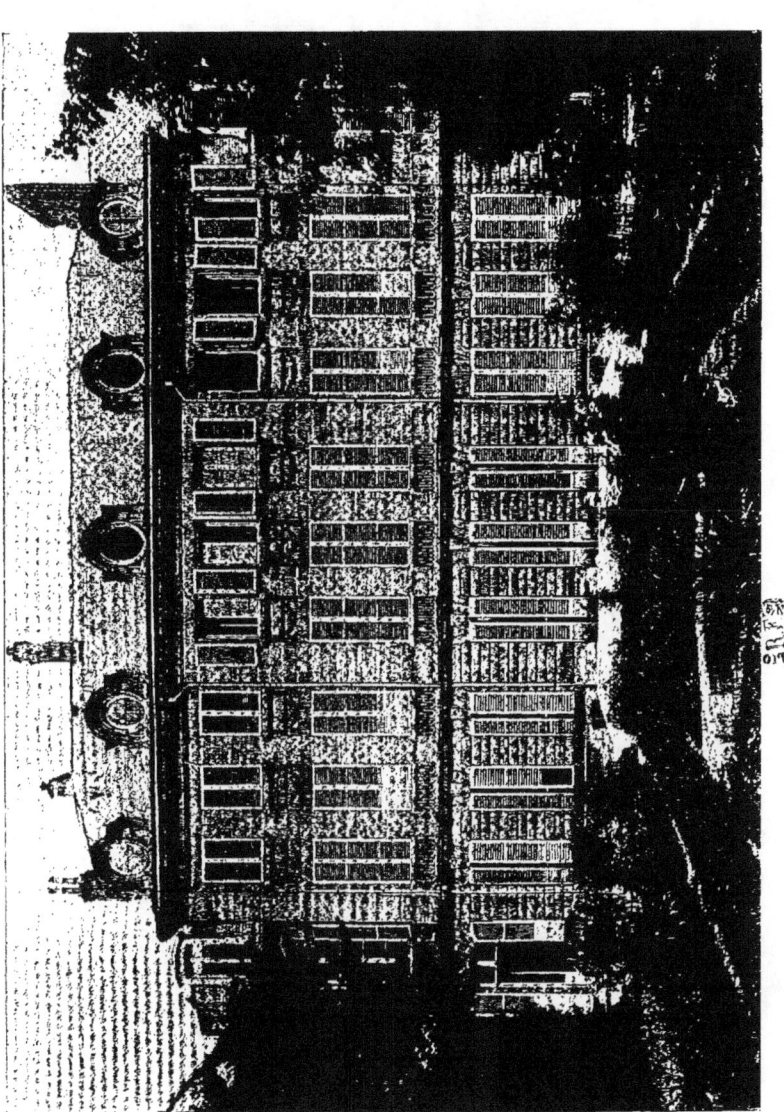

L'HÔTEL DE M. PONSARDIN, RUE SAINTE-MARGUERITE, A REIMS

OU EST DESCENDU LE PREMIER CONSUL, EN 1803

V. Courbrux, phot. à Reims.

d'avance, encadrer dans une plaque de marbre, sous un portrait du premier consul, dix vers latins dont il était l'auteur.

> Corsica me genuit, nunc Gallia me tenet audax.
> Italiam domui, currens per tela, per ignes.
> Me Syrius, me sensit Afer, me territus orbis.
> Et Maria et Montes rapidus, seu fulguris instar
> Omnia transivi, victor. Nec Saxa, nec Amnes
> Nec me hiemes durae, glacies nec sirius ardor,
> Nec tenuere viri nec proelia, cuncta subegi.
> Perpetuae cingunt merito mihi tempora lauri.
> Alma themis rediit, Discordia foeda recessit.
> Quid superest? Et fata dabunt domitare Britannos!

Voici une traduction de l'époque ; je n'ai pas besoin de faire remarquer qu'elle est extrêmement libre.

> La Corse est mon pays, la France est mon séjour.
> A travers mille feux, j'ai dompté l'Italie,
> Parcourant en vainqueur les peuples tour à tour,
> J'étonnai l'univers, l'Afrique et la Syrie.
> J'ai franchi comme un foudre et les monts et les mers ;
> Les fleuves, les rochers, les chaleurs, les hivers.
> Les troupes, les combats, tout cède à mon courage ;
> Les lauriers sur mon front déposent leur ombrage.
> Thémis revient dicter ses bienfaisantes lois ;
> La discorde en fureur s'éloigne de la terre.
> Après avoir remis la France dans ses droits,
> Il ne me reste plus qu'à dompter l'Angleterre !

L'intention était excellente et fut fort prisée par les contemporains. « Le plaisir qu'on éprouve en lisant ces vers, dit M. de Pons Ludon dans un opuscule (1) nous dispense d'en faire l'éloge : mais ce que nous devons publier, c'est qu'ils sont de M. Ponsardin père, propriétaire de la maison érigée en palais pour le premier consul. Ni son âge, ni les nombreux détails

---

(1) Cabinet de Reims, n° 21727.

de son commerce et de ses manufactures n'ont interrompu son commerce avec les muses. On voit qu'il en est encore favorisé. »

Bonaparte, après avoir vu le produit du commerce de Ponsardin avec les Muses, se contenta de dire : « Qu'on retire le portrait, ces vers sont trop flatteurs. » Mais il ne tint nulle rigueur à Ponsardin de l'hommage rendu ! En 1810, Ponsardin fut maire, et créé baron en 1813.

Ainsi que Ponsardin, la municipalité voulut, elle aussi, garder le souvenir de la visite consulaire. Une inscription fut posée sur la table de pierre qui surmontait le fronton de l'hôtel de ville. Cette inscription disparut naturellement en avril 1814, dès les premiers jours de la restauration royale.

Quoi qu'il en soit, tous ces hommages adressés en 1803 au premier consul prouvent une fois de plus combien le Consulat répondait alors aux vœux unanimes de la nation et de toutes les classes de la société.

Il faut plus brièvement passer sur les nombreuses fêtes qui eurent lieu à Reims les années suivantes : actions de grâces solennelles ordonnées par mandement du 7 mars 1804, institution d'une rosière pour célébrer le couronnement de l'empereur en 1805 (1),

---

(1) « Le vendredi 9 frimaire an XIII, un arrêté de la mairie a décidé de doter une jeune fille pauvre et vertueuse. Le mariage sera célébré le jour du couronnement. La ville de Reims qui dans tous ces temps a

Te Deum divers demandés le 31 décembre 1806, en 1807, en 1809, en 1812, à la suite du succès des armées, etc., etc. ; il est curieux cependant de rappeler une cérémonie essentiellement religieuse dont l'église de saint Remi, si vénérée, fut le théâtre.

Cette église avait été souillée pendant la Révolution. Le curé s'était occupé de la réfection du tombeau du saint, quelques généreux donateurs avaient fait à cette occasion des sacrifices considérables, et il s'agissait d'inaugurer en grande pompe le nouveau monument, en 1806.

Le curé, ou peut-être l'un des donateurs, eut alors une idée géniale. Afin de donner à la cérémonie un caractère officiel qui devait en rehausser l'éclat, il fit demander à l'empereur l'autorisation de placer l'aigle impériale sur le tombeau du grand évêque. L'empereur, bon prince, accepta la requête du curé. Le ministre des cultes, grand officier de la Légion d'honneur, répondit en ces termes : « Monsieur le curé, j'ai mis sous les yeux de Sa Majesté la demande formée par la personne qui a fait relever à ses frais le tombeau de saint Rémi, tendant à obtenir la permission de faire placer au-dessus du tombeau une aigle impériale avec l'inscription suivante : PROTEGENTE NAPOLEONE MAGNO. J'ai la satisfaction de vous annoncer que Sa Majesté a donné l'autorisation nécessaire à cet effet, par décision du 6 janvier der-

---

témoigné l'attachement le plus vif pour le chef du gouvernement, ne peut mieux lui témoigner la joie que son sacre et son couronnement lui inspirent, qu'en cherchant à l'imiter dans ses actes de bienfaisance. »
[Arrêté du Maire. Archives municipales.]

nier. — Signé par ordre, le secrétaire général attaché au ministère : PORTALIS fils (1). »

La cérémonie eut lieu le 23 août, devant plusieurs évêques et avec un grand concours de peuple. Ce soir-là l'aigle impériale plana sur les reliques du saint qui avait sacré Clovis après Tolbiac (2).

Nous voici arrivés à la période la plus brillante de l'empire, après Wagram.

Le 27 mars 1810, Reims est de nouveau en émoi. Marie-Louise, archiduchesse d'Autriche, mariée à Vienne par procuration, arrive en France, doit traverser Reims dans la journée, se rendant à Soissons. Elle a couché le 26 à Châlons et c'est le 28 qu'elle doit rencontrer, entre Soissons et Compiègne, son impérial époux.

L'arrivée à Reims a lieu vers midi par la route de Châlons (3). La suite de Marie-Louise est considérable. L'impératrice a avec elle la reine de Naples, sœur de l'empereur, la duchesse de Montebello, la duchesse de Bassano, les comtesses de Montmorency, de Bouillé, de Mortemart et de Luçay ; le maréchal prince de Neufchâtel, qui a représenté l'empereur au mariage, a accompagné Marie-Louise depuis Vienne. Dans le cortège, on trouve encore le comte de Beauharnais, le prince Borghèse, le comte de Ségur, le futur historien,

(1) Archives de Reims.
(2) Le tombeau de saint Remi fut remplacé en 1844 par un nouveau monument, qui existe actuellement.
(3) Le cortège de Marie-Louise s'était arrêté à Sillery chez le général comte de Valence, où un dîner avait été servi.

le héros du 13 mars 1814. Les écuyers sont le baron de Saluces et le baron d'Audenarde; les chambellans, les comtes d'Aubusson, de Béarn, de Barol, d'Angosse. M. de Beausset remplit les fonctions de préfet du palais et d'historiographe et l'évêque de Metz sert d'aumônier.

A l'entrée de la ville sur la route de Châlons, à la sortie sur la route de Soissons, la municipalité avait préparé de superbes décorations : arcs de triomphe plus ingénieux et plus nouveaux les uns que les autres, médaillons aux armes de la ville (1) et de l'empire. Il y eut aussi de la musique et des vers d'une désolante banalité. Dans tous les pays du monde les chefs d'État sont destinés à s'entendre dire des vers et débiter des discours sous des arcs de triomphe ! Heureux encore sont-ils, lorsque les vers sont bons et les discours courts !

Marie-Louise étant femme, et toute jeune femme, inspira spécialement les poètes rémois. On mit des phrases rimées sur les médaillons de la porte de Vesle, on débita des vers sur la place Impériale, on vendit des odes dans les rues. Voici un échantillon de ces mauvaises poésies qui portent bien la marque de l'époque et qui à ce titre sont amusantes à signaler :

Ode à l'occasion du mariage de S. A. I. et R. l'archi-duchesse Marie-Louise, lors de son passage à Reims.

> Quel auguste et brillant cortège
> A frappé nos regards surpris...?
> . . . .

---

(1) Sous l'empire, les armes de la ville étaient : deux branches d'olivier, trois abeilles et un caducée.

> Soudain quel séduisant spectacle
> Enchante tous les cœurs joyeux?
> A la terre un nouveau miracle
> A reproduit le sang des Dieux.
>
> Des Césars la tige féconde
> S'élève, enrichissant le monde
> De ses glorieux rejetons.
> Le Destin remplit sa promesse,
> Il accorde à notre tendresse
> La race des Napoléons.

A la porte de Vesle, un médaillon représentait « une naïade penchée sur son urne avec un air d'accablement et de la plus douloureuse affliction. » C'était une délicate allusion au départ de Marie-Louise ! Et sous la naïade accablée, on lisait ce distique :

> Elle s'éloigne ! Est-ce donc sans retour?
> Ah ! j'en mourrais de chagrin et d'amour.

Enfin, sur la place Impériale, Marie-Louise reçut le compliment traditionnel.

> Par ses bienfaits signalant sa puissance,
> Par ses vertus, aimant à s'illustrer,
> Dans notre cœur Louise aura sa récompense
> Et bientôt pourra s'assurer
> Que s'il est beau de régner sur la France,
> Il est plus doux de s'en faire adorer.

La halte sur la place Impériale ne fut pas de longue durée(1). A peine l'archiduchesse eut-elle le temps de

---

(1) Nous aurons souvent l'occasion de parler de cette place. Elle avait été projetée sous l'administration de M. de Pouilly vers 1750, et les premiers travaux commencèrent en 1756 sur les terrains du Grand Credo. Cette place, qui n'était pas complètement terminée en 1789, avait reçu dès 1756 une très belle statue de Louis XV due au sculpteur Pigalle. La statue fut renversée le 15 août 1793 et remplacée par la statue de la Liberté, renversée plus tard à son tour. Le nom de la place a varié avec les régimes. Royale sous la monarchie, elle fut appelée de la Liberté sous la République et Impériale sous l'Empire. Re-royale en 1814, re-impériale en 1815, elle retrouva ensuite son nom d'origine. La statue de Louis XV y fut replacée sous la deuxième Restauration.

recevoir les hommages des autorités parmi lesquelles on distinguait l'évêque de Meaux, Mgr de Faudoas (1), d'entendre les compliments des jeunes filles, de donner à l'une de celles-ci une paire de boucles d'oreilles enrichies de diamants et d'admirer sur un piédestal circulaire « un globe d'un mètre et demi de diamètre porté par un cube sur lequel il était fixé », image de l'empire.

Le cortège reprit sa marche, passa sous la porte de Vesle, où la naïade penchée sur son urne pleurait accablée, s'engagea sur la route de Soissons et rencontra à la fin de la journée l'empereur impatient, venu de Compiègne au-devant de son impériale fiancée.

Autres visites officielles à Reims : le 12 novembre 1811 Napoléon traverse la ville sans s'y arrêter et reçoit seulement à la porte Cérès les hommages des fonctionnaires ; puis, au mois de juillet 1812, revenant d'un voyage en Allemagne où elle avait accompagné l'empereur se dirigeant vers la Vistule, voyage pendant lequel, d'après l'expression du *Moniteur*, « elle avait joui du bonheur de voir son auguste famille », Marie-Louise passe à Reims encore une fois.

Enfin en 1813, le 8 août, eut lieu la dernière visite de l'impératrice. Le 7 août, le sous-préfet Leroi (2)

---

(1) Pierre-Paul, baron de Faudoas, était né en 1750 dans le Gers. Il avait succédé le 30 janvier 1805 à Mgr de Barral, appelé au siège archiépiscopal de Tours.

(2) Le 28 pluviôse an VIII, Reims avait reçu M. Leroi comme sous-préfet. C'était un ancien avocat. Il resta en fonctions pendant quinze ans, servit l'Empire, la première Restauration et ne fut remplacé qu'après la période des Cent-Jours. Ce n'était pas un homme de caractère. Ses opinions furent toujours celles du gouvernement, mais son administration était excellente.

avait informé officieusement le maire Ponsardin du voyage de S. M. l'impératrice reine et régente : « L'intention de l'empereur est qu'il soit rendu à S. M. l'impératrice les honneurs qu'elle daigne recevoir lorsqu'elle voyage par incognito ». « Si le maire harangue Sa Majesté, ajoutait le sous-préfet, il doit éviter avec soin de parler politique, de paix, de guerre, et en général de ce qui pourrait porter à des conjectures ou faire pressentir des événements dont on n'est pas suffisamment informé. »

Le maire, beau parleur, trouva cependant le moyen de placer une harangue! L'impératrice passa sous des arcs de triomphe, dans des rues aux maisons décorées, entre des haies formées par les gardes d'honneur de la ville et reçut les cadeaux traditionnels, poires, pains d'épices, fleurs, et deux caisses de vin d'honneur de cinquante bouteilles chacune (1). Elle reçut aussi le compliment obligé qui lui fut débité par Mlle Barrachin-Ponsardin, petite-fille du maire, nièce de la célèbre Mme Clicquot; et le maire, après sa harangue, « présenta lui-même à Sa Majesté plusieurs demoiselles aussi intéressantes par la candeur de leur âge que par la tendresse du vœu public dont elles étaient les organes (2). »

Cette fin de 1813 fut fertile en cérémonies officielles : *Te Deum* le 15 août à la cathédrale, avec un discours du curé, plus impérialiste que l'empereur;

(1) Ces caisses parvinrent à Saint-Cloud le 9 septembre, et il en fut accusé réception le 10 septembre.
[Délibérations du Conseil municipal.]
(2) Délibérations du Conseil municipal.

Te Deum le 3 octobre pour fêter les batailles de Dresde des 26 et 27 septembre; *Te Deum* le dimanche 5 décembre pour la fête anniversaire du couronnement (1). Jusqu'en décembre, malgré les grandes préoccupations que donnait la guerre, la vie de Reims resta donc sensiblement la même que dans les temps ordinaires.

J'ai déjà signalé le tempérament très conservateur des Rémois et leur goût pour être toujours avec le gouvernement. Le récit que j'ai cru devoir faire de certaines fêtes impériales prouve en tout cas avec quelle placidité le monde bourgeois et religieux de Reims avait accepté les conséquences de la Révolution, le Consulat et l'Empire. Le vote avait été presque unanime à Reims comme dans toute la France. Le petit regret de se sentir déchue de sa gloire religieuse ancienne n'avait pas tenu longtemps; la ville en avait pris son parti, et de cléricale qu'elle était en 1789,

(1) C'est d'ailleurs à cette date, d'après l'habitude locale, qu'avait lieu depuis 1805 la fête de la Rosière rémoise, qui donnait lieu à de grandes solennités. La malheureuse rosière dotée par la ville ne pouvait épouser qu'un ancien militaire, retiré ou réformé.

Voici l'arrêté du Conseil municipal en date du 5 novembre 1813.

« La ville de Rheims est autorisée à doter pour chaque année une fille sage et vertueuse qui se propose d'épouser un ancien militaire de bonne vie et mœurs, retiré ou réformé, et dont le mariage pour la présente année, se célébrera le premier dimanche de décembre 1813, jour anniversaire du couronnement de Sa Majesté.

« En conséquence, le maire de la ville de Rheims, chevalier de la Légion d'honneur, invite les jeunes gens à marier de l'un ou l'autre sexe, demeurant en cette ville, qui auraient les qualités désirées et qui voudraient profiter de l'avantage promis, de se présenter au secrétariat de la mairie pour y faire enregistrer en dedans le 14 novembre présent mois, pour, après les informations prises par rapport à ceux qui se seront présentés et être fait choix de ceux qui auront paru avoir le mieux mérité et qui en seront aussitôt informés. »

était devenue sinon absolument dévouée à l'empereur, du moins excessivement loyaliste.

Voici une lettre du 18 avril 1812, adressée par l'évêque aux fidèles. Elle montre en quels termes le haut clergé était alors avec le gouvernement impérial (1).

« Sa Majesté, monsieur et cher coopérateur, en associant les curés et les servans aux fonctionnaires chargés de la distribution des secours accordés par le décret du 24 mars... vous donne une confiance dont vous vous rendrez digne en répondant avec zèle à ses intentions paternelles.

« Dites et répétez souvent aux fidèles qui sont confiés à vos soins que les fléaux de tous les genres sont toujours dans les mains de la digne providence..... Rappelez-leur les grandes miséricordes d'un Dieu sauveur que nos infidélités irritent justement, mais qui sait aussi répandre à temps ses consolations et ses grâces sur ceux qui se résignent.

« Eh! n'en trouvez-vous pas la preuve non équivoque dans les soins généreux du chef auguste de ce bel empire? Comme une seconde providence, il ne dédaigne pas d'entrer dans les plus petits détails pour procurer à son peuple qu'il chérit les moyens de supporter plus patiemment les privations que commandent les circonstances présentes. Ah! loin de tous les fidèles de notre diocèse les plaintes et les murmures! Ils irriteraient davantage le Dieu juste que nous servons, ils conviendraient bien peu aux sentiments reconnaissants

(1) Archives du diocèse de Reims.

qu'exigent les soins paternels de notre empereur, qui, par sa tendre sollicitude, mérite tout notre amour et notre fidélité. »

Ainsi donc, le clergé en 1813 paraissait tout acquis à l'empire, même dans une ville qui regrettait toujours son archevêque, qui regrettait surtout les pompes religieuses dont elle avait été si fière avant la Révolution.

Quant au peuple, quant au monde des travailleurs, ils étaient certainement, à Reims, absolument venus aux idées modernes, et cela tout simplement parce que depuis 1800 la ville avait pris un développement très considérable.

A côté des anciens hôpitaux dont l'administration était devenue meilleure, on avait fondé un jardin des plantes en 1800, une école de médecine en 1808, une Société maternelle en 1812. La bibliothèque municipale s'était installée en 1807 à l'hôtel de ville et elle est encore actuellement une des plus riches de France ; un lycée s'était ouvert le 1er vendémiaire an XIII (1804) et comptait quatre cents élèves à la fin de 1813. Ce lycée, même en 1814, ne ferma ses portes qu'un seul jour, le 12 mars, lors de l'entrée de Saint-Priest à Reims, « parce qu'il était impossible de paraître dans les rues sans être pillé par les soldats russes. »

De son côté, le commerce, à partir de 1800, avait pris un nouvel essor à Reims. Depuis longtemps la ville avait été assez industrieuse et son importance était due à sa situation même, aux confins des coteaux à vignobles, des terres fertiles du Tardenois et du Soissonnais et des plaines nues de la Champagne.

De bonne heure, Reims située entre l'Aisne et la

Marne, « avait été un lieu d'échanges, un entrepôt pour les laines, produit presque unique des terres champenoises (1). » Une manufacture de draperies avait été créée dès 1500, et, après le ministère de Colbert, drapier à Reims, dont les Rémois sont si fiers, et à juste titre, il y avait à la fin du dix-septième siècle dix-huit cents métiers qui fabriquaient toute espèce d'étoffes, des serges, des flanelles, des étoffes mêlées de soie.

Mais, un siècle plus tard, à la veille de 89, le nombre des métiers avait considérablement diminué et la population, qui en 1685 avait atteint trente mille âmes et qui était ensuite tombée à vingt-deux mille après la révocation de l'édit de Nantes, ne dépassait guère vingt-cinq mille à l'avènement de Louis XVI.

En 1813, à la fin de l'empire, trois mille métiers fonctionnaient. La population avait considérablement augmenté, de gros industriels, Dérodé, Jobert, Cornette, Seillières, Ponsardin fils et Cockerill, Carlet, Rigault, Liénart, etc., etc., avaient installé des fabriques dans la ville ou dans les environs immédiats. La machine à filer avait doublé les salaires, facilité le travail. Cinq chevaux et trente-six ouvriers donnaient par jour le travail autrefois fait par cent soixante-six ouvriers. On commençait aux fabriques de Reims à utiliser la houille au lieu du bois depuis 1808, et cela donnait un tiers de profit ; de plus l'extension du commerce des tissus provenait en grande partie de l'invention du tissu dit mérinos et des fabriques de

---

(1) A. Dumazet, *Voyage en France*, 20ᵉ série.

schalls, alors à la mode. Nous avons vu que l'un des premiers schalls fabriqué à Reims avait été offert à Mme Bonaparte en 1803.

Au total, Reims et les agglomérations voisines employaient en 1813 près de onze mille ouvriers. Le progrès en vingt ans était considérable, alors qu'en 89 on aurait pu prédire à la ville une complète décadence industrielle, un avenir semblable à celui de toutes les vieilles cités religieuses des Flandres, l'avenir de Bruges, ancienne capitale, presque morte aujourd'hui, enveloppée dans le suaire de ses souvenirs.

Certes, le développement économique de la région rémoise n'était pas principalement dû à la forme du gouvernement! Il provenait des efforts individuels que l'empire avait encouragés et dont sa propre popularité avait largement bénéficié. Cependant tous n'étaient pas également satisfaits! Un détail très local vaut la peine d'être signalé : après vingt ans de révolution et d'empire, le commerce de pain d'épices était fort diminué! En 1738 « on comptait douze pain d'épiciers à Reims, et il n'y en avait plus que six en 1813. Le plus achalandé faisait pour quarante mille ou cinquante mille francs d'affaires ; il n'en fait pas plus aujourd'hui. Ce commerce est donc tombé de moitié, surtout si l'on considère que pendant plusieurs années le miel avait triplé de prix. Cette augmentation de prix, l'établissement de marchands de pain d'épices dans beaucoup d'endroits et la suppression des communautés religieuses ont beaucoup diminué cet article (1). »

(1) Geruzez, *Histoire de Reims*.

Pour les vins de la région rémoise, qui, de tous temps, avaient représenté une branche importante du commerce de Reims, la proportion ascendante avait été, depuis vingt ans, moins considérable que pour les laines.

Dès le dix-septième siècle, Boileau parle déjà des crus renommés d'Ay, d'Hauvillers et d'Avenay. On citait aussi ceux de Sillery, Taissy, Verzenay, Saint-Thierry et Pérignon (nom d'un cellerier qui trouva le secret du vin blanc mousseux). En 1787, l'exportation des vins se faisait encore sur une très petite échelle. On a gardé le souvenir d'une opération de cinquante mille bouteilles de mousseux, risquée par une maison de Reims, et on signale « cette opération comme une affaire énorme (1) » pour l'époque.

La disparition de la plupart des établissements religieux au moment de la Révolution avait porté un coup sensible au commerce des vins. « Deux ou trois abbayes de Flandre à fournir suffisaient pour faire vivre honorablement un marchand de vins (2). » Or, plus d'abbayes, plus d'exportation en Flandre !

En outre, la Russie et l'Autriche depuis 1806 délaissaient beaucoup, pour cause de guerre, le marché des vins de Reims. L'industrie des négociants en vin était cependant en progrès. Beaucoup de grands fabricants s'étaient enrichis depuis 1805 en généralisant les procédés nécessaires pour transformer les crus rouges de la montagne de Reims en vin blanc mousseux. En 1813

---

(1) *Histoire commerciale de Reims*, in *Bulletin de l'association pour l'avancement des sciences*, 1880.
(2) GÉRUZEZ, *Histoire de Reims*.

les affaires de vin à Reims représentaient douze millions de francs. On vendait par an dix mille pièces de vin et une contenance égale en bouteilles (1).

Ainsi donc, en résumé, la période de 1800 à 1813 avait été pour Reims une période heureuse, sans grand éclat, toute de travail. Les conditions matérielles de la vie s'étaient améliorées, les ressources intellectuelles s'étaient augmentées et aucune discussion politique ou religieuse n'était venue troubler la ville, maintenant plus importante et certainement plus prospère qu'avant la Révolution.

(1) Les principales maisons, par ordre alphabétique, étaient les suivantes : Andrieux, Assy, Auger, Beauchart, Choisy, veuve Clicquot-Ponsardin, Clicquot-Piron, Comeyras, Dalmas, Delamotte, Dorlodot, Flicoteau, Fourneaux, Gadiot, Henriot, Henry, Heidsieck, Yvart-Jacquet, Jacob Launois, Lefèvre-Deligny, Lemoine-Doriot, Loupot, Maillefer-Ruinart, Michel Forest, Moignon, Pothé-Muiron, Prévost, Ruinart père et fils, Soyer, Vanterveken.

CHAPITRE II

LA FRANCE A LA FIN DE 1813. — LES PREMIERS COMBATS

L'invasion. — Situation politique. — L'état des esprits. — Royalistes et Jacobins. — Concentration de l'armée à Châlons. — Résumé des premières opérations. — L'empereur.

Avant d'entreprendre le récit détaillé de l'invasion dans la région rémoise, il faut voir d'abord d'une façon très générale la situation de la France à la fin de 1813.

Après la campagne d'Allemagne, le Rhin est devenu la seule barrière qui puisse arrêter les alliés, et les armées coalisées ont pris leurs cantonnements d'hiver le long du fleuve qu'elles n'osent pas encore franchir. En Italie, le maréchal de Bellegarde opère avec quatre-vingt mille Autrichiens contre le vice-roi, aux Pyrénées, Wellington commande cent mille Anglais, Espagnols et Portugais. De toutes parts, les mailles du filet se resserrent sur les débris de la grande armée française ; Bernadotte et Murat ont abandonné leur ancienne patrie, près d'un million d'hommes se prépare à l'invasion.

Napoléon a encore cinq groupes principaux à opposer à la coalition de l'Europe : trente mille hommes en Italie ; quatre-vingt mille sous Suchet et Soult aux Pyrénées ; vingt-cinq mille à Hambourg avec Davout ; de nombreuses garnisons en Allemagne, mais qui sont bloquées et ne peuvent intervenir ; enfin, près du Rhin, soixante-dix-mille hommes de vieilles troupes qui ont fait la guerre de 1813, mais qui sont en partie démoralisées, et quelques-unes commandées par des chefs vieillis qui n'aspirent maintenant qu'au repos.

A peine revenu à Paris, l'empereur, avec une infatigable activité, cherche à augmenter ses ressources. Il obtient du Sénat le vote de la levée de cent soixante mille hommes, conscrits de la classe de 1815, et de trois cent mille hommes des classes antérieures ; il organise la mobilisation de cent vingt bataillons de la garde nationale, fait acheter des chevaux, fondre des canons, constituer du matériel ; il reste encore l'âme de la défense du pays, malgré des difficultés sans nombre, malgré la lassitude de tous. Que l'hiver se prolonge, que les alliés attendent encore pour franchir le Rhin, l'armée de 1813 reconstituée sera redevenue très forte, prête à repousser l'invasion !

Il s'agit donc de gagner du temps. L'empereur espère que les négociations pour la paix, à laquelle il ne croit guère, traîneront en longueur ; que le plan des coalisés sera difficile à établir ; qu'il se produira des compétitions et des conflits. Il n'ose donc pas avoir recours à la levée en masse, les moyens révolutionnaires lui répugnent encore ; pour tout dire, il escompte toujours le succès final.

Cependant, les souverains alliés, réunis à Francfort

avec leurs ministres à la fin de 1813, procèdent eux aussi à l'organisation définitive de leurs forces.

Sur le Rhin (le seul théâtre de guerre dont nous voulions nous occuper ici), ils groupent leurs armées en trois masses principales : l'armée du Nord qui se trouve encore près de Wesel, sous le commandement du prince royal de Suède, destinée à former l'aile droite des envahisseurs; l'armée de Silésie, commandée par le vieux feld-maréchal Blücher, vers Mayence; l'armée de Bohême, qui se concentre vers Bâle, sous Schwarzenberg. Deux cent mille hommes de troupes de réserve se forment en Allemagne, cent mille en Pologne et en Autriche.

Si l'on récapitule les forces des troupes coalisées qui entrèrent réellement sur le territoire français au commencement de 1814, on arrive à un total approximatif de trois cent quatre-vingt mille hommes, dont deux cent soixante mille pour la grande armée de Schwarzenberg, quatre-vingt mille pour celle de Blücher, quarante mille pour l'armée du Nord. Celle-ci ne comprenait encore que le troisième corps prussien (Bulow), et l'armée de Silésie n'était formée que du premier corps prussien de Yorck, du corps de Sacken, de l'armée de Langeron (corps d'Alsufief et de Saint-Priest). Enfin, la grande armée dite de Bohême comptait déjà huit corps constitués.

Pour s'opposer à ces agglomérations déjà formidables, l'empereur n'a encore à sa disposition que les troupes qu'il a laissées aux frontières en repassant le Rhin : soixante-dix ou soixante-quinze mille hommes en tout ! Contre l'armée du Nord il n'a que de faibles divisions, dix mille hommes ; vis-à vis de Blücher il a Victor, Marmont et Ney avec vingt-cinq mille hommes; en face de Scharzenberg il n'a presque personne! Ce n'est que plus tard que Mortier avec la garde se portera sur Langres, pour tenter de retarder la grande armée alliée.

De jour en jour, la France apprend des événements graves. Dès le 18 décembre un corps autrichien se présente devant Huningue ; la neutralité de la Suisse n'est plus respectée, la France de 1789 est envahie! Le 19 décembre le Corps législatif a ouvert ses séances et l'empereur a prononcé un discours. Bien que les négociations continuent toujours, l'espoir d'une entente possible diminue de plus en plus et Napoléon n'a rien à dire au sujet de cette entente, si ce n'est que rien ne s'oppose de sa part au rétablissement de la paix !

A peine le Corps législatif est-il ouvert depuis quelques jours que la nouvelle arrive à Paris de l'entrée en Suisse du prince de Schwarzenberg. « Dès ce moment tout espoir de paix est perdu. Devant le développement de tant de forces, le prestige des nôtres tombe, et désormais ce n'est plus qu'à force de soumission ou d'énergie qu'on pourra sauver la France. Se soumettre à tout ou tout risquer! Dans cette rigoureuse alternative, le choix de Napoléon ne pouvait être douteux. Bien des gens ont regretté qu'on n'eût pas cédé ; bien des gens auraient regretté qu'on ne se fût pas défendu (1). »

(1) FAIN, *Manuscrit de 1814.*

A ces premières séances du Corps législatif, de patriotiques paroles furent prononcées par le comte Regnault de Saint-Jean-d'Angely (1). C'était un appel aux armes en règle : « Entourée de débris, la France lève sa tête encore menaçante. Elle était moins puissante, moins forte, moins riche, moins féconde en ressources en 1792 quand ses levées en masse délivrèrent la Champagne, — en l'an VII quand la bataille de Zurich arrêta une nouvelle invasion de l'Europe, — en l'an VIII quand la bataille de Marengo acheva de sauver la patrie !... »

Cet appel aux armes n'est pas entendu ! L'empereur, pour prouver ses efforts pacifiques, communique au Sénat les pièces mêmes relatives aux négociations et le Sénat, sur le rapport d'une commission, lui répond en lui demandant de faire de nouveaux efforts pour aboutir.

Au Corps législatif aussi, l'opposition se dessine. L'assemblée est disposée à donner à Napoléon tout ce qu'il demande, des hommes et de l'argent, mais veut profiter de l'urgence absolue des mesures à prendre pour obtenir des garanties de liberté et de sûreté individuelle.

D'autre part, l'empereur apprend que l'Angleterre, surtout dans le sud-ouest de la France, cherche à réveiller les espérances des anciens partis. Il se sent entouré d'intrigues, n'entend que reproches et murmures, juge que dans les circonstances douloureuses

---

(1) Regnault de Saint-Jean d'Angely, comte de l'empire, né en 1761, mort en 1819, s'était attaché à la fortune de Bonaparte au 18 brumaire. Il fut ministre d'État aux Cent-Jours. Exilé en 1815.

qu'il traverse, le Corps législatif ne lui apportera aucun appui. Il se résout donc à le dissoudre. « Au lieu de nous réunir, dit-il aux députés, vous nous divisez... Vous parlez du peuple ; ignorez-vous que c'est moi qui le représente par-dessus tout ? On ne peut m'attaquer sans attaquer la nation elle-même. S'il y a des abus, est-ce le moment de me venir faire des remontrances quand deux cent mille cosaques franchissent nos frontières ? Est-ce le moment de venir disputer sur les libertés et les sûretés individuelles quand il s'agit de sauver les libertés politiques et l'indépendance nationale ? »

N'ayant plus à redouter l'opposition du Corps législatif, l'empereur tente alors d'imprimer à l'opinion un mouvement conforme à ses desseins. Dès la fin de décembre, il envoie dans les départements des sénateurs, des conseillers d'État, des maîtres des requêtes, des auditeurs. Leur mission, toute politique, est d'échauffer les esprits, de montrer la nécessité des nouvelles levées d'hommes. Les gardes nationales sont réorganisées, on ressuscite les chants patriotiques, la *Marseillaise* se fait entendre, on cherche à revenir aux mesures révolutionnaires et aux expédients de 92.

Mais les temps n'étaient plus les mêmes ! Ainsi que le remarque mélancoliquement Miot de Mélito (1), « où donc était alors, en 1813, la puissance de l'opinion qui, en des temps fameux, était si active et si énergique par les moyens qu'elle développait ? Où étaient les res-

---

(1) Le comte Miot de Mélito débuta dans l'administration militaire. Il fut ministre de l'intérieur à Naples sous la royauté de Joseph-Bonaparte. Écrivain distingué, né en 1762, mort en 1841.

sources qu'elle enfantait comme par enchantement, où était cette terreur qui faisait qu'on allait se réfugier dans l'armée comme dans l'asile le plus sûr et le plus honorable ? Où étaient enfin cette population exubérante, cette jeunesse enthousiaste qui cherchait avec tant d'ardeur, à travers mille périls, la gloire et les grades ?

« Aucun de ces puissants renforts n'existait plus à la fin de 1813. Les idées magiques de liberté et d'égalité, qui avaient remué la masse de la nation, étaient éteintes. Le gouvernement parlait et personne ne lui répondait, la langueur était dans les âmes, la conscription avait épuisé les bras. Qu'espérait-on produire avec de tels éléments ? Ceux mêmes qui les employaient en connaissaient l'impuissance, et les fonctionnaires envoyés dans les départements ne pouvaient inspirer une confiance qui leur manquait à eux-mêmes. L'armée seule était dévouée, elle seule restait fidèle à son chef et les revers qu'il éprouvait n'avaient pas ébranlé son attachement. »

Le tableau tracé par Mélito plusieurs années après la chute de l'empire nous semble un peu noir. Certes, en dehors de l'armée, toujours absolument fidèle et dévouée à son empereur, il régnait un grand malaise, il existait une grande lassitude, on désirait ardemment la paix. Mais les royalistes, ceux qui rêvaient d'un changement de régime, ne formaient qu'une minorité infime. Napoléon, quoi qu'en disent ses détracteurs, était resté personnellement très populaire. Si son despotisme avait fait des mécontents, ces mécontents n'étaient pas, pour la plupart, disposés à se mettre sous le bon plaisir royal. « Si l'on voulait la liberté, on désirait aussi conserver l'égalité. On n'aimait guère les centimes additionnels et les droits réunis, mais on redoutait fort la dîme, la tyrannie locale des hobereaux, l'influence du clergé, la revendication des biens nationaux. Dans la campagne on se plaignait de la guerre et des impôts ; pour cela on ne faisait pas de politique (1). » En tout cas, personne ou à peu près, en France, ne songeait aux Bourbons, dont on avait même pour ainsi dire oublié l'existence depuis longtemps. L'historien ultra-royaliste de Beauchamp le constate lui-même : « Ce fut, dit-il, à la fin de janvier (1814), à Vesoul, que les monarques alliés songèrent qu'une île hospitalière renfermait le monarque légitime des Français, mais les Bourbons ne furent dans cette première lueur de restauration, que les instruments de la politique. La Providence se réservait plus tard de faire éclater sur eux de grands desseins. »

A Paris même, l'empereur avait conservé de nombreux partisans. Le peuple entier était pour lui. Trois fois, le 24 décembre, le 26 décembre 1813 et le 22 janvier 1814, Napoléon parcourut à pied les quartiers excentriques et populeux de la capitale. « Son visage calme inspirait à la foule la sécurité qu'il semblait exprimer (2). » Il fut reçu par des acclamations, des ouvriers s'approchèrent de lui, gagnés par l'enthousiasme, offrant leurs bras pour combattre. « Seuls

(1) Henry HOUSSAYE, 1814.
(2) *Ibid*.

quelques bourgeois, d'après un rapport de police (1), affectèrent, par bon ton, de garder un silence improbateur (2). »

Ainsi, en 1813, comme au début de son étonnante carrière, c'est encore l'armée et le peuple qui fournissent à Napoléon ses meilleurs soutiens (3).

La bourgeoisie, essentiellement pacifique, le redoute et verrait sans déplaisir des temps moins glorieux et plus tranquilles. Quant à l'aristocratie de naissance, elle forme deux clans bien distincts. Le premier se compose de personnages peu nombreux comme Duras, Fitz-James, La Trémoille, Polignac, Sesmaisons, La Rochejaquelein et Sosthène de la Rochefoucauld (4) qui conspirent contre l'empire au château d'Ussé, et de quelques émigrés comme le comte de Langeron ou le comte de Saint-Priest qui portent carrément les armes contre la France.

D'un autre côté, beaucoup de vieilles familles se

---

(1) Rapports de police cités par H. Houssaye.

(2) Bourrienne parle ainsi d'une de ces promenades : « L'empereur fit une promenade à cheval dans les faubourgs, caressa la populace, répondit à ses acclamations avec un empressement affectueux et crut voir dans les dispositions qu'on lui montrait la possibilité d'en tirer parti. »
Bourrienne, à l'époque où il écrivit ses Mémoires, était devenu fort hostile à l'empereur, dont il avait été le condisciple à Brienne et l'ami et dont Napoléon avait fait un ministre plénipotentiaire. — Bourrienne, à la Restauration, fut ministre des postes, préfet de police pendant quelques jours, suivit Louis XVIII à Gand et se rangea parmi les ultra-royalistes. Il mourut fou (1769-1832).

(3) « Les paysans de France avaient toujours été, après les soldats, ses meilleurs soutiens, car ils l'avaient toujours considéré comme leur plus sûr rempart contre un retour des droits féodaux et de l'ancien régime, contre une revendication des biens confisqués par la Révolution. » (LORD ROSEBERY, *Napoléon, la dernière phase.*)

(4) Celui-là même qui tenta plus tard, prédécesseur du peintre Courbet, de renverser la statue de la glorieuse colonne de la Grande Armée.

sont franchement ralliées à l'empire, et non seulement se sont ralliées, mais affectent un grand dévouement et ont sollicité et obtenu des fonctions à la cour de Napoléon. Écuyers, chambellans et dames d'honneur appartiennent pour les trois quarts à ces familles. On trouve dans la maison de l'empereur (1) ou dans celles des princes de la famille impériale bien des noms anciens et connus : trois Montesquiou, deux Ségur, des Mortemart, La Rochefoucauld, Mercy-Argenteau, Contade, la Bouillerie, de Mun, Choiseul, Nicolaÿ, Beaumont, Kergariou, Pourtalès, Lillers, Miramon, Montaigu, Brancas, d'Alsace, Chaumont-Quitry, Montmorency, Viel-Castel, Turenne, Noailles, Brancas, Gontaut, Saint-Aulaire, Gramont, Lur-Saluces, de Croix, d'Haussonville, Chabot, Beauvau, Chabrillan, Juigné, Colbert, Canisy, Lauriston, Costa, d'Arenberg, Dreux-Brézé, Périgord, Bouillé, etc.

C'est, on le voit, beaucoup de descendants des plus illustres familles de la vieille France qui entourent le trône, qui profitent de ses faveurs. Mais, s'ils ont, pendant les années heureuses, donné au régime impérial un certain lustre dont, il faut le dire, l'orgueil de l'empereur s'est trouvé singulièrement flatté, combien, hélas! parmi eux, abandonneront rapidement la fortune de Napoléon vaincu!

Au contraire, dans les graves circonstances de la fin de l'empire, tous les anciens compagnons du général Bonaparte, même les vieux Jacobins systématiquement tenus à l'écart depuis Brumaire, compre-

(1) *Almanach impérial* de 1812 et 1813.

naient que la guerre gigantesque engagée contre l'Europe était en somme la lutte des idées de la Révolution contre les réactions monarchiques. Aussi, tous étaient-ils disposés maintenant « à servir Napoléon, à employer tous leurs moyens pour le sauver (1) ». Le bel exemple donné par Carnot quand la France fut envahie ne sera jamais trop souvent mis en lumière. « Sire, écrivit-il à l'empereur, aussi longtemps que le succès a couronné vos entreprises, je me suis abstenu d'offrir à Votre Majesté des services que je n'ai pas cru devoir lui être agréables. Aujourd'hui que la mauvaise fortune met votre constance à une grande épreuve, je ne balance plus à vous faire l'offre des faibles moyens qui me restent... »

Cette noble lettre est du 24 janvier. Dès le 25, l'empereur y fait répondre par Clarke : « Je le nomme gouverneur d'Anvers. C'est une des clefs de l'empire, notre arsenal maritime et notre boulevard aux frontières du nord. Expédiez-lui ses pouvoirs sur-le-champ et dites-lui bien que je lui confie la première place de France ! » On sait que la confiance de Napoléon ne fut pas trompée. Carnot ne rendit la place d'Anvers qu'après l'abdication de Fontainebleau.

C'est au milieu de ces graves préoccupations politiques de la fin de 1813 que Napoléon poursuit l'orga-

(1) *Mémoires de Bourrienne.*
Le professeur Dardenne, ardent républicain, écrivait de Chaumont : « Vous savez combien peu j'aimais ce guerrier farouche à qui jusqu'à ce jour ont été soumis les destins de la France... Eh bien, aujourd'hui, je prie les dieux pour la prospérité de ses armes, tant la honte de voir mon pays au pouvoir de ces odieux Cosaques l'emporte sur mes autres sentiments. » (Lettre citée par H. Houssaye.)

nisation de son armée. Il compte pouvoir entrer lui-même en campagne à la fin de janvier avec cent mille hommes ; il a calculé que les forces de la coalition vont se trouver échelonnées sur trois lignes principales de communication, que les alliés, au début, ne pourront avoir que deux cent cinquante mille hommes en plusieurs masses, le reste restant en arrière, devant les places ou pour former les réserves. Dès lors, il espère pouvoir rencontrer successivement les corps ennemis, les battre en détail et frapper un grand coup sur l'opinion par un avantage décisif à la suite duquel on pourra signer la paix.

Le 25 janvier, après avoir nommé Marie-Louise régente et lui avoir adjoint le roi Joseph comme lieutenant général de l'empire, Napoléon embrasse une dernière fois le pauvre petit roi de Rome — qu'il ne devait plus jamais revoir — et part pour Châlons pour se mettre à la tête de son armée.

Je ne puis et ne veux retracer ici que les très grandes lignes de la campagne, mais un résumé, aussi succinct que possible, paraît cependant nécessaire pour permettre au lecteur de suivre, dans les chapitres suivants, les événements qui se sont déroulés autour de Reims.

A la date du 26 janvier, quand l'empereur arrive à Châlons, le territoire français est envahi de tous côtés. La grande armée de Schwarzenberg s'est étendue de Mâcon à Strasbourg, puis s'est portée vers la Meuse, la Marne, l'Aube et la Seine ; elle occupe Neufchâteau,

Chaumont, Bar-sur-Aube. L'armée de Silésie cherche à rejoindre cette grande armée : elle occupe Saint-Dizier et Joinville avec des corps en arrière vers Saint-Mihiel, tandis que l'armée du Nord cantonne d'Anvers à Namur.

Du côté français, devant ce déploiement considérable de forces, les maréchaux de l'empereur ont dû céder le terrain, se replier successivement pour se concentrer vers la Marne. Mortier est avec quinze mille hommes à Vendœuvre; Ney, Marmont et Victor sont à Vitry avec trente-cinq mille hommes; Mac-Donald avec dix mille hommes se dirige vers Châlons.

Aussitôt qu'il a pris le commandement effectif de l'armée, le 26 janvier, l'empereur commence ses opérations et, pour éviter la jonction des deux principales armées, attaque dès le 27 janvier l'arrière-garde de Blücher à Saint-Dizier et Blücher lui-même le 29, à Brienne.

Napoléon reste maître du champ de bataille, mais Blücher peut se replier sur Schwarzenberg, le joindre, reprendre l'offensive le 1er février à la Rothière, avec des forces énormes, et contraindre l'empereur à se replier sur Troyes.

Napoléon réorganise ses forces. Le congrès de Châtillon se réunit le 4 février ; les alliés, malgré les premiers combats, se divisent pour vivre, sont forcés de se séparer de nouveau. Alors, l'armée française, se jetant sur les lignes de marche de Blücher, l'attaque, le bat dans les immortelles journées de Champaubert, de Montmirail, de Château-Thierry et de Vauchamps, du 10 au 14 février, puis, ayant ainsi, en cinq jours, malmené l'armée de Silésie et l'ayant rejetée vers l'est, se porte contre l'armée de Bohême qui vient de se diriger sur la Seine.

Les avant-gardes de Schwarzenberg sont culbutées le 17 février, et le 18 Napoléon, vainqueur à la glorieuse bataille de Montereau, force l'armée de Bohême à rétrograder vers Troyes, où il la suit.

Cependant Blücher a pu concentrer de nouveau des forces imposantes ; il obtient la liberté de ses mouvements et veut à tout prix, sans se laisser hypnotiser par Napoléon, se diriger vers Paris par la route de la Marne. Il n'a devant lui que Marmont et Mortier, et peut gagner la Ferté-sous-Jouarre.

Mais l'empereur, négligeant pour quelques jours l'armée de Bohême immobilisée devant Troyes, accourt à marches forcées, cherche à rejoindre l'armée de Silésie (27 février). Il laisse devant la grande armée ennemie un rideau formé par les corps de Mac-Donald et d'Oudinot et gagne à son tour La Ferté-sous-Jouarre.

Il y franchit la Marne, le 2 mars, toujours sur les talons de Blücher, lui livre un combat le 3, sur l'Ourcq, espère l'acculer sur l'Aisne, où nous possédions toujours la place de Soissons. Enfin, le 4 mars, l'empereur, plein d'espoir, arrive lui-même à Fismes.

Telles sont, aussi brièvement contées que possible, les principales opérations militaires du commencement de 1814. Ce résumé, malgré ses lacunes, fait ressortir, une fois de plus, les prodigieuses ressources du génie stratégique de l'empereur. Celui-ci est véritablement l'âme de son armée, l'âme de la défense française.

Comme l'a dit le poète :

> « ... Quand la pauvre Champagne
> Fut en proie aux étrangers,
> Lui, bravant tous les dangers,
> Semblait seul tenir la campagne (1). »

L'annonce seule de sa présence modifie ou accélère les marches des armées ennemies, détermine leurs projets. C'est autour de lui, de lui seul, que gravite le drame immense. Enserré de toutes parts par les armées coalisées, sachant la France envahie sur les Alpes et les Anglais marchant sur Bordeaux, dont une infâme révolution leur ouvrira les portes, soutenu seulement par sa volonté intangible, par son indomptable énergie, l'empereur lutte toujours victorieusement, ne désespérant ni de son étoile ni de la grande nation. Alors que déjà beaucoup, parmi les généraux qui l'entourent, ont vieilli et ne demandent qu'à en finir, lui, a gardé toute l'activité de 96, tout le génie de 1805. Alors que Paris tremble en apprenant que les alliés se rapprochent, que le gouvernement de la régence hésite et tâtonne, que Talleyrand prépare sa défection, que les sénateurs se réservent, que les rares royalistes s'agitent, jusqu'au dernier jour de la guerre Napoléon domine l'histoire de 1814 de toute sa hauteur, continue à se montrer non seulement grand

---

(1) BÉRANGER, *Souvenirs du peuple.*

général et grand soldat, mais administrateur prévoyant, organisateur, chef, donnant à tous — même les soirs de bataille — le plus noble exemple de vigueur et de ténacité jamais démenties.

CHAPITRE III

REIMS JUSQU'AU 6 FÉVRIER

L'anxiété. — Blessés et malades. — Mission du général de Bournonville. — Mouvements de troupes. — Proclamations des généraux alliés. — L'empereur passe à Châlons. — Appel aux ouvriers des fabriques de Reims. — Le général Rigau. — Départ des autorités. — Conduite des fonctionnaires en 1814. — Départ de Rigau. — Miteau commandant de place.

Reims est à cent cinquante kilomètres de Paris. Sans doute, en 1814, cette distance paraissait considérable, mais cependant les communications étaient faciles, les renseignements arrivaient vite et régulièrement et les événements de la capitale étaient rapidement connus.

De plus, Reims était assez proche de la frontière de l'Est pour craindre l'occupation étrangère dès le début de l'invasion, bien que, grâce à sa situation spéciale déjà signalée, la ville pût garder l'espoir de se trouver une fois encore en dehors des lignes principales suivies par les armées ennemies, lignes qui semblaient toutes devoir aboutir à Paris. Reims devait, en tout cas, devenir une place de ravitaillement et de secours, quel que fût le sort des armes. Aussi, dès la fin de 1813, l'anxiété fut-elle grande et la ville dut-elle se préoccuper du rôle qu'elle pourrait être appelée à jouer.

J'ai déjà fait remarquer au début de cette étude que la première occupation ne fut tentée, par un faible parti, qu'après la Rothière, alors que les alliés pouvaient orienter définitivement leurs marches.

Mais, dès le mois de novembre, de grands mouvements de troupes, des arrivées de prisonniers et de malades, avaient fait cependant comprendre aux habitants que la guerre se rapprochait, que les frontières de la vieille France allaient être franchies.

Le premier appel fut lancé par le sous-préfet, le 4 novembre, invitant la municipalité à aménager des locaux pour recevoir des prisonniers revenant d'Allemagne, et aussi des blessés français.

Trois cents de ceux-ci arrivèrent le 24 novembre, et le maire, ému de la misère de ces soldats, dut demander des secours à ses concitoyens. Il disait :

« Plus de trois cents de nos frères d'armes blessés ou malades sont arrivés dans nos murs, et nous en attendons encore un nombre qui n'est pas déterminé. Ces malheureux sont sans chemise et n'ont pas de linge pour les pansements. Les hospices eux-mêmes, dénués de tout, ne peuvent fournir à des besoins aussi urgents et aussi sacrés. Laisserons-nous sans secours nos amis, nos frères, nos enfants, enfin nos défenseurs! En vous faisant connaître leur malheureuse position, ne devons-nous pas être assurés que vous concourrez à venir à leur secours? Vous êtes donc invités à envoyer et à déposer, au bureau de l'hospice, des chemises, du vieux linge et de la charpie, pour que les pansements puissent avoir lieu. Et nous nous flattons que vous n'entendrez pas vainement un appel en faveur des malheureux dans cette ville, qui a toujours été renommée par sa bienfaisance et son humanité. »

Reims, en 1813, avait trois hôpitaux importants, l'Hôtel-Dieu, l'Hôpital général et l'hôpital de Saint-Marcoul.

L'Hôtel-Dieu comptait deux cent cinquante lits ; les malades y étaient soignés par des religieuses, chanoinesses régulières de l'ordre de Saint-Augustin, que la Révolution n'avait pas osé expulser. L'établissement avait un gros revenu de soixante-dix mille livres et recevait de la municipalité une subvention prélevée sur les octrois.

L'Hospice général était une maison de secours, plutôt qu'un hôpital. On y recueillait les pauvres, les vieillards et les orphelins, presque pas de malades. En 1813, l'Hospice avait quatre cent soixante pensionnaires.

Quant à l'hôpital de Saint-Marcoul, il pouvait contenir une centaine de malades d'une certaine catégorie.

A ces trois hôpitaux placés sous le contrôle de la ville, il faut ajouter un hôpital militaire. Telles étaient les ressources relativement considérables dont Reims disposait, mais qui bientôt allaient devenir tout à fait insuffisantes.

Pour terminer ici ce qui a trait à l'hospitalisation à Reims, disons de suite que dès les premiers jours de 1814 on décida d'établir un grand hôpital dans l'église de Saint-Rémi, qui reçut bientôt plus de cinq cents malades.

Les bourgeois de Reims avaient fourni, sur invitation, quatre cents lits, les communes voisines en avaient envoyé autant. Tout autour de l'église, dans les travées latérales, on avait mis, comme dans des baraquements militaires, une sorte de plancher pour isoler du sol les lits des malades.

La ville n'eut pas d'ailleurs que des malades à recevoir. De nombreux prisonniers évacués de Metz, de Strasbourg, de Trèves, furent dirigés sur Reims à la fin de décembre. Le 29, on annonça l'arrivée de deux mille huit cents prisonniers qui devaient se présenter par groupes de cent, pendant vingt-huit jours, coucher à Reims et être conduits à Châlons sous l'escorte de la garde nationale. De cette dernière nous aurons souvent l'occasion de parler. En décembre, elle était encore médiocrement organisée. Elle comptait cependant une cohorte formée de quatre compagnies à cent vingt-cinq hommes, et ces hommes étaient choisis « parmi les propriétaires les plus imposés, ou les négociants patentés, ou ceux qui exerçaient une profession utile, ou les fils des uns et des autres. »

Le recrutement, on le voit, devait donner une troupe fort peu militaire ; mais les uniformes étaient brillants, le service peu pénible au début et les bourgeois ou négociants patentés étaient enchantés de jouer au soldat. Le 1er janvier 1814, ils revêtirent leur plus belle tenue pour recevoir le sénateur Beurnonville, envoyé de Napoléon, qui avait pour mission d'annoncer aux populations du département de la Marne que le plus vif désir de l'empereur était de conclure une paix honorable et, que s'il préparait cependant la guerre, s'il avait fait décréter des levées immenses, c'était pour en imposer aux ennemis, pour pouvoir leur prouver que la France était prête à repousser l'invasion.

En même temps qu'il envoyait ces porte-paroles

dans les différentes provinces, afin d'en imposer aux alliés, depuis le 15 décembre l'empereur faisait enregistrer par le *Moniteur* des chiffres fantastiques sur les troupes françaises. Les lecteurs du journal pouvaient lire presque chaque jour que de gros effectifs avaient été passés en revue au Carrousel, que les dépôts, prêts à rejoindre, offraient en hommes d'immenses ressources, que les armées des maréchaux déjà rendues sur le théâtre de la guerre étaient considérables. La tactique était certainement habile, elle effraya les alliés, contribua aux hésitations de leurs premiers mouvements, ralentit leurs marches et fit gagner du temps, ce qui était le but à atteindre.

Le général de Riel de Beurnonville arrivait de Châlons le 1ᵉʳ janvier. A Châlons, « digne interprète des sentiments de l'empereur, M. le sénateur de Beurnonville parla avec sensibilité du désir bien prononcé de Sa Majesté de faire la paix et avec la fermeté d'un général des menaces de l'ennemi, dont les effets sont exagérés par les imaginations (1). »

A Reims, Beurnonville parla sans doute avec la même sensibilité et la même fermeté! C'était d'ailleurs un très gros personnage, de notoriété très grande. Ancien ministre en 93, général en chef de l'armée de Sambre-et-Meuse, puis ambassadeur à Berlin et à Madrid, comte de l'empire, sénateur et grand-aigle, il devait beaucoup à Napoléon. Comme tant d'autres, il devait quelques mois plus tard jouer un triste rôle politique (2), mais il est certain que le 1ᵉʳ janvier 1814

(1) *Moniteur*. Lettre de Châlons.
(2) Beurnonville vota la déchéance de l'empereur en 1814, la mort de

il était absolument dévoué à l'empereur, et que sa présence produisit à Reims le meilleur effet, en faisant espérer une paix honorable.

Le 3 janvier cependant, les Rémois apprirent l'occupation de Chaumont par les alliés, et la nomination du général baron Paultre comme commandant en chef de la levée en masse du département. C'étaient là de mauvaises nouvelles. Presque en même temps, les avant-gardes du maréchal Mortier arrivèrent à Reims et y cantonnèrent. Le maréchal, trop faible pour résister dans la région belge, venait d'être rappelé par l'empereur et se portait sur la Marne, où devaient se concentrer successivement les différents corps, autour de la garde impériale réunie à Épernay. Ney et Victor venant de Nancy, Marmont venant de Metz, firent des marches analogues à celles du duc de Trévise (1).

Cette concentration sur la Marne préoccupe vivement les Rémois, car, pour eux, la guerre se rapproche. De jour en jour, les mouvements de recul s'accentuent. Le 20 janvier, plusieurs milliers d'hommes sont signalés à Châlons, Marmont se porte de la Meuse sur Vitry et c'est également sur Vitry que se dirigent le duc de Bellune et le prince de la Moskowa. Kellermann, duc de Valmy, qui vingt-deux ans auparavant a gagné le titre de son duché dans ces régions mêmes, passe à Reims le 19 janvier. Enfin, on apprend le 23 que le

---

Ney en 1815. Louis XVIII le fit ministre d'État, maréchal de France en 1816, marquis en 1817.

(1) Le *Moniteur* publie le 11 janvier une lettre de Reims du 7. « Nous avons actuellement dans nos murs et aux environs un grand nombre de troupes de différentes armes. Une partie doit se porter du côté de Langres, où se réunissent des forces considérables. »

prince de Neufchâtel vient d'arriver à Châlons, précédant l'empereur, et qu'il a passé l'inspection des avant-postes.

Telles sont les nouvelles militaires qui jusqu'au 28 janvier parviennent à Reims. Des alliés, on ne sait pas grand'chose, sinon qu'il s'avancent derrière les maréchaux ; d'ailleurs, du côté du Rhin, les courriers n'arrivent plus régulièrement. La poste continue cependant à fonctionner avec Paris et Châlons (1), mais en somme on est dans une ignorance presque complète des projets de l'ennemi. Quant à ceux de l'empereur, ils intéressaient tout spécialement les habitants de la région, puisque de ces projets mêmes devaient sans doute dépendre l'occupation de la ville par les Français ou son attaque par l'ennemi. Napoléon marcherait-il à travers l'Argonne sur la Lorraine pour prendre à revers les troupes de Blücher ? Chercherait-il au contraire à les gagner de vitesse par la vallée de l'Aube pour les empêcher de rejoindre l'armée de Bohême ?

Si l'écho des manœuvres des alliés arrivait très affaibli à Reims, en revanche on connaissait par les paysans de l'Argonne et de la Meuse la prose des envahisseurs. « L'animosité avec laquelle les paysans

---

(1) Le courrier de Paris venait par Fismes en 1814. De Reims à Paris, il y avait onze relais, à Jonchery, Fismes, Braine, Soissons, Verte-Feuille, Villers-Cotterets, Lévignen, Nanteuil, Dammartin, Mesnil-Amelot, le Bourget.

Il existait aussi des courriers réguliers avec Châlons par Sillery et les Grandes-Loges, et avec Laon par Berry-au-Bac et Corbény. La correspondance pour Épernay passait par Châlons.

(État général des routes de poste de l'Empire français, du royaume d'Italie, de la confédération du Rhin, etc., pour 1813.)

de l'Alsace et des Vosges avaient disputé chaque village à leurs détachements commençait à leur faire craindre de rencontrer en France les dangers d'une guerre d'insurrection (1). » Aussi, tandis que les négociations pour la paix se poursuivent péniblement, les souverains lancent des proclamations pacifiques. L'empereur Alexandre en fait rédiger une par Pozzo di Borgo (2), le prince de Schwarzenberg en fait une, Blücher en fait une troisième, de Wrède veut avoir la sienne et Bubna charge le colonel Simbichen et le comte de Sonnas du soin de faire connaître ses idées aux populations ! Chaque commandant inférieur suit cet exemple. « Jamais, dit philosophiquement le baron Fain, on n'a fait tant de proclamations pacifiques au bruit du canon, jamais on n'a vu l'infidélité des peuples provoquée par tant de souverains. »

Cependant, Napoléon a rejoint le 25, à onze heures du soir, le major-général Berthier à Châlons, et descend à la préfecture de la Marne au milieu des plus vives acclamations. Il est accompagné de quatre aides de camp, Drouot, Flahaut, Corbineau, Dejean, et des

---

(1) Baron FAIN, *Manuscrit de 1814*.
(2) Le comte Pozzo di Borgo, né en Corse en 1764, avait représenté son département à l'Assemblée législative. Il rentra en Corse en 93, puis se réfugia en Angleterre, et en 1798 prit du service en Russie. Diplomate habile, il fut vite apprécié par Alexandre et comblé d'honneurs. Sa haine personnelle contre l'empereur n'est que trop connue et fit jouer au comte Pozzo un triste rôle. Pendant la campagne de France, il marcha avec le quartier général des ennemis et ses conseils furent souvent suivis. D'autres Français encore, le comte de Rochechouart et Rapetel, ancien aide de camp de Moreau, étaient au quartier général. Après la Restauration, Pozzo resta au service de la Russie, fut ambassadeur à Paris et à Londres. Mort en 1842.

officiers d'ordonnance Gourgaud, Mortemart, Montmorency, Caraman, Prétet, Laplace, Lariboisière, Lamezan et Desaix. Après quelques heures passées à Châlons, l'empereur part pour Vitry dans la matinée du 26. Sa résolution est prise, il se porte sur Saint-Dizier, où devait se livrer le premier combat.

Bien que la présence de Napoléon à Châlons n'ait duré que quelques heures, elle a cependant fait naître au cœur des Rémois de très grands espoirs. Il semblait que l'empereur étant à Châlons, ou à Vitry, les armées ennemies n'oseraient se diriger vers Reims. Mais, lorsqu'on apprit la marche vers Saint-Dizier, de suite les appréhensions reprirent leur cours, plus vives encore qu'auparavant.

On se prépara donc à résister en cas d'attaque. Le *Moniteur* du 26 janvier publie une correspondance de Reims où l'on lit : « Le passage des troupes par notre ville est continuel depuis plusieurs jours ; toutes nos autorités rivalisent de zèle pour se mettre en mesure contre l'ennemi, s'il osait toutefois se présenter. Notre garde nationale se trouve organisée et armée, l'on voit au milieu des rangs tous les membres de la sous-préfecture, du conseil général, de la commune et même des tribunaux. Un hôpital militaire pour près de trois mille malades a été organisé comme par enchantement, en moins de quatre jours. Tous ces soins sont dus non seulement aux autorités, mais à tous les habitants de notre ville. Il n'est plus question d'affaires. On ne s'occupe que de la chose publique. »

S'occuper de la chose publique, c'était, avant tout,

recruter des défenseurs. Le 13 janvier, le préfet de la Marne avait déjà fait un pressant appel aux anciens soldats de la garde impériale, les exhortant à reprendre volontairement du service, à s'enrôler « jusqu'au moment où l'ennemi sera chassé du territoire français (1) ».

Cet appel du préfet ne produisit pas grand résultat, mais il existait à Reims toute une population flottante, ouvriers des fabriques sans ouvrage, jeunes gens sans emploi ; il y avait là des éléments assez nombreux que l'on pouvait chercher à attirer dans l'armée. A cette catégorie d'hommes fut adressé à la fin de janvier un appel non moins pressant que voici :

Rheims, le 31 janvier 1814.

La commission chargée par M. le sous-préfet d'activer les enrôlements volontaires des ouvriers de la fabrique dans les régiments de fusiliers et de tirailleurs qui seront à la suite de la jeune garde, à M....

« Monsieur,

« Nous vous prions de vouloir bien réunir de nouveau les ouvriers de votre fabrique qui sont sans ouvrage ou que vous êtes à la veille de renvoyer, pour leur donner lecture du décret que nous avons l'honneur de vous remettre ci-joint et pour les engager à profiter de l'avantage que veut bien leur offrir S. M. l'Empereur.

« L'obligation dans laquelle nous sommes de rendre

---

(1) Voir, aux pièces annexes, la proclamation du préfet.

compte dans le plus bref délai de notre mission, nous engage à vous prier de nous mander par écrit, d'ici au 4 février inclusivement, quel aura été le résultat de vos démarches. Vous voudrez bien joindre à votre réponse qui, telle qu'elle soit, est indispensable, l'état nominatif de ceux de vos ouvriers qui sont aptes à entrer dans les corps ci-dessus désignés, ayant soin de nous indiquer leur demeure. Vous les préviendrez que nous recevrons leur déclaration les 6, 7 et 8 courant, de 10 heures du matin à 2 heures de l'après-midi, dans la salle des séances de MM. les Prud'hommes à l'hôtel de ville, où vous voudrez bien annoncer votre réponse.

Signé : Dauphinot Choisy, Carlet Petit, Antoine Petit, Andrès-Sellière, Coutant Petit, Dehaye-Fournival, Isidore Henriot. — Wirbel-Godinot, *secrétaire*. »

Quant aux nouvelles levées régulières, ce fut le général Rigau, alors commandant supérieur à Reims, qui fut chargé de leur exécution. Rigau venait, à la fin de janvier, de donner à la garde nationale une organisation plus militaire, et le commandement avait été confié à M. Miteau (1). Cette organisation présentait

---

(1) Rigau était arrivé à Reims le 22 janvier; le 23 il adressa à l'aide-major général Belliard, à Châlons, une lettre plutôt pessimiste sur les ressources défensives de la ville. « J'ai l'honneur de rendre compte à Votre Excellence qu'en conformité de l'ordre qu'elle m'a donné, je me suis rendu à Reims, et d'après les observations que j'ai faites relativement à la place, j'ai reconnu qu'il n'y a aucune espèce de fortification qu'un fossé presque comblé et un mur élevé de vingt-cinq à trente pieds : les portes sont en bon état, mais de l'épaisseur de deux planches. La cohorte est composée, d'après le rapport du sous-préfet de cinq cents hommes presque armés, non habillés; il manque un chef pour les commander, M. le sous-préfet a désigné M. Miteau, négociant... La compagnie franche

un caractère d'urgence, car la population était devenue assez misérable, plusieurs fabriques ayant dû fermer leurs portes, et ceux des ouvriers sans travail que l'on n'avait pas réussi à enrôler parcouraient la ville en mendiant du pain. Il était donc nécessaire, dans cette grande ville sans garnison, déjà remplie de prisonniers et de malades, d'assurer l'ordre dans la rue. Ceci était tout à fait dans les cordes des gardes nationaux de Reims, tous très bourgeois, propriétaires ou patentés, et très disposés à faire la police plutôt que la guerre.

L'inquiétude grandit d'ailleurs chaque jour. Le 28, Rigau part pour Soissons afin de faire lever le camp formé autour de cette ville (1); le 30 le duc de Tarente traverse Reims pour rejoindre l'empereur sur l'Aube (2); le 31 janvier enfin, on connaît la bataille de Saint-Dizier; on sait que des coureurs ennemis ont débouché de Sainte-Menehould et pris la route de Châlons. La ville est affolée. On s'attend, d'un moment à l'autre, à voir poindre les cosaques, les fameux cosaques que leurs exploits en Alsace et en Lorraine ont déjà rendus légendaires. Les marchandises et les provi-

n'est pas encore formée. M. le sous-préfet a adressé dans tous les cantons des instructions pour la levée en masse, mais cette mesure éprouve beaucoup de lenteur... »
(Registre du major général. Archives nationales.)
(1) D'après les instructions du major général, reçues à Soissons le 31 janvier, Rigau devait aussi, conformément aux instructions du duc de Valmy, « accélérer l'envoi en poste et par relais, si c'est possible, de quatre mille cinq cents hommes d'infanterie » que le ministre de la guerre venait de diriger sur Soissons.
(2) Le quartier général du duc de Tarente comprenait quatre-vingts officiers, cinq cents hommes de troupe, deux cents hommes d'équipage et cent employés.

sions sont cachées dans les caves, les rues sont sillonnées de malheureux affamés, les malades encombrent les hôpitaux (1).

Et l'empereur s'éloigne toujours ! Le 1ᵉʳ février les villages voisins de Châlons sont occupés ; le 2 l'ennemi cantonne à Vitry, et l'on apprend à Reims la bataille livrée à Brienne ! Puis, le 3 février, les courriers n'arrivent plus, ni de Fismes, ni de Châlons, ni de Sainte-Menehould. Et, pour augmenter encore les appréhensions de la population, les fonctionnaires songent au départ !

Ce départ était prévu et annoncé depuis plusieurs jours. Le 26 janvier on lit au registre des délibérations du conseil municipal : « Le maire communique une lettre de M. le sous-préfet du 25 janvier, contenant copie de celle à lui écrite par le préfet, portant avis que l'intention de Sa Majesté est que les fonctionnaires publics quittent le lieu de leur résidence en cas d'invasion de l'ennemi et se retirent dans l'intérieur, qu'ils doivent, dans tous les cas, évacuer tous les papiers, titres et documents de leurs administrations respectives, que ces obligations sont communes à tous les chefs et agents de l'administration civile et financière, aux maires des villes dont la population est de cinq mille âmes, aux percepteurs, etc... »

Le but des mesures prises était bien clair. Il s'agissait de faire le vide devant l'invasion, de mettre l'ennemi en présence de grosses difficultés en le forçant à

---

(1) Voici à titre de curiosité, la valeur des grains à Reims, en janvier 1814, d'après les feuilles d'affiches de la Marne : Froment, 14 fr. 25. — Méteil, 9 fr. 50. — Seigle, 7 fr. 30. — Orge, 6 fr. 37. — Avoine, 4 fr. 52. — Sarrazin, 4 fr. 32.

improviser des administrateurs. Mais il n'était pas question, il nous semble, pour le sous-préfet de Reims, pour le maire, pour les fonctionnaires, d'abandonner une ville fortifiée qui en somme le 4 février n'était pas encore menacée !

Ponsardin était souffrant depuis le 26 janvier, et était effectivement remplacé à la mairie par M. Andrieux, premier adjoint. Soit maladie, soit appréhension, soit même erreur d'interprétation des ordres reçus, Ponsardin quitta la ville le 4 février. Le sous-préfet Leroi en fit autant, mais il semble que celui-ci ait eu quelque scrupule. Il revint le lendemain pour quelques heures et ne partit définitivement que le 5, après avoir adressé « aux administrateurs de la ville » une curieuse lettre qui dénote des regrets mêlés d'inconscience (1) :

« Messieurs, les ordres de mon souverain me prescrivent de quitter cette résidence, en cas d'invasion de l'ennemi, et cette invasion étant imminente, je ne puis continuer à y remplir les fonctions que Sa Majesté m'avait confiées.

« Je mets sous votre protection et sous celle de tous les bons citoyens les propriétés que je possède dans l'enceinte de vos murs.

« Les circonstances difficiles dans lesquelles vous allez vous trouver demanderont des sacrifices. Je regrette que ma fortune ne me donne pas les moyens de laisser en partant à votre disposition un contingent considérable pour concourir aux charges publiques. Je donne

(1) Archives municipales de Reims.

à mes domestiques (1) l'ordre de verser au moment où vous le désirerez et dans les magasins que vous indiquerez le froment que j'ai chez moi et qui peut consister en une vingtaine d'hectolitres. Cette offrande de ma part est faite aux indigents de la ville. »

Quoi qu'il en soit de ces beaux sentiments, de cette généreuse offrande de vingt hectolitres de froment, il est certain que le sous-préfet et le maire, en abandonnant leurs postes au moment même où leur présence pouvait être si utile, augmentaient l'inquiétude des habitants, laissaient forcément à d'autres le douloureux devoir de défendre une ville insuffisamment protégée par de vieux remparts, ou le devoir plus pénible encore de traiter avec l'ennemi si la résistance était reconnue impossible.

Ponsardin se retira au Mans avec sa famille, passa très tranquillement les semaines de l'invasion et ne revint à Reims qu'après l'abdication de l'empereur. Nous verrons plus loin l'ancien jacobin de 92, le négociant anobli en 1813, celui-là même qui avait orné sa maison, en 1803, par les mauvais vers latins que j'ai cités, faire aux Bourbons, dès le mois d'avril 1814, des protestations de dévouement. Et si nous suivions l'histoire de Reims, nous le verrions aussi, après avoir gardé sa mairie pendant la première Restauration, la conserver encore aux Cent jours et sans interruption jusqu'en 1820.

Exemple frappant d'un brave homme, commerçant intègre et excellent, que le hasard et l'ambition avaient

---

(1) La sous-préfecture était alors rue de l'Échauderie.

LE BARON PONSARDIN

MAIRE DE REIMS EN 1814

(D'APRÈS LE TABLEAU DE L'HOTEL DE VILLE DE REIMS)

V. Courleux, phot. a Reims.

lancé dans la politique et qui ne sut y tenir sa place. Car, hélas! ce ne sont pas les soldats qui ont le plus manqué en 1814, ni même la fortune à la guerre! Ce qui a fait défaut à presque tous les Français, c'est le courage civil, c'est le caractère en un mot, qui permet d'accepter les responsabilités, de prendre des décisions tenaces, de ne jamais désespérer.

Ponsardin ne fut pas une exception parmi les fonctionnaires de la Marne. Aussitôt que l'empereur eut accentué son mouvement sur Saint-Dizier, le préfet, le baron de Jessaint, s'était hâté de quitter Châlons (1). La préfecture de la Marne fut alors occupée par un magistrat de Châlons, Turpin, qui montra pour les alliés une coupable complaisance en facilitant les mesures prises par les commandants ennemis (2).

Il faut toutefois faire remarquer que si, jusqu'à un certain point, les préfets et sous-préfets pouvaient se croire autorisés à partir, il ne pouvait en être de même des maires, qui devaient, jusqu'au dernier moment, servir d'intermédiaires naturels entre leurs concitoyens et les ennemis.

C'est ainsi que quelques-uns, heureusement, comprirent leur devoir en 1814. A Reims même, Ponsardin ne fut suivi dans sa fuite que par l'un des adjoints,

(1) Le baron de Jessaint reprit son poste sous la première Restauration, le garda pendant les Cent jours, et après Waterloo. Il resta préfet même après les journées de juillet 1830 ! C'était un excellent fonctionnaire, très honnête homme, mais sans convictions. Il a mérité d'être appelé « le Préfet de tous les régimes ». Il eut l'adresse de garder sa préfecture de 1800 à 1839, pendant plus de trente-huit ans.
(2) Le 16 mars, Napoléon écrivit au maréchal Ney de faire arrêter Turpin et de l'envoyer au grand prévôt du quartier général.
Turpin mourut en 1816, à cinquante-trois ans, à Châlons.
(*Correspondance de Napoléon*, 21498.)

Félix Boisseau. Les autres adjoints, Andrieux, Jobert, Camu Didier, restèrent à leur poste et instituèrent un comité central pour les seconder.

Dans le département voisin de l'Aisne, le préfet, le baron Malouët, comprit aussi sa mission d'une façon très différente. Il est intéressant de signaler ici sa conduite, pour prouver qu'aucun ordre ferme de départ n'avait été donné par le gouvernement et que les préfets agirent chacun pour son compte. Malouët ne se retira que quand l'ennemi arriva à Laon. Il resta à proximité, dans son département, rejoignit l'empereur à Berry-au-Bac, le 5 mars, et le suivit à Soissons. Il finit malheureusement par se laisser faire prisonnier le 11 mars par Beckendorf, sur la route de Soissons à Anizy, où il se rendait par ordre de l'empereur. Voici comment il annonçait son départ *possible*, au président du conseil de préfecture : « Je puis être bientôt forcé d'abandonner le chef-lieu. Cependant, j'attendrai pour m'y déterminer ou des ordres du ministre de l'intérieur ou que les circonstances me le commandent impérieusement. Je vous invite à quitter le territoire en même temps que moi, et dans le cas où votre santé s'y opposerait, je vous requiers au nom de l'empereur de n'exercer pendant l'absence du préfet aucune fonction, de considérer le conseil de préfecture comme dissous, de n'obtempérer à aucun ordre qui vous serait donné par l'ennemi (1). »

Compris de cette façon le départ du préfet Malouët était légitime. Napoléon d'ailleurs ne plaisantait pas

(1) Archives de Laon. Lettre citée par Édouard FLEURY, *Le département de l'Aisne en 1814.*

sur ce chapitre et, lorsqu'il arrivait dans une ville, entendait bien y trouver pour le recevoir, les fonctionnaires qu'il avait nommés. M. de Jessaint eut de la chance ou du moins fut très habile (1) !

A Troyes, où le préfet était absent au moment de l'arrivée de l'empereur, le 24 février, les choses se gâtèrent. Napoléon écrivit au comte de Montalivet : « Je vais entrer à Troyes. Une heure après mon entrée, si le préfet n'y est pas, je le destitue. Je suis fâché que ce soit un Caffarelli, mais il s'est lâchement comporté (2). » Et, comme, une heure après l'entrée de Napoléon, Caffarelli n'avait pas paru, il fut destitué, par un décret du même jour 24 février : « Considérant que le préfet du département de l'Aube a quitté le territoire de son département, et notamment l'arrondissement de Nogent, lorsque nos troupes l'occupaient encore; que depuis il ne s'est pas mis en mesure de venir reprendre ses fonctions au moment de l'évacuation du chef-lieu de son département par l'ennemi, nous avons décrété : Le baron Caffarelli, préfet du département de l'Aube, est destitué. Le sieur Rœderer, préfet du département du Tra-

---

(1) Le 22 février, le ministre de l'intérieur lui donna l'ordre de rejoindre son département, et l'ordre fut réitéré le 6 mars dès la reprise de Reims. Mais Jessaint fit la sourde oreille. Le 23 février, puis les 7, 10, 12, 17 et 19 mars il écrivit de Villers-Cotterets, puis de Soissons des lettres d'excuses : les routes disait-il, étaient peu sûres, les communications coupées, les postes ne fonctionnaient plus ! Bref, Jessaint trouva moyen de ne pas rejoindre, tout en faisant étalage de la meilleure bonne volonté. L'empereur eut la bonté de ne pas lui tenir rigueur de sa conduite.
(Archives nationales, F. 1C III. Marne, 9, et lettre inédite 1338 de Napoléon, datée de Fismes, 5 mars; publication L. de Brotonne, 1898).

(2) *Correspondance de Napoléon*, n° 21358. Ce préfet était le frère de l'évêque de Saint-Brieuc et des deux généraux Caffarelli.

simène, est nommé préfet du département de l'Aube (1). »

On voit donc par cet exemple que la conduite de Jessaint et de Leroi quittant leurs fonctions avant l'arrivée de l'ennemi, et ne les reprenant pas lors de l'occupation de Châlons et de Reims par l'armée française, n'est pas excusable. La conduite du maire de Reims est plus blâmable encore ; ce fut un véritable abandon. Le maire de Soissons avait aussi quitté sa ville quand l'empereur y entra le 11 mars. Napoléon eut un mot cruel, lorsque l'ancien conseil municipal vint le saluer : « Votre maire n'est-il pas un ancien notaire qui vous a abandonnés ? » demanda l'empereur (2).

Après cette longue digression sur la conduite des fonctionnaires de la région, revenons à Reims le 4 février. Sous-préfet et maire étaient partis, mais il restait encore le général Rigau. A chaque minute, les nouvelles devenaient de plus en plus alarmantes. Le 3 février, Mac Donald, qui occupait Châlons, s'était porté au-devant de la colonne du général Yorck, mais, après avoir vaillamment défendu les faubourgs, avait dû se retirer et évacuer la ville dans la matinée du 4 (3).

Cette occupation de Châlons par un des corps de

---

(1) *Moniteur de l'Empire* du 1ᵉʳ mars.
(2) Documents de M. Périn cités par Édouard FLEURY, *le Département de l'Aisne en* 1814.
(3) Châlons resta aux mains de l'ennemi jusqu'au 15 mars. A cette date, nous le verrons plus loin, le prince de la Moskowa y rentra sans coup férir.

l'armée de Silésie fut connue à Reims le 5. Le général Rigau, qui n'avait presque personne sous ses ordres et qui ne pouvait songer à défendre la ville contre les troupes attendues du général Yorck, prit des mesures pour faire évacuer les hôpitaux. « Messieurs, écrivit-il aux membres du comité provisoire, l'ennemi menaçant d'envahir le territoire de la ville de Reims, j'ai l'honneur de vous inviter à prendre les mesures les plus promptes pour faire évacuer de cette ville sur les hôpitaux de Soissons, tous les militaires susceptibles de l'être (1). »

Après s'être assuré du départ des malades et des blessés, Rigau n'ayant plus de troupes, et personne à protéger, se décida lui-même à gagner Soissons. Le 6 février, à dix heures du matin, il passa sous la porte de Vesle, avec les cinquante derniers soldats qu'il emmenait avec lui. La petite troupe fut suivie par de nombreux habitants qui, par crainte de l'occupation ennemie, émigraient vers Soissons.

Ce mouvement d'émigration était d'ailleurs général dans la région depuis quelques jours. Reims avait d'abord reçu des paysans des environs, des familles des Ardennes et de la Meuse, venus pour chercher protection derrière les vieux remparts ; maintenant, ne se sentant plus en sûreté à Reims, ces mêmes paysans, ces mêmes familles se dirigeaient sur Soissons, et un certain nombre de Rémois imitaient leur exemple, fuyant à l'annonce de l'arrivée imminente des Prussiens.

(1) Lettre autographe. Archives de la ville de Reims.

Il ne m'a pas été possible de retrouver trace exacte des sentiments avec lesquels les Rémois accueillirent le départ du général Rigau, départ devenu nécessaire. D'après un manuscrit, Rigau aurait abandonné la ville, laissant à Miteau, commandant de la garde nationale, le soin de composer avec les vainqueurs. Ceci est bien improbable.

D'après les archives de Laon, Rigau, que sans doute les Rémois tenaient à conserver au milieu d'eux, ne réussit à s'échapper « qu'en corrompant à prix d'argent le dépositaire des clefs de la porte de Vesle » ! Enfin, un troisième auteur raconte que, le 6 au matin, le général Rigau monta à cheval, fit assembler la garde nationale sur la place de l'Hôtel-de-Ville et lui dit qu'étant forcé de partir pour Soissons avec les petits dépôts qui occupaient Reims, il nommait M. Miteau commandant provisoire de la place. « Puis, après la recommandation d'assurer le bon ordre, Rigau ajouta qu'il était d'avance persuadé que les Rémois feraient tout leur possible pour faire régner dans la ville la paix et la tranquillité. Il fit alors défiler ses troupes et partit au milieu des acclamations et des vivats. »

Cette troisième version paraît la bonne et semble cadrer avec le caractère du général Rigau (1).

(1) Le général Rigau avait cinquante-six ans en 1814. C'était donc, pour l'époque, un général âgé. Il n'avait obtenu le grade qu'en 1807, à quarante-neuf ans, et avait été créé baron en 1808. Rigau était de valeur moyenne, mais très droit, très énergique et tout dévoué à l'empereur. En 1815, il commanda le département de la Marne, et à Châlons eut une page brillante en résistant quelques heures à cinq mille Russes. Rayé des cadres après les Cent jours et condamné à mort par contumace en 1816, il se rendit aux États-Unis et mourut à la Nouvelle-Orléans en 1820.

Le comité provisoire constitué après le départ du maire fut présidé par le premier adjoint, Andrieux.

Mais l'âme de ce comité, le véritable chef, fut Jobert Lucas (1), qui montra de grandes qualités d'organisateur et prit, pendant les différentes occupations, toutes les mesures possibles pour soulager les habitants. Les principaux membres du comité se partagèrent les charges ayant rapport aux réquisitions. Le travail fut intelligemment réparti. Jobert établit un bureau permanent des logements, un bureau des fourrages, un bureau pour les viandes et autres denrées, etc., et obtint du receveur municipal une somme de quarante-cinq mille francs pour parer aux premiers besoins des réquisitions (2).

Miteau, nommé par le général Rigau commandant de place, en sa qualité de commandant de la garde nationale, n'avait rien de militaire. Il n'avait jamais servi dans l'armée, ignorait tout de son nouveau métier, mais affichait la meilleure bonne volonté. La composition même des gardes nationales rémoises rendait d'ailleurs difficile la bonne exécution du service. Miteau, qui avait sous ses ordres plusieurs centaines d'hommes, les répartit aux différentes portes de la ville, et Reims se mit en mesure sinon de combattre du moins de résister à un coup de main de l'ennemi.

---

(1) Jobert Lucas resta à Reims jusqu'au 12 mars.
(2) Pour plus de sûreté, ces quarante-cinq mille francs furent répartis entre 32 membres du conseil municipal. La liquidation des comptes fut difficile, au mois d'août suivant, les dépenses ayant été naturellement inscrites très irrégulièrement.

CHAPITRE IV

PREMIÈRE OCCUPATION DE REIMS PAR UN PARTI DE COSAQUES.

(6-16 février.)

Remparts et portes de Reims. — L'arrivée et l'installation des Cosaques. — Neuvaines dans les églises. — La colère du peuple. — Les débris des corps de Yorck et Sacken occupent la ville. — Leur départ.

A vrai dire, la force de résistance de la ville de Reims était très médiocre le 6 février. Les murailles étaient fort anciennes et l'enceinte d'alors — qui resta presque intacte jusqu'en 1840 — avait été commencée au treizième siècle et se composait essentiellement en 1814 d'une série de tours, de formes extrêmement moyen âge (1), reliées entre elles par des maçonneries de hauteurs différentes et défendues par des fossés assez profonds. Le grand Vauban n'avait pas travaillé à Reims au dix-septième siècle, comme dans tant d'autres places du nord et de l'est. Il n'existait aucune défense extérieure, aucune citadelle, et le périmètre de l'enceinte était devenu énorme, près de six kilomètres, la ville s'étant successivement agrandie depuis le moyen âge et ayant brisé ses anciennes limites.

Cinq portes seulement donnaient accès dans Reims.

(1) La vue des remparts de Reims, dont nous donnons la reproduction d'après l'album de Maquart (Bibliothèque municipale de Reims) est prise du côté de la butte Saint-Nicaise, c'est-à-dire à l'angle sud-est de la ville.

Les noms de ces portes reviendront souvent dans ces récits de l'invasion. Il est donc utile de dire quelques mots de chacune d'elles (1).

Du côté ouest, au bord de la Vesle, qui longeait une grande partie de la ville, on trouvait la porte Fléchambault et la porte de Vesle, dite aussi porte de Paris.

La porte Fléchambault, depuis la fin du dix-huitième siècle, était en bois. C'est par elle qu'on se rendait à Cormontreuil et à Sillery, par la rive gauche de la rivière. Sa meilleure défense était la Vesle elle-même, qu'il fallait traverser sur un pont étroit, très facile à obstruer.

La Vesle défendait encore la porte de Paris et coulait dans des terrains très marécageux, en plusieurs branches.

Cette porte de Paris était en fer forgé, très artistique, et flanquée de deux corps de garde. C'est par là que les Rémois se rendaient non seulement vers Paris par Château-Thierry et la vallée de la Marne, mais aussi vers Soissons par Fismes et vers Épernay par la montagne de Reims (2).

Du côté nord, la porte Mars avait gardé son caractère ancien (3). Elle servait pour les directions de

(1) Voir le plan. Ce plan a été établi en 1825, pour le sacre de Charles X. Il peut être considéré comme suffisamment exact, les limites de la ville n'ayant guère varié entre 1814 et 1825. Quelques maisons seulement avaient été construites dans les faubourgs Cérès et de Vesle. Il faut naturellement faire abstraction des arcs de triomphe (pour le sacre) qui figurent sur le plan, et négliger l'emplacement du camp établi en 1825 vers Cormontreuil.

(2) Cette grille existe encore. Elle a été transportée à l'extrémité du faubourg actuel de Vesle, à huit cents mètres à l'ouest de son ancien emplacement.

(3) Voir les reproductions des portes Mars et de Paris.

Laon (par Berry-au-Bac), et de Neufchâtel, petite ville à vingt kilomètres au nord.

La direction de Rethel se prenait par la porte Cérès, fermée en 1814 par une grille très simple. De ce côté la ville avait une tendance très marquée à s'accroître, et une petite partie de l'enceinte avait même été abattue en 1812.

Enfin, la route de Châlons aboutissait à la porte Dieu-Lumière (porte ancienne), au sud de la ville.

Ces cinq portes étaient reliées entre elles par une série de quarante-quatre tours ou tourelles plus anciennes et plus délabrées les unes que les autres (1). Les Rémois de 1814 n'avaient donc qu'une confiance très relative dans la valeur de leurs pittoresques murailles et dans la solidité de leurs portes. Un élément principal manquait du reste pour garnir utilement le grand périmètre de l'enceinte : des hommes. Il eût été nécessaire d'avoir une garnison nombreuse, et un matériel moderne. Or, les canons eux-mêmes étaient de modèles anciens et différents, de portée insuffisante et difficiles à servir.

Toute la journée du 6 février, beaucoup par anxiété, quelques-uns par curiosité se portèrent à la porte Dieu-Lumière pour explorer la direction de Châlons.

(1) Les principales tours étaient : la tour Saint-Victor (porte de Vesle), la tour Serpentine, le corps de garde de l'Arquebuse, les tours Saint-Jacques, Tirelire, Mars, du Temple, Saint-Adrien, le corps de garde Cérès, la Belle-Tour, ancienne prison fameuse, tours du Mont-Dieu, Saint-Maurice, Bailla, Saint-Nicaise, Dieu-Lumière, Chanteraine, Fléchambault. Le long de la Vesle on trouvait la tour Saint-Martin, la poterne du Jard, la tour Notre-Dame. (A. Dubouncq, *Les anciennes fortifications de Reims.*)

On s'attendait à voir arriver la cavalerie prussienne du général Yorck; on espérait qu'elle serait assez peu nombreuse pour permettre à la garde nationale de la repousser, on calculait les chances de résistance. Le commandant de la place, Miteau, s'était installé à l'hôtel de ville, prêt à prendre des décisions aussitôt que les Prussiens seraient signalés à Dieu-Lumière.

La nuit venait. Il était déjà cinq heures du soir, et les curieux, énervés de leur longue attente, songeaient à regagner le centre de la ville, puisque les Prussiens ne se présentaient décidément pas, lorsque tout à coup le bruit se répandit que c'était par la porte Mars, au nord de la ville, qu'arrivaient des ennemis, et que ces ennemis étaient des Cosaques.

J'ai rappelé qu'en dehors des deux grandes armées envahissantes, dites de Bohême et de Silésie, une troisième armée, beaucoup moins considérable il est vrai, dite armée du Nord, s'était rassemblée dès le commencement de janvier, en Hollande et en Belgique. Cette armée devait comprendre en première ligne, sous le commandement du prince royal de Suède, le corps du général Bülow (environ trente-cinq mille hommes et sept mille chevaux), l'armée de Winzingerode (vingt et un mille hommes et douze mille chevaux) et le corps du duc de Saxe-Weimar.

Les mouvements de l'armée du Nord avaient été particulièrement lents pendant tout le mois de janvier. Tandis que Bülow opérait en Belgique contre Maisons, Winzingerode avait passé le Rhin à Dusseldorf, s'était dirigé sur Aix-la-Chapelle et venait d'arriver à Namur le 4 février, avec le gros de ses troupes, qui comptaient une énorme proportion de cavalerie et des régiments de Cosaques très entreprenants. Avant même d'arriver à Namur, Winzingerode avait donc lancé de nombreux partis de Cosaques à travers les Ardennes, pour effrayer les populations, pour s'emparer des villes ouvertes.

L'un de ces partis, composé d'environ cent cinquante cavaliers, s'était emparé d'Aubenton dans la soirée du 4 février, avait traversé le 5 Brunehamel et Rozoy, s'était engagé sur la route de Montcornet et avait franchi l'Aisne à Neufchâtel à midi, le 6.

Après une halte à Neufchâtel, les Cosaques avaient alors pris la direction de Reims, par la grande route impériale qui passait la Suippe à Pont-Givard, et, à la nuit tombante, un peu après cinq heures du soir, se présentaient à la porte Mars.

Cette porte, fort ancienne, était bien flanquée par des tours et facile à défendre. Elle était gardée par un poste de cinquante gardes nationaux, sans doute fort tranquillement installés, puisque, selon toute probabilité, c'était par Dieu-Lumière que devaient se présenter les ennemis.

Les gardes nationaux furent donc très surpris ! Les Cosaques, paraît-il, criaient et gesticulaient très fort, et, comme ils étaient formés en colonne devant la porte Mars, on ne pouvait se rendre compte de leur petit nombre.

Il n'y avait pour les gardes nationaux qu'une chose à faire, tirer des coups de fusil, et il est probable que les Cosaques auraient déguerpi comme une nuée de

LA PORTE MARS
(D'APRÈS UN DESSIN DE MAQUART, MUSÉE DE REIMS)

V. Courteux, phot. à Reims.

moineaux, leur chef ne pouvant avoir la prétention de prendre d'assaut une ville de trente mille âmes avec ses cent cinquante cavaliers. Malheureusement, le chef de poste, bourgeois probablement « très imposé », était à la fois très discipliné, ce qui lui donna l'idée de faire prévenir Miteau, et très bavard, ce qui le décida à entrer en conversation avec les Cosaques. Un des officiers russes s'avança donc jusqu'à la porte et déclara au brave garde national que son escadron était suivi par deux mille cavaliers du général Winzingerode et qu'il venait prendre possession de la ville au nom de l'empereur de Russie.

Cette manière de faire des Cosaques, ce « bluff », comme nous dirions aujourd'hui, était dans leurs habitudes. Reims n'était pas la première ville devant laquelle ils se présentaient en se disant l'avant-garde de troupes considérables. Dans le *Journal de la Meurthe*, un correspondant écrivait, au mois de janvier 1814 (1) : « Nous connaissons à présent l'ennemi auquel nous avons affaire. Ces hordes de Cosaques, de Kalmouks, etc., ne reçoivent d'ordres que de leurs chefs particuliers. Pillards par caractère et par nécessité, ils s'avancent à trente ou quarante lieues dans le pays, par des chemins détournés. S'ils rencontrent une petite ville, ils s'annoncent comme l'avant-garde d'un corps considérable qui les suit, disent-ils, de près... Hardis seulement contre les lâches, les Cosaques fuient s'ils trouvent la moindre résistance.

---

(1) *Journal de la Meurthe* du 10 janvier.

Ce n'est pas pour combattre qu'ils sont venus, c'est pour piller (1). »

Il est dommage que ces lignes du *Journal de la Meurthe* n'aient pas été connues à Reims le 6 février! Lorsque le fonctionnaire commandant de place, Miteau, reçut avis de l'arrivée des Cosaques à la porte Mars, il fut fort embarrassé pour décider la conduite à tenir. Il se précipita donc chez Andrieux, qui demeurait à côté de l'hôtel de ville. Andrieux fit appel à quelques-uns de ses collègues du comité central, et tous alors délibérèrent. Les avis étaient partagés, mais Andrieux, très impressionné par l'arrivée annoncée des avant-gardes de Winzingerode, trouvait inutile de répondre à coups de fusil. Il décida donc Miteau à se joindre à lui et tous deux se rendirent à la porte Mars, avec deux membres du comité, Heidsieck et Barrachin (2), afin de parlementer.

Devant la nouvelle affirmation d'un officier de Cosaques, disant qu'il précédait deux mille cavaliers, Andrieux donna alors l'ordre à Miteau de faire ouvrir la porte de Mars, « afin de ne pas exposer sa chère ville natale aux horreurs d'un siège qui dans une cité comme Reims, mal défendue par ses remparts et dépourvue de garnison, n'aurait pas tenu vingt-quatre heures (3). »

(1) Autre exemple de la manière de faire des Cosaques : « A Laon, le 11 février, vers les quatre heures du soir, quarante cosaques qui avaient monté la côte par un chemin couvert, parvinrent tout à coup devant la porte Lussault. Ils faisaient des signes d'amitié pour inviter à les recevoir. Quand ils virent qu'on ne leur répondait que par démonstrations hostiles, ils se retirèrent par la porte de Vaulx. (DEVISMES, *Histoire de Laon.*)

(2) Heidsieck était négociant en vins. Barrachin était le gendre de Ponsardin.

(3) Brochure anonyme publiée à la mort d'Andrieux. Je note de suite

La raison donnée a une certaine valeur. Évidemment, si l'armée de Winzingerode devait se présenter le lendemain devant Reims, il était admissible de ne pas tenter une défense impossible qui eût exaspéré les ennemis. Mais le premier devoir de Miteau et d'Andrieux était de s'assurer de la véracité du dire des Cosaques, de chercher à connaître leur nombre, de gagner du temps, en un mot de parlementer et non de céder. Le 6 février, l'armée de Winzingerode se concentrait encore à Namur et les cent cinquante Cosaques étaient seuls de leur espèce dans un rayon de vingt lieues autour de Reims! Andrieux fut donc, dans la circonstance, absolument et naïvement trompé, et c'est lui en somme qui doit supporter la responsabilité principale de cette incroyable prise d'une ville de plus de trente mille habitants par de pauvres cavaliers arrivant en enfants perdus (1).

Les Cosaques entrèrent donc vers six heures et demie du soir et s'installèrent au bivouac, sur la place même de l'Hôtel-de-Ville. Le major Schelling, qui les commandait, et plusieurs des officiers, allèrent chez Andrieux. Le temps était épouvantable, la pluie tombait violemment. Les Cosaques, devenus très craintifs dans cette grande ville où ils se sentaient comme égarés, voulurent absolument rester groupés, refu-

ici qu'Andrieux devint un gros personnage local sous la Restauration. Il fut maire de Reims. (Bibl. municip. Cabinet de Reims, n. 1544.)
(1) La première impression du poste de la porte Mars semble avoir été une impression de pitié. Ces Cosaques déguenillés furent d'abord pris pour des déserteurs. Ils avaient l'air si misérables qu'on leur passa, à travers les barreaux de la porte, de l'eau-de-vie et du pain. (Bibl. municip. Cabinet de Reims.)

sèrent tout abri et attachèrent leurs chevaux aux volets des fenêtres de la place.

La nuit se passa sans incidents, mais dès le matin du 7, la nouvelle de la reddition de la ville s'était partout répandue ; un peu par curiosité, beaucoup aussi par honte, j'imagine, les gens de Reims, bourgeois, boutiquiers et ouvriers, se portèrent donc sur la place de l'Hôtel-de-Ville pour voir les fameux Cosaques ! En se rendant compte du petit nombre des étrangers, en constatant la fatigue et le dénûment de ces hommes « sales, mal vêtus, à grande barbe et à figure repoussante », les bons bourgeois eux-mêmes murmurèrent et les ouvriers crièrent qu'il fallait les faire prisonniers.

Andrieux et Miteau, enfin désabusés, voyant qu'ils avaient été dupes du « bluff » des Cosaques, ne savaient que répondre. Faire prisonniers les malheureux tranquillement installés au bivouac, c'était difficile, c'eût été un véritable guet-apens. Mais il fallait cependant rétablir l'ordre dans la rue, car la population était très surexcitée, et débarrasser les abords de l'hôtel de ville. Alors les autorités de Reims, toujours bien mal inspirées, décidèrent que les Cosaques garderaient les portes, concurremment avec la garde nationale ! Et ainsi fut fait.

Par une singulière ironie des événements, ce même jour 7 février, on se préparait à Reims à une grande solennité religieuse pour le lendemain.

Dès la fin de janvier, l'empereur avait fait écrire aux évêques : « Nous désirons que vous réunissiez les fidèles dans les temples de vos diocèses pour adresser au Ciel les prières consacrées par l'Église et que vous leur retraciez, avec les sentiments qu'inspire la Religion, les devoirs qu'elle impose dans ces circonstances à tous les Français (1). »

Pour répondre au désir de l'empereur, l'évêque de Meaux avait donc décidé qu'une neuvaine solennelle commencerait le 8 février dans toutes les églises de Reims pour appeler l'intervention divine sur la France, pour la paix et pour l'empereur. Au moment même où les Cosaques s'installaient aux portes, les cloches des églises sonnaient à toute volée pour annoncer l'ouverture de la neuvaine solennelle ordonnée par Mgr de Faudoas (2).

Le 8 février, la situation reste la même. Les Russes de Winzingerode n'arrivent toujours pas et les Cosaques se sont très commodément installés dans les corps de garde.

De Yorck, qui est à Châlons, on est toujours sans nouvelles. Quelques hussards prussiens du régiment de Brandebourg se présentent cependant, venant de Dormans, pour faire une réquisition de pain.

A cette date du 8 février on lit dans une narration publiée en 1844 dans le *Journal de Reims* : « Rethel a

---

(1) Lettre citée dans le mandement de l'archevêque de Paris, S. E. le cardinal Maury.

(2) Mgr de Faudoas commençait ses mandements par l'originale formule suivante, que je transcris à titre de curiosité : « *Petrus Paulus Defaudoas, miseratione divina ac sanctæ sedis gratiâ, Episcopus Meldensis, necnon Imperii Baro ac Legionis vulgo d'honneur Eques,* etc... »
Après l'Empire, Mgr de Faudoas mit simplement « *necnon Baro* ».
Voir, aux annexes, la délibération du conseil épiscopal au sujet de la neuvaine solennelle.

fait différemment devant un parti de Cosaques. Il est à regretter que Rheims, beaucoup plus considérable, se soit rendue à une poignée d'hommes, car on pourra par la suite nous croire lâches, tandis que la colère du peuple dans cette journée aurait facilement prouvé le contraire au plus incrédule (1). »

Oui, la colère du peuple fut grande, et l'on en trouve trace dans toutes les archives. Oui, il y avait parmi les ouvriers des fabriques, anciens soldats ou jeunes gens non appelés encore, des cœurs vaillants et généreux qui comprirent le ridicule et l'odieux qui rejailliraient sur Reims. Aussi, en voyant l'agitation provoquée par sa conduite, le comité central fut-il effrayé. Il eut vraiment peur de voir massacrer ses hôtes gênants, peur surtout des représailles futures. C'est à peine s'il put éviter une grave émeute le 9, lorsque l'on vit que décidément les Cosaques étaient isolés et que l'armée russe n'était nulle part signalée.

Heureusement pour le comité, la garde nationale fit bonne contenance. Enfin le 10, une nouvelle petite troupe russe, d'une cinquantaine d'hommes, avec trois officiers, fit son apparition à la porte Mars. La mission

---

(1) Il existe à la bibliothèque municipale de Reims deux manuscrits ayant trait aux événements de 1814. Le premier, intitulé : *Journal des faits intéressants qui se sont passés à Reims en 1814 et 1815*, est attribué à M. Pinon. Le second est de M. Lacatte-Joltrois. Ils ont été écrits sous la Restauration et sont d'une très grande partialité et conçus dans un esprit généralement peu patriotique. De plus, ils fourmillent d'erreurs. Nous aurons cependant l'occasion d'y faire quelques emprunts et nous les désignerons sous les noms de leurs auteurs : manuscrit Pinon, et manuscrit Lacatte. Le manuscrit Pinon a paru en partie dans le *Journal de Reims* en 1844. Enfin, M. Camu-Didier, adjoint en 1814, a écrit une narration succincte, propriété de sa famille, que j'ai pu utilement consulter.

de cette troupe était très simple : elle venait demander, toujours au nom de l'empereur de Russie comme les Cosaques quatre jours avant, des vivres, des souliers et un tribut d'un million !

Cette fois, le Comité fut brave. Ayant déjà le peuple contre lui et ne se souciant pas de se mettre à dos les bourgeois, il refusa énergiquement toute contribution en argent et fournit seulement au détachement des vivres et des bottes. Ce fut la première réquisition, qui devait dans la suite, à Reims, être suivie de tant d'autres.

Les Cosaques cependant, au contact de la garde nationale sans doute, se civilisaient (1). Le major Schelling était grand amateur de théâtre. Il donna l'ordre au directeur Defoye de jouer pour lui et ses cosaques, et généreusement paya cent vingt francs d'indemnité. Le pauvre directeur s'exécuta, et fit représenter *le Calife de Bagdad* (2) et *les Prétendus*. En

---

(1) Ils devenaient en tout cas très exigeants. Voici une amusante lettre du 12 février à leur sujet :

« *A MM. les Membres du conseil des subsistances en l'hôtel de ville à Reims.*

« Messieurs, je vous prie de donner au porteur la soupe et le déjeuner des Cosaques qui sont aux portes de Dieu-Lumière et de Fléchambault. Vous obligerez beaucoup, ce qui m'évitera de les avoir à la maison pour me demander leurs vivres; comme ils paraissent désirer leur déjeuner à 7 heures, on leur donnera à l'effet de ne pas être toujours tourmenté par eux. De plus, s'il y a une gamelle de disponible pour leur soupe, on leur donnerait, car ils demandent leur soupe.

« J'ai l'honneur de vous saluer avec respect, votre serviteur,
« Lithixois Givelet. »
(Autographes des archives municipales de Reims.)

(2) Ce *Calife de Bagdad* était une pièce à la mode. A titre de curiosité, je signale que, le 11 mars 1815, une troupe d'amateurs joua la pièce à Vienne. C'était le jour même où le débarquement du souverain de l'île

6

dehors des Cosaques, il n'y avait bien entendu personne dans la salle. Le 13 mars, nouvelle représentation : on joua *la Belle Arsène*, opéra en quatre actes, et *les Petits Savoyards*. Ce-soir là, il y avait plus de monde, car des détachements ennemis venaient d'arriver en ville, et dans les entr'actes les spectateurs pouvaient entendre dans la direction de l'ouest le bruit du canon.

Ce canon, on l'avait déjà entendu toute la journée du 12 vers Château-Thierry, et dans la matinée du 13 quelques troupes prussiennes appartenant aux corps battus à Montmirail étaient arrivées affolées, par la porte Dieu-Lumière. Cette arrivée de troupes vaincues apportait un surcroît d'inquiétudes aux Rémois, mais faisait cependant espérer un retour de la fortune. Les Prussiens entrés en ville le 13 bivouaquèrent rue Large (1) au nombre de sept cents, et dans la soirée un commissaire des guerres annonça pour le lendemain l'arrivée du corps de Yorck. En même temps on apprit la victoire des Français à Château-Thierry.

Le corps de Yorck (2) (ou du moins une partie de

d'Elbe venait d'être connu par le Congrès ! (Voir *Souvenirs du comte de Lagarde-Chambonas*. 2ᵉ publication, 1901, chez Vivien.)

(1) Aujourd'hui rue Buirette.

(2) Yorck (1759-1830) était d'origine anglaise. A treize ans, il s'engagea dans l'armée prussienne, servit ensuite en Hollande en 1782, et combattit aux Indes néerlandaises pendant deux ans, 1783-84. Il rentra ensuite dans l'armée prussienne, mais rien ne faisait prévoir sa brillante carrière lorsque la guerre de 1806 le mit en lumière. Dès lors sa fortune fut rapide. Major général en 1807, inspecteur des troupes légères en 1810, il commanda en 1812 le corps prussien placé sous les ordres du maréchal Mac Donald. En décembre 1812 il fit défection avec ses troupes, alors que son souverain restait officiellement l'allié de Napoléon.

Yorck commanda un corps en 1813 et combattit brillamment à

ses troupes), arriva en effet dès le 14 et le 15. C'étaient des régiments des divisions Pirch et Horn. La division du prince Guillaume de Prusse cantonna à Sillery. Ce malheureux prince (1) passa deux heures à Reims, visita la cathédrale et réquisitionna des cartes de Cassini, car il avait perdu tous ses bagages !

Les divisions de Yorck devaient ultérieurement gagner Châlons pour y rallier le reste de l'armée de Blücher encore sur la rive gauche de la Marne. Yorck venait de Château-Thierry, et Sacken (2) avait ordre de faire un mouvement analogue au nord de la montagne de Reims, par Fère-en-Tardenois et Fismes. Toutes ces troupes avaient bien l'aspect de corps vaincus ; elles étaient exténuées, sans vivres, presque sans pain, et il régnait une confusion extrême qui annonçait la défaite.

Le 15 février, Yorck et Sacken couchèrent à Reims (Yorck chez Miteau) (3), et les troupes bivouaquèrent dans les rues et sur les places. Sur la place Impériale même on avait apporté de la paille, et de grands feux avaient été allumés, répandant dans tout le quartier une lueur étrange. Des détachements occupèrent Saint-

---

Lützen. Après 1814, il fut créé comte de Wartemburg, puis feld-maréchal prussien en 1821.

(1) Le prince Guillaume, né en 1797, n'avait que dix-sept ans. Il est devenu l'empereur d'Allemagne Guillaume Ier.

(2) Sacken, 1752-1837, était Livonien. En 1793, il avait déjà le grade de général et avait été fait prisonnier à Zurich (an VII). Disgracié à la suite de démêlés avec le prince Galitzin, Sacken rentre en faveur en 1806, combat à Eylau et Friedland, fait la campagne de 1812 et, en 1813, commande un corps de l'armée de Blücher. Sacken, venait de subir un échec complet à Montmirail. En 1814, il avait soixante-deux ans.

L'empereur de Russie le fit maréchal en 1821 et prince en 1832.

(3) Miteau demeurait rue de la Grue, dans le quartier Cérès.

Brice, Thillois, Champigny, Tinqueux, Bézannes et y dépouillèrent complètement les habitants (1). A Fismes, qui offrait peu de ressources, le pillage fut général les 13 et 14. « Beaucoup d'habitants, n'y pouvant plus tenir, bravèrent le grand froid et se retirèrent dans les bois, les cavernes ou les villages écartés (2). »

L'occupation prussienne ne fut pas, heureusement, de longue durée (3). Dès la matinée du 16 les troupes quittèrent leur bivouac, se rassemblèrent sur la route de Châlons, et Reims ne garda plus qu'une petite garnison de quelques bataillons, des blessés prussiens et les cent cinquante Cosaques.

Mais les Rémois ne furent relativement tranquilles que pendant quelques heures, car ce même jour 16 février, qui était un mardi, vers cinq heures du soir, on signala d'une façon très précise cette fois, sur la route de Laon, les avant-gardes du général baron de Winzingerode.

---

(1) Huit malheureux paysans qui avaient refusé de se laisser dépouiller complètement furent amenés à Reims. Miteau fut assez heureux pour obtenir leur grâce.

(2) *Annuaire de la Marne*, 1825.

(3) Les officiers prussiens profitèrent de leur présence à Reims pour se refaire aux frais de la ville. J'ai retrouvé la note d'un aubergiste, Dicher Dizan.

« Du 14 février, par ordre de ces messieurs du Conseille de la ville de Rheims.

« Donné à dîner à quinze officiers des puissances alliées à raison de huit francs par tête sans vin, fait .... 120 fr.
10 bouteilles de vin rouge de Sillery 20
5 bouteilles de bordeaux à 4 francs 20
Café pour 15 personnes 15
Liqueurs 10

Total .... 185 fr.

(Archives de Reims.)

NORD

CHAPITRE V

L'ARMÉE DE WINZINGERODE A REIMS

(16 février-1er mars).

Marche de Winzingerode de Soissons sur Reims. — Occupation de la ville. — Exigence des Russes. — Le froid. — Inaction de l'armée. — Proclamation des alliés. — L'abbé Maquart. — Préparatifs de départ pour Soissons.

Nous avons dit que Winzingerode (1), venant d'Aix-la-Chapelle, avait atteint Namur dans les premiers jours de février. Il y attendit le corps du général Vorontsov et partit le 6 avec vingt mille hommes d'infanterie et près de douze mille chevaux. A deux journées de marche en arrière, Strogonov suivait, avec un autre corps russe.

Le 9 février, l'avant-garde entrait à Avesnes, et l'armée occupait le 12 la position de Laon. Dès lors, avant de pouvoir se porter sur Paris et tendre la main à l'armée de Silésie, il était nécessaire pour Winzingerode d'être maître de Soissons. Les Russes réussirent à y entrer le 14 février, après la mort du général Rusca.

C'est à ce moment que parvint au général Winzingerode la nouvelle des désastres de l'armée de Silésie,

---

(1) Voir plus loin, dans le même chapitre quelques détails sur Winzingerode, et son portrait.

et de la retraite, par Reims, de Yorck et Sacken. Il reçut en même temps du feld-maréchal Blücher l'ordre de se porter lui-même sur Châlons par Reims, et de continuer à assurer les communications avec l'armée du Nord.

L'armée de Winzingerode quitta donc Soissons, le 15 février au matin, en deux colonnes principales. L'une passa par Braisne et l'autre, avec le quartier général, par Vailly, Pontavert et Berry-au-Bac (1).

La colonne de Braisne suivit à partir de Fismes les dernières troupes du corps de Sacken, et quand, le 16 au soir, les premiers éléments de Winzingerode arrivèrent devant Reims, les Prussiens occupaient encore par leurs arrière-gardes Bézannes, Cormontreuil, Sillery. A Reims même, nous l'avons vu, étaient restés quelques bataillons.

Les Russes commencèrent par réclamer pour eux seuls toute la ville. Il était tard, et pour éviter des contestations, les Prussiens gardèrent seulement le

(1) Un curieux billet, écrit au crayon, de la main de Winzingerode, existe aux Archives nationales Il ne porte pas de date, mais est certainement du 15 février, et est adressé au commandant de la colonne qui se dirigea sur Braisne.

« Mon général, si, dans le moment où vous recevrez cet ordre, vous n'avez pas reçu de nouvelles que l'ennemi se soit porté sur Fismes et que le général Sacken ait évacué cette place et se soit retiré sur Rheims, alors vous marcherez encore aujourd'hui sur Fismes et vous vous réunirez à ce général, d'où vous me ferez votre rapport à Rheims où je me trouverai demain de bonne heure. Dans le cas que l'ennemi se soit avancé sur Fismes et que le général de Sacken se soit retiré, alors cela reste à la disposition donnée, de manière que vous marcherez par Vailly et que vous soyez demain à Rheims. Dans tous les cas, vous laisserez un officier intelligent et un détachement de Cosaques à Soissons jusqu'à nouvel ordre; ce détachement a toujours sa retraite assurée, ou sur Laon ou par Vailly sur Rheims.

« WINZINGERODE. »
(Archives nationales, AF. IV.)

quartier de Dieu-Lumière, laissant tout le reste à leurs alliés. Du reste, ce soir-là, peu de troupes russes entrèrent dans la ville, où s'installèrent immédiatement cependant le quartier général et les principaux chefs, Winzingerode, le prince Volkonski, chef d'état-major, le comte Tchernitcheff et le baron de Rozen. Le gros de l'armée cantonna le 16 au soir dans les villages des environs. Des camps furent installés entre Bétheny et Cernay et à Merfy, Saint-Thierry et Pouillon pour les colonnes venues de Berry-au-Bac.

Les premières heures de l'occupation furent lamentables pour les Rémois qui venaient déjà, depuis trois jours, de subir les troupes prussiennes. L'avant-garde russe, qui s'était présentée vers cinq heures devant la ville, attendit longtemps des ordres, et il régna une grande confusion. Soixante pièces d'artillerie, de nombreux escadrons cosaques encombraient les rues et les places, ne sachant encore sur quels points on devait les diriger. Plus de cinq cents voitures portant les bagages n'arrivèrent que le lendemain. Elles obstruèrent les chaussées, bouchèrent les rues et il fut impossible au comité de répartir convenablement les logements de la ville. Ce ne fut que le 17 au soir qu'un peu de d'ordre commença à s'établir dans cette armée, plus difficile qu'une autre à approvisionner à cause de sa très forte proportion de cavalerie.

A son arrivée devant Reims, Winzingerode avait sous son commandement le douzième corps russe du général Vorontsov (1) (généraux Laptiev, Harpe et

(1) Vorontsov (1782-1856) était un tout jeune général, fils de l'am-

Svarikin), le treizième corps de Strogonov (généraux Krasovski, Chovanski et Sveltuchin), le corps du général Orurk (généraux Pahlen et Balk, trente escadrons) et enfin le grand corps des cosaques de Tzernitcheff (1) (généraux Naritskin, Stahl, Ilowarski et Beckendorf, quatre-vingt-quinze escadrons). Cela donnait le total énorme de cent vingt-cinq escadrons de cavalerie, près de vingt-deux mille fantassins et douze mille chevaux.

Lorsque toute l'armée fut concentrée, presque tous les états-majors et près de quinze mille hommes logèrent dans la ville et dans les faubourgs, imposant les plus lourdes charges à une population inquiète et déjà très appauvrie par les passages des jours précédents.

Ce que furent ces charges, il est facile de se le figurer : la majorité des maisons dut héberger quinze ou vingt hommes. Les soldats, qui ne s'étaient pas encore battus depuis le commencement de la campagne, sauf au petit combat de Soissons, affichaient une arrogance extraordinaire et se montraient plus difficiles que les

bassadeur de Russie à Londres. Engagé en 1800, il était très vite parvenu aux grades élevés après s'être distingué au Caucase et en 1812-1813.

Après 1814, il remplit de hautes charges, fut ambassadeur, gouverneur de la Nouvelle Russie, puis du Caucase.

(1) Tchernitcheff (ou Czernicheff), 1779-1857, avait d'abord fait sa carrière dans les troupes cosaques; aide de camp de l'empereur Alexandre, il fut un moment attaché à l'ambassade de Paris en 1811-1812, comme colonel. Une affaire d'espionnage à laquelle il se trouvait mêlé le força à quitter la France et en 1812, pendant la campagne, il rendit des services en harcelant les colonnes et en enlevant les convois. Mais, au dire du général de Marbot, son rôle, en 1813, fut moins brillant. A la bataille de Hanau, Tchernitcheff, qui commandait trois mille Cosaques, ne voulut pas intervenir « et s'éloigna bravement du champ de bataille au milieu des « huées des troupes austro-bavaroises, indignées de cette honteuse con- « duite ». (MARBOT, III, ch. XXXII.)

Prussiens et même que les premières troupes cosaques arrivées le 6 février. Aucun service d'intendance ne fonctionnant, bien entendu, tout était fourni par réquisition. Les habitants de Reims devaient non seulement loger les hommes et les officiers, mais encore les nourrir, et les exigences des troupiers russes étaient énormes. « J'en ai huit chez moi, dit un contemporain (1). Hier, ils ont mangé trente-six livres de pain, dix de viande, du lard et des cervelets, quarante-deux bouteilles de vin et douze bouteilles d'eau-de-vie, qu'ils ne trouvent pas assez forte et à laquelle ils ajoutent beaucoup de poivre et de sel, et des oignons crus, et ils n'étaient pas contents ».

Comprenant que les exigences des troupes finiraient par exaspérer les habitants, le général baron de Rozen, qui remplissait les fonctions de commandant de place, fit afficher dès le 20 février (2), en langues russe et

---

(1) *Journal d'un bourgeois de Reims*, publié en 1844 dans le *Journal de Reims*.

(2) Vers la même date, le comité central fit afficher un « Tarif de la valeur des monnaies étrangères » à Reims. L'affiche était ainsi conçue :

« TARIF DE LA VALEUR DES MONNAIES ÉTRANGÈRES.

« Pour éviter les méprises et les contestations entre les militaires et les habitants, le comité central a pensé qu'il était important de fixer par un tarif la valeur des monnaies étrangères que les troupes des hautes puissances alliées sont dans le cas d'offrir aux marchands de la Ville, en paiement de leurs marchandises.

Ainsi on peut admettre :

Le double Frédéric d'or de Prusse, ceux de Saxe, de Hanovre, etc., valant dix rixdales, pour..................................	40 fr.
Le Frédéric simple de cinq rixdales pour..................	20
La pièce d'or de Westphalie, pour.......................	20
Le ducat de Hollande, et celui d'Autriche, non rognés, pour	11 fr. 50
L'écu d'Albert de Hollande, pour.......................	5 75
L'écu de Brabant, pour.................................	5 75

française, un ordre relatif à la fourniture des denrées destinées à la troupe. « Pour éviter les abus qui peuvent résulter à cause de la nourriture des soldats, je prie le comité central de faire parvenir à la connaissance des habitants de cette ville que la portion destinée aux Russes consiste par jour en deux livres et demie de pain, une livre de viande, quelques légumes, surtout des pommes de terre, une part d'eau-de-vie comptant dans une bouteille ordinaire huit portions. En cas de manque d'eau-de-vie, on donnera une bouteille de vin. »

Cet ordre très sage fut difficilement exécuté. Les soldats russes en étaient furieux, trouvant la portion beaucoup trop petite, et les habitants, redevenus très timorés, n'osaient rien refuser à leurs vainqueurs. Pour être juste, il faut constater les louables efforts faits par l'état-major russe. Autant les soldats étaient cruels, autant les chefs affectèrent une certaine bienveillance pour les habitants. Les officiers, parfaitement installés chez les gros commerçants, se plaisaient à Reims. Ils y

L'écu de Saxe, pour.	3 fr.	75
Le rouble argent, pour.	4	
L'écu de Prusse, valant vingt-quatre Bons-Gros, pour.	3	60
Les pièces de huit Bons-Gros, ou un tiers d'écu.	1	20
Les pièces de quatre Bons-Gros, faisant la sixième partie de l'écu, pour.	0	60
Les pièces de deux Bons-Gros, faisant la douzième partie de l'écu, pour.	0	30
La pièce de Hanovre portant le nombre deux tiers, pour.	2	75
La pièce d'Empire de vingt-quatre kreutzers, portant le nombre 20, pour.	0	90
La pièce d'Empire de douze kreutzers, portant le nombre 10, pour.	0	45
L'écu de Bavière ou de convention, faisant deux florins et quarante-deux kreutzers, pour.	5	75

Imprimé à Rheims chez Lebatard, imprimeur-libraire.

trouvaient des filles et des spectacles ! Le théâtre les attirant tout particulièrement (1), les acteurs furent réquisitionnés dès le 16 au soir, le jour de l'entrée des Russes. On joua *Euphrosine et Conradin*, opéra en quatre actes, et le 17 la représentation fut composée de *Une heure de mariage* et du *Calife de Bagdad*. Le programme des jours suivants manque; mais le 22 février, on redonne *Euphrosine* avec un sous-titre : *ou le Tyran corrigé*, et *le Tonnelier*. Le 23, c'est un drame, *Françoise de Foix*, etc.

Les habitants de Reims n'assistaient pas à ces soirées d'art, mais la salle entière était garnie par les officiers et les soldats (2).

Pendant ce temps, les Cosaques de Winzingerode, cantonnés aux environs, continuaient à saccager les villages. Le 17 février, Clairmarais est ravagé et les hameaux de la montagne de Reims sont pillés. Le 19, le quartier de la Couture est complètement dévasté, de nouveaux villages sont incendiés. On croirait que le sac du pays est organisé méthodiquement par l'envahisseur.

A toutes ces misères, un nouvel élément vient s'ajouter : le froid est intense, et les Russes réclament du bois. La provision existant à Reims est vite épuisée, car la saison d'hiver touche à sa fin, mais comme il

---

(1) Une invitation avait été faite aux dames de Reims « d'embellir la salle de leur présence ». Elle fut refusée. Aucune Rémoise ne vint au spectacle.

(2) Elle était située alors rue des Gueux. Construite en 1778, elle pouvait contenir douze à quinze cents spectateurs. Il n'y avait pas de bancs au « parterre ».

faut du bois cependant pour chauffer les soldats russes, les arbres des promenades sont coupés et les bancs sont arrachés. Pour répondre aux demandes de l'ennemi, le comité central est même obligé de faire abattre les arbres anciens entre la porte Cérès et la porte Dieu-Lumière. De grands feux sont allumés sur les places, et malgré cela bien des pauvres diables de soldats meurent de froid et... d'eau-de-vie. Puis, vient le tour des autres arbres situés sur les remparts, vers la porte de Mars. L'église des Cordeliers, déjà en ruine, est complètement saccagée ; ses poutres et ses solives servent de combustible, et le bois devient si rare que le baron de Rozen est obligé d'exempter du logement des troupes les boulangers de la ville.

Si le froid faisait souffrir les soldats russes, quelles devaient être les souffrances du peuple de Reims! Jamais la misère, l'horrible misère, même au temps des famines, ne fut plus grande que dans ces lugubres jours de février 1814, et à cette misère, pour beaucoup, venaient s'ajouter encore les angoisses patriotiques! Les nouvelles étaient rares et presque toujours fausses ; un jour, le mardi gras 22 février, — journée triste entre toutes — on annonça l'arrivée de Bernadotte, démentie naturellement le lendemain.

Le 24, des mouvements de troupes font espérer aux habitants un départ prochain des Russes. Vain espoir! Quelques milliers de soldats sortent, il est vrai, de la ville, mais sont remplacés par d'autres. On apprend ce jour-là que l'empereur a été vainqueur à Montereau, qu'il va se rapprocher de Troyes. Peut-être arrivera-t-il vers Reims! Les habitants l'espèrent déjà, on s'aborde en commentant la bonne nouvelle. Mais deux jours plus tard on sait que pour la troisième fois l'empereur s'est mis à la poursuite de Blücher et qu'il marche dans la direction de Paris ! Dès lors, aucun terme n'est entrevu pour l'occupation, et l'armée de Winzingerode semble rivée à Reims qu'elle ne veut pas quitter.

L'inaction du général russe, pendant quinze jours, est tactiquement très discutable. Les ordres de Blücher, qu'il avait reçus le 14 à Soissons, ordres qui lui prescrivaient de se mettre en liaison avec lui, n'avaient été que partiellement exécutés. Winzingerode, il est vrai, en gardant la position de Reims, pouvait rendre service en cas de retraite et assurer les communications avec Bernadotte et le corps de Bülow. Mais Soissons avait été réoccupée le 19 février par le duc de Trévise qui en organisait la défense ; Bülow ne pouvait donc facilement s'avancer sur la ligne de l'Aisne, et dès la fin de février il devint certain que Winzingerode aurait à se porter de Reims sur Soissons après être venu de Soissons à Reims. On a dit que Bernadotte avait reculé le plus possible le moment où personnellement il devrait fouler le sol français ! C'est là prêter beaucoup de générosité au prince royal de Suède, ou du moins beaucoup de conscience. Les motifs qui le firent agir furent absolument politiques, et son attitude ne fut dictée que par son ambition sans limites (1). Pour faire attendre sa venue, il s'était décidé à lancer

(1) Voir le beau livre de M. PINGAUD, *Bernadotte, Napoléon et les Bourbons*, chapitre XXVII.

une proclamation fameuse. Nous avons vu quelle manie de faire des proclamations sévit en 1814 sur les alliés. Tous ces pompeux appels à la soumission furent affichés dans Reims ; peut-être même la proclamation du comte de Provence fut-elle à cette époque colportée sous le manteau, chez les très rares Rémois qui pouvaient alors songer aux Bourbons.

Bernadotte disait le 23 février (1) : « Français, j'ai pris les armes par ordre de mon roi... Revoyant les bords de ce fleuve où j'ai si souvent et si heureusement combattu pour vous, j'éprouve le besoin de vous faire connaître ma pensée. Votre gouvernement a continuellement essayé de tout avilir pour avoir le droit de tout mépriser ; il est temps que le système change.

« Tous les hommes éclairés forment des vœux pour la conservation de la France ; ils désirent seulement qu'elle ne soit plus le fléau de la terre...

« Les souverains ne se sont pas coalisés pour faire la guerre aux nations, mais pour forcer votre gouvernement à reconnaître l'indépendance des États (2)... »

Cette proclamation était signée Charles Jean. Bernadotte était bien mort, le glorieux Bernadotte du moins. Toutefois, en comparant cette affiche avec celle des autres princes, on doit lui reconnaître un

---

(1) Cette proclamation était datée d'Avesnes, bien que, le 23 février, Bernadotte fût encore aux environs de Cologne. Du reste, le prince royal de Suède ne dépassa pas Liège pendant la campagne.

(2) Placardée partout dans le nord-est de la France, cette proclamation avait été tirée sur un format que nous appellerions aujourd'hui grand écolier. Elle porte comme titre, en lettres immenses : « Le Prince Royal de Suède aux Français. » Il n'y a pas de nom d'imprimeur.

certain caractère de modération. Bernadotte n'y attaque pas personnellement son ancien souverain.

Bülow, lui aussi, paraphrasant le commandant en chef de l'armée du Nord, écrivait de Laon, le 24 février (1) : « Une révolution horrible menaçait un jour de vous rendre barbares! Elle est oubliée, mais qu'elle ne renaisse jamais. Le gouvernement d'un tyran a succédé, non pour guérir vos blessures, mais pour vous en porter de plus cruelles, de plus sensibles... Nous ne venons pas partager la France... »

Quant à Winzingerode, sa proclamation lancée dès son arrivée à Namur, le 6 février (2), était ainsi conçue :

« Aux habitants de la France.

« Nous nous portons au delà de nos anciennes frontières. Le prince royal de Suède nous suit avec toute son armée. Le Ciel a favorisé nos armes pour la gloire de la Russie et la délivrance de l'Allemagne. Il consommera son ouvrage et forcera l'empereur Napoléon à vous donner la paix que vous désirez. Lisez les proclamations des princes alliés, vous verrez qu'ils veulent la paix. Demandez à vos compatriotes comme nos soldats les traitent en amis dans vos villes et vos villages.

« Recevez amicalement nos soldats. Ils ne vous demanderont que de la nourriture. Au moindre désordre qui pourrait arriver, accourez près de moi, à toute

(1) *Journal de l'Aisne* du 5 mars 1814. (Archives de Laon.)
(2) *Journal de l'Aisne* du 8 mars. Le *Journal de l'Aisne*, bi-hebdomadaire, continua à paraître à peu près régulièrement pendant la campagne.

heure vous me trouverez disposé à vous écouter...
Nous ne faisons la guerre qu'aux soldats de Napoléon.
Que le ciel vous préserve de vous joindre à eux, l'innocent souffrirait avec le coupable, toute la population serait abandonnée à la vengeance des Cosaques, si un bourgeois ou un paysan quittait ses occupations pour prendre les armes.»

Creuse phraséologie que toutes ces proses déclamatoires, mensonges hypocrites, vides de sens! Une seule vérité s'y trouve : la France désirait la paix. Mais vouloir faire comprendre aux paysans que l'empereur ne représentait pas la France, et que les alliés ne faisaient la guerre qu'aux soldats de Napoléon, c'était impossible. Si les paysans ne s'armèrent pas partout avec un égal courage, c'est qu'ils étaient sans chefs, qu'ils avaient besoin d'être encadrés, voilà tout.

N'appartenaient-ils donc pas à la classe des paysans, presque tous ces petits soldats de la conscription de 1815 qui se battaient après quelques semaines, quelques jours seulement de métier militaire, après avoir quitté leurs charrues ? Dans quelle catégorie peut-on ranger la plupart de ces pauvres jeunes « Maries-Louises », qui se firent tuer si bravement ? Ils n'étaient pas uniquement des soldats de Napoléon. C'étaient avant tout des soldats de la France et c'est pour elle qu'ils luttaient, pour son indépendance qu'ils donnaient leur sang.

Quant aux cyniques promesses de Winzingerode, « nos soldats ne vous demanderont que de la nourriture... recevez amicalement nos soldats », nous avons vu comment à Reims, comme partout, elles furent tenues. Et si, à dessein, dans ce récit que j'ai voulu faire fidèle, du sombre drame de 1814, je m'appesantirai peu sur les horreurs commises en Champagne, c'est que là où le cœur se soulève de dégoût, forcément la plume s'arrête...

Ceci posé, il ne me coûte nullement de redire que les chefs ennemis valaient mieux que leurs soldats — que Yorck pendant la campagne chercha plusieurs fois à arrêter les pillages, que Winzingerode ne fut pas constamment inhumain. A Reims même, il sut dans plusieurs circonstances se laisser fléchir par l'intervention généreuse de l'abbé Maquart, et je suis heureux de pouvoir camper ici la silhouette de ce digne prêtre qui fut un brave homme.

L'abbé J.-B. Maquart était l'aîné de trois frères, tous prêtres. Il avait reçu l'ordination vers 1777, et avait professé la rhétorique au collège de Reims avant la Révolution. N'acceptant pas la constitution civile du clergé, il s'était expatrié, avait voyagé en Allemagne et en Suède, puis avait été appelé à diriger avec son frère puîné l'institut des jeunes nobles, fondé à Saint-Pétersbourg par Alexandre. Là il avait exercé pendant dix ans le professorat, et beaucoup de jeunes officiers russes de la noblesse avaient été ses élèves, entre autres le chef d'état-major prince Volkonski (1),

(1) Le prince Volkonski (Pierre Michaïlovitch), 1776-1852, était extrêmement francomane. Après Tilsitt il passa plusieurs années en France pour étudier le fonctionnement de l'état-major français, et à son retour en Russie créa véritablement le corps d'état-major russe. Très apprécié d'Alexandre, il remplit de hautes fonctions de cour après 1814. Il fut ministre de la maison impériale, altesse sérénissime et feld-maréchal. C'était un homme d'une courtoisie reconnue.

petit-fils du célèbre prince Repnin (1). Maquart n'était rentré en France qu'en 1810 et remplissait depuis cette époque les fonctions d'aumônier au lycée impérial de Reims. Dans cette nouvelle situation, bien qu'ancien émigré, l'abbé n'avait gardé aucune teinte politique et était bien vu du pouvoir. Son souvenir a été précieusement conservé à Reims et son portrait orne les murs du parloir du lycée.

Son influence sur Volkonski, son ancien élève, l'ascendant véritable qu'il sut prendre sur Winzingerode contribuèrent grandement à adoucir le sort réservé par les Russes aux habitants de la ville. Maquart obtint même la vie d'un maire des environs et de plusieurs habitants qui s'étaient défendus contre des Cosaques.

Winzingerode passait pour farouche ; il affichait en tout cas une haine profonde pour l'empereur, qui l'avait traité de mercenaire étranger pendant la campagne de 1812. Les Winzingerode en effet étaient originaires du Wurtemberg. Le père du général occupait la place de ministre des affaires étrangères de son pays en 1814, et son frère avait été pendant plusieurs années ministre plénipotentiaire à Paris (2). Le général qui, lui, dès sa jeunesse avait rêvé de plus vastes horizons, quitta de bonne heure le Wurtemberg, prit du service en Autriche, puis en Russie et se couvrit de gloire à Austerlitz et à Aspern, où il reçut une grave blessure. Pendant la campagne de 1812, il était dans les rangs

(1) Prince Repnin. 1734-1801, diplomate, feld-maréchal.
(2) Il existe aux Archives nationales une curieuse correspondance entre ce Winzingerode et le duc de Bassano. Le ministre français dut à un moment donné faire l'aumône de quelques milliers de francs au diplomate qui ne recevait aucun subside de son gouvernement.

BARON DE WINZINGERODE
GÉNÉRAL LIEUTENANT, COMMANDANT UNE DES ARMÉES RUSSES EN 1814
(D'APRÈS UNE GRAVURE ALLEMANDE)

russes, combattant contre les Français et les Wurtembergeois leurs alliés, lorsqu'il eut la mauvaise chance d'être fait prisonnier le 22 octobre. C'est à ce moment que Napoléon, le voyant combattre ses compatriotes, le traita de mercenaire. Dirigé sur Metz, Winzingerode réussit à s'échapper, rejoignit Alexandre et obtint de suite un commandement important en 1813. Depuis ce moment, il se posait en ennemi personnel de Napoléon, dont il n'avait pas oublié le blessant accueil.

Quoique se plaisant à Reims, où il était personnellement fort bien installé chez Andrieux (1), le baron de Winzingerode se prépara, le 27 février, à quitter la ville. Il venait de recevoir du prince de Schwarzenberg l'ordre de se mettre à la disposition de Blücher. Bülow, de l'armée du prince de Suède, était également mis sous les ordres du vieux feld-maréchal. Or, à cette date du 25 février l'armée de Blücher se portait par la vallée de la Marne sur Meaux.

Pour que Bülow (2), qui se trouvait encore au nord de Laon, et Winzingerode, qui occupait Reims, pussent

---

(1) Andrieux appartenait à la vieille bourgeoisie de Reims. Sa sœur avait épousé M. de Montrozier, qui fut lâchement massacré en 92, et s'était remariée à M. Legoux. La maison qu'il habitait (et qui existe encore en partie) était sur la place de l'Hôtel-de-Ville, au coin de la rue de la Grosse-Bouteille (aujourd'hui rue de Mars) et de la rue de la Prison.
La demeure était spacieuse. « Le premier grand salon était meublé de jaune et celui d'après, décoré d'utrecht vert ne s'ouvrait que dans les grands jours. » (A. BARBAT DE BIGNICOURT, *Un salon de Reims*.)

(2) Bülow, général prussien, était né en 1755 et s'était engagé à quatorze ans. Capitaine en 1793, général en 1808, il avait pris part à toutes les campagnes contre la France. En 1813, il commanda victorieusement aux combats de Luchau, de Grossbeeren et de Dennewitz. Il passait pour un des meilleurs généraux prussiens.

se porter eux aussi sur la Marne au-devant de Blücher, il était impossible de négliger la place de Soissons, qui, comme nous l'avons vu, avait été réoccupée le 19 février par les Français. Winzingerode, apprenant que l'empereur suivait les traces de Blücher, proposa donc et fit accepter par Bülow l'idée de marcher immédiatement sur Soissons. Après s'y être rendus maîtres des passages de l'Aisne, ils chercheraient ensuite à opérer leur jonction vers la Marne avec l'armée de Silésie.

Le calcul d'ailleurs était juste ; le sort de l'armée de Silésie semblait dès ce moment dépendre de la possession de Soissons.

Le général Winzingerode, qui avait occupé la ville une première fois quinze jours avant, n'ignorait pas que la défense pouvait être sérieuse, et il s'attendait à être obligé de livrer assaut. Les journées des 27 et 28 à Reims furent donc occupées à fabriquer un nombre considérable d'échelles destinées aux murs de Soissons.

Les préparatifs paraissant achevés le 28 au soir, Winzingerode donna l'ordre de départ pour le 1er mars, et se mit en marche par la route de Fismes, avec l'espoir de retrouver Bülow sur les bords de l'Aisne.

Rappelons ici brièvement les phases de la capitulation de Soissons.

La ville était commandée par le général Moreau, qui avait à sa disposition un millier de fantassins et deux mille gardes nationaux. L'empereur, attachant une importance toute particulière à sa possession, avait fait envoyer au général une instruction détaillée sur les mesures à prendre en cas d'attaque de l'ennemi.

Le 2 mars au matin, le corps de Bülow apparut au nord de Soissons, venant par la rive droite de l'Aisne, et celui de Winzingerode déboucha par la rive gauche, après avoir fait jeter un pont vers Micy.

La soirée du 2 fut employée à une forte canonnade sans grand résultat. Le 3 les généraux ennemis firent au général Moreau les menaces les plus violentes et, afin d'agir par intimidation, le menacèrent de faire passer la garnison par les armes.

Il était évident qu'avec ses faibles effectifs de mille hommes de troupes régulières, Soissons ne devait pas pouvoir résister longtemps, d'autant plus que Moreau n'avait malheureusement pas suivi les instructions de l'empereur, et n'avait même pas, malgré les ordres reçus, fait miner le pont sur l'Aisne! Mais, que Soissons pût seulement tenir deux ou trois jours et Blücher se fût trouvé dans une situation presque désespérée. Ces deux ou trois jours indispensables, Moreau ne sut pas faire les efforts nécessaires pour les avoir. Malgré l'ardeur de la garnison, malgré les supplications du colonel de Saint-Hillier, le commandant de place ébranlé par les menaces de Bülow et de Winzingerode se décida à livrer la ville le 3 mars. Il obtint une capitulation honorable, mais le soir même Bülow et Winzingerode se donnaient la main sur l'Aisne et l'armée de Blücher était sauvée.

Il nous faut maintenant abandonner un peu les habitants de Reims et suivre avec quelques détails les opérations de l'empereur à partir du 4 mars, opérations qui d'ailleurs, par les mouvements sur Berry-au-Bac et sur l'Aisne, sont intimement liées à l'histoire de la région rémoise pendant l'invasion.

CHAPITRE VI

L'EMPEREUR A FISMES. — BERRY-AU-BAC

Arrivée de l'empereur. — Son nouveau plan. — Premières dispositions pour le 5 mars. — Nouvelle de la capitulation de Soissons. — Affaires de Braisne. — Combat de Berry-au-Bac. — Passage de l'Aisne. — Poursuite de l'ennemi.

Le 4 mars au matin, après avoir passé la nuit à Bézu-Saint-Germain, l'empereur arriva à Fismes et descendit de cheval devant la maison Heurtevin. C'était une maison de médiocre apparence, mais elle avait eu plusieurs fois l'honneur de recevoir les rois de France allant se faire sacrer à Reims. Son propriétaire était, en 1814, M. Lecoyer dit Darconville, et elle a été convertie, de nos jours, en magasin de quincaillerie !

A peine installé en cette maison Heurtevin (1), l'empereur écrit au roi Joseph : « Mon frère, je suis arrivé à Fismes. L'ennemi a été poussé dans toutes les directions ; on lui a ramassé deux mille prisonniers et pris quatre ou cinq cents voitures de bagages et caissons.

---

(1) D'après la tradition très ancienne du cérémonial des sacres, les rois se rendant à Reims couchaient à Fismes, entendaient la messe à l'église paroissiale de Saint-Macre, déjeunaient et repartaient dans la journée. La distance de Fismes à Reims est d'environ 27 kilomètres. — Par dérogation à l'usage, Louis XV était descendu à Fismes non pas à la maison Heurtevin, mais chez M. Le Scellier.

Fismes est la patrie d'Adrienne Lecouvreur, servante d'auberge, qui suivit une troupe de comédiens de passage... 1698-1730.

Le duc de Raguse doit être à Soissons et mes coureurs sont sur Reims. L'ennemi paraît se diriger sur Laon et Avesnes. Il est dans le plus grand désarroi et a perdu immensément en hommes, chevaux et charrois... »

C'est donc dans les meilleures conditions que semble se présenter la journée du 4 mars pour l'armée française. Depuis deux jours, l'empereur poursuit l'exécution d'un nouveau plan de campagne, conçu à la Ferté-sous-Jouarre et dont je rappelle les lignes principales : poursuivre l'armée de Blücher dans sa marche rétrograde vers le nord et chercher à la mettre hors de combat; mobiliser toutes les troupes des garnisons du nord, puisque le blocus des places semblait très négligé par les alliés et que les corps de Bülow et de Winzingerode étaient signalés l'un vers Avesnes, l'autre vers Reims. Après avoir battu l'armée de Blücher avec les quarante mille hommes dont il disposait, l'empereur se proposait d'appeler à lui une force au moins égale provenant de ses garnisons du nord, et, à la tête de cette nouvelle armée de près de cent mille hommes, en partie composée de troupes fraîches ralliées à Laon, Soissons et Rethel, de se porter sur Verdun et la Lorraine pour inquiéter les communications de Schwarzenberg et tomber sur ses derrières.

« Ce plan si hardi était fort exécutable, car le nombre d'hommes existait et le trajet pour les rallier n'exigeait ni trop de fatigue, ni trop de temps (1). »

La première partie du plan de l'empereur paraissait

(1) Thiers, *Histoire du Consulat et de l'Empire*, vol. XVII.

d'ailleurs devoir se réaliser immédiatement. « L'armée de Blücher était dans le pire état de fatigue et de misère. Depuis soixante-douze heures les troupes avaient livré trois combats et fait trois marches de nuit, depuis une semaine elles n'avaient reçu aucune distribution (1). » Winzingerode et Bülow étaient arrivés devant Soissons, il est vrai, mais, ceci, l'empereur l'ignorait absolument, et il avait le droit de croire que la place opposerait une certaine résistance en cas d'attaque. Même pour les généraux ennemis, l'occupation de Soissons paraissait très problématique. « Si la place n'est pas prise dans la journée du 3, écrivait Winzingerode à Schwarzenberg, je me mettrai en route au lever du jour pour Fismes. »

Pour Napoléon, la situation du 3 au soir pouvait donc se résumer ainsi : Soissons résistait et l'armée de Silésie, battue sur l'Ourcq, était en pleine retraite sur l'Aisne, talonnée par les corps des maréchaux Mortier et Marmont. Soissons restant aux Français, cette armée de Blücher devait forcément obliquer à l'est, et chercher à franchir l'Aisne, soit au passage de Berry-au-Bac, soit sur des ponts improvisés entre Berry et Soissons.

Pour gêner ce mouvement probable de Blücher, Napoléon, qui ignore même la présence de Bülow devant Soissons et qui le croit toujours sur la route d'Avesnes à Laon, s'est décidé le 3 au soir à se diriger de sa personne sur Fismes, pour occuper par conséquent la route de Reims à Soissons. Il estime qu'une grande rencontre est imminente et inévitable et que

---

(1) Müffling, cité par Houssaye, 1814.

Blücher devra livrer bataille dans les plus mauvaises conditions possibles, ayant à dos la rivière de l'Aisne, ayant son flanc menacé par la garnison de Soissons.

On conçoit donc qu'en arrivant à Fismes, Napoléon ait écrit au roi Joseph en laissant percer, dans les termes de sa lettre, avec la satisfaction d'un succès remporté la veille, l'espoir d'un plus grand succès prévu pour la journée du lendemain.

Le 4 au matin, l'empereur croit toujours Soissons aux mains des Français. Cependant, depuis Bézu-Saint-Germain qu'il a quitté au lever du jour, il est sans nouvelles des maréchaux Mortier et Marmont lancés vers Soissons, et il s'en inquiète. Il prescrit même au major général Berthier : « Écrivez à Soissons pour faire connaître au général Moreau, qui y commande, que je suis arrivé à Fismes, et de me donner des nouvelles du duc de Raguse et du duc de Trévise qui ont dû pousser sur Soissons. Il me fera connaître aussi ce qu'il sait des mouvements de l'ennemi (1). »

Dans la pensée de l'empereur, c'est le 5 mars, le 6 au plus tard, que doit avoir lieu la rencontre avec l'armée de Silésie. Néanmoins, il paraît possible que Blücher cherche à franchir l'Aisne dès le 4 au soir vers Vailly et que l'action s'engage sur la rivière même. Aussi, dans la soirée, Napoléon prend des dispositions préparatoires en vue de ses opérations ultérieures ; il décide de s'assurer de la possession de Braisne, de faire occu-

(1) *Correspondance de Napoléon*, n° 2149.

per Reims par le général Corbineau et de se porter lui-même avec le gros de ses forces sur Berry-au-Bac. Ce dernier mouvement est en somme le plus important. Que la bataille prévue se livre au nord de Fismes ou sur l'Aisne, l'occupation de Berry-au-Bac s'impose d'une manière absolue (1).

A peine ces dispositions préparatoires sont-elles prises que, dans la nuit du 4 au 5, l'empereur apprend la reddition de Soissons. La capitulation a été signée le 3, mais, par un curieux concours de circonstances, la nouvelle ne parvient que quarante heures plus tard, vraisemblablement par une lettre du duc de Raguse, datée d'Hartennes et adressée au major général : « Votre Altesse aura été informée par Grouchy de

(1) Forces de l'armée de l'empereur le 5 mars.

	Infanterie.	Cavalerie.
Corps du prince de la Moskowa (généraux Boyer, Meunier, Curial)	3,773	
Corps du duc de Bellune (généraux Charpentier et Boyer de Rebeval)	7,400	
Corps du duc de Trévise (généraux Friant, Christiani et Poret de Morvan)	11,900	
Corps du duc de Raguse (généraux Ricard, Lagrange duc de Padoue)	6,000	
Cavalerie. — Corps de Nansouty (généraux Laferrière, Colbert, Exelmans, Paez)		4,250
Corps de Grouchy (généraux Merlin, Bordesoulle, Roussel)		4,484
	29,073	8,734
TOTAL		37,807

Ces chiffres de l'armée française donnés par le général de Vaudoncourt (II, 25) paraissent plutôt au-dessous de la réalité. En tout cas, le corps de Raguse porté ci-dessus comme ayant 6,000 hommes, reçut le 7 mars un renfort de 4,000 hommes. « C'étaient, dit Marmont dans ses Mémoires, 4,000 hommes de mauvaises troupes. Des matelots qui n'avaient jamais fait la guerre de campagne et ne connaissaient pas les premiers éléments de leur nouveau métier, servaient leur artillerie. »

l'étrange nouvelle de la reddition de Soissons, pris sans avoir fait aucune espèce de résistance. Cet événement, qui nous enlève les beaux résultats que nous étions au moment d'atteindre, changera nécessairement les opérations de Sa Majesté. C'est à neuf heures du matin (le 3) que Soissons s'est rendue sans avoir tiré un coup de fusil (1). »

Cette nouvelle désolante devait en effet modifier les intentions de l'empereur pour la marche de l'armée vers l'Aisne. Mais il était trop tard pour rien changer aux dispositions déjà prises pour l'occupation simultanée de Braisne et de Reims. Ces deux opérations s'exécutèrent dans cette même nuit du 4 au 5; elles étaient déjà sur le point d'être terminées quand la dépêche de Marmont arriva au quartier général de Fismes.

Avant de voir quelles furent les dispositions définitives adoptées par l'empereur pour porter le gros de ses forces sur l'Aisne, il faut donc, pour suivre l'ordre chronologique, voir de quelle façon l'occupation de Braisne s'était effectuée. Nous consacrerons un chapitre spécial à l'occupation de Reims par Corbineau.

Un premier engagement avait eu lieu le 4 vers Braisne, de très grand matin. Voici dans quelles conditions.

Le général Roussel était sous les ordres du général Grouchy, qui commandait un des corps de cavalerie, et précédait la marche de l'armée vers Fismes. En quittant Bézu-Saint-Germain, l'empereur apprend

(1) Une autre lettre, du duc de Trévise celle-là, parvint en même temps : « En suivant une forte arrière-garde dans la direction de Soissons, M. le duc de Raguse et moi, nous apprenons que cette ville a capitulé hier à neuf heures du matin. » (Archives nationales.)

qu'une partie des bagages du général Sacken vient de quitter Fismes et suit la rive gauche de la Vesle pour gagner Braisne. La prise des bagages de Sacken était tentante. Aussi Napoléon donne l'ordre au général Guyot, qui commandait les escadrons de service, de se porter avec ceux-ci et quelques escadrons polonais sur la queue du convoi. Roussel doit appuyer le mouvement.

Les escadrons polonais, qui ont pris la tête de la colonne, abordent résolument le convoi, s'emparent des bagages de Sacken et font quelques prisonniers.

Malheureusement, Roussel a marché moins vite que les Polonais de Guyot, et les distances entre les deux groupes sont beaucoup trop grandes. Tout à coup les Polonais sont entourés par un régiment de hussards de Volhynie et par des Cosaques. En même temps, plusieurs bataillons russes appartenant à la division du général Strogonov (1) apparaissent, venant de Vailly.

Devant ces forces imposantes, les Polonais sont forcés de se replier et d'abandonner le convoi. Les escadrons de service sont ramenés à leur tour, très en désordre, sur la division du général Roussel. Celui-ci détache le 5ᵉ dragons, qui tente un retour offensif et réussit, en descendant rapidement au trot la crête du mont Saint-Martin, à porter secours à Guyot, dont les escadrons se reforment, face à l'ennemi. Les hussards

---

(1) Le comte Paul Strogonov (1774-1817) était fils du grand chambellan de l'empereur Paul Ier. Entré d'abord dans l'administration, il servit ensuite dans l'armée russe et l'influence de son père l'avait rapidement poussé. Il commandait une division. Son fils, tout jeune officier, fut tué à Craonne le 7 mars. Le comte Strogonov avait épousé la spirituelle princesse Sophie Galitzin.

de Volhynie et les Cosaques se replient sur Bazoches, puis sur Courcelles.

C'était un demi-succès, dont le général Roussel crut pouvoir se contenter. Persuadé que le village de Courcelles était occupé par l'infanterie russe, il n'osa pas continuer la poursuite commencée et arrêta le mouvement par prudence (1). Le but n'était donc pas atteint, puisque le convoi de Sacken put tranquillement continuer sa route, et que Braisne resta à l'ennemi.

Or, l'empereur attachait une grande importance à la possession du nœud de routes de Braisne, et son mécontentement fut très vif. Il chargea Berthier d'en transmettre l'expression (2) : « Témoignez mon mécontentement au général Roussel (3) de ce qu'il n'a pas pris le convoi qu'il avait devant lui et a arrêté son mouvement au moment de la victoire. S'il avait poussé l'ennemi comme il l'aurait dû, tout le convoi aurait été pris. Je suis d'autant plus mécontent qu'il n'avait pas huit cents hommes devant lui, et que je lui avais donné l'ordre, par son aide de camp, de poursuivre l'ennemi sans relâche, à moins qu'on ne lui opposât des forces trop supérieures. Faites connaître au général Roussel que le peu d'activité qu'il a montré dans cette circonstance m'a d'autant plus affligé que cela m'empêche

---

(1) Roussel fit occuper Courcelles dans l'après-midi, trop tard.
(2) *Correspondance*, n° 21430.
(3) Le général Roussel d'Urbal avait d'abord servi dans l'armée royale. En 1791 il avait le grade de lieutenant-colonel. Il émigra et ne fit sa soumission que vers 1808. L'empereur le nomma peu après brigadier, puis divisionnaire en 1813. Déjà, à la bataille de Katzbach pendant la campagne de Saxe, il n'avait pas été heureux. Sa division avait subi un désastre (voir *Mémoires du général de Marbot*, ch. xxvi). Mais Roussel passait pour un officier très brave et dévoué.

d'avoir la communication par le grand chemin de Soissons. Si notre cavalerie était fatiguée, celle de l'ennemi l'était bien davantage, et après tout notre cavalerie n'a pas fait autre chose que n'a fait aujourd'hui l'infanterie (1). »

L'empereur, dans l'après-midi du 4, résolut donc de tenter un coup de main sur Braisne. Et comme la division engagée le matin s'était installée à Paars et Bazoches, ce fut elle qui, de nouveau, fut chargée de cette opération de nuit. Cette fois, le général Roussel prit de très heureuses dispositions. Il quitta Bazoches, vers deux heures du matin, sans donner l'éveil, arriva à hauteur de Braisne avant le jour, surprit les avant-postes des Cosaques et les bouscula complètement. Ces Cosaques, au nombre de huit cents, ne tentèrent aucune résistance et s'enfuirent rapidement par la route de Soissons, laissant aux mains du général Roussel une centaine des leurs, les bagages et quelques prisonniers ramassés la veille (2).

(1) En écrivant ces lignes l'empereur était encore mal renseigné sur les détails du combat.
Ses reproches, trop sévères, furent transmis par Grouchy à Roussel. — Roussel répondit de Bazoches, le 4 mars : « Tout surpris que je suis de devoir porter la peine des fautes des autres, je ferai tout mon possible pour les réparer. Je ne sens d'autre peine que celle de voir l'empereur douter du zèle que je mets à prouver mon dévouement à Sa Majesté. Le village de Courcelles est occupé par moi, je n'ai pas songé à le faire évacuer. Je dois croire que le général Guyot a dit quelque chose qui m'inculpe ; je suis dans ce cas condamné à réparer ses fautes ; elles n'auraient assurément pas été commises si j'avais eu les dispositions à faire.
« Je suis chagrin, mon général, et je suis persuadé que vous partagez ma peine. Je donne des ordres pour être en mesure d'exécuter les ordres de l'empereur. » (Archives nationales.)
(2) Roussel à Grouchy, de Braisne, 5 mars :
« J'ai l'honneur de rendre compte à Votre Excellence que je suis arrivé

Pendant ce temps, dans cette même nuit du 4 au 5, le général Corbineau sa portait sur Reims, et nous verrons plus loin le détail de cette attaque. Ici, notons seulement le motif qui la fit exécuter.

Dès le 4, dans la pensée de l'empereur, il était nécessaire, même en possédant Soissons, de s'assurer rapidement du passage de Berry. Or, Reims était encore occupée par une forte arrière-garde de l'armée de Winzingerode, depuis le 1er mars, et on ne pouvait laisser sur le flanc droit de l'armée, à dix-huit kilomètres de Berry, une place comme Reims, sans chercher à l'occuper.

De plus, un autre corps russe sous le commandement du comte de Saint-Priest, était signalé vers Châlons. Si ce corps s'installait à Reims, la grande armée ennemie se trouverait de nouveau en relation avec des troupes de l'armée de Silésie.

Le coup de main que devait tenter le général Corbineau répondait donc à une nécessité tactique en même temps qu'à une idée stratégique ; il fut d'ailleurs parfaitement exécuté dès cinq heures du matin. Les quatre bataillons qui gardaient la ville furent contraints de l'évacuer, et les escadrons russes se replièrent sur Berry-au-Bac, poursuivis par la cavalerie mise à la disposition de Corbineau.

ici à sept heures du matin après avoir chassé huit cents Cosaques qui avaient leurs avant-postes dans un petit bois à une portée de fusil de Courcelles. Comme il faisait nuit lorsque j'ai commencé mon attaque, et que l'ennemi faisait un feu assez nourri, je l'ai délogé à coups de canon.

« J'ai fait alors marcher ma troupe, chassant toujours les Cosaques devant moi, et je me suis placé en avant de la ville, sur la route de Chasseney et Vailly par laquelle l'ennemi s'est retiré ; tout ce que j'ai pu faire, c'est de délivrer quelques-uns de nos prisonniers d'hier. »

Napoléon attendait avec impatience à Fismes la nouvelle de l'occupation de Reims ; il la reçut vers neuf heures du matin. A ce moment il connaissait le succès de Roussel à Braisne, mais il savait aussi depuis quelques heures la désastreuse capitulation de Soissons !

Avec une admirable lucidité, il se rend compte immédiatement de la situation nouvelle créée par cet événement inattendu ; il juge que les passages de l'Aisne lui sont plus nécessaires que jamais et décide de faire partir immédiatement les troupes concentrées près de Fismes pendant que Mortier et Marmont feront une démonstration devant Soissons dans l'après-midi du 5.

Il donne donc immédiatement ses ordres définitifs : le général Pac (1), avec six cents chevaux, une compagnie de sapeurs, cinquante canonniers et ouvriers d'artillerie, doit se rendre immédiatement à Maizy pour y installer un pont de chevalets. Cinquante dragons, qui ont passé la nuit à Roucy, se porteront de suite sur Berry, et Pac les fera soutenir si c'est nécessaire. Le prince de la Moskowa se portera sur Maizy, le duc de Bellune gagnera Fismes, le duc de Trévise ralliera ses troupes à Braisne et fera jeter un pont de chevalets à Pont-Arcy. Enfin, le duc de Raguse se tiendra d'abord dans la position de Buzancy et d'Hartennes, cherchera à occuper Soissons et se rabattra ensuite sur Braisne aussitôt qu'un passage aura été établi à Pont-Arcy.

(1) Napoléon venait d'écrire au ministre de la guerre : « Les six cents Polonais viennent d'arriver (à Fismes). Ils sont superbes. »

Telles furent les premières dispositions prises pour la marche sur l'Aisne, à neuf heures du matin. Mais entre dix et onze heures un officier de dragons, envoyé le matin en reconnaissance, rend compte que le pont de Berry est faiblement occupé. Aussitôt l'empereur accentue son mouvement vers l'est. Il craint que les ponts de chevalets sur l'Aisne ne soient trop longs à établir, il y renonce et dirige tous ses corps sur Berry. La division Exelmans, qui doit former l'avant-garde, part de suite, à onze heures. Le prince de la Moskowa, le général Pac appuieront à droite, et les troupes en arrière, c'est-à-dire celles de Trévise, Padoue, Curial et Bellune prendront comme direction Berry. Raguse, « s'il n'est pas entré à Soissons », exécutera le mouvement prévu sur Braisne. « Enfin, conclut l'empereur, toute l'armée se réunira à Berry-au-Bac (1). »

Ainsi, Napoléon n'hésite pas à engager toute l'armée dans la direction de Berry, dès qu'il sait le pont faiblement occupé. C'est parce qu'il juge, avec raison, que l'occupation des maisons de ce village est insuffisante pour assurer à l'ennemi la possession du point de passage, parce qu'il a vu, sur la carte encore primitive dont on se servait alors, que la rive sud de l'Aisne, à partir de Gernicourt, commande absolument la rive nord, et qu'il a deviné les conditions dans lesquelles, à Berry, pourra s'engager le combat.

Il n'a de crainte que pour sa droite, au moment où le pont sera attaqué. Aussi, pour couvrir son flanc, donne-t-il l'ordre au général Laferrière qui, après avoir

---

(1) Voir *Correspondance de Napoléon*, n° 21436.

marché avec Corbineau sur Reims, avait poursuivi les fuyards sur la route de Laon, de se porter, lui aussi, sur Berry.

Du côté de l'armée de Silésie, une grande hésitation semble avoir régné. Blücher, maître de Soissons depuis le 3, mais étonné encore de la capitulation de la ville et inquiet des démonstrations sur Braisne, craint une attaque générale de l'armée française. Il est bien décidé à porter toute son armée au nord de l'Aisne, le plus vite possible, puis de faire face au sud et d'accepter alors seulement la bataille (1). Mais il est très mal renseigné sur les mouvements des Français, et, bien qu'il sache l'empereur à Fismes, il s'obstine à croire à une attaque sur Micy ou Venisel. Il ne devine donc pas l'importance que va prendre le pont de Berry et fait occuper ce point très faiblement, dans la soirée du 4 mars, par des escadrons cosaques, deux

---

(1) Tableau des forces de Blücher, après la capitulation de Soissons.

	Infanterie.	Cavalerie.
Général Yorck. — Prince Guillaume, Horn et Jurgass..................................	12,500	2,500
Général Kleist. — Pirch, Klüx, Ziethen.........	7,500	2,500
Général Bülow. — Thümen, Zielinski, Kraft et Open......................................	16,800	3.500
Général Langeron. — Kapezewicz, Rudzewicz et Korf......................................	15,000	5,000
Général Sacken. — Prince Szerbatow, Liewen, Wassilorikof.............................	11,500	4,000
Général Winzingerode. — Vorontsov, Strogonov, Orurk et Tchernitcheff..................	21,000	13,000
	84,300	30,500
Total..........................	114,800	

(D'après le général Vaudoncourt. Tome II.)

pièces d'artillerie et des compagnies d'infanterie ; toutes ces troupes sont fournies par Winzingerode, qui reste lui même le 4 sur ses positions de Braye et de Cerny en Laonnois.

L'avant-garde française, partie de Fismes vers onze heures du matin, était dirigée par le général Nansouty et comprenait la division Exelmans, à laquelle vinrent bientôt se joindre les six cents Polonais du général Pac. Une forte ligne de surveillance avait été installée par les Cosaques ; Cormicy, Gernicourt, le bois de Gernicourt étaient occupés par eux, et une grosse reconnaissance avait été envoyée sur Roucy.

Ce fut précisément par Roucy que se présentèrent les troupes du général Nansouty. La reconnaissance cosaque est rapidement ramenée, Exelmans déloge les défenseurs du bois de Gernicourt, et les Polonais, longeant la rivière, atteignent le village de Gernicourt et cherchent à couper les escadrons ennemis du pont de Berry. Cosaques et Polonais arrivent au même moment au point de passage. Le pont est franchi pêle-mêle par les uns et par les autres, et le mouvement est si rapide que les canons russes ne peuvent être mis en batterie et que l'infanterie ennemie, qui occupait le village, est absolument surprise. Même les escadrons de cavalerie postés au nord de Berry ne peuvent intervenir utilement et, dans le plus grand désordre, gagnent, par la grande route de Corbeny, le passage de la Miette, au delà duquel ils tentent de se reformer, à hauteur de la Ville-aux-Bois. Mais les efforts de Tchernitcheff, qui commande ces escadrons, sont inutiles : les Polonais de Pac et surtout leur avant-garde avec le chef

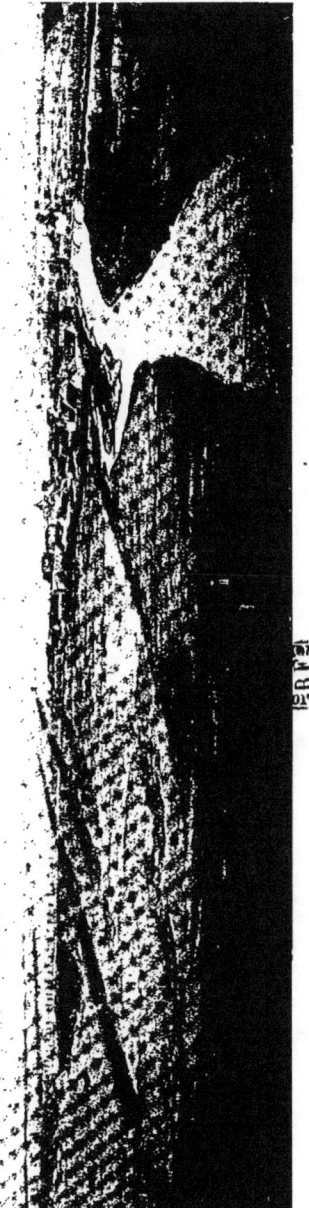

COMBAT DE BERRY-AU-BAC, LE 5 MARS 1814

(D'APRÈS UNE AQUARELLE DU MUSÉE DE VERSAILLES)

d'escadrons Skarzynski (1) font des prodiges de valeur, se précipitent de nouveau sur les Russes, et la division Exelmans appuie vigoureusement le mouvement de Pac.

Au moment où cette division Exelmans (2) arrive au pont, elle se heurte à trois cents hussards de Bourowski, commandés par le prince Gagarin. Ce sont des fuyards venant de Reims, poursuivis par Laferrière, qui cherchent à rallier l'armée de Winzingerode qu'ils savent au nord de l'Aisne. Ce malheureux prince Gagarin tombe bien mal à propos ! Il est de suite bousculé par Exelmans, presque tous ses hussards et ses officiers sont pris et lui-même, « bien qu'il criât son titre à tue-tête », est fait prisonnier par un brigadier de dragons.

Cette action de cavalerie, conduite par tous avec entrain et vaillance, donnait aux Français un résultat inespéré : le pont de Berry était pris sans canons et sans fusils ! Le soir même l'empereur sut récompenser les héros de cette brillante affaire. Il attacha lui-même la croix sur la poitrine du brigadier de dragons qui avait fait Gagarin prisonnier (3), Skarzynski fut baron

(1) Il ne faut pas confondre avec Krasinski, qui était général et dont nous aurons l'occasion de parler.
(2) Exelmans, né en 1775, avait fait la première partie de sa carrière en Italie sous Championnet et Broussier, puis servit comme aide de camp de Murat. Colonel après Austerlitz, général de brigade après Eylau, général de division après la Moskova, grand aigle en 1813.
Exelmans se distingua pendant toute la campagne de 1814, et à Ligny en 1815. Proscrit en 1816 par la Restauration jusqu'à l'amnistie de 1818. Maréchal de France en 1852.
(3) C'était un brigadier comptant vingt-trois ans de services. Il avait fait les campagnes d'Italie, d'Égypte et toutes celles de la Grande Armée. Il s'appelait Pierre Lallemant. (Voir rapport de Gourgaud, premier aide de camp. Archives nationales AF, IV, 1670, n° 80.)

de l'empire, « et l'écu des armes qui lui furent accordées porte un pont dans un de ses quartiers (1). »

Skarzynski (2) avait bien mérité cette faveur : grâce à lui surtout, l'occupation du pont s'était faite sans pertes sensibles et l'ennemi avait éprouvé un sanglant échec. « Tchernitcheff fut mis dans une déroute si complète, dit le général Dautancourt, que je ne crois pas qu'on ait jamais vu de cavalerie fuir avec un abandon aussi désespéré. Pendant plus de deux lieues que dura la poursuite, aucun de ces cavaliers russes ne fit mine de regarder derrière lui (3). »

Tandis que la cavalerie russe est ainsi poursuivie sur la route de Corbeny, les corps français gagnent le pont de Berry. Ney, qui, d'abord primitivement destiné à occuper Maizy, avait été rappelé à onze heures du matin, avec ordre d'appuyer plus à l'est, arrive le premier au rendez-vous général donné par Napoléon. Les divisions Meunier et Boyer de Rebeval traversent la rivière, repoussent vers Pontavert les fantassins ennemis qui se sont reformés, et vont s'établir au nord du village, prolongeant leurs bivouacs jusqu'au ruisseau de la Miette. La vieille garde de Friant arrive à

(1) Général Dautancourt, cité par M. Bertin, 1814.
(2) Voir dans la *Sabretache* 1898, les souvenirs de Joachim Hempel sur les chevau-légers polonais de la garde en 1814.
(3) Voici un trait raconté par Dautancourt sur Skarzynski. « Après le passage de l'Aisne et dans la chaleur de la poursuite, cet intrépide officier supérieur arrache des mains d'un Cosaque une lance très forte ; dès ce moment, il abandonna son sabre. Jeune et robuste, il ne se servit plus à son tour que de cette arme, redoutable particulièrement dans une déroute semblable et qu'il était connu dans le régiment pour manier avec une adresse et une dextérité surprenantes. Il assommait de coups de travers ces misérables fuyards, en perçait d'autres ; imité en cela par quelques autres officiers, leur exemple enflammait les lanciers. »

son tour et l'empereur (qui a quitté Fismes à midi) s'arrête avec elle à Berry vers quatre heures du soir. Le quartier général est installé à l'ancien presbytère, chez M. Nilor (1). Nansouty qui a vigoureusement conduit la poursuite, reçoit l'ordre de s'arrêter à hauteur de Corbeny (2), d'occuper la Ville-aux-Bois et

(1) Cette maison existe encore et sert de mairie. Elle est à côté de l'église. Elle fut visitée en 1862 par Napoléon III, au mois de novembre. A côté de Berry-au-Bac se trouvent les vestiges d'un camp de César, dit de Mauchamps.
(V. *Courrier de la Champagne* et *Journal de l'Aisne*, novembre 1862.)
(2) Le général comte de Nansouty était un des plus intrépides généraux de cavalerie de l'empire. Né à Bordeaux en 1768, il avait pris du service dès 1783. A trente-cinq ans, en 1803, il était général de division, et en 1805 grand officier de la Légion d'honneur. Il combattit à Austerlitz, Eylau, Friedland, Wagram, fut colonel-général des dragons en 1812 et se distingua constamment en 1813 et 1814. Mort en 1815.
Voici le rapport adressé à l'empereur dans la soirée du 5 mars, par Nansouty.

« Sire,

« J'ai l'honneur de rendre compte à Votre Majesté que la troisième division de cavalerie de sa garde et les Polonais du général Pac, après avoir débouché de Béri-au-Bac, ont culbuté l'ennemi et l'ont mené battant jusqu'à une lieue et demie au delà de Corbéni sur la route de Laon. On leur a pris environ deux cents hommes et à peu près autant de chevaux. On leur a pris aussi une pièce de canon. J'évalue à environ deux mille chevaux les forces qui étaient devant nous. Ils ont été mis en pleine déroute. Les Polonais du général Pac se sont très bien conduits, ainsi que les dragons, dont un escadron a chargé en tête de colonne sur la grande route.

« On a pris un prince Gagarin, major. Je l'ai envoyé à Votre Majesté. J'ai vu de cinq à six régiments.

« J'ai établi les Polonais du général Pac, les Polonais et les chasseurs de la garde à Corbéni. Les grenadiers et dragons sont à la Ville-aux-Bois. J'envoie à Béri-au-Bac les escadrons de service. On vient de me dire qu'il devait y avoir un parc ennemi de cinquante et quelques voitures dans les environs de Vauclère du côté de Craonne ; j'y envoie cent chevaux. J'ai fait partir cent chevaux pour aller sur la route de Béri-au-Bac à Reims.

Je suis de ma personne à Corbéni ; après avoir passé Corbéni et un petit bois qui est au delà, des escadrons ennemis ont pris sur la droite et sur la gauche de la route ; j'enverrai des postes dans toutes les directions. Le pays au delà de Corbéni est montueux.

« Quelques chevaux ont aussi gagné de Corbéni la traverse qui mène à Laon par Craonne. Il est passé par Corbéni, d'après les renseignements que

Pontavert et de diriger des reconnaissances sur Laon.

L'opération de l'empereur avait donc complètement réussi. Trompé par l'affaire de Braisne, trompé par la démonstration des maréchaux Mortier et Marmont sur Soissons, Blücher n'avait pas su disputer le passage de l'Aisne, la route de Reims à Laon était au pouvoir des Français.

Napoléon réitère alors aux maréchaux l'ordre de le rejoindre. Leurs mouvements sur Soissons n'avaient d'ailleurs pas été heureux. « Nous entrâmes, dit le colonel Fabvier (1), dans les faubourgs de Soissons avec l'arrière-garde russe. L'exaltation était telle qu'on faillit enlever la ville même. Une division russe, commandée par un Français, Langeron, nous repoussa (2). »

j'ai pris, de six à huit mille hommes, infanterie, cavalerie, artillerie et bagages.

« La cavalerie que nous avons vue aujourd'hui a dû venir du côté de Beaurieux. Il y a des troupes légères qui ont demandé et pris le chemin de Montcornet. L'artillerie et les bagages ont dû se retirer sur Laon.

« Je suis, etc.

« NANSOUTY. »

Corbéni, le 5 mars 1814, à sept heures et demie du soir.

(Archives nationales.)

(1) Fabvier pendant toute cette période était à l'état-major du duc de Raguse (6ᵉ corps).

(2) Andrault, comte de Langeron, était un Parisien qui dans sa jeunesse avait passé pour un bel esprit. Une comédie de lui, *le Duel supposé*, fut même représentée avec un certain succès. Langeron fit la campagne d'Amérique et était colonel au moment de la Révolution. De suite il émigra et combattit contre la France sous le duc de Brunswick. Il obtint ensuite de servir dans l'armée russe, où il fut très apprécié. Mais, à Austerlitz la division où il commandait fut décimée et Langeron tomba en disgrâce. Employé peu après contre les Turcs, il rentra en faveur en 1812. Il commandait en 1814 un corps russe.

Langeron, qu'aucune affection n'attachait plus à la France, resta Russe après 1814, et fut comblé d'honneurs. Il a laissé de curieux mémoires inédits, dans lesquels il se montre très satisfait du rôle qu'il a joué en 1814, spécialement à la prise de Paris le 30 mars 1814. (Voir *Sabretache*, avril 1898.)

C'était en somme un échec. Les maréchaux s'obstinèrent toute la journée, mais dans la soirée du 5 Mortier se dirigea sur Braisne.

Le 6, après une dernière tentative sur Soissons, Marmont prit cette même direction ; Mortier, le même jour, établit son quartier général à Cormicy, et ses avant-gardes atteignirent l'Aisne en même temps que celles de Victor, venu de Fismes. A midi, sauf Marmont toujours en arrière, les forces de l'empereur étaient donc toutes concentrées sur l'Aisne (1). A la même heure, averti des mouvements de Blücher, Napoléon se porta sur Corbeny, après avoir envoyé le corps de Ney à gauche de la route, vers Craonnelle et Vauclère.

Avant de quitter Berry, il avait informé le ministre de la guerre de l'heureux passage du 5 mars. « Monsieur le duc de Feltre, je suis arrivé ici à quatre heures après-midi... Nous avons passé au pas de charge le beau pont que nous avons ici sur l'Aisne. Nous avons pris quelques hommes et deux pièces de canon. Nous avons pris le prince Gagarin qui commandait leur arrière-garde. Voilà un petit remède au grand mal que m'a fait la trahison du commandant de Soissons. »

---

(1) Cormicy est à 3 kilomètres au sud de Berry.

CHAPITRE VII

OCCUPATION DE REIMS PAR LE GÉNÉRAL CORBINEAU

L'arrière-garde de Winzingerode. — Le prince Gagarin. — Marche du général Corbineau sur Reims. — Occupation de la ville. — Rendu compte à l'empereur. — Corbineau gouverneur de Reims. — Le comité central va à Berry-au-Bac féliciter Napoléon. — Le sous-préfet Defleury. — Proclamations. — Les décrets de Fismes. — Mesures prises pour la défense de Reims.

Nous avons, dans un précédent chapitre, parlé du départ du général Winzingerode pour Soissons, le 1ᵉʳ mars. Tout ce qui était disponible avait quitté Reims, et les camps établis près des villages de Bourgogne, Witry, la Neuvillette et Champfleury avaient été presque aussitôt abandonnés.

Cependant, le soir du 1ᵉʳ mars et pendant les jours qui suivirent, il resta encore à Reims et dans les villages situés au sud de la ville des arrière-gardes, des bagages, des convois, des éclopés, et tous les divers impedimenta en hommes et chevaux que l'armée n'avait pu emmener avec elle. Ces éléments furent mis sous le commandement du prince Gagarin, jeune officier sans grande expérience, très infatué de lui-même et entiché de sa situation sociale. Il avait beaucoup d'assurance et la main très dure, mais peu d'autorité réelle ; aussi l'exécution de ses ordres dénote-t-elle une extrême confusion pendant ces quelques jours du commencement de mars. Le séjour à Reims avait été d'ailleurs funeste à la discipline et les chefs étaient difficilement obéis.

Il s'agissait tout d'abord de concentrer à l'abri des remparts tous les isolés laissés dans les villages. De grosses colonnes d'isolés (un millier d'hommes et de chevaux) furent donc rassemblées le 1ᵉʳ mars à la fin de la journée vers la porte Dieu-Lumière. Il était six heures du soir, la nuit était tombée et c'était chose délicate d'installer de suite en ville tous ces nouveaux arrivants. Russes et Prussiens, qui composaient la colonne, ne s'embarrassèrent pas pour si peu. Ils envahirent les maisons du quartier Saint-Remi, firent entrer les chevaux dans les boutiques et s'installèrent tranquillement pendant que le comité central s'évertuait à leur procurer des abris. De plus, les provisions préparées par le comité furent dédaigneusement refusées, le 1ᵉʳ mars se trouvant jour maigre pour les orthodoxes. « Les Russes exigèrent », dit un contemporain, « de la soupe aux pruneaux, des harengs crus avec de l'huile et de la soupe au vinaigre ! »

Le 2 mars, les mouvements de troupes continuent. De nouveaux escadrons cosaques, arrivant de Châlons, viennent renforcer les arrière-gardes laissées à Reims. Ces cavaliers, paraît-il, étaient des Tartares. On appelait d'ailleurs Tartares, en 1814, tous ceux qui par leur allure sauvage, leur barbe épaisse et hirsute, leurs coiffures étranges, pouvaient, jusqu'à un certain point, évoquer le souvenir des races lointaines d'Asie (1).

(1 Napoléon a plusieurs fois désigné les Cosaques par ce nom de Tartares dans ses bulletins de l'armée et dans sa correspondance.

Devant ces Tartares, très pillards et qui agissaient en partisans, les paysans de Cormontreuil, Sillery, Beaumont, villages proches de Reims, avaient fui, épouvantés. Le butin, emporté sur de longues files de voitures, était énorme. Et quel butin ! Matelas, couvertures, marmites et surtout des portes d'armoires, excellent combustible par ces froides journées d'hiver !

Certes, la guerre est la guerre. Elle apporte forcément avec elle ses gloires mais aussi ses ruines, ses excès, ses vengeances toujours douloureuses. Il ne faut pas reprocher trop amèrement aux envahisseurs de 1814 d'avoir fait en France ce qu'à des époques antérieures nous avions fait nous-mêmes en Allemagne. Mais le droit du vainqueur lui-même a des limites, et les Cosaques se distinguèrent particulièrement presque partout par leurs inutiles cruautés (1). Était-ce bien faire la guerre que de forcer, par exemple, les femmes de Montbré, près de Reims, à se sauver dans les bois glacés avec leurs petits, que de violer des enfants de dix ou onze ans à Rilly et à Taissy, que d'incendier par plaisir les maisons de Beaumont, que de martyriser les vieillards pour connaître leurs « caches », que de réquisitionner des filles au même titre que le logement ou la nourriture, pour les soldats ?

Tous ces excès, Gagarin ne sut pas les empêcher et très mauvais sont les souvenirs qu'il a personnellement laissés. On raconte que le 3 mars quelques canons russes s'étaient embourbés près de Cormon-

---

(1) Voir *Histoire de Sillery*, *Histoire de Pontfaverger*, *Histoire de Cernay*, *Histoire de Bourgogne*, récits locaux (cabinet de Reims).

treuil, au passage de la Vesle. Gagarin fit alors réquisitionner les habitants pour dégager ses canons, ce qui était fort naturel dans la circonstance. Mais, en même temps, furieux du retard qui se produisait, il fit annoncer que le quartier de Dieu-Lumière allait être immédiatement incendié si dans une heure l'artillerie n'était pas arrivée à Reims. Miteau fut heureusement prévenu, se montra cette fois énergique, menaça les Russes de représailles et sauva par son attitude le quartier menacé.

Si Gagarin était à ce moment si impatient, c'est que des ordres venaient de lui parvenir, le 3 mars, prescrivant d'envoyer sur Soissons tous les derniers éléments encore en arrière ; c'est qu'averti de la marche des Français à la poursuite de Blücher, Winzingerode tenait à avoir avec lui toute son armée.

Cependant, le 4 mars, la nouvelle de la prise de Soissons, ignorée à Fismes par l'empereur, était également ignorée à Reims par le prince Gagarin. Quelques troupes occupaient encore la ville. D'après les uns (1), elles se composaient uniquement de quelques escadrons cosaques et d'un assez grand nombre de blessés. D'après les autres, en dehors des Cosaques, il y avait au moins quatre bataillons (2). La vérité est que des patrouilles de cavalerie française ayant été signalées vers Gueux et Muizon, dans la soirée du 4, une partie des Cosaques cantonna en dehors de la ville, vers Sainte-Geneviève. Les portes de Reims étaient

(1) Manuscrit Pinon. J'ai déjà signalé l'esprit peu patriotique de ce document. En falsifiant le nombre des défenseurs de Reims, l'auteur espérait sans doute diminuer l'importance de l'opération du 5 mars.
(2) Pascal, tome VI des bulletins.

gardées par d'assez faibles détachements d'infanterie, et Gagarin, uniquement préoccupé de rejoindre le lendemain son général, ne s'attendait nullement à une attaque prochaine que les Rémois eux-mêmes n'osaient espérer (1).

L'ordre donné le 4 mars au général Corbineau pour l'occupation de Reims portait de partir dans la soirée pour arriver au petit jour devant la ville. Corbineau n'avait à sa disposition que deux bataillons et la cavalerie du général Laferrière. La petite colonne entra à Muizon à dix heures du soir (2).

Afin de ne pas donner l'éveil aux reconnaissances

---

(1) Les Rémois ne songeaient qu'à une chose : le départ imminent des derniers éléments de l'armée ennemie. Voici l'état d'âme d'un vieux Rémois : « De quelle tranquillité ne jouit-on pas depuis le départ des Russes! Car depuis quinze jours on n'entend ni cloches, ni heures, ne sachant même pas quel est le jour de la semaine, tant par le bruit des armes, des chevaux, et les militaires qui couraient les rues jour et nuit ne vous laissant aucun repos, car le jour était employé à leur apprêter à manger et la nuit à les attendre, rentrant à toute heure et exigeant même que leur soupe soit prête pour cinq heures du matin! Je ne sais si on continuera à être tranquille, mais c'est bien le cas de dire ce que l'on disait à M. Dumollet : Bon voyage, portez-vous bien et ne revenez jamais! »

(2) Corbineau, de Muizon, écrivit à l'empereur (Archives nationales) :

SIRE,

« J'ai l'honneur de rendre compte à Votre Majesté que deux paysans venant de Soissons ayant conduit des bagages à l'ennemi m'ont assuré que la garnison avait capitulé et qu'il y était entré. Ces mêmes paysans m'ont assuré que l'armée ennemie était de l'autre côté de l'Aisne. Il y a de ce côté-ci de Reims un camp de six cents hommes, leurs vedettes sont à trois quarts de lieue de la ville, il y a deux ou trois cents voitures de blessés dans cette place. Je vais faire mon possible pour y envoyer quelqu'un et prévenir les habitants de mon arrivée. C'est à Vély et à Soissons que l'armée ennemie a passé l'Aisne.

« Je suis, Sire, etc. »

Muizon, le 4 mars à dix heures du soir.

Cette lettre fut portée à Fismes dans la nuit. C'est peut-être par elle que fut connu le sort de Soissons, avant l'arrivée des dépêches envoyées d'Hartennes par les maréchaux.

LE COMTE CORBINEAU
GÉNÉRAL DE DIVISION, AIDE DE CAMP DE L'EMPEREUR
(Musée de Versailles.)

ennemies, les troupes suivirent ensuite des chemins de traverse pour gagner Thillois, et arrivèrent en vue de Reims à cinq heures du matin, guidées par des habitants.

Le général Corbineau, laissant son infanterie vers Sainte-Geneviève, dirige alors Laferrière sur Saint-Brice, tourne Reims par la route de Laon et surprend la porte de Mars. De ce côté, la sécurité des Russes était complète; le poste n'était que de quelques hommes et le reste des troupes, réparti dans toute la ville, n'eut même pas le temps de se rassembler. A la porte de Vesle, les grenadiers français réussissent aussi à pénétrer à l'intérieur des remparts. Dès lors, c'est une véritable chasse que Corbineau organise rapidement contre les Russes. La garde nationale, sans armes, se joint à lui. Des détachements de grenadiers parcourent les rues et les places, cueillant pour ainsi dire au gîte les soldats ennemis. Presque tous sont faits prisonniers.

Étaient-ils mille ou deux mille? Il est impossible de préciser, les renseignements étant absolument contradictoires à ce sujet. Ce qui est certain, c'est que de toute la garnison de Reims, à huit heures du matin, il ne restait plus personne. Deux ou trois cents Cosaques seulement réussirent à s'échapper sur la route de Berry-au-Bac, et parmi eux se trouvait le prince Gagarin qui, surpris au lit, n'avait pu revêtir son uniforme. C'est à la tête de ces fuyards que le même jour, 5 mars, il se présentait au pont de Berry et qu'à son tour il était cueilli par les dragons d'Exelmans et dirigé sur Paris (1).

(1) Une légende locale, qui paraît bien improbable, veut que, dès le 4 mars, Corbineau ait envoyé des espions à Reims pour connaître le

Dans cette affaire, rapidement conduite et parfaitement exécutée, les pertes furent peu nombreuses : « quarante-cinq hommes dont Mahomet, chef des Baskirs (1) », pour les Russes; cinq morts et huit blessés pour les Français. L'objectif n'était pas moins atteint, très complètement, et Corbineau se hâta de prévenir l'empereur de son succès (2).

« SIRE,

« J'ai l'honneur de rendre compte à Votre Majesté que je suis entré à Reims à la pointe du jour. J'ai fait enlever le camp que l'ennemi avait en avant de la ville. Une charge commandée par le chef d'escadrons François a décidé de la déroute de l'ennemi et fait à peu près huit cents prisonniers.

« Il paraît que les bagages et vingt pièces d'artillerie se retirent par le Bac à Berri, route de Laon. J'ai eu l'avis par un habitant de Gueu que quinze cents chevaux et trois pièces de canon cherchaient à arriver à Reims et étaient partis de Ville-en-Tardenois à minuit.

« Trois des principaux habitants de la ville ont l'honneur de vous présenter les hommages de la ville de Reims.

« M. le général de la Ferrière se trouvait avec les

chiffre des ennemis. « Comme on craignait que les hommes envoyés ne fussent pas ce qu'ils paraissaient être, mais un piège tendu par le prince Gagarin, on écrivit sur le revers du billet interrogatif de Corbineau : 450. Et on eut l'air de chasser de la ville ces envoyés. » (Manuscrit Lacatte-Joltrois.)

(1) Manuscrit Camu-Didier. Reims.
(2) Archives nationales A. F. 167-0203. — Avant d'adresser son rapport officiel, qui parvint vers onze heures à Fismes, Corbineau avait déjà envoyé un premier compte rendu succinct de la prise de Reims.

OCCUPATION DE REIMS PAR CORBINEAU

escadrons qui ont chargé; j'ai l'honneur de demander à Votre Majesté que M. François, chef d'escadrons de dragons de la Garde, officier de la Légion d'honneur et chevalier de l'ordre de la Couronne de Fer, soit nommé commandant de la Légion d'honneur. J'aurai l'honneur de mettre sous vos yeux les noms des officiers et soldats qui, par leur bravoure, ont mérité des récompenses.

« Le nombre des prisonniers monte à près de huit cents, plusieurs officiers, parmi lesquels se trouvent des colonels et majors. On s'occupe maintenant de réunir les prisonniers et des bagages. »

Le rapport de Corbineau, parti vers huit heures du matin, arriva vers onze heures à Fismes, porté par un officier. Napoléon connut tous les détails de la prise de Reims (1), sut que la garde nationale avait intelligemment coopéré à l'action et put, avant de quitter Fismes, annoncer à Paris ce joli fait d'armes.

Après avoir parlé au roi Joseph de la capitulation de Soissons (2), il ajouta en post-scriptum : « J'ai fait attaquer Reims à trois heures du matin. Nous y avons fait deux mille prisonniers et plus de cent officiers dont

---

(1) Laferrière, dans un rapport au général Nansouty, daté de Reims, 5 mars, rend compte qu'il a fait mille prisonniers, dont un très grand nombre d'officiers. La division Laferrière à la prise de Reims ne comptait que sept cents sabres. L'artillerie et quelques escadrons étaient restés à Magneux. (Archives nationales.)

Laferrière, comte de l'empire, général de division, originaire de Bretagne, avait trente-huit ans. Il servit longtemps au 2e hussards. Plusieurs fois blessé en Espagne et en Portugal, il avait commandé en 1813 les grenadiers à cheval de la garde et sa vaillance reconnue le faisait considérer comme un chef d'avenir. Malheureusement à Craonne il eut la jambe fracassée. Laferrière, nommé pair de France au retour de l'île d'Elbe, fut mis ensuite à la tête de l'école de cavalerie.

(2) *Correspondance de Napoléon*, n° 21439.

plusieurs colonels et pris beaucoup de bagages. J'écris à la régente de faire tirer le canon. »

Le chiffre des prisonniers est sans doute, dans cette dépêche, exagéré à dessein par l'empereur. En tout cas, le succès du général Corbineau lui causa une grande joie et la nouvelle, arrivant tout de suite après celle concernant le désastre de Soissons, avait une grosse importance. La prise de Reims, au moment de a marche sur l'Aisne, assurait complètement le flanc droit de l'armée française, lui donnait pour les opérations ultérieures une place d'évacuation et de secours.

Aussi, Napoléon, toujours avant de quitter Fismes, trouve-t-il le temps d'écrire à Berthier (1) : « Mon cousin, envoyez sur-le-champ ordre au général Corbineau de prendre le gouvernement de la ville de Reims. Il organisera les gardes nationales et défendra la ville. Lorsque la division Laferrière partira, il gardera avec lui cent chevaux. Il fera connaître le nombre d'hommes qui se trouvent dans la ville, armés soit de fusils de chasse, soit d'autres fusils. Il aura plein pouvoir pour l'organisation de la garde nationale. Il réunira tous les gardes forestiers et tous les anciens militaires et défendra la ville envers et contre tous. Envoyez ordre au général Laferrière de rester à Reims la journée, de faire venir sa batterie de canons, et d'aider à l'organisation de la ville sous les ordres du général Corbineau, qui est nommé gouverneur. Il enverra de gros partis et deux pièces de canon au pont de Berry-au-Bac pour conserver ce pont. On doit

---

(1) Napoléon au major-général. *Correspondance*, n° 21437.

Lettre adressée à l'empereur, le 5 mars 1814,
par le général Corbineau.

Sire,

J'ai l'honneur de rendre compte à Votre Majesté que je suis entré à Reims à la pointe du jour. J'ai fait enlever le camp que l'ennemi avait en avant de la ville, une charge commandée par le chef d'escadron de Dragons françois, a décidé la déroute de l'ennemi et fait à peu près huit cent prisonniers.

Il paraît que les bagages et vingt pièces d'artillerie se retirent par le Bois à Berri, route de Laon. J'ai eu l'avis par un habitant de Guen que Géricht, cinq chevaux et trois pièces de canon cherchant à arriver à Reims et étaient partis de Ville en Tardenois à minuit.

Avis des principaux habitants de la ville

Ont l'honneur de Vous présenter les hommages
de la Ville de Reims.

Monsieur le Général de la Ferrière se
trouvait avec les Escadrons qui ont chargé; j'ai
l'honneur de Demander à Votre Majesté que Monsieur
françois Chef d'escadron des dragons de la Garde,
Officier de la Légion D'honneur et chevalier de l'ordre
de la Couronne de fer, Soit Nommé Commandant de
la Légion D'honneur. j'aurai l'honneur de Mettre
Sous Vos yeux les Noms des officiers et Soldats
qui par leur bravoure ont mérité des Récompenses.

Le nombre des Prisonniers monte — Sire —
à huit cens, plusieurs officiers, parmi lesquels se
trouvent des Colonels et Majors; on S'occupe Maintenant
de Réunir les Prisonniers et des Bagages.

Sire, je Suis de Votre Majesté

Le Très humble Serviteur
et très humble et Respectueux Sujet.

ramasser les armes des hommes qui sont aux hôpitaux et des prisonniers qu'on a faits pour armer la garde nationale de Reims. Le général Corbineau fera sur-le-champ une proclamation pour faire connaître aux habitants de la ville de Reims qu'ils doivent réparer la tache qui pèse sur eux pour avoir rendu la ville à cent cinquante malheureux Cosaques. »

Napoléon se souvenait de la fâcheuse journée du 6 février. Les Rémois parurent s'en souvenir également. Dès six heures du matin, on avait mis le 5 mars « des chandelles aux fenêtres », et, le soir, une partie de la ville fut illuminée. Les prisonniers, qui étaient au nombre de plus de sept cents, furent rassemblés sur la place de l'Hôtel-de-Ville et, sous la conduite des gardes nationaux pleins de bonne volonté, on les dirigea le soir même sur Jonchery et Fismes. Les fuyards, arrêtés par les paysans vers Neufchâtel et Bourgogne, furent ramenés à Reims, et l'attitude patriotique de la population fut excellente. Un contemporain l'a naïvement enregistrée : « Que de Rémois, dit-il, se sont montrés dans cette affaire ! C'était à qui en arrêterait ou en tuerait s'ils ne voulaient pas se rendre. Six ou sept Russes ont éprouvé ce sort. »

Le comité central, lui aussi, avait à cœur de faire oublier à l'empereur sa conduite antérieure du mois précédent. Un article paru au *Journal de l'Empire* (1), et évidemment inspiré par Napoléon, avait dit : « Les

(1) *Moniteur* du 22 février 1814.

villes de Guise et de Saint-Quentin ont aussi fermé leurs portes et déclaré qu'elles ne les ouvriraient que s'il se présentait devant elles des forces suffisantes et de l'infanterie. Elles n'ont pas fait comme Reims qui a eu la faiblesse d'ouvrir ses portes à cent cinquante Cosaques et qui, pendant huit jours, les a complimentés et bien traités. Nos annales conserveront le souvenir des populations qui ont manqué à ce qu'elles devaient à elles-mêmes et à l'honneur. Elles exalteront au contraire celles qui, comme... Châlons-sur-Marne et Vitry, ont payé leurs dettes envers la Patrie et se sont souvenues de ce qu'exigeait la gloire du nom français. »

Le comité central décida donc d'envoyer une députation à l'empereur à Berry-au-Bac, pour le complimenter de la reprise de la ville (1). Andrieux, fonctionnaire-maire, Assy-Villain et Camu Didier, adjoints, furent désignés (2).

La députation partit à dix heures du matin, le 5 mars, quelques heures après l'entrée de Corbineau. Mais, croyant toujours l'empereur à Fismes, elle prit la route de Soissons, rencontra vers Thillois une patrouille cosaque, venue probablement d'Épernay, et rentra précipitamment à Reims. Elle ne quitta de nouveau la ville qu'à onze heures du soir, et cette fois par la route de Laon, pour Berry-au-Bac.

L'empereur reçut la députation du comité central dans la matinée du 6. Il était debout devant la grande cheminée de la maison où il était descendu. « Ah! ah,

(1) Cabinet de Reims, n° 1529.
(2) Le comité central, dès l'arrivée de Corbineau, annonça son intention d'aller complimenter l'empereur. Il y fait allusion dans le rapport sur la prise de la ville.

monsieur le maire de Reims, je suis bien aise de vous voir, dit-il d'un ton sarcastique. J'en apprends de belles sur votre compte; il paraît que l'on s'amuse à Reims, on danse, on joue la comédie pendant que l'ennemi occupe la ville. » En entendant cette boutade, qui d'ailleurs était injuste, car le théâtre avait joué par ordre et les Rémois n'avaient pas paru au spectacle, les délégués du comité plaidèrent sans doute les circonstances atténuantes et essayèrent de défendre leur conduite. « Nous étions tout à fait livrés à nous-mêmes sans aucun moyen de défense, » objecta Assy-Villain (1).

Le comité central, qui s'attendait sans doute aux reproches de l'empereur, avait fait d'ailleurs préparer, avant de quitter Reims, une sorte de plaidoyer explicatif. Ce curieux factum, sorte d'apologie de la conduite du comité (2), montre l'inconscience qui avait présidé aux événements du 6 février.

La tâche du général Corbineau était double, à son arrivée à Reims. Il était nécessaire de relever les courages, de secouer l'indolence de la municipalité et aussi d'organiser la défense avec le peu d'éléments dont on pouvait disposer.

Le nouveau gouverneur désigné par l'empereur, dont il était l'aide de camp et l'ami, était parfaitement choisi pour mener à bien cette mission délicate et difficile. Il avait alors trente-huit ans. Il s'était couvert

(1) Manuscrit Lacatte-Joltrois
(2) Communiqué par M. J..., de Reims. — Voir ce factum *in extenso* aux annexes.

de gloire à Eylau, à Burgos, à Wagram, en Russie et en Allemagne ; doué d'une énergie physique peu commune, d'un commandement de fer, il passait à juste titre pour un chef d'une vigueur remarquable et son dévouement personnel à l'empereur était connu (1). Pour le seconder, dès le 5 au soir il reçut un fonctionnaire sous-préfet, Defleury, auditeur au Conseil d'État, que Napoléon avait depuis quelques jours à son quartier général. Ce Defleury, plus connu sous le nom de Fleury de Chaboulon, était, dit un manuscrit, « un sous-préfet ambulant ». En effet, il avait administré la sous-préfecture de Château-Salins ; mais lorsque son

---

(1) États de services du général Corbineau (jusqu'en 1814) :
Corbineau (Jean-Baptiste-Juvénal, comte) né à Marchiennes le 1er août 1776.
Sous-lieutenant dans Berry-Cavalerie, 13 octobre 1792.
Lieutenant au 5e hussards, 1er juillet 1793.
Adjudant-major au 5e chasseurs, 2 avril 1802.
Chef d'escadron dans la légion hanovrienne, 27 avril 1805.
Major au 10e hussards, 16 mai 1806.
Colonel du 20e dragons, 7 janvier 1807.
Général de brigade, 6 août 1811.
Aide de camp de l'empereur, 26 janvier 1813.
Général de division, 23 mai 1813.
Grand officier de la Légion d'honneur, mars 1814.
A fait les principales campagnes de 1791 à 1814.
A été cité dans le rapport de M. le duc de Dalmatie pour le combat d'Alcala la Real. (*Moniteur* du 20 février 1810.)
A traversé la Bérésina le 20 novembre 1812, à minuit, pour aller au-devant de l'armée française, et a indiqué à l'empereur le gué de Studzianca.
En 1813, à Kulm, fait une charge impétueuse qui sauve le corps de Vandamme.
En 1814 est un des aides de camp qui sauvent la vie de Napoléon attaqué par des Cosaques entre Brienne et Mézières.
Après l'abdication, Corbineau ne reçut aucun commandement. En 1815, il joua un rôle important dans le Midi, puis dans la Vendée, et combattit à Waterloo. Sa fidélité à l'empereur le fit maintenir en disgrâce jusqu'en 1830. Grand-croix de la Légion d'honneur en 1838, le 5 mai. Mort en 1848.
— Son buste, dont nous publions une reproduction, est dans la grande alerie des Bustes à Versailles.

arrondissement fut envahi il s'était rendu auprès de l'empereur, qui lui avait déjà confié plusieurs missions particulières (1).

Pendant les quelques jours que dura son administration à Reims, il sut réorganiser les services complètement abandonnés depuis le départ de Leroi, et seconda parfaitement le général Corbineau.

Leur premier soin à tous deux fut d'adresser un patriotique appel aux Rémois. La proclamation de Corbineau était vibrante :

« Braves du département de la Marne ! Je vous appelle sous les drapeaux ! Une nouvelle circonstance se présente de donner à notre souverain et à notre patrie des preuves de notre dévouement sans bornes.

« Sa Majesté, en me nommant gouverneur de Rheims, me charge de vous organiser, de diriger votre bravoure, et m'a envoyé des cadres pour organiser des bataillons. Que les hommes de l'arrondissement de Rheims, de 18 à 60 ans, se rendent dans cette ville avec leurs armes. Chassons de notre territoire cette bande de Cosaques qui violent, incendient, pillent et dévastent notre malheureuse patrie et qui fuient en voyant nos Français armés ! Vengeons les habitants de Sens, de Nogent et de Méry et de toute la Cham-

---

(1) Defleury ne se rallia pas à la Restauration. Il joua un certain rôle à l'île d'Elbe et a publié sur la préparation des Cent jours deux curieux volumes, — dont une nouvelle édition vient de paraître en 1901. Député de Château-Salins sous la monarchie de Juillet, il mourut en 1835. Sa belle conduite à Reims lui a mérité d'être appelé par Ney : « l'intrépide sous-préfet. »

pagne, et que le sang de nos ennemis nous indique le chemin de leur retraite !

« Le général de division,

« CORBINEAU. »

Le même jour, le sous-préfet intérimaire fait afficher sur les murs de la ville un appel non moins chaleureux :

« AUX HABITANTS DE LA VILLE DE RHEIMS

« L'ennemi fuit de toutes parts, et de toutes parts les Français prennent les armes pour ne pas laisser tout entier à nos jeunes soldats l'honneur d'avoir chassé l'ennemi de notre patrie.

« Habitants de l'arrondissement de Rheims ! vous éprouvez aussi et ce noble enthousiasme et le besoin de le faire éclater. Levez-vous donc en masse. Que partout l'ennemi vous trouve, que partout il apprenne que vous êtes là pour lui demander vengeance des cruautés, des dévastations dont vous avez été les témoins ou les victimes.

« Au moment où le bruit du canon se fera entendre, au moment où il sera pour vous le signal de l'approche de nos armées et de nos nouvelles victoires, sonnez sur le champs (sic) le tocsin, armez-vous soit pour vous défendre, soit pour fouiller les bois, les maisons isolées ou pour vous porter sur les flancs ou sur les derrières de l'ennemi.

« Cherchez partout (sic) les moyens possibles à lui nuire, à mettre obstacle à sa marche en embarrassant et obstruant toutes les routes, en coupant les ponts. Faites, en un mot, tout ce que vous suggérera votre zèle, tout ce que vous prescriront les circonstances, les localités. Enfin, que l'ennemi reconnaisse à votre attitude, à votre ardeur infatigable, que rien ne peut détruire et ne détruira jamais dans vos cœurs les sentiments de dévouement, de fidélité et d'honneur qui vous attachent éternellement à l'empereur et à la Patrie.

« L'auditeur au Conseil d'État,
sous-préfet de l'arrondissement de Rheims,

« D. DEFLEURY.

Rheims, le 5 mars 1814. »

Cette proclamation du sous-préfet (1) paraphrasait

---

(1) Defleury rendit compte au duc de Bassano. « L'esprit public est meilleur que je ne l'aurais pensé ; j'ai été assez content des sentiments que m'ont manifestés les autorités municipales. »

Voici le texte de la lettre du sous-préfet, datée du 5 mars. (Archives nationales.)

« MONSEIGNEUR,

« Je me suis occupé aussitôt mon arrivée à Reims de la rédaction de la proclamation prescrite par mes instructions.

« On l'imprime en ce moment. Elle sera affichée ce soir dans la ville et portée cette nuit dans les communes rurales de l'arrondissement.

« J'aurai soin de me conformer aux ordres et avis que vous me faites la grâce de me donner par votre lettre de ce jour.

« M. le général Corbineau m'a invité à lui faire fournir des réquisitions de toute nature. Il sera satisfait, mais il me demande de lui donner des fonds et je ne sais comment satisfaire à cette demande. Le receveur particulier de l'arrondissement et tous les autres receveurs des deniers publics sont absents. Ils ont emporté leurs rôles ; je ne pourrai donc point faire procéder régulièrement à aucun recouvrement.

« Le seul moyen est de lever une contribution arbitraire sur les propriétaires les plus riches de la ville, sauf à les rembourser sur le produit des contributions foncière, mobilière, etc., qui seront perçues aussitôt la rentrée des percepteurs.

« Les fonds demandés par le général sont destinés à payer des ouvriers

une partie du décret de Fismes du 5 mars, dont sans doute Defleury avait eu connaissance avant de quitter le quartier général et qui parut au *Moniteur* du 7. Par ce décret fameux, non seulement l'empereur autorisait tout Français à courir aux armes, mais encore il incitait les paysans à se lever pour repousser l'envahisseur. Peut-être, hélas! ce décret venait-il trop tard! C'était là une mesure renouvelée de 1792, devant laquelle Napoléon avait trop longtemps reculé! Deux mois plus tôt elle aurait eu sur la marche des événements une influence considérable. Le 5 mars, « elle procura à l'empereur moins une ressource militaire qu'un épouvantail politique. Ce décret, dans la pensée impériale, devait donner aux plus faibles cette sorte d'énergie que peut inspirer l'effroi et l'idée de vengeance (1). »

Pour faire naître le désir de vengeance, depuis quinze jours, les journaux étaient pleins de correspondances douloureuses, malheureusement trop vraies, racontant les souffrances des villes de Champagne, les excès commis, dont Montmirail, Montereau, Nangis, la Ferté-sous-Jouarre, Troyes et Meaux avaient été souillés! A Fismes même, en arrivant le 4 mars,

qui vont être employés à défendre les entrées de la ville. Il me semble que le paiement de cette dépense n'a rien d'urgent et pourrait même s'opérer par voie de prestation en nature.

« L'esprit public est meilleur que je ne l'aurais pensé, j'ai été assez content des sentiments que m'ont manifestés les autorités municipales.

« En ce moment, on bat la générale et on barricade les portes, attendu que l'ennemi, au nombre de trois, quatre ou cinq mille, avec de l'artillerie, se dirige sur la ville. Nous nous apprêtons à le recevoir dignement...

« DEFLEURY. »

(1) Baron FAIN, *Manuscrit de 1814*.

Napoléon avait eu connaissance d'une lettre pleine de menaces affichée dans la commune le 23 février, par ordre du chevalier de Barnecki. « Je vous déclare, disait-elle, que tout individu qui sera trouvé armé sera traité comme soldat et fait prisonnier. N'oubliez pas qu'en cas de mauvais succès la propriété des vaincus est la prise des vainqueurs et j'userai alors du droit de la guerre (1). »

Enfin, on peut remarquer que le décret de Fismes a paru après la proclamation de Blücher du 17 février dans laquelle le feld-maréchal promettait la mort ou la Sibérie à tout habitant armé pour défendre sa patrie ; la démolition des maisons d'où partirait un coup de feu ; la mort et la confiscation pour tout habitant « qui se permettrait quelque excès envers un militaire (2) ».

L'empereur usait donc du droit de légitime défense. Il crut également nécessaire de stimuler le zèle des fonctionnaires en même temps que l'ardeur des paysans par un autre décret également daté de Fismes :

« Considérant que les peuples des villes et des campagnes indignés des horreurs que commettent sur eux les ennemis et spécialement les Russes et les Cosaques courent aux armes, par un juste sentiment de l'honneur national, pour arrêter des partis de l'ennemi,

(1) *Annuaire de la Marne*. Histoire de Fismes.
(2) Voir aux annexes le texte entier de la proclamation de Blücher avec l'ordre de publication donné par l'indigne magistrat Turpin, qui s'était installé à la préfecture de la Marne. (Archives de Châlons.)
Voir aussi, aux annexes, la belle lettre du sous-préfet de Reims portant envoi de sa propre proclamation et de bulletins de la Grande Armée. (Archives de Châlons.)

enlever ses convois et lui faire le plus de mal possible, mais que dans plusieurs lieux ils ont été détournés par le maire et par d'autres magistrats.

« Nous avons décrété et décrétons ce qui suit : Tous les maires, fonctionnaires publics et habitants qui, au lieu d'exciter l'élan patriotique du peuple, le refroidissent ou dissuadent les citoyens d'une légitime défense, seront considérés comme traîtres et traités comme tels. »

Chercher à relever les courages et appeler les habitants aux armes (1), ainsi que l'avaient fait Corbineau et Defleury, c'était quelque chose ; mais ce n'était pas suffisant pour repousser avec quelques centaines d'hommes les attaques probables de tout un corps d'armée ennemi signalé vers Châlons depuis quelques jours, sous le commandement du comte de Saint-Priest.

Le 5 au soir, le général Corbineau se met résolument à l'œuvre pour préparer la défense, ne se souciant pas, après le départ de Laferrière d'être pris à son tour comme il a pris les Cosaques ! De fortes patrouilles tiennent en éveil le zèle nouveau mais très réel de la garde nationale à laquelle on confie la garde

---

(1) Nous avons fait remarquer plus haut que les décrets de Fismes venaient trop tard. De Corbény, le 7 mars, le général de gendarmerie Radet écrivit dans un rapport à l'empereur :

« Partout, l'ennemi manifeste son étonnement de voir tant d'habitants et de ce que l'on n'a pas fait de levée en masse. Insurgeons, Sire, toutes les campagnes, et la grande majorité des villes ne demandera que des armes et des munitions, mais que Votre Majesté daigne choisir elle-même ses insurgeurs parmi les hommes dignes de sa confiance et de celle de ses sujets... »

d'une partie de l'enceinte. Toutes les portes sont fortement barricadées ; sur les remparts on construit des sortes de créneaux ou lucarnes que le peuple appela « corbinettes » ; les marchands taillandiers, serruriers et entrepreneurs de bâtiments apportent à la mairie tous leurs outils, pelles, pioches, et autres instruments en fer ; deux cents ouvriers, sur plusieurs points de l'enceinte, aménagent de grands fossés de dix à douze pieds de profondeur ; en avant des portes on place des palissades et la circulation ne reste autorisée que par la porte de Paris.

Tout cela constituait les premières mesures matérielles, absolument urgentes pour arrêter les troupes de Saint-Priest. Mais il fallait encore et surtout des défenseurs, et du temps pour les réunir.

Napoléon, de son côté, dès son installation à Berry-au-Bac, songe au gouverneur de Reims (1). Il donne

(1) Voici des extraits de deux lettres de Corbineau, toutes deux du 5 mars.

« Sire,
« J'ai l'honneur d'envoyer à Votre Majesté une députation de la ville de Rheims. Je n'ai pas encore reçu les cadres qu'elle m'a annoncés. Je réitère à Sa Majesté la demande d'un officier d'artillerie et de génie ainsi que des munitions d'infanterie. Mille Cosaques se sont présentés ce soir sur la route de Châlons et y sont restés en position jusqu'à six heures. Il a été vu des feux sur la route de Réthel environ à une lieue et demie d'ici... »

« Sire,
« Je reçois la lettre que Votre Majesté m'a fait l'honneur de m'adresser et ma nomination de gouverneur. J'ai l'honneur de la prier de vouloir bien m'envoyer deux officiers du génie, cette nuit encore, s'il est possible... Je vais organiser les trois bataillons aussitôt que les cadres seront arrivés. Il n'y a à Rheims que quatre cent cinquante hommes de garde nationale. J'appelle sous les armes tout Français de vingt à soixante ans ; il n'y a point de cartouches.

« J'ai l'honneur de prier Votre Majesté de m'en envoyer ainsi qu'un officier d'artillerie. Je la prie d'être convaincue que je chercherai à jusl'ordre à Drouot de faire partir de suite deux cadres de la jeune garde et le cadre du 122ᵉ régiment pour se rendre à Reims où ils seront complétés par deux mille quatre cents hommes armés, à prendre sur la levée en masse de l'arrondissement. L'armement de ces gardes nationaux doit se faire avec les fusils ennemis trouvés dans la ville. Indépendamment de ces deux mille quatre cents gardes nationaux de la levée en masse, qui deviendront troupes de ligne, Corbineau doit chercher à armer deux mille quatre cents autres gardes nationaux, ce qui doit lui permettre en quelques jours de disposer de près de cinq mille hommes. Il va recevoir huit nouvelles pièces de canon, un commissaire des guerres pour former un hôpital, un chef de bataillon du génie comme commandant de place. Le gouverneur est autorisé à nommer les officiers, qu'il devra choisir parmi les hommes sûrs et solides. L'empereur lui recommande enfin de faire palissader les portes, de réparer les brèches, d'organiser une compagnie de canonniers gardes nationaux (1).

Malheureusement, si les travaux de mise en défense des remparts étaient exécutables de suite, il n'en était pas de même pour les levées des défenseurs. Ce ne fut guère que le 8 mars que les ordres donnés (2) par

tifier la confiance dont elle m'honore. » (Archives nationales. AF. IV. 1670. 85 et 86.
(1) L'Empereur au major-général. *Correspondance,* n° 21443.
(2) Les ordres de départ adressés le 8 mars étaient du modèle suivant :
AU NOM DE L'EMPEREUR.
ORDRE DE DÉPART
En exécution du décret impérial du 5 mars 1814, il est ordonné au

l'empereur purent recevoir un commencement d'application. A cette date, Reims dut armer neuf cents hommes de vingt à quarante ans (1) et former trois cohortes urbaines de cinq cents hommes chacune (2). Mais l'équipement était incomplet. Tous ces soldats improvisés ne reçurent jamais les effets que l'on avait prévus pour eux (3), et il est facile de juger quels services il était permis d'en attendre.

L'importance attachée par l'empereur à la possession de Reims, au moment de sa marche au nord de l'Aisne, et l'heureux succès de Corbineau devaient encourager Napoléon dans l'exécution du projet dont nous avons parlé, l'appel des garnisons du nord de la France. Aussi, récrit-il à Berthier, le 5 au soir :

« Donnez ordre au général Durutte de sortir de Metz avec toute sa garnison et de se réunir aux garnisons de Verdun, de Longwy, de Thionville et de Luxembourg, etc. Faites une douzaine d'expéditions de cet ordre et envoyez-les par plusieurs voies. Vous pouvez en envoyer six au général Corbineau avec

---

sieur......... de se rendre demain 9 mars, à huit heures précises du matin, à l'hôtel de ville, pour être de suite incorporé dans les bataillons de la garde.
Faute par lui de se trouver à l'appel, il sera déclaré déserteur et puni suivant les lois militaires.
L'auditeur au Conseil d'État,
sous-préfet de l'arrondissement de Rheims,
D. DEFLEURY.
(Archives de Reims.)

(1) Ces hommes étaient choisis dans les catégories suivantes : 1° célibataires ; 2° veufs sans enfants ; 3° hommes mariés ayant peu d'enfants.
(2) Ces cohortes devaient comprendre tous les hommes disponibles de vingt à soixante ans, sans aucune différence d'hommes mariés ou non.
(3) Dès le 5 mars, de Berry-au-Bac, un décret prescrivit à la ville de Reims de fournir 2,400 blouses de drap bleu, 2,400 shakos et gibernes, 7,200 paires de souliers. La soumission devait avoir lieu le 17 mars.

ordre de les expédier directement par des hommes du pays. Faites la même chose pour le général Janssens qui commande à Mézières (1). »

Les « expéditions », aussitôt parvenues à Reims le 6 au matin, furent portées par des agents de police déguisés, mais plusieurs de ceux-ci furent arrêtés et conduits à Verdun. Les ordres de l'empereur arrivèrent cependant à destination, au moins à Mézières (2).

Pendant qu'avec une infatigable activité le gouverneur et le sous-préfet s'ingéniaient pour bien remplir la tâche difficile qui leur avait été confiée (3), pendant que le canon de la première journée de Craonne se faisait entendre dans l'après-midi du 6 mars, le général de Saint-Priest se rapprochait de Reims et se préparait à l'attaquer.

(1) Napoléon au major-général. *Correspondance*, n° 21442.
(2) Les porteurs de dépêches reçurent du général Corbineau un laissez-passer, de la main même du gouverneur :

« Laissez passer librement et procurez tous moyens et autres au porteur du présent, chargé d'ordre du général Corbineau, gouverneur de Rheims.
« CORBINEAU. »
(Archives de Reims.)

Un reçu est ainsi libellé, sur un chiffon de papier :
« Reçu une dépêche à l'adresse de M. le général Janssen, le 8 mars à « midi, venant de Berry-au-Bac.
« Mézières, le 8 mars 1814,
« *Le chef d'état-major*,
« P. PRINZEN. »

Détail curieux à noter : ce ne fut que le 15 septembre 1814 que les agents de police, qui n'avaient pas été payés, réclamèrent des frais de déplacement à la ville !

(3) Le 6 mars, Corbineau, écrivit de nouveau à l'empereur : « Sire, je n'ai point reçu les cadres que Votre Majesté m'a fait l'honneur de m'annoncer. Je crains que les lettres par lesquelles je lui demandais un officier de génie et des munitions n'aient été prises. La formation de deux mille quatre cents gardes nationaux pris dans l'arrondissement de Reims m'offrira des difficultés. Je m'occuperai de suite de former une compagnie de canonniers de gardes nationaux. » (Archives nationales.)

CHAPITRE VIII

SAINT-PRIEST ET CORBINEAU

(6-11 mars)

Le 8ᵉ corps russe. — Les Saint-Priest. — Marche sur Reims le 7 mars. — Sommation de la ville. — Phases du combat. — Retraite des Russes. — La division Defrance à Reims. — Satisfaction de l'empereur. — Proclamation du sous-préfet.

Le corps d'armée du général-lieutenant comte de Saint-Priest avait d'abord été chargé, au début de la campagne, d'assiéger Mayence. Il était resté devant cette ville jusqu'à la fin de janvier, fournissant les troupes d'investissement. A ce moment, les corps de réserve, formés en Allemagne, furent spécialement désignés pour les blocus en remplacement des troupes de première ligne. Le général de Saint-Priest devint donc disponible et, par une marche très lente, dirigea ses régiments sur Nancy, puis sur Vitry.

Il devait, en principe, être rattaché à l'armée de Silésie, et reçut du feld-maréchal des instructions détaillées sur les missions que les circonstances pouvaient l'appeler à remplir. Son rôle principal était d'assurer les communications entre la grande armée alliée et celle de Blücher, en se portant sur la Marne. Il devait ensuite, après avoir atteint cette rivière, s'inspirer des événements de la guerre, et surtout des mouvements de Napoléon pour se relier avec Winzingerode à Reims ou donner la main à Blücher lui-même.

Saint-Priest reçut ces instructions le 27 février, à Saint-Dizier. Immédiatement, il se porta avec une partie de ses forces sur Vitry, laissant à Saint-Dizier le général Emanuel pour assurer la liaison avec les généraux Yagow et Pantchoulitcheff qui suivaient à deux jours de marche. Emanuel rejoignit à Vitry le 2 mars, Yagow et Pantchoulitcheff diminuèrent les distances, et le 3 mars Châlons fut occupé par le général de Saint-Priest, dont les troupes, paraît-il, étaient alors superbes.

« Nous avons eu un grand passage : c'était un corps de réserve de l'armée russe, troupe magnifique sous tous les rapports. L'infanterie se composait de grenadiers russes habillés à neuf. L'artillerie, toute neuve, caissons et harnais, était attelée de chevaux appareillés sur la couleur de leur robe. Je me rappelle avoir été arrêté longtemps sur le pont des Mariniers par un superbe équipage de ponts, tout neuf. Il sortait par la porte Saint-Antoine. Le moindre de ces chevaux aurait encore fait un beau carrossier (1). »

A peine arrivé à Châlons, Saint-Priest apprit le départ de Winzingerode pour Soissons et se décida conformément aux instructions du feld-maréchal, à se porter sur Reims qu'il importait de conserver; en l'occupant il remplissait la mission reçue, pouvait continuer à se relier par Épernay avec la grande armée alliée et protégeait le flanc de Blücher alors en marche sur l'Aisne.

---

(1) SALLE, Souvenirs d'un demi-siècle. *Annuaire de la Marne*, 1859.

Saint-Priest quitta donc Châlons (1) le 4 mars, presque au moment où Napoléon, alors à Fismes, se décidait à envoyer lui-même à Reims le général Corbineau. Le 5, le quartier général russe fut établi à Beaumont-sur-Vesle, les troupes cantonnèrent à Prunay, Thuizy et Beaumont, les avant-postes furent poussés jusqu'à Sillery, où ils pillèrent, dit-on, complètement la maison du comte de Valence.

Ce comte de Valence, que nous avons vu figurer dès 1803 dans le cortège du premier consul à Reims, était de très ancienne noblesse et sa famille, au dix-huitième siècle, avait été particulièrement en honneur dans la maison d'Orléans. Entré au service dans l'artillerie en 1774, il était devenu presque Rémois par son mariage avec une des filles de la célèbre madame de Genlis, née Bruslart de Sillery, et propriétaire de ce château de Sillery pillé par les Russes le 5 mars 1814. L'avancement de Valence avait été rapide ; maréchal de camp en 1791, lieutenant général en 1792, il avait commandé en chef l'armée des Ardennes et reçu à Nerwinde une grave blessure. Valence rentra

---

(1) Avant de quiter Châlons, Saint-Priest, lui aussi, crut nécessaire de s'adresser aux populations. Turpin, fonctionnaire préfet, dont nous avons déjà signalé la conduite peu correcte, s'empressa le 5 mars de faire distribuer ce factum.

« Monsieur le sous-préfet, je vous transmets cent vingt-cinq exemplaires de la proclamation adressée par M. le général comte de Saint-Priest, commandant en chef le 8ᵉ corps de l'armée impériale de Russie aux habitants du département de la Marne. Je vous invite à donner des ordres pour que cette proclamation soit publiée et affichée dans les communes de votre arrondissement.

« Je vous renouvelle, etc.

« *Le Préfet*,
« Turpin. »

(Archives de Châlons.)

alors dans la vie privée, s'installa au château de Sillery et s'occupa d'agriculture et de politique. Cependant, après s'être rallié au Consulat et être entré au Sénat, il reprit pendant quelque temps du service, et fit campagne en Espagne et en Russie ; il était en 1814 secrétaire du Sénat, sans emploi actif dans l'armée, et sa signature figure au bas de la proclamation de déchéance (1). Il passait pour tout dévoué au régime impérial, et ce fut là, sans doute, la cause déterminante du pillage de son château de Sillery.

En arrivant à Beaumont-sur-Vesle, Saint-Priest apprit avec beaucoup d'étonnement que le général Corbineau l'avait devancé à Reims et que les arrière-gardes laissées par Winzingerode s'étaient repliées sur l'Aisne. Il apprit encore, le soir du 5 mars, qu'une troupe de Cosaques, sous le commandement du général Tettenborn (2), venait de se heurter à des dragons

---

(1) Cette signature fut mise à l'insu du comte de Valence. (Voir chapitre XVII.)
Le général, en 1815, vint offrir ses services à l'empereur et fut exclu de la Chambre des Pairs par Louis XVIII. C'était un sceptique, spirituel et libéral à la manière des hommes du dix-huitième siècle. Il était parvenu aux plus hauts grades de la franc-maçonnerie. Une de ses filles fut la maréchale Gérard.

(2) Tettenborn est une figure très originale. Homme d'esprit, galant cavalier, il avait été longtemps attaché à l'ambassadeur d'Autriche à Paris (le prince de Schwarzenberg) et c'est lui qui en 1811 fut chargé de porter à l'empereur d'Autriche la nouvelle de la naissance du roi de Rome. Il fit le trajet de Paris à Vienne en moins de cinq jours, grâce à des relais de chevaux de course qu'il avait fait disposer sur la route.
Après avoir suivi Schwarzenberg à Pétersbourg, Tettenborn fut envoyé en garnison à Bude en 1812. L'ennui et l'ambition le décidèrent alors, quoiqu'il fût major, à quitter l'armée autrichienne. Il partit pour la Russie, leva un corps de partisans, se montra entreprenant, fut heureux, et bientôt, trois mois après son départ de Bude, était général russe. Pen-

français, entre Fismes et Reims, qu'elle s'était arrêtée vers Ormes et qu'elle attendait par la route d'Épernay un autre régiment cosaque conduit par le général Narischkine (1).

Le 6 mars, Tettenborn, dans le but de se relier avec le corps d'armée russe, se porta lui-même sur Reims, et la cavalerie de Saint-Priest, de son côté, tenta de surprendre une des portes de la ville.

Cette double action fut sans résultat (2), mais elle renseigna Saint-Priest sur le départ de Reims de Laferrière et permit au général russe de préparer un coup de main pour le 7. Le général Yagow qui, avec quatre mille hommes, se trouvait toujours en arrière du côté de Vitry, reçut l'ordre de rallier immédiatement.

---

dant la retraite des Français, il s'empara d'une partie du trésor de Napoléon, puis tenta sur Berlin un coup de main qui le mit en relief, et s'empara de Hambourg le 18 mars 1813.

Pendant la campagne de Saxe et en 1814, Tettenborn, agissant presque constamment pour son compte, rendit les plus grands services. Sa troupe eut une activité incroyable, toujours en mouvement, reliant les armées, faisant parvenir les nouvelles. Tettenborn, qui connaissait personnellement tous les souverains d'Europe et le monde diplomatique dont il avait fait partie, fit brillante figure à Vienne en 1815. (Voir *Souvenirs du comte de la Garde-Chambonas*, chez Vivien.)

(1) Narischkine était cousin du grand-chambellan de l'empereur Alexandre. Les Narischkine étaient alliés à la famille impériale, la mère de Pierre le Grand étant une Narischkine.

(2) Corbineau à Napoléon, 6 mars, deux heures après midi : « L'ennemi s'est présenté avec huit cents chevaux et trois pièces de huit, à huit heures du matin, sur la route de Châlons; après avoir jeté une cinquantaine de boulets dans la ville, il s'est retiré à Sillery. J'espère que dans deux ou trois jours, la ville sera à l'abri d'un coup de main ; alors je me mettrai en campagne et rétablirai la communication avec les villages, ce qui me faciliterait l'exécution des ordres de Votre Majesté relatifs à la formation des bataillons dont Votre Majesté m'a envoyé les cadres... Je n'ai pas un sol à ma disposition et suis souvent obligé de faire toutes les dépenses. La division Laferrière est partie ce matin avec son artillerie. Les cadres viennent d'arriver, etc. » (Archives nationales.)

Saint-Priest, dans l'armée russe, avait la réputation d'un habile homme, très circonspect et ne laissant rien au hasard. Il avait fait une brillante carrière, puisqu'en 1814 il n'avait que trente-huit ans. C'était le fils aîné de ce comte de Saint-Priest qui, sous Louis XVI, avait été officier, ambassadeur à Lisbonne, à Constantinople et en Hollande, puis ministre avec Necker et jusqu'à la fin de 1790 (1).

Le Saint-Priest qui commandait un corps russe devant Reims en 1814, Guillaume-Emmanuel Guignard, comte de Saint-Priest, était né à Constantinople pendant l'ambassade de son père, avait émigré avec toute sa famille en 1791, avait porté les armes contre la France dès l'année suivante, à seize ans, puis avait pris du service en Russie et guerroyé contre les Turcs.

Très royaliste, il s'était rendu à Mittau en 1799 et le duc d'Angoulême se l'était attaché comme aide de camp. Mais, le consulat semblant ajourner les espoirs du parti, Saint-Priest rentre au service de la Russie en 1801, devient colonel, combat contre la France à Austerlitz, est blessé par un boulet français en 1806, puis, au moment du rapprochement de Tilsitt, part pour faire de nouveau campagne contre les Turcs et devient général-major.

Aussitôt que commence la campagne de 1812, Saint-Priest, qui décidément a le goût de combattre ses anciens compatriotes, se fait donner immédiatement un commandement sur le théâtre de la guerre. Il est à la Moskowa, il est l'année suivante à Lützen

(1) Cette famille était originaire du Gâtinais et s'était établie en Dauphiné. (Notice par Pascallet. 1847. Bibliothèque nationale.)

LE COMTE EMMANUEL DE SAINT-PRIEST
LIEUTENANT GÉNÉRAL, COMMANDANT EN CHEF LE 8ᵉ CORPS DE L'ARMÉE RUSSE
BLESSÉ MORTELLEMENT DEVANT REIMS LE 13 MARS 1814

(D'après une estampe de la Bibliothèque nationale. — Photographie Sauvanaud.)

et à Leipzig ; l'empereur Alexandre le comble d'honneurs, le fait lieutenant-général, grand-croix de l'Aigle rouge, lui envoie une épée enrichie de diamants, lui confie son huitième corps !

Du reste, toute la famille de Saint-Priest avait une haine profonde contre la France impériale, s'était complètement russifiée, avait absolument oublié ses origines. Deux frères du général, en 1814, étaient comme lui au service de la Russie; l'un comme gouverneur d'Odessa, l'autre comme colonel dans le corps de Winzingerode. Après Craonne, ce colonel de Saint Priest fut fait prisonnier, entre Mézières et Vouziers, et ne dut son salut — car l'empereur n'était pas tendre pour les anciens Français pris les armes à la main contre la patrie — qu'à la généreuse intervention du comte de Turenne, officier d'ordonnance de Napoléon (1).

Le général de Saint-Priest, avons-nous dit, passait pour très circonspect, et, fidèle à son système, désirait éviter un assaut. Connaissant la médiocre situation de Corbineau, encouragé peut-être par l'exemple de Moreau à Soissons, il résolut, au lieu d'attaquer de suite la ville, de parlementer et d'effrayer les défenseurs.

Il se porta donc le 7 mars au matin, dans le plus bel

(1) Dès le retour des Bourbons, le colonel de Saint-Priest fut fait maréchal de camp français, écuyer tranchant, ambassadeur de France ! Lui aussi, comme son frère, avait été parmi les vaincus d'Austerlitz. Ce fut M. Descarreaux qui le fit prisonnier le 8 mars. Descarreaux, officier retraité, membre de la Légion d'honneur, avait servi au 1er hussards, puis s'était retiré à Mézières et s'était mis en février 1814 à la tête d'un corps de partisans.

ordre, avec le plus gros de ses troupes vers Reims, fit halte de sa personne sur une petite éminence au sud de la ville, fit dresser sa tente, s'y installa et envoya un parlementaire. L'officier choisi pour cette mission fut le prince Boris Galitzine, qui en a laissé une curieuse narration (1).

Le comte de Saint-Priest avait rédigé une proclamation aux habitants de Reims, dans laquelle il les engageait à n'opposer aucune résistance afin d'éviter à la ville toutes les horreurs d'une prise de vive force qu'il était en mesure d'exécuter (2).

« Ce fut moi, dit le prince Boris Galitzine, qui fus chargé de cette mission qu'on savait assez scabreuse parce qu'il nous était déjà revenu que le général Corbineau, qui commandait à Reims, était décidé à n'admettre aucune proposition, sentant toute l'importance du point qu'il avait à défendre. »

Le prince, précédé d'un trompette et accompagné d'un paysan qui lui sert de guide, s'avance jusqu'à la poterne de la porte Dieu-Lumière, agite un papier qui est la sommation de Saint-Priest et fait le signal de parlementaire. Les soldats postés sur les remparts lui répondent par des clameurs, crient à Galitzine de se retirer. Mais celui-ci tient absolument à placer le papier de son général ; il insiste, continue à causer avec les gardes de la porte et ne se retire que lorsqu'un premier coup de canon, qui, heureusement pour lui,

---

(1) Le frère du général de Saint-Priest, gouverneur d'Odessa avait épousé une Galitzine. Le prince Boris était neveu de la femme du gouverneur.

(2) *Souvenirs et impressions d'un officier russe*, par le prince Boris GALITZINE (1849). Cités par M. Bertin, 1814.

passe au-dessus de sa tête, lui fait enfin comprendre que Reims ne se rendra pas comme Soissons (1).

Voici le texte de l'insolente sommation du comte de Saint-Priest, qu'apporta Galitzine.

« *A la municipalité de la ville de Rheims.*

« Messieurs,

« Votre ville est cernée et si vous avez l'intention de la deffendre, je vous déclare que j'ai les moyens d'y entrer de force et que je commencerai par incendier Rheims.

« Je n'ignore pas que les habitants de la ville de Rheims se sont rendus coupables vis-à-vis des puissances alliées en se réunissant à leurs ennemis et leur livrant la faible garnison qu'on y avait laissée d'après la confiance qu'on avait dans le bon esprit qui les avait animés jusqu'à présent.

« La vengeance devrait s'ensuivre et je ne vous dissimule pas que la résistance que vous pouvez m'opposer ne servira qu'à l'aggraver. Voulant cependant épargner votre ville, je vous engage à ne pas me forcer à l'attaquer en règle. Les résultats en seraient affreux pour vous et pour une population considérable que je voudrais conserver. Je vous promets la garantie de vos propriétés et n'exige de vous d'autres conditions que de me livrer vos armes et canons et de me donner

---

(1) On prétend que le papier porté par Galitzine fut attaché à une ficelle et hissé au général Corbineau, qui était sur les remparts. Après l'avoir lu, Corbineau s'écria : « Ce Saint-Priest qui avec ses douze cents chevaux croit entrer dans Reims ! Feu, canonniers ! »

pour l'avenir, des otages qui puissent être le gage de votre tranquillité future.

« Si je n'ai pas dans une demi-heure une réponse catégorique, je ferai attaquer dans l'instant.

« Au camp devant Rheims, à onze heures du matin, le 7 mars 1814.

« Le comte DE SAINT-PRIEST,

« Lieutenant-général, commandant en chef le 8ᵉ corps de l'armée russe (1). »

Il était midi lorsque Corbineau donna la réponse de la ville de Reims au comte de Saint-Priest, en faisant tirer le canon.

Tettenborn, venu par la rive gauche de la Vesle, devait, d'après les ordres qu'il avait reçus, coopérer le cas échéant à l'attaque, du côté de la route d'Épernay et de la porte de Paris, et il avait été très exact au rendez-vous. Mais les mouvements du général de Saint-Priest avaient été si lents que Tettenborn, ne voyant personne arriver, crut avoir mal compris les ordres, et n'osa pas engager seul le combat; après une démonstration inutile vers Sainte-Geneviève, il se retira donc vers Ormes, et se contenta d'envoyer des reconnaissances dans la direction de Fismes.

Furieux cependant de l'insuccès de la démarche du prince Galitzine, Saint-Priest se décida à tenter l'attaque. Il avait avec lui quelques escadrons de dragons de Kiev, six bataillons de landwehr prussienne appartenant aux troupes de Yagow (qui avaient rejoint en partie) et trois régiments russes du 8ᵉ corps, en tout près de sept mille hommes.

(1) (Archives nationales.)

Sommation adressée le 7 mars 1814 à la municipalité
de Reims par le général de Saint-Priest.

apprens (on rapport ne s'emirait qu'il n'aggravait? l'on =
sirait cependant épargner cette ville. Je vous engage
à ne pas me forcer à l'attaquer en règle. La substitutt[e]
en second a signé hond hinlet, l'aut ne ne f. pulation
considerab[le] que je pondrai Conderir, Je vous
promet la galanterie de ne proposer, et n'exige
de vous d'autres conditions que de metterepas
armes les canons et munitions pour armer abunir
Dus stages ou prisonnier d'etat, le gage de votre
fanquilité. C'est Zautant — Je ne vois pas dans
Pondichéry — Veuilles nous répondre Cathégorique
ment, Je suis attaqué avant l'instant.

Au Sanis Vincent Morriçal   Le Comte de Fleut
à Sateur Racontant   Lieutenant général
                       Commandant de 8e Corps
de 7 Mars 1874   de l'Armée Rouhin.

L'attaque se dessine à la fois sur la porte Cérès et, le long de la Vesle, vers les portes Dieu-Lumière et Fléchambault ; l'artillerie ennemie s'établit aux moulins du faubourg Cérès et au moulin de la Housse (1). Mais les dispositions sont prises très lentement et Corbineau a le temps de faire transporter les quelques pièces de canon dont il dispose sur les points des remparts où ces canons peuvent être de la plus grande utilité. Aux coups (2) tirés par les Russes les vieilles pièces de Reims ripostent faiblement, mais les portes résistent, et les Russes n'osent pas commencer l'assaut (3).

Impatienté de cette résistance et se rendant compte des ingénieuses dispositions prises par le gouverneur de Reims, Saint-Priest, qui assiste au combat près du moulin de la Housse, décide alors de tenter une diversion vers l'ouest de la ville. Un détachement traverse la Vesle, se porte vers Tinqueux et Saint-Brice, incendie ce dernier village et se dispose à se rabattre sur la porte Mars.

C'est à ce moment, vers trois heures du soir qu'un

(1) Non loin du point où se trouvent actuellement les caves Pommery.
(2) Le rapport de Corbineau parle de six cents obus et deux mille coups de canon.
(3) Des obus tombèrent rue du Marc, 13, chez M. Legoy, huissier ; rue de l'Échauderie, chez M. Darancé ; dans les rue Neuve (rue Gambetta actuelle), du Barbâtre et du Parvis Notre-Dame. « Je ne saurais peindre l'état où nous nous trouvions, dit M. Pinon dans son manuscrit. L'on n'entendait que plaintes et gémissements, disant : nous sommes perdus ! On courait aux armes, le tocsin sonnait dans toutes les églises, personne n'osait plus sortir dans la crainte d'être blessé par un boulet ou par un éclat d'obus, chacun s'empressait de mettre des vases pleins d'eau devant les portes et même dans les greniers, dans la crainte d'incendie. J'ai vu des mères éplorées courir dans les rues avec leurs enfants qu'elles allaitaient, sans savoir où elles allaient... »

secours qu'il n'osait plus espérer arrive au général Corbineau.

Renseigné le 6 au soir sur la présence des Russes à Sillery, Napoléon, quoique s'attendant lui-même à livrer bataille le 7, n'oublie pas son fidèle aide de camp. Il donne à quatre heures du matin, le 7, « ordre au général Defrance de se porter à moitié chemin de Berry-au-Bac à Reims, d'envoyer des patrouilles jusqu'à Reims et de se porter lui-même avec toute sa cavalerie, dans cette ville, si cela était nécessaire. Ordre de commencer son mouvement dès la pointe du jour (1). »

Defrance (2), dans la matinée, s'est donc d'abord porté à hauteur d'Hermonville, puis ensuite s'est rapproché de Reims, et a atteint La Neuvillette vers deux heures. Renseigné par les habitants qui fuient, il se dirige sur le faubourg Cérès (3), où il trouve la

(1) *Correspondance*, n° 21453, de Corbeny, 7 mars, quatre heures du matin.

(2) Le général Defrance était né à Vassy en 1771 et appartenait à une famille de médecins de la Haute-Marne. Le docteur Defrance son père, qui exerçait la médecine à Rozoy-en-Brie, avait représenté le département de Seine-et-Marne à la Convention et avait siégé au conseil des Cinq-Cents. Le jeune Defrance s'engagea à seize ans, deux ans avant la Révolution, et en 1796, à l'armée d'Italie, commandait déjà un régiment. Il fit des prodiges de valeur et comme général de brigade se distingua tout particulièrement en 1806, 1807 et à Wagram. En Russie il commandait une division de cavalerie. L'empereur l'avait fait comte de l'empire pour récompenser sa belle conduite.

(3) La division du général Defrance comptait environ huit cents cavaliers, savoir :

10ᵉ hussards	317
1ᵉʳ gardes d'honneur	139
2ᵉ —	128
3ᵉ —	140
4ᵉ —	172

Les régiments de gardes d'honneur avaient été créés par décret du 5 avril 1813 et étaient passés dans la garde le 29 juillet suivant.

cavalerie russe qui l'attend en bataille près de la grande route de Rethel par Witry. Defrance déploie ses deux brigades malgré les difficultés du terrain et aborde résolument les cavaliers russes, à peu de distance de la porte Cérès. Les Russes, quoique plus nombreux, tournent bride, mais, dans leur retraite, démasquent leur infanterie et la situation de la division des gardes d'honneur devient d'autant plus périlleuse que presque toute l'artillerie ennemie est de ce côté de la ville.

Heureusement, d'après la direction suivie par le général Defrance, Saint-Priest avait compris que la cavalerie française venait de Berry-au-Bac. De là il conclut qu'il avait évidemment devant lui l'avant-garde de l'armée de Napoléon ! Ce nom magique et la crainte qu'il inspirait décidèrent du sort de la journée. Saint-Priest donna immédiatement l'ordre de battre en retraite, et ses sept mille hommes, qui reculaient ainsi devant huit cents cavaliers et les deux ou trois cents fusils que Corbineau avait pu mettre en ligne en dehors de la garde nationale, se replièrent en bon ordre par la route de Châlons et par Cormontreuil, abandonnant cependant deux de leurs canons. Le général Defrance les suivit pendant une lieue et demie, mais n'osa pas renouveler une attaque trop inégale(1).

Beaucoup des gardes d'honneur appartenaient à l'ancienne aristocratie. L'histoire de ces régiments est courte, mais superbe. Ils se couvrirent de gloire à Leipzig, à Hanau et dans tous les combats de 1814. Ils furent licenciés le 24 juin 1814.

(1) Dans un rapport, daté de Sillery, 8 mars, et adressé au prince Volkonski, chef d'état-major, Saint-Priest écrivit : « Nous avons vu arriver une forte colonne de cavalerie qui venait au secours de la ville. Ignorant si cette cavalerie ne serait pas suivie d'un corps plus considé-

Le corps de Saint-Priest reprit à la nuit les cantonnements qu'il avait quittés le matin, les troupes russes s'installèrent à Sillery et à Taissy, les Prussiens à Puisieux et Champfleury. L'avant-garde, sous les ordres du général Emanuel, occupa Bézannes. Dans la nuit le restant des troupes de Yagow rejoignit son chef (1).

Tel fut ce petit combat du 7 mars, où du côté français tous s'étaient vaillamment comportés, où Corbineau avait montré une très grande vigueur. La division Defrance, qui avait décidé du succès (2), fit une entrée triomphale dans Reims. Ségur qui commandait une des brigades de cavalerie, raconte « que les habitants

---

rable, j'ai fait cesser le feu et j'ai concentré mes troupes à une lieue de la ville. »

Corbineau raconte ainsi le combat :

« M. de Saint-Pryer a attaqué la ville ce matin avec six mille hommes d'infanterie, dix pièces de canon et trois mille chevaux ; il m'a envoyé la sommation que j'ai l'honneur de joindre à ma lettre (voir plus haut). Il a jeté à peu près six cents obus dans la ville et deux mille coups de canon. Il était déjà maître du faubourg de Cérès, qui est la partie faible de la ville ; il avait tourné la ville et s'était rendu maître de la route de Béry-au-Bac. Heureusement, la colonne du général Defrance est arrivée.

« Je n'ai pas reçu les cent mille cartouches qui m'avaient été annoncées par le prince de Neufchâtel. Je fais travailler aux portes. Je trouve du zèle dans le peuple de Rheims, mais, étant toujours sous les armes, il est difficile que j'organise.

« M. de Saint-Pryer a fait incendier tous les villages par où il se retirait, ainsi qu'un des faubourg. »

(Corbineau à l'empereur, 7 mars. Archives nationales.)

(1) Dans cette journée, Saint-Brice et Courcelles furent incendiés complètement ; Champfleury, Bézannes et Thillois, en partie seulement.

(2) Voir aux annexes le rapport détaillé du général Defrance au major général qui fait ressortir la brillante conduite du 10ᵉ hussards et des généraux Piquet et de Ségur.

Il existe un autre rapport adressé à Grouchy, sensiblement semblable au précédent. D'après ce document, l'ennemi avait le 7 mars neuf bouches à feu, quinze bataillons d'infanterie et deux mille chevaux. Ces chiffres sont un peu inférieurs à ceux que donne le général Corbineau dans le rapport cité précédemment.

LE COMTE DEFRANCE
GÉNÉRAL DE DIVISION EN 1814

accoururent en foule au-devant des gardes d'honneur, leur serraient les mains, les félicitaient, les remerciaient de leurs cris et de leurs gestes les plus expressifs. Les femmes agitaient leurs châles et leurs mouchoirs aux fenêtres, elles criaient : « Vivent nos libérateurs, vivent les gardes d'honneur, vivent les braves hussards du dixième ! »

Et le comte de Ségur, toujours lyrique, poursuit ainsi son récit : « Aujourd'hui encore, ce souvenir luit à notre mémoire comme un rayon consolateur au milieu de ces temps tout assombris de tant d'infortunes ! Combien elle nous parut digne du dévouement de ses défenseurs, cette population si aimante, qui savait récompenser aussi chaleureusement l'accomplissement du plus sacré des devoirs et témoigner avec une effusion si touchante sa reconnaissance (1). »

(1) Le comte Philippe-Paul de Ségur, fils du grand maître des cérémonies de Napoléon, était né en 1780. Il entra dans l'armée où tant de ses ancêtres s'étaient illustrés, en 1799, et fit de suite les campagnes de Hohenlinden et des Grisons. Aussi bon diplomate que vaillant soldat, il remplit différentes missions de confiance qui attirèrent tout spécialement l'attention sur le jeune officier. En 1805, c'est lui qui décida le général Mack à capituler.

Ségur se distingua à Iéna, puis à Nazilsk (24 décembre 1807) où avec cent hommes il traversa, dit-on, une arrière-garde russe, mais il fut blessé et fait prisonnier après une défense désespérée. En Espagne, à Somo Sierra, Ségur fut encore blessé et reçut le grade de colonel (1808). Général de brigade en 1812, il fut en 1813 chargé d'organiser un régiment de gardes d'honneur.

Depuis le début de la campagne de 1814, il s'était spécialement distingué encore à Saverne, à Château-Thierry et à Montmirail. Il était alors attaché à la maison de l'empereur.

Ségur, entraîné par ses souvenirs de famille, se rallia un peu vite aux Bourbons au mois d'avril. Mais il garda du moins un fidèle souvenir au souverain qui l'avait comblé. Ses Mémoires, dont l'exactitude est parfois contestable, mais qui sont animés d'un vrai souffle militaire et écrits dans une langue chaude et charmante, sont d'un impartial témoin de l'épopée qu'il raconte.

Malgré la petite envergure de l'opération du 7 mars, elle rendait un précieux service à l'armée. Cette date du 7 mars est en effet celle de la bataille de Craonne. Si Reims avait succombé, la position de l'empereur, même après son sanglant succès, fût devenue fort critique. En gardant Reims, en faisant occuper Berry, Napoléon avait sa droite couverte, il pouvait continuer son mouvement au nord contre l'armée de Silésie. Aussi l'épisode du 7 mars fut-il raconté par l'empereur dans son bulletin du 12 mars (1), dans les termes suivants :

« Le général Corbineau se louait à Reims du bon esprit des habitants... Le 7, à onze heures du matin, le général Saint-Priest, commandant une division, s'est présenté devant la ville de Reims et l'a sommée de se rendre. Le général Corbineau lui a répondu avec du canon. La division Defrance arrivait alors avec sa division de gardes d'honneur. Il fit une belle charge et chassa l'ennemi. Le général Saint-Priest a fait mettre le feu à deux grandes manufactures et à cinquante maisons de la ville qui se trouvent hors de son enceinte, conduite digne d'un transfuge. De tous temps les transfuges furent les plus cruels ennemis de la patrie ! »

L'empereur n'attendit pas le bulletin du 12 mars pour envoyer ses compliments au gouverneur de la ville. De Braye, le 8 mars, il manda à Berthier : « Mon cousin, écrivez au général Corbineau pour lui témoi-

---

(1) *Bulletins de la Grande Armée*, PASCAL, VI.

gner ma satisfaction. Qu'il prenne des mesures pour organiser le peuple de Rheims et lui donner comme officiers les anciens serviteurs qui sont dans la ville. Qu'il fasse afficher la nouvelle de la victoire que nous avons remportée hier sur Vorontsov, Winzingerode et Langeron... »

Enfin, le sous-préfet Defleury, le lendemain du combat du 7, où la population rémoise et la garde nationale s'étaient vaillamment comportées, adressa aux habitants une très vibrante proclamation.

« L'approche de l'ennemi vous fournissait la noble occasion de manifester votre dévouement. Vous l'avez saisie avec joie, avec courage. L'empereur le saura !

« Mais déjà vous en trouvez la récompense dans l'honneur d'avoir préservé votre belle cité des outrages du pillage et de la dévastation dont elle était menacée.

« Jetez les yeux autour de vos remparts ! Vous n'y trouverez plus les habitations paisibles et sans défense qui les entouraient. Elles ont été ravagées et réduites en cendres par les mêmes ennemis, par ces barbares qui naguère osaient vous assurer qu'ils ne vous apportaient que la paix et le bonheur.

« Que cet exemple funeste vous apprenne le sort qui vous serait réservé si vous succombiez sous leurs coups.

« Qu'il augmente encore, s'il est possible, l'ardeur qui vous anime ! Habitants de Rheims, l'ennemi que vous avez vu fuir devant vous osera peut-être reparaître sous vos murs. Vous l'avez repoussé, vous le repousserez encore. Ses tentatives ne seront plus pour vous qu'un nouveau moyen de signaler votre énergie et d'acquérir de nouveaux droits à la reconnaissance de vos compatriotes et à la satisfaction de l'empereur.

« *L'auditeur, sous-préfet de Rheims,*

« D. Defleury. »

CHAPITRE IX

PRISE DE REIMS PAR SAINT-PRIEST

Renforts reçus par le général de Saint-Priest. — Trahison et exécution de Rougeville. — Combat du 12 mars. — Prise de Reims. — Cantonnements ennemis.

Après son insuccès du 7 mars, le général de Saint-Priest prit la résolution de rester provisoirement dans ses cantonnements sur la Vesle, pour attendre des renforts.

Ceux-ci ne furent pas longs à venir ; dès le 8, tous les Prussiens de Yagow rejoignirent leur général, et le 11 Pantchoulitcheff amena cinq mille hommes de troupes russes. Saint-Priest put dès lors disposer de près de vingt mille hommes. Le chiffre exact est difficile à déterminer, car naturellement, les écrivains favorables aux alliés sont tentés de diminuer les effectifs de nos ennemis. L'historien de Beauchamp ne parle que de quinze mille combattants pour le corps de Saint-Priest ; mais Beauchamp est d'une partialité connue contre les Français ; le chiffre qu'il donne peut donc être considéré comme inférieur à la réalité. En parlant du livre de Beauchamp, dans son journal de marche des opérations du 6ᵉ corps, le colonel Fabvier a écrit ces lignes cruelles : « Un ouvrage a paru il y a quelques années (1815), rédigé presque uniquement sur les bulletins de nos ennemis. On a été surpris de le voir écrit en français ; il faut d'autres guides pour l'Histoire (1). »

En somme, avant même l'arrivée de Pantchoulitcheff, Saint-Priest disposait déjà de vingt-six bataillons et de seize escadrons, soit environ quinze mille hommes et deux mille quatre cents chevaux. Les Prussiens de Yagow représentaient près de la moitié de ces effectifs et les troupes russes étaient commandées par les généraux Emanuel (cavalerie), Pilar et Gurialev (infanterie). C'étaient là des forces considérables si on les compare à celle du général Corbineau, qui n'avait reçu aucun renfort, qui pouvait mettre en ligne comme troupes régulières, en tout et pour tout, les cadres de deux bataillons du 5e voltigeurs de la garde, le cadre d'un bataillon du 121e régiment (2) et une centaine de cavaliers (3).

Sur le flanc gauche de Saint-Priest, Tettenborn, qui n'avait pu, nous l'avons vu, concourir efficacement à l'engagement du 7 mars, continuait à remplir très intelligemment sa mission, qui consistait à relier Saint-Priest avec la grande armée alliée, par Épernay, et à renseigner Schwarzenberg sur les opérations de Napoléon au nord de l'Aisne.

Tettenborn était retourné le 7 au soir vers Épernay ; mais le 8 il s'était installé à Port-à-Binson avec ses Cosaques. De là, il lui était facile de rester en relations

---

(1) Colonel FABVIER, Avant-propos.
(2) *Histoire de l'ex-garde*. Anonyme, 1821.
(3) Le 10 mars, la division Defrance fut rappelée à Châlons-sur-Vesle. Voir plus loin.

avec Sillery, quartier général de Saint-Priest, et de donner la main vers l'ouest, par Orbais et Vertus, à Kaïssaroff, qui se tenait du côté de Fère-Champenoise. En même temps, ses coureurs allaient jusqu'à Fismes, Soissons, Villers-Cotterets, le tenant au courant de la bataille de Craonne et de la bataille de Laon. C'est par Tettenborn que Schwarzenberg connut le résultat de ces sanglantes rencontres et la retraite de l'armée française sur Soissons.

Les troupes amenées le 11 mars par Pantchoulitcheff se composaient d'un régiment de chasseurs à cheval commandé par Tchernigoff, et de cinq régiments d'infanterie : 1er et 30e chasseurs, régiments d'Eletz, de Rilsk et d'Ekaterinburg, en tout près de cinq mille hommes.

Au moment même de l'arrivée de Pantchoulitcheff, Saint-Priest, le 11 mars, apprit par ses reconnaissances que le général Defrance avait quitté Reims dans la journée du 10, rappelé par Napoléon dans la direction de Châlons-sur-Vesle avec un des régiments de gardes d'honneur et le 10e hussards. Enfin, le 11 également, arriva à Saint-Priest la nouvelle de la bataille de Laon.

Le moment était donc favorable pour tenter de nouveau l'attaque de Reims. D'ailleurs le général russe «né français, s'était, dit le commandant Koch, ménagé des intelligences avec quelques royalistes ; il ne tarda pas à être informé de la faiblesse de la garnison que l'empereur avait laissée et de la défaite du duc de Raguse. C'était plus qu'il n'en fallait pour le déterminer à hâter son coup de main (1). » Saint-Priest décida donc qu'il se porterait sur Reims le 12 mars à la pointe du jour (2).

Avant de parler de cette attaque, il faut relater ici un triste épisode de l'invasion auquel Corbineau fait allusion dans une de ses lettres : l'arrestation et l'exécution du chevalier de Rougeville, le 10 mars, à Reims.

Gonzze de Rougeville était un aventurier. Fils d'un

(1) *Mémoires pour servir à l'histoire de la campagne de 1814*, par F. Koch. Tome I.

(2) Du 8 au 11, Reims fut tranquille. La correspondance du général Corbineau en fait foi. Chaque jour le gouverneur tenait l'empereur au courant des événements.

Du 8 mars : « ... Il n'y a rien de nouveau, mes reconnaissances ont tourné ce matin la cavalerie ennemie du côté de Champfleury et l'infanterie est à Sillery. La position de la ville est beaucoup plus rassurante mais il n'y a ici que vingt mille cartouches à tirer. D'après les rapports des paysans, M. de Saint-Priest aurait fait venir de Châlons six pièces d'artillerie de plus. »

Du 10 mars, huit heures du matin : « ... « Hier, différents corps de cavalerie de l'armée de M. de Saint-Priest se sont présentés sur les hauteurs de la ville sans entreprendre rien de sérieux. Je n'ai point reçu les cartouches qui m'avaient été annoncées. L'ennemi, tenant la plaine avec sa cavalerie très supérieure à la mienne, est cause du retard que j'éprouve dans la formation des trois bataillons ; la formation de la garde nationale de la ville va bien lentement... »

Du 11 mars, six heures du soir : « ... La division du général Defrance est partie cette nuit pour Fismes. Ainsi il reste encore ici de la garde, le 5ᵉ régiment de voltigeurs et les vétérans de la garde. Le général Yanceus (sic) est à Rethel... Les mesures que Votre Majesté m'avait ordonné de prendre ici sont restées presque nulles, quoique j'aie eu lieu de me louer du zèle et de l'exactitude du sous-préfet, je n'ai point d'armes ni moyen d'armer les bataillons que Votre Majesté m'a chargé d'organiser. Hier, une colonne de quatre cents Cosaques est venue de Château-Porcien à Bernicourt, de là s'est dirigée sur Saint-Médart, a passé à Prône et de là aux Grandes-Loges.

« M. de Rougeville a été fusillé hier, atteint et convaincu d'espionnage. » (Archives nationales.)

cultivateur de l'Artois qui avait amassé une belle fortune dans des spéculations, et qui, entiché de noblesse, s'était payé, avec un château près d'Arras, quelques noms de terres en 1781, Rougeville avait rapidement fait fortune lui-même à la fin du règne de Louis XVI. Il avait assisté à la guerre d'Amérique, avait été attaché à la maison du comte d'Artois, était chevalier de Saint-Louis, et, par sa souplesse, son courage aussi, avait réussi à se glisser dans l'entourage immédiat de la famille royale dès le commencement de la Révolution. Il avait fait partie des « chevaliers du Poignard », et, après la mort du roi, s'était pris pour la reine d'une passion respectueuse et d'un dévouement sans bornes qui devaient plus tard inspirer Alexandre Dumas. Rougeville émigra après 93, rentra à Paris trois ans plus tard, fut emprisonné comme conspirateur, puis relâché en 1797. Il se retira d'abord au château du père Gonzze, à Saint-Laurent près d'Arras, continua constamment à conspirer, fut poursuivi par les gendarmes, auxquels il réussit à échapper, et enfin placé sous la surveillance de la haute police de l'empire, à partir de l'an XII (1).

Rougeville habita alors près de Reims, dans la commune de Saint-Thierry, le petit château de Bas-Lieu. Lassé de la surveillance qui le gênait, il ennuya tout le monde de ses suppliques, écrivit même à l'empereur une lettre d'une platitude inutile, et enfin, tout en demeurant, paraît-il, fervent royaliste, se décida à rester à peu près tranquille, soit à Bas-Lieu, soit à Soissons, soit même à Reims, où il avait aménagé un petit pied-à-

(1) *L'Indépendant rémois* du 27 novembre 1869 a publié un article très documenté de M. Louis Tavernier sur Rougeville.

terre au numéro vingt-six de la rue de Talleyrand (1).

Tel était le personnage, très connu à Reims en 1814, mais resté très énigmatique.

Les premiers succès des alliés réveillent chez Rougeville les ardeurs à peine éteintes de l'ancien conspirateur. En voyant la France envahie de nouveau, il se souvient de 93, il oublie les plates suppliques qu'il a adressées à l'empereur, voue à Napoléon les sentiments de haine qui l'avaient autrefois animé contre les conventionnels, et comme tant d'autres mauvais Français perd complètement la notion de la Patrie.

Dès le commencement de février, il offre ses services à l'ennemi, alors que personne ne le soupçonne encore de trahison. Il donne des renseignements à l'armée de Winzingerode pendant son séjour à Reims, sert de guide aux troupes russes, correspond avec le chef d'état-major Volkonski, fait, hélas! tout ce qui concerne l'ignoble métier de traître qu'il s'est décidé à jouer.

Ce fut précisément une lettre adressée au prince Volkonski qui fit découvrir Rougeville. Une patrouille de cavalerie l'intercepta. Elle était ainsi conçue :

« Prince (2),

« Deux fois j'ai été assez heureux d'être utile à vos

(1) Plusieurs hommes de lettres ou hauts dignitaires appartenant à l'opposition séjournèrent à Reims sous l'empire. De ce nombre était l'historien de Beauchamp, qui écrivit à Reims son histoire de la conquête de l'Espagne. Le cardinal Consalvi habita également la ville de 1810 à 1813, après sa disgrâce. Ce célèbre prêtre avait signé le concordat de 1801. Il était resté très attaché à Pie VII, qu'il servit jusqu'à la mort du Pontife en 1823.

(2) Cette lettre fut publiée au *Moniteur de l'Empire* du 14 mars, qui annonçait l'exécution du traitre. D'après ce journal, au moment de l'arres-

combinaisons dans les reconnaissances que vous avez ordonné de faire le 17 à Épernay et le 23 sur Villers-Cotterets. Deux fois j'ai accompagné volontairement l'officier de Cosaques, parce que, d'abord, je connaissais les chemins et tout ce qui a rapport à des démarches aussi importantes, comme ancien officier de cavalerie, et aussi parce que je suis plein de zèle pour vos armées.

« Mais c'est avec douleur, mon prince, que je rappelle à votre souvenir que le 17, pendant que j'étais absent et que je vous étais utile, on m'a totalement pillé à ma campagne de Bas-Lieu, et pour surcroît avant hier on m'a mis chez moi en ville le corps de garde du général Vorontsov, tandis qu'il devait être vis-à-vis son logement, dans une maison qui était vaste et libre.

« Si Votre Excellence a la bonté d'apprécier le zèle et l'ardeur qui me guident pour ses armées, si elle a aussi la bonté de les approuver, je lui demande pour toute grâce de me faire restituer mes six chevaux de labour qu'on m'a pris, et ensuite de donner ordre que l'on me retire de chez moi le corps de garde pour être placé dans la maison numéro 4, vis-à-vis la demeure du général. »

Après avoir lu cette lettre, on ne sait vraiment s'il faut blâmer la trahison de Rougeville ou admirer son cynisme et son inconscience ! Il trahit pour le plaisir de trahir, sans motif et sans intérêt, et ne demande

tation de Rougeville, on trouva à Saint-Thierry la minute de la lettre adressée à Volkonski. Cette minute fut adressée par le sous-préfet au duc de Bassano, qui l'envoya au baron Fain, secrétaire de l'empereur. (Archives nationales. 1668-296.)

pour prix de sa conduite que la restitution de ses six chevaux de labour et le déplacement d'un corps de garde qui le gêne !

La lettre fut remise le 9 mars au sous-préfet Defleury. « Il ne fut pas difficile de se renseigner sur le personnage ; son dossier se trouvait à la sous-préfecture, il tombait sous le coup du décret du 24 février : et le sous-préfet, à tout hasard, après s'être informé de la demeure du suspect, envoya le commissaire de police Gerbault avec un piquet de gendarmerie pour s'assurer de sa personne (1). »

Le décret du 24 février 1814 était en effet formel. Il disait :

« ARTICLE 1er. — Il sera dressé un état des Français qui sont au service des puissances alliées, ou qui sous quelque titre que ce soit ont accompagné les armées ennemies dans l'invasion du territoire de l'empire depuis le 20 décembre 1813.

« ART. 2. — Les individus qui sont portés sur cet état seront traduits sans délai et toute affaire cessante devant nos cours et tribunaux, pour y être jugés et condamnés aux peines portées par la loi et leurs propriétés confisquées au profit des domaines de l'État, conformément aux lois existantes. »

Évidemment, c'était un décret de circonstance. Les faux libéraux qui l'ont reproché à l'empereur et qui ont déclaré que ce décret était absolument digne de la Terreur, semblent avoir perdu de vue que le 24 février

(1) Voir le livre de M. LENOTRE (1891), *Le vrai chevalier de Maison-Rouge*, auquel le récit de la fin de Rougeville est en partie emprunté.

Napoléon était à Troyes, après la bataille de Montereau ; que depuis un mois de luttes, en somme victorieuses, contre l'invasion, il sentait que le plus grand danger venait peut-être des ennemis de l'intérieur. Il pressentait déjà les lâches abandons futurs, les défections louches qui se préparaient dans l'ombre.

Dès lors, dans son esprit, la situation devenait semblable à celle de 92 ! Puisque, dans la France envahie, les ennemis trouvaient des partisans et des secours, il fallait forcément revenir aux procédés de la Révolution, appeler tous les hommes valides aux armes (1), prendre contre les ennemis de l'intérieur les mesures répressives les plus sévères. Agir autrement eût été de la faiblesse, et il était déjà bien tard ! A l'heure décisive de 1814, où toutes les monarchies s'étaient liguées contre le glorieux parvenu de la Révolution, il eût été puéril de fermer les yeux sur les journalières trahisons, de ne pas sévir avec la dernière rigueur contre ceux qui se réjouissaient de l'invasion.

Les émissaires du sous-préfet de Reims, dirigés par Gerbault, trouvèrent Rougeville à son habitation de Bas-Lieu dans la matinée du 10 mars et le ramenèrent de suite à Reims. Corbineau convoqua pour trois heures du soir une commission militaire composée de six membres, qui siégea dans l'auditoire du conseil des prud'hommes (2). Un avocat, Mᵉ Caffin, eut le courage de défendre l'accusé, qui, à l'unanimité, fut condamné à mort.

(1) C'est ce qu'il fit par les décrets de Fismes que nous avons déjà signalés.
(2) Le conseil des prud'hommes était établi dans l'Or-Ruelle, près de l'hôtel de ville. L'Or-Ruelle a disparu aujourd'hui.

La sentence fut exécutée le même jour, vers cinq heures et demie, à la tombée de la nuit. Le cortège du prisonnier (1) traversa toute la ville pour se rendre au lieu du supplice situé près de la porte Mars, passa devant la cathédrale, sur la place Impériale et longea l'hôtel de ville. La foule était nombreuse et houleuse, jetant sa malédiction au traître, poussant des cris de colère, insultant le misérable. L'ancien conspirateur mourut du moins bravement, percé par des balles françaises, et cette exécution hâtive, rendue nécessaire par la présence de l'armée russe aux portes de la ville, produisit sur le peuple de Reims la plus profonde émotion (2).

(1) La prison où Rougeville fut conduit après la sentence était située rue Vauthier-Le-Noir. Elle a été détruite. Sur son emplacement a été édifié le lycée.

(2) Le cadavre fut d'abord laissé sans sépulture à l'entrée du cimetière, puis fut enfoui dans la fosse commune.

Voici d'après un récit du temps son oraison funèbre : « Il y avait sur les lieux de l'exécution des gens qui ont dit que pour la tranquillité de son épouse et de ses enfants, qu'il rendait malheureux, il y avait dix ans qu'il aurait dû être où il est maintenant. » (Bibliothèque municipale. Manuscrit Pinon.)

L'acte de décès de Gonzze de Rougeville ne fut établi que quelques jours plus tard.

(Registre des décès de la ville de Reims. 17 mars 1814, folio 142.)

« Aujourd'hui dix-sept mars mil huit cent quatorze, dix heures du matin, acte de décès de Monsieur Alexandre-Dominique-Gonzze (de Rougeville), décédé le dix mars présent mois, vers cinq heures du soir, âgé de cinquante-deux ans, natif d'Arras, département du Pas-de-Calais, propriétaire, demeurant à Reims, rue Vieille-Couture, fils des défunts François-Joseph Gonzze et Françoise Uriz et époux de madame Caroline Boquet de Liancourt, sur la déclaration à nous faite par monsieur Charles Carlier, âgé de soixante-sept ans, agent de ville, demeurant rue Rouillé, et par monsieur Jean-Baptiste Nicolas, âgé de quarante-deux ans, aussi agent de ville, demeurant rue des Carmélites, qui ont signé après lecture faite.

« Carlier. Nicolas.

« Fait et constaté par nous Étienne-Louis-Joseph Camu, adjoint au maire de la ville de Reims.

« Camu-Didier. »

PRISE DE REIMS PAR SAINT-PRIEST 173

Deux heures avant la lugubre cérémonie, la garde nationale qui gardait les portes Fléchambault et de Vesle avait dû de son côté tirer quelques coups de fusil pour repousser des patrouilles cosaques qui s'étaient avancées près des remparts et qui se portèrent ensuite sur Saint-Brice. Ce village avait été déjà en grande partie incendié le 7. M. Ponsardin, fils du maire, y possédait avec son associé Cockerill une importante manufacture. Pour la défendre contre les partis cosaques, il avait, le 10 mars, armé ses ouvriers et barricadé le pont. Malheureusement, un gué fut trouvé sur la Vesle, en aval du village ; les Cosaques franchirent la rivière, attaquèrent la manufacture, massacrèrent les ouvriers et mirent le feu aux maisons qui avaient été jusque-là épargnées (1).

La nouvelle de cette escarmouche fut connue à Reims au moment où la foule quittait le champ de Mars après l'exécution. On vit aussi, à ce moment, arriver par la route de Laon les généraux Laferrière et Lacoste, blessés, deux jours avant (2), à Craonne.

Revenons maintenant au général de Saint-Priest.
L'attaque de Reims avait été résolue au quartier général de Sillery, dès que fut connue la retraite de

---

(1) Dans la correspondance du général Corbineau, citée plus haut, il est fait allusion à ce petit engagement.

(2) Laferrière s'installa rue d'Oignon, chez M. Roger de Monclin, et Lacoste chez M. Legrand, rue du Marc. Le *Bulletin de l'armée* du 9 mars (après Craonne) fait mention de la blessure de Laferrière. « Le général Grouchy ainsi que le général Laferrière, officier de cavalerie d'une grande distinction, ont été blessés en débouchant à la tête de leurs troupes. Le général Belliard a pris le commandement de la cavalerie. »

l'armée française sur Soissons; le général en chef envoya l'ordre aux avant-postes établis à Bézannes de continuer à pousser de fortes reconnaissances vers Fismes afin de donner le change sur ses intentions ; l'attaque devant avoir lieu à la pointe du jour, le 12 mars, tout le 8e corps quitta ses cantonnements dans la nuit.

A gauche, les troupes prussiennes du général Yagow se réunirent vers trois heures du matin à Cormontreuil, sur la rive gauche de la Vesle ; au centre, le général Pilar rassembla vers la Pompelle, sur la route de Châlons à Reims, deux régiments russes et deux bataillons prussiens et devait être suivi par le général Saint-Priest lui-même, à la tête de quatre régiments russes et de trois bataillons prussiens. Enfin, à droite, le général Emanuel, avec la cavalerie, devait faire un mouvement tournant et aborder la ville par la route de Laon. Les réserves furent constituées avec les troupes de Pantchoulitcheff, qui durent se porter ultérieurement, derrière Pilar, à la hauteur du faubourg Cérès, sur la route de Cernay. Tel fut le plan général de l'attaque.

Mais la colonne Emanuel, mal conduite et mal orientée, après avoir pris à travers champs pour ne pas donner l'éveil, revint presque à son point de départ, se perdit dans la nuit, et la colonne Pilar eut un gros retard par rapport aux prévisions du commandement. En sorte que, lorsqu'à quatre heures trente du matin les Prussiens de Yagow dessinèrent leur mouvement sur la porte de Vesle, leur offensive fut complètement isolée. Pilar ne se présenta qu'une heure plus tard devant la porte Dieu-Lumière et Emanuel, enfin orienté, n'arriva qu'à six heures au faubourg Cérès. A ce moment, l'attaque devint générale et fut conduite vigoureusement.

Dès les premiers coups de feu des troupes de Yagow, Corbineau avait pris ses dispositions pour résister. La garde nationale, rassemblée en hâte, fut spécialement chargée de défendre les murailles situées le long de la Vesle ; les petits cadres d'infanterie régulière tinrent la porte Dieu-Lumière ; les hommes de la levée en masse, encore bien peu nombreux, furent rassemblés vers le faubourg Cérès ; les dix-huit canons ou obusiers dont disposait le gouverneur furent répartis sur les remparts pour répondre aux assaillants.

A Dieu-Lumière, où le général français s'était personnellement porté, les attaques ennemies furent repoussées, mais Yagow réussit, vers sept heures, après avoir longuement canonné la porte de Paris, à pénétrer dans la ville, malgré les efforts de la garde nationale ; se voyant complètement débordé, Corbineau dut donc songer à la retraite. Laissant quelques hommes à Dieu-Lumière pour gagner du temps, il donna l'ordre à toutes les fractions de troupes de se rallier vers la porte Mars, afin de se diriger de là sur Saint-Brice et la Neuvillette.

Il était alors près de neuf heures ; l'infanterie française, rassemblée en très bon ordre, fit la meilleure figure. S'appuyant à la Vesle, elle se replia sous le commandement du colonel Jacquemart, du 5e voltigeurs, et résista aux charges furieuses de la cavalerie d'Emanuel et de Pantchoulitcheff. « Ce petit bataillon fit une contenance admirable, et aucun de nos sept escadrons ne put parvenir à l'entamer après plusieurs charges consécutives, parce que notre artillerie était encore loin, en sorte qu'il nous échappa (1). »

Malheureusement, les cent cavaliers dont disposait Corbineau, au lieu de se lier à l'infanterie et de manœuvrer simplement sur le flanc, puisque leur petit nombre ne leur permettait pas de résister, se jetèrent beaucoup trop à gauche, entre la Neuvillette et la Vesle. Rejoints et poursuivis par le régiment russe des dragons de Kiew, ils furent sabrés, repoussés sur la rivière et subirent de très grosses pertes. Pendant ce temps, les Prussiens de Yagow s'étaient complètement rendus maîtres du quartier de Vesle. A Fléchambault, qu'ils attaquèrent également, le succès avait été plus lent à cause de l'excellente attitude de la garde nationale, qui ne se retira (2) que lorsque là aussi les premiers détachements prussiens eurent couronné les remparts, grâce à leurs nombreuses échelles.

Ce fut donc, en somme, la double attaque de Yagow qui décida du sort de la ville. Elle détermina la retraite des Français, et les Russes n'entrèrent qu'après le départ des derniers éléments de Corbineau.

Emanuel ne fut pas heureux dans sa poursuite de l'infanterie. A hauteur de la Neuvillette il se heurta à une partie de la division Defrance qui, au bruit du

(1) Prince Boris Galitzine.
(2) Voici comment M. Lacatte-Joltrois raconte ce fait :
« Forcés par le nombre, les bourgeois prirent la fuite, en abandonnant leurs habits et leurs chapeaux uniformes... Trompés par les généraux de Buonaparte qui cherchaient toujours à exposer les bourgeois (!!), ces gardes nationaux n'écoutèrent que leur courage, sans songer aux suites funestes que leur résistance attirait sur eux. »

canon, arrivait précipitamment de Châlons sur Vesle. La cavalerie russe fut obligée de faire demi-tour, abandonna la poursuite et revint au galop vers la porte Mars, poursuivie à son tour très vigoureusement par les gardes d'honneur (1). L'infanterie française put donc continuer sa marche par la route de Berry et le général Defrance, ayant rempli sa mission, mais n'étant pas en état d'attaquer la ville, rejoignit dans la soirée son cantonnement de Châlons-sur-Vesle.

La ville de Reims était prise ! Mais la défense d'une poignée d'hommes avait été longue et brillante et les pertes subies prouvent la vigueur de la résistance. « La garde nationale et les habitants se sont bien comportés dans cette circonstance », écrivit Napoléon dans son bulletin.

Cependant, les canons des remparts, presque tous d'ailleurs d'anciens modèles, avaient dû être abandonnés, et deux cents hommes, pour la plupart non combattants, étaient prisonniers de l'armée russe. Le général Corbineau lui-même, qui était resté un des derniers pour rallier ses hommes à la porte Mars, ainsi qu'un capitaine sur son navire qui sombre, faillit tomber aux mains des ennemis. Séparé de sa troupe, isolé dans la rue de la Grosse-Bouteille (2), il eut la présence d'esprit d'abandonner son cheval et la chance de dépister

---

(1) Il semble que quelques escadrons seulement de la division Defrance prirent part à ce petit engagement. Le général de Ségur dans ses Mémoires spécifie qu'il n'y était pas. Mais le rapport du général Defrance racontant son intervention est formel. Il est daté de Châlons-sur-Vesle, 12 mars. (Archives de la guerre.)

(2) Aujourd'hui rue de Mars.

les cavaliers qui le poursuivaient. Il resta toute la journée du 12 chez M. Comeyras, qui le cacha parfaitement et reparut dans la nuit du 13 au 14 pour guider les colonnes françaises (1). Le général Lacoste qui, quoique blessé, avait depuis deux jours aidé le gouverneur pour l'organisation de la levée en masse, et le colonel Régnier furent moins heureux; ils furent faits prisonniers au moment où ils tentaient de rejoindre les troupes vers la Neuvillette.

C'était, malgré le faible effectif des Français, un gros succès pour le comte de Saint-Priest, qui en triompha bruyamment dans son rapport à l'empereur de Russie (2) :

« Je m'empresse de faire hommage à Votre Majesté des clefs de la ville de Reims, que j'ai prise d'assaut ce matin à six heures. La cavalerie de la garnison qui a voulu se faire jour a été totalement détruite. Deux mille cinq cents prisonniers, parmi lesquels le général Lacoste, le colonel Régnier et un grand nombre d'officiers, avec dix canons, sont tombés entre nos mains. Ce qui fait le plus d'honneur à nos troupes, c'est qu'il n'y a pas eu le moindre désordre. L'attaque a été faite sur plusieurs points avec une telle vivacité que la perte n'a pas été considérable. J'ai reçu ici la nouvelle positive de l'échec de Napoléon à Laon et de sa retraite sur Soissons qui en a été la suite.

« J'ai déjà envoyé à Berry-au-Bac pour reconnaître l'ennemi et tâcher d'établir ma communication directe

---

(1) Le sous-préfet Defleury réussit également à se cacher jusqu'au lendemain, à la grande fureur des Russes.
(2) Cité par Bogdanovitch, ch. 1, et par Weil, tome III.

avec le feld-maréchal Blücher, qui ne doit pas tarder à se porter en avant. »

Ce bulletin de victoire était fort exagéré. Les deux mille cinq cents prisonniers n'existaient que dans l'imagination, vraiment très féconde, du comte de Saint-Priest, à moins qu'il n'ait compté comme prisonniers les gardes nationaux de Reims ! Les canons pris étaient de vieux obusiers de remparts et la cavalerie de la garnison, qui en effet avait été fort endommagée, comptait à peine, nous l'avons vu, la valeur d'un escadron !

Ce qui est vérité dans ce bulletin, c'est que la prise de Reims pouvait rétablir la communication avec Blücher. Ce qui est vrai également, c'est que Saint-Priest ne donna pas son autorisation officielle au pillage d'une ville qu'il avait prise d'assaut.

Mais, officiel ou non, le pillage ne fut cependant pas moins réel dans la journée du 12 mars : les Russes dévalisèrent un grand nombre de maisons, les magasins à vivres, les archives du tribunal et de l'archevêché, la maison de M. Derodé et la filature de MM. Jobert et Ternaux, qui fut ensuite incendiée. Le *Journal de l'Empire* du 16 mars se fit l'écho de ce dernier fait : « On nous mande de Reims que c'est le général de Saint-Priest qui de sa propre main et avec le plus grand sang-froid a allumé le feu qui a consumé la superbe filature de MM. Jobert et Ternaux. »

Saint-Priest n'a pas joué le rôle odieux que lui prête là le journal ; il n'a certes pas allumé d'incendie de sa main. Tout au plus, pendant les premières heures qui ont suivi l'occupation de la ville, a-t-il laissé faire et fermé les yeux. « Dès les premières déprédations qui se prolongèrent plusieurs heures, deux membres du comité (Assy-Villain et Dudin) et l'abbé Maquart allèrent trouver le général en chef. Une première fois le danger les empêcha d'arriver à la maison du général. Ils n'y parvinrent qu'à la deuxième tentative au milieu des clameurs des soldats et des gémissements des citoyens. M. l'abbé Maquart avait connu particulièrement le général Saint-Priest en Russie. Sans lui parler de leur ancienne liaison, il lui peint aussitôt pathétiquement le danger de la ville (1). » Saint-Priest promit d'arrêter les excès ; il monta à cheval, fit le tour de la ville, recommanda le calme à ses troupes et s'occupa ensuite de rédiger des proclamations !

Celles-ci, au nombre de trois, furent, dès le soir même, placardées sur les murs de la ville. La première disait aux habitants « qu'ils avaient été trompés et égarés et que, quoiqu'ils aient pris les armes contre les troupes russes et cherché à défendre l'entrée de leur ville qui venait d'être prise d'assaut, ils n'avaient pas éprouvé les suites d'une telle prise. » C'était se poser à bon compte en vainqueur généreux.

Le deuxième placard donnait l'ordre à tout habitant de déclarer tout soldat français et toutes les armes qui pouvaient se trouver dans les maisons de la ville. Ceci visait le sous-préfet Defleury et le général Corbineau, qui furent recherchés, sans succès, toute la journée. On ne put mettre la main que sur Gerbault, le commissaire de police qui, le 10 mars, avait arrêté

(1) GERUZEZ, *Description de Reims*.

Rougeville. Le malheureux fut maltraité par les soldats, attaché, dit-on, à la queue d'un cheval et emmené prisonnier vers Laon (1).

Enfin, par la troisième affiche, le général de Saint-Priest informait les Rémois que les Français avaient été battus complètement près de Laon et qu'ils étaient poursuivis par les généraux Yorck et Kleist!

Après avoir vu ces belles affiches, les Russes firent preuve d'une très grande confiance, et manifestèrent bruyamment leur joie. Le général en chef était satisfait de lui-même et de ses opérations, satisfait du succès de Blücher, satisfait de se trouver bien installé dans une grande ville comme Reims ! Aussi prit-il des dispositions qui montrent son optimisme et surtout son désir de rester quelque temps sur les bords de la Vesle avant d'entreprendre un nouveau mouvement pour donner la main à Blücher.

En conséquence, les cantonnements assignés aux troupes furent énormes ; les Prussiens durent occuper Bézannes, Cormontreuil, Ormes, Gueux, Muizon, Rosnay et Thillois ; Yagow s'établit de sa personne à Bézannes ; des escadrons allèrent même jusqu'à Jonchery, en face de Châlons-sur-Vesle où s'était retirée la division Defrance. Les troupes russes s'installèrent dans la ville et dans les faubourgs de Reims.

Cependant, le général prussien se rendit compte du danger. Rosnay est à seize kilomètres de Reims (2),

(1) La tradition locale prétend que si la ville subit plusieurs heures de pillage, c'est parce que les étrangers, à l'instigation des émigrés, voulurent venger Rougeville. (G. Lenotre, déjà cité.)

(2) A Rosnay cantonnèrent deux bataillons de Poméranie et des

Jonchery à dix-huit ; Yagow demanda l'autorisation de resserrer les cantonnements et fit connaître dans la soirée du 12 qu'on signalait de la cavalerie française à Jonchery. Saint-Priest se contenta de répondre que les Français de Jonchery étaient sans doute des fuyards de Reims, refusa de modifier les ordres qu'il avait donnés, et prescrivit de faire chanter, le 13, un *Te Deum* à Bézannes, pour les Prussiens. Les Russes, eux, devaient également assister à un *Te Deum* près de la porte Mars, avant de prendre dans la banlieue de Reims leurs cantonnements définitifs.

Effectivement, le 13 au matin, vers huit heures, les troupes russes, en grande tenue, « s'assemblèrent sur différentes places et défilèrent par la rue du Tambour, ayant musique en tête avec les généraux, colonels et officiers d'état-major ainsi que trois aumôniers qui avaient des barbes de deux pieds, avec de grands manteaux et capotes noirs. Ce costume les rend hideux (1). »

Le général en chef ne parut pas à la cérémonie de la porte Mars. Mais il commanda une fête au théâtre pour le soir du 13 ! Quand il apprit dans la matinée que Napoléon était à Soissons, il ne fut nullement troublé par la nouvelle, et se contenta de répondre, tant sa confiance était grande, que « *er würde von Bonaparte angegriffen werden, wollte er es nicht glauben* (2) ».

---

escadrons prussiens; à Muizon un bataillon commandé par le major de Stempel.
(1) Manuscrit Pinon.
(2) Muffling, II, 19.

Vers onze heures, Saint-Priest se rendit à la messe de la cathédrale, et ce fut pendant le service divin qu'un officier vint lui apprendre que du côté de la route de Fismes on entendait le canon (1).

(1) Le colonel Combe raconte dans ses Mémoires comment il apprit la bataille du 13. Il avait été fait prisonnier à Milberg et avait obtenu à Berlin, grâce à Bernadotte, l'autorisation de rentrer en France sur parole, avec le colonel de Périgord, du 8ᵉ chasseurs. Ils étaient arrivés à Reims à la fin de février. « Malgré les ordres dont nous étions porteurs, Winzingerode refusa de nous laisser continuer notre route, sous prétexte que les opérations stratégiques et la responsabilité qui pesait sur lui ne lui permettaient pas de laisser franchir la ligne par des prisonniers de guerre français.

« Forcés de prendre patience, nous nous installâmes à l'hôtel de la Poste, en face de la cathédrale. Nous y étions depuis huit jours lorsqu'un matin nous entendîmes une canonnade très vive, quoique encore fort éloignée. Étant descendus sur la place, nous apprîmes que l'empereur avait fait revenir sur ses pas l'armée française en retraite et qu'elle se reportait sur Reims. Je proposai alors au colonel de Périgord de nous réfugier dans quelque maison de la ville jusqu'à l'arrivée presque certaine de nos compagnons d'armes, mais il ne jugea pas prudent de suivre ce conseil... Comme on le pense bien, je ne voulais pas le quitter, et nous n'attendîmes pas longtemps des ordres qui nous furent transmis avec précipitation et nous enjoignant de nous retirer à Laon et sans le moindre délai. Nous partîmes aussitôt sous escorte et y arrivâmes le soir même. »

CHAPITRE X

AU NORD DE L'AISNE. L'EMPEREUR A SOISSONS

(6-12 mars)

Résumé des opérations au nord de l'Aisne : Craonne et Laon. — Retraite sur Soissons. — Mouvements du duc de Raguse. — Réorganisation de l'armée française à Soissons. — Emplacements des alliés. — Ordres donnés le 12 mars pour la marche sur Reims.

Les opérations exécutées au nord de l'Aisne, du 6 au 11 mars — batailles de Craonne et de Laon — ne peuvent évidemment rentrer dans le cadre d'études que nous avons voulu faire toutes locales. Nous ne les raconterons donc pas en détail, nous contentant de résumer ici les principaux événements, pour que le lecteur puisse suivre d'une façon très générale l'armée de Napoléon avant sa marche sur Reims.

Après avoir passé à Berry la nuit du 5 au 6 mars, l'empereur compte reprendre le 6 son mouvement sur Laon, et les troupes françaises continuent à défiler dans la matinée pour se porter sur la rive droite de l'Aisne ; Mortier, puis Marmont doivent rejoindre ; Laferrière est revenu de Reims, et à midi Napoléon en personne part avec le gros de sa cavalerie pour Corbeny.

Pendant ce temps, Blücher informé des mouvements exécutés le 5 par l'armée française, ayant achevé lui-même son passage de l'Aisne, se porte résolument à l'est pour tomber sur le flanc gauche de l'empereur et fait occuper le plateau de Craonne par le corps de Vorontsov.

Napoléon, ne pouvant continuer dès lors sa marche sur Laon, se décide à tenter d'enlever cette position de Craonne. Il la fait reconnaître par Caraman (1), un de ses officiers d'ordonnance, qu'il affectionne le plus, et fait appuyer la reconnaissance par le corps de Ney. Le prince de la Moskowa s'empare du village même de Craonne, mais est arrêté devant Heurtebise et ce petit engagement du 6 mars porte le nom de première affaire de Craonne.

La position qu'il s'agissait, pour les Français, d'enlever le 7 mars s'étendait de la vallée de l'Aisne à celle de la Lette. En arrière de l'étranglement d'Heurtebise son front était marqué par des ravins à pentes très raides descendant jusqu'aux deux rivières. Les débouchés vers la position ennemie étaient battus de toutes parts, et l'offensive que devait tenter l'empereur se présentait donc dans des conditions difficiles.

Pendant que Vorontsov dispose ses troupes, que Sacken se rapproche, les autres corps de Blücher font une série de manœuvres autour de l'armée française et Winzingerode, auquel une masse énorme de douze mille cavaliers a été confiée, est chargé de déborder notre aile droite par un vaste mouvement enveloppant (2).

(1) Le marquis de Riquet de Caraman, 1786-1837, émigra avec son père, mais rentra de bonne heure en France. Il était officier d'ordonnance de l'empereur depuis 1813. Il mourut du choléra à Constantine en 1837.
(2) Rappelons de suite que le grand mouvement de Winzingerode,

De notre côté, Napoléon a placé la cavalerie de Nansouty à gauche, le maréchal Victor au centre, Ney à droite. Trois divisions d'infanterie de la garde et une division de cavalerie forment la réserve.

Avec sa furie habituelle, Ney s'élance un peu tôt de Vauclère, se porte sur Ailles qu'il attaque infructueusement. Au centre, Victor s'empare d'abord d'Heurtebise, tandis qu'à l'aile gauche, en débouchant sur le plateau de Paissy, Nansouty trouve devant lui, en forces supérieures, la cavalerie russe.

Cependant Victor ne peut maintenir longtemps son avantage. Le voyant faiblir, l'empereur le fait renforcer par une division pendant que Colbert, avec les lanciers de la garde, débouche aussi sur le plateau.

Vorontsov, devant l'opiniâtreté de l'attaque française, décimé par le tir de l'artillerie de Drouot, se résout alors à se retirer vers l'ouest et Napoléon le poursuit jusqu'à l'auberge de l'Ange gardien. Mais Vorontsov s'y maintient pour permettre aux autres corps de Blücher d'évacuer Soissons et de venir le rejoindre, et les mouvements de flanc des Français ne réussissent pas à précipiter sa retraite.

Telle fut en résumé la sanglante rencontre du 7 mars (1). Napoléon qui avait lutté à armes égales (2

---

grâce au mauvais état des chemins, grâce aussi aux lenteurs du commandement, ne put aboutir. C'était sur ce mouvement que Blücher comptait absolument lorsqu'il avait fait prendre position à Vorontsov, soutenu par Sacken.

(1) Remarquons que c'est le 7 mars que Corbineau repoussait à Reims les attaques de Saint-Priest. L'empereur avait envoyé le général Defrance au secours de Corbineau. (Voir le chapitre VIII.)

(2) D'après M. H. Houssaye, vingt-deux mille quatre cents Français luttèrent contre vingt-deux mille cinq cents ennemis. Mais il faut remar-

était maître du champ de bataille. Tactiquement il pouvait donc se dire vainqueur, « mais la lutte ne nous laissait pour trophées que les morts de l'ennemi (1) ». Les Russes avaient perdu cinq mille hommes, tués ou hors de combat, et les Français plus encore, près de sept mille dont beaucoup de prisonniers (2).

C'est à Bray-en-Laonnois que l'empereur installe son quartier général après la bataille de Craonne. De Bray il écrit à Corbineau, à Reims, pour lui annoncer le combat. Nous avons parlé de cette lettre (3) où l'empereur raconte qu'il a battu les généraux russes et qu'il les a « menés battant sous la mitraille de cent

---

quer que Napoléon engagea la majeure partie de ses forces, alors que Blücher maintint plusieurs corps en réserve, ou du moins ne put les faire intervenir utilement.

Dans les deux armées, la proportion de cavalerie était très grande. Pendant la fin de la campagne, l'empereur essaya constamment de suppléer à son infériorité numérique en augmentant le plus possible ses ressources en cavalerie. « Il avait déjà emprunté toute celle de l'armée d'Italie et retiré d'Espagne tous les régiments de dragons. Il tâche en un mot de renforcer sur le théâtre où se jouaient les destinées de la patrie l'arme qui peut le plus contribuer au succès à cause du caractère de rapidité de ses suprêmes opérations. C'est ainsi qu'à Craonne il possède six mille cinq cents cavaliers. » (*Organisation et rôle de la cavalerie, de 1800 à 1815.*)

(1) FAIN, *Manuscrit de 1814.*

(2) Parmi les blessés était le général Laferrière, qui fut transporté à Reims. Voir chapitre IX.

Dans une lettre du 8 mars, Napoléon écrivit :

« Notre perte n'a été que de cinq à six cents hommes tués ou blessés. Nous aurions pris ces corps (Vorontsov et Sacken), qui étaient dans un épouvantable désordre, mais il n'y avait pas moyen à la cavalerie de les déborder, parce que l'affaire se passait sur un plateau qui se prolongeait entre deux ravins. » (*Correspondance*, n° 21456.)

Le champ de bataille de Craonne est aujourd'hui semblable à ce qu'il était en 1814. Rien n'est venu modifier son aspect. Chose incroyable, aucun monument n'a été élevé en l'honneur des soldats morts pour la patrie dans la rude journée du 7 mars !

Je dédie ces lignes au « Souvenir français ».

(3) Chapitre VIII.

pièces de canon depuis Craonne jusqu'à l'Ange gardien ».

Napoléon s'illusionne-t-il sur son succès du 7 mars ? Toujours est-il que le 8, il suit le corps russe de Vorontsov sur la route de Soissons à Laon, et qu'il fait donner l'ordre à Marmont, qui vient enfin d'atteindre Berry-au-Bac, de s'avancer par Corbeny sur la route de Reims à Laon.

Dès lors, l'armée française est partagée en deux masses entre lesquelles les communications sont difficiles. Ces différents mouvements occupent la journée du 8.

Le 9 au matin, partant du quartier général de Chavignon (l'Ange gardien), Napoléon débouche avec le gros de l'armée par la route de Soissons à Laon, tandis que Marmont, à dix kilomètres à l'est, dirige son corps par la route de Reims à Laon. Blücher qui, lui, a toute son armée concentrée, peut masser ses six corps perpendiculairement aux deux routes suivies par les troupes françaises. Son centre s'appuie à la montagne de Laon ; il occupe Sémilly, Ardon et Clacy (1).

Napoléon fait attaquer ces trois villages. Plusieurs fois dans la journée du 9, ils sont pris et repris. A la tombée de la nuit, Clacy, à gauche, nous reste seul ; à droite, Marmont s'établit à Athies. La première journée de Laon, le 9 mars, est donc indécise.

Mais, dans la nuit, Marmont, mal gardé, est attaqué à l'improviste vers Athies. Surpris, il perd la moitié

(1) Bülow est au centre. Sacken, Langeron, Winzingerode sont devant notre gauche. Kleist et Yorck devant notre droite.

de son artillerie, subit un véritable désastre et ne rallie ses fuyards que vers Corbeny (1).

Enhardi par ce succès, Blücher prend alors l'offensive dans la matinée du 10. Ses efforts échouent à Clacy devant la belle défense du général Charpentier. Mais l'empereur n'a plus que dix-sept mille soldats à opposer aux cent mille ennemis! Il est obligé de renoncer à Laon et ordonne la retraite sur Soissons, qu'une petite garnison française avait heureusement réoccupé le 9 mars.

La nuit du 10 au 11 fut tranquille. Les alliés avaient subi des pertes si considérables qu'ils n'inquiétèrent guère la retraite. L'armée française, en très bon ordre, sous la protection du corps du maréchal Ney, put opérer sa concentration vers Soissons. « Les Français avaient perdu devant Laon plus de six mille hommes, tués, blessés ou prisonniers. Mais, deux jours durant, l'empereur avec une poignée de combattants avait imposé à l'ennemi, et le troisième jour il avait quitté le champ de bataille comme on quitte un champ de manœuvres (2). »

C'est à trois heures et demie du soir, le 11 mars, que l'empereur arrive à cheval à Soissons. Dès quatre heures, il s'occupe de la défense de la ville et donne

(1) Dans son rapport sur le désastre d'Athies, le duc de Raguse accuse le perte de douze à quatorze pièces d'artillerie. Il affirme qu'il avait devant lui vingt mille ennemis, dont cinq à six mille cavaliers. (Archives nationales.)
(2) H. Houssaye, 1814.

des instructions pour modifier certains postes ; à cinq heures, il remonte à cheval, et va passer lui-même l'inspection des remparts ; le 12, à cinq heures du matin, il envoie de nouveaux ordres pour les emplacements, se préoccupe de garder par Fismes sa liaison avec Reims qu'il sait menacée par Saint-Priest, réitère l'ordre au général Durutte de sortir de Metz et de gagner Verdun, et au général Janssen à Rethel de venir sur-le-champ vers Reims, soit par Berry, soit par Neufchâtel ; au général Broussier à Strasbourg il prescrit également de faire lever le siège de toutes les petites places et « de se réunir avec les garnisons pour former un corps d'armée actif en ne laissant en arrière que les troupes indispensables aux places pour seconder les gardes nationales... Recommandez bien au général qui commande à Strasbourg, s'il peut faire insurger les montagnes des Vosges, d'y envoyer des fusils (1). »

Ainsi, même après Craonne et Laon, Napoléon poursuit l'exécution du plan qu'il a conçu le 4 mars en arrivant à Fismes. Les batailles des 6, 7, 9 et 10 mars n'ont pas changé ses résolutions. S'il a échoué à Laon, les alliés, eux, n'ont pu encore réussir à établir les communications entre les deux armées principales maintenant très éloignées l'une de l'autre.

Napoléon, maître de Soissons (2), croyant toujours posséder Reims, espérant des renforts des places du nord, se prépare donc le 12, après avoir mis un peu

---

(1) *Correspondance*, n° 21466. Napoléon au major général.
(2) Le sous-préfet de Soissons qui reçut l'empereur le 10 mars était M. Harel, auditeur au Conseil d'État

d'ordre dans son armée, à se porter sur les derrières de la grande armée alliée. Mais, pour pouvoir dessiner les premiers mouvements, la possession de Reims reste indispensable, comme il est indispensable également de garder encore le fameux passage de Berry-au-Bac.

Les premières dispositions adoptées le 12 répondaient donc à cette double préoccupation.

Tandis que l'empereur se dirigeait sur Soissons, Marmont qui, comme nous l'avons vu, venait dans la nuit du 9 au 10, de subir le « hurrah » d'Athies et n'avait pu prendre une part effective à la deuxième journée de Laon, s'était retiré de Corbeny sur Berry-au-Bac, suivi par les corps de Yorck et Kleist. Le duc de Raguse avait pu, à Berry, rallier ses troupes ; mais ses munitions étaient presque épuisées, il craignait de ne pouvoir tenir tête aux deux corps qui le suivaient dans sa retraite ; surtout il redoutait un mouvement de l'ennemi sur Vailly, qui l'aurait encore séparé de Napoléon. Il se décida donc, après avoir prévenu Corbineau, à abandonner la ligne de l'Aisne et à se retirer sur Fismes. Là, il pensait se trouver en mesure de rejoindre facilement l'empereur ou de donner la main aux défenseurs de Reims si Saint-Priest renouvelait ses attaques. Pour justifier la conduite de Marmont, il faut ajouter que le maréchal pouvait croire à bon droit que l'armée de Silésie, victorieuse le 10, profiterait de sa victoire, et qu'il ne pouvait prévoir l'inaction extraordinaire de Blücher malade et de ses lieutenants les 11 et 12 mars. Toutefois, la position de Berry était d'une telle importance, qu'on s'explique difficilement que, dans sa hâte de se porter vers l'empereur, Marmont l'ait aussi vite abandonnée.

Napoléon, aussitôt qu'il apprit ce faux mouvement, donna l'ordre à Marmont de réoccuper Berry. Le maréchal laissa deux bataillons à Fismes le 11 au soir et se dirigea lui-même sur Roucy, en faisant surveiller la ligne de l'Aisne de Condé-sur-Suippes à Maizy et Vailly où il se reliait avec l'armée de l'empereur.

Ainsi donc, le 12 au matin, Marmont était vers Roucy, gardant Berry, tandis que tout le reste des forces françaises était concentré autour de Soissons. L'empereur procéda immédiatement à la réorganisation de l'armée rendue nécessaire par les pertes subies pendant les dernières batailles.

Le maréchal Mortier prend désormais le commandement des divisions Curial et Charpentier, et celui de la division de vieille garde Christiani (1). Sa cavalerie comprend les dragons de Roussel, les Polonais de Pac et la division Berckheim (brigades Curely et Mouriez).

Ney ne conserve que deux brigades, l'une de la division Boyer, l'autre mixte (122e de ligne et régiment de la Vistule) en attendant les trois ou quatre mille hommes que Janssen doit amener incessamment de

---

(1) Les divisions Curial et Charpentier comprenaient les anciens régiments de la division Poret de Morvan et des corps de jeune garde précédemment attachés à Ney et Victor. C'étaient des « Maries-Louises » qui, malgré leur bravoure, « avaient fondu comme neige, disait l'empereur, aux combats récents. » Rien qu'à la bataille de Craonne, le 7 mars, la 8e division de jeune garde avait perdu 63 officiers et 1,562 sous-officiers et soldats, tués ou blessés! Il ne lui restait plus que 56 officiers et 1,683 sous-officiers et soldats. (Situation au 8 mars, signé Bigarré. Archives nationales.)

Rethel. Le reste de l'ancien corps de Ney fournit la garnison de Soissons.

L'empereur garde lui-même sous son propre commandement la vieille garde du général Friant et les trois divisions de cavalerie d'Exelmans, Letort et Colbert sous les ordres de Sébastiani.

Quant à Marmont, dont l'empereur ne connaît pas exactement l'effectif (1), il conserve jusqu'à nouvel ordre tout son corps d'armée tel qu'il était antérieurement constitué.

C'est au moment où il vient, dans la matinée du 12, de donner tous les ordres pour la reconstitution de sa petite armée, que Napoléon qui n'est pas encore complètement décidé sur la direction définitive qu'il va prendre, est informé de l'entrée de Saint-Priest à Reims (2).

Dès lors, une fois encore Blücher et Schwarzenberg sont reliés ! Si donc l'empereur veut pouvoir appeler à lui les garnisons du nord et inquiéter l'armée de Bohême, la possession de Reims lui est plus que jamais nécessaire.

Avec une admirable lucidité, Napoléon discerne de suite les avantages immédiats qu'une victoire à Reims lui assurerait. En dehors du point de vue stratégique, une victoire le 13 mars, trois jours après les journées

(1) « Mon cousin, écrivez au duc de Raguse que je n'ai aucune idée de ce qu'est aujourd'hui son corps; que s'il n'a pu encore m'envoyer l'état de ses pertes, il devait du moins m'envoyer l'appel du soir pour que je puisse juger de sa situation dans ce premier moment. »
Napoléon à Berthier. *Correspondance*, n° 21466.
(2) La nouvelle parvint dans l'après-midi, avec une très grande rapidité, puisque de Reims à Soissons il y a près de 55 kilomètres.

de Laon, aurait un effet moral d'autant plus considérable que cette victoire serait inattendue.

Une heure à peine après avoir reçu la nouvelle du succès de Saint-Priest, l'empereur a pris sa résolution. A ses aides de camp qui l'interrogent anxieusement : « Saint-Priest, dit-il, s'est trop hâté de venir à la curée de la France. La bête n'est pas morte encore ! Il paiera pour les autres ! » Et aussitôt il donne ses ordres pour la journée du lendemain. Il faut, en effet, que Reims tombe en son pouvoir le plus tôt possible, pour frapper davantage les esprits, pour relever le courage de tous, pour effacer l'impression produite sur l'armée et sur la nation par la bataille du 10 mars (1).

Heureusement pour la réussite des projets de l'empereur, l'armée de Silésie, depuis deux jours, semblait s'être absolument endormie sur ses lauriers ! Au lieu de profiter de l'avantage remporté, de harceler la retraite, de gêner la réorganisation de l'armée française, le général Gneisenau, chef d'état-major (qui donnait les ordres au nom du feld-maréchal malade), résolut d'accorder à ses troupes un repos, d'ailleurs mérité, car depuis la Ferté-sous-Jouarre on s'était battu constamment. L'armée de Silésie prit donc, très tranquillement, ses cantonnements au nord de l'Aisne.

(1) « Semblable au lion traqué par les chasseurs et grièvement blessé, qui se précipite sur ses agresseurs, Napoléon prélude en se jetant d'abord sur le corps de Saint-Priest à peine installé dans Reims. » (F. LECOMTE, colonel fédéral suisse, *Précis militaire et politique*.)

Le 12 mars, Yorck occupa Craonne et Corbény avec des postes détachés vers Berry et Pontavert ; Kleist s'installa à Bouconville, Chermizy et sur la Lette ; Sacken cantonna près de Chavignon et Langeron près de Coucy-le-Château. Bülow reçut l'ordre de se porter sur Compiègne et Winzingerode resta à Laon avec le quartier général. En résumé, le 12, l'armée alliée, croyant à une marche de Napoléon sur Meaux ou Château-Thierry, attendait, pour passer l'Aisne, le départ de l'empereur de Soissons. Elle ne pouvait soupçonner les projets de marche sur Reims, mais toutefois cette hypothèse avait été envisagée le 11 avant la prise de la ville par les Russes. Le feld-maréchal avait écrit à ce propos au prince de Schwarzenberg : « Une marche sur Reims dans l'espoir de battre Saint-Priest et d'agir par Épernay sur le flanc de Votre Altesse serait chose désagréable ; mais je ne crois pas l'armée française en état d'exécuter actuellement un pareil mouvement (1). »

Les dispositions prises par Napoléon le 12 mars

(1) Voici la lettre qu'écrivait Blücher à sa femme le 10 mars : « J'étais près de Paris quand l'empereur Napoléon se tourna contre moi avec toutes ses forces. Je reculai quelques marches en arrière. Mais hier, le tyran m'attaqua à cinq heures du matin. Le combat dura tout le jour. J'avais conservé toutes mes positions à la tombée de la nuit, tout s'apaisait, quand je fis renouveler l'attaque. Après une demi-heure de lutte, l'ennemi complètement battu se retira, laissant entre nos mains quarante canons, quelques milliers de prisonniers et beaucoup d'approvisionnements. Napoléon s'est vivement replié sur Paris. Mes troupes le poursuivent encore. » (Général DE COLOMB, *Blücher et ses lettres sur les campagnes de* 1813-1814-1815.)

En lisant cette missive, on s'explique par l'optimisme de Blücher l'inaction de l'armée de Silésie pendant les journées qui suivirent la bataille de Laon. L'état-major croyait l'armée française incapable de tout effort.

à six heures du soir étaient aussi simples que claires.

Les travaux qu'il a fait entreprendre depuis vingt-quatre heures à Soissons n'étant pas encore terminés, et la garnison confiée à un jeune officier supérieur très énergique, le commandant Gérard, ne comptant guère que quinze cents hommes, Mortier doit rester devant Soissons avec mission d'observer l'armée de Silésie, de lui opposer une première résistance, de surveiller l'Aisne jusqu'à Compiègne et de faire occuper Sermoise pour se relier avec Braisne (1).

Avec tout le reste de sa petite armée, réduite à treize mille huit cents fantassins et huit mille chevaux, l'empereur se portera sur Reims, et les mouvements doivent commencer dans la nuit du 12 au 13.

Sébastiani, avec les divisions de cavalerie Colbert et Letort, partira immédiatement pour Braisne ; Exelmans suivra le mouvement par Sermoise ; Ney, avec ses deux brigades (tout ce que l'empereur a pu donner au prince de la Moskowa!), quittera également Soissons aussitôt l'ordre reçu et ira le soir même aussi loin que possible pour arriver de bonne heure devant Reims dans la matinée du 13 ; la vieille garde de Friant et les détachements de pontonniers, sapeurs, etc., avec les batteries de réserve, sous Drouot, se mettront en marche à deux heures du matin pour arriver dans l'après-midi. Enfin, c'est à Marmont, à cause de l'emplacement même de ses troupes, qu'échoit l'honneur de former l'avant-garde de l'armée.

---

(1) Mortier devait pouvoir disposer de cinq divisions, formant un total de neuf mille fantassins et près de quatre mille cavaliers. Nous avons vu plus haut la composition nouvelle de son corps.

L'ensemble des ordres donnés ressort très nettement de la dépêche admirablement claire adressée au major général dans la soirée. Il est donc intéressant de la transcrire ici en entier :

« Mon cousin, envoyez sur-le-champ un courrier au duc de Raguse pour lui faire connaître que le général Sébastiani, avec deux cents chevaux, couche ce soir à Braisne ; que le prince de la Moskowa couchera près de Braisne avec son corps ; qu'à minuit je pars avec la vieille garde ; qu'il est nécessaire qu'il se tienne prêt à partir avec la division Defrance, le 1⁽ᵉʳ⁾ corps de cavalerie et toute son infanterie pour former notre avant-garde, mon intention étant d'attaquer demain Saint-Priest devant Reims, de le battre et de reprendre la ville ; il faut qu'il laisse les postes de cavalerie qu'il a placés à Vailly et le long de la rivière, et qu'il continue à tenir également un poste de cavalerie à Berry-au-Bac ; nous aurons ainsi dans la main une trentaine de mille hommes, dont sept ou huit mille cavaliers, et plus de cent pièces de canon (1) ; qu'il fasse toutes ses dispositions pour pouvoir partir demain, à la petite pointe du jour ; il est bien important qu'il laisse un corps d'observation à Berry-au-Bac et qu'il envoie des paysans pour nous instruire s'il débouchait quelque chose de l'autre côté ; que j'espère que nous pourrons attaquer demain à deux ou trois heures après midi ; que je serai demain à Fismes, probablement de bonne heure ; qu'il n'ébruite pas trop sa marche par des coureurs, il

(1) Dans ces chiffres Napoléon compte les troupes laissées devant Soissons.

vaut mieux arriver en masse. Il serait bien important de pouvoir prendre quelques coureurs ennemis en leur tendant une embuscade, afin d'avoir des nouvelles de l'ennemi. »

Après avoir ainsi réglé ses opérations pour le lendemain, Napoléon expédia un dernier courrier au roi Joseph. « Partout, lui écrit-il, j'ai des plaintes du peuple contre les maires et les bourgeois qui les empêchent de se défendre. Je vois la même chose à Paris. Le peuple a de l'énergie et de l'honneur. Je crains bien que ce ne soient certains chefs qui ne veulent pas se battre... »

Puis, s'étant reposé quelques heures, l'empereur prit congé de Mgr Leblanc de Beaulieu, évêque de Soissons, chez lequel il était descendu, et, à deux heures du matin, escorté par les escadrons de service, il s'engagea sur la route de Reims.

LEVE PAR ORDRE DE

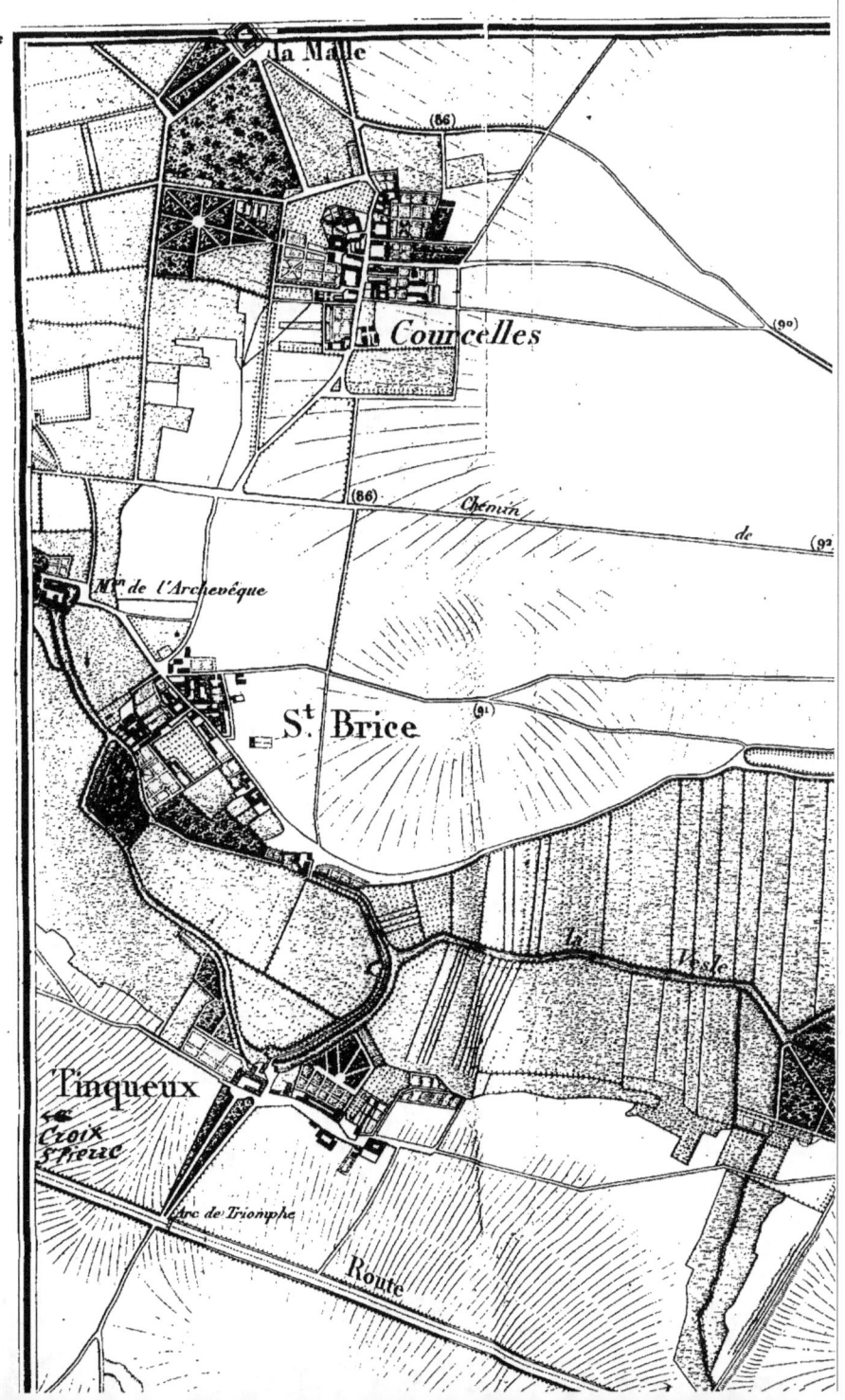

CHAPITRE XI

LA VICTOIRE DE REIMS

(13 mars)

Marche du 6ᵉ corps. — Surprise de Rosnay, de Muizon et de Thillois. — Dispositions de Marmont. — Optimisme de Saint-Priest. — Arrivée de l'empereur. — Mouvement offensif des Français. — Blessure de Saint-Priest. — Retraite des Russes. — Charge des gardes d'honneur. — Résistance de Bistram. — Impatience de Napoléon. — Prise de Saint-Brice. — Entrée de l'empereur à Reims.

Au reçu des ordres de l'empereur, qui lui parvinrent dans la nuit, Marmont prit ses dispositions pour mettre ses colonnes en route « à la petite pointe du jour ». Le temps était assez doux (1), légèrement couvert et la brume, assez épaisse, était une circonstance favorable pour une marche qu'il y avait intérêt à tenir secrète jusqu'au dernier moment.

Le 6ᵉ corps comptait sept mille deux cents hommes, commandés par Ricard, Lagrange, Arrighi duc de Padoue, Merlin et Bordesoulle. D'après le colonel Fabvier (2), l'effectif des combattants se décomposait

---

(1) En 1814, le mois de janvier avait été détestable, froid et neigeux avec un violent ouragan le 29. Février et mars furent généralement froids, à l'exception de la période du 8 au 12 mars. Le 13, le temps était normal pour la saison, assez humide, mais sans gelée. La brume était assez forte. (*Annuaire de la Marne.* 1815.)

(2) Journal des opérations du 6ᵉ corps, par le colonel Fabvier.

Fabvier eut une existence aventureuse. Sorti de l'École polytechnique en 1800, il fut envoyé en 1807 en mission auprès du sultan Sélim, puis

ainsi : 8ᵉ division (Ricard) : quatre-vingt-quatorze officiers, six cent quatre-vingt-cinq hommes ; 21ᵉ division (Lagrange) : deux cent trente-deux officiers, quatorze cent soixante-trois hommes ; division de réserve (duc de Padoue) : cent quarante-cinq officiers, seize cent vingt et un hommes ; cavalerie : cent soixante-douze officiers et seize cent quatre-vingt-seize hommes (1).

Bordesoulle (2) fut chargé de diriger l'avant-garde générale avec le 1ᵉʳ corps de cavalerie, qui comptait les régiments de la division Defrance revenus la veille au 6ᵉ corps. A partir de Jonchery, des paysans ren-

en Perse, où il fonda un arsenal à Téhéran. En 1810 il sert dans les troupes polonaises, sous Poniatowski, puis en 1811 en Espagne comme aide de camp de Marmont Envoyé en Russie pour faire un rendu compte à l'empereur il arrive au quartier général la veille de la Moskowa, où il fait le coup de feu en amateur. Il est fait chef d'escadrons, puis colonel et baron en 1813. Il s'attache alors à la fortune du duc de Raguse. Tenu à l'écart par la Restauration, il habite l'Angleterre, puis va en Grèce au moment de l'insurrection. Louis-Philippe le fait lieutenant-général, pair de France et ambassadeur à Constantinople. Fabvier fut aussi député de la Meurthe (1782-1855.)

(1) Lagrange, originaire du Gers, né en 1763, mort en 1836, était déjà brigadier à Héliopolis. Il avait été ministre de la guerre du roi Jérôme en Westphalie, et fut créé comte en 1810. Il s'était distingué en 1813 à Leipzig.

Arrighi, compatriote de Napoléon, né en 1773, général à trente-quatre ans après Friedland, duc de Padoue en 1808. Proscrit à la Restauration.

(2) Bordesoulle, né en 1771, avait fait toutes les guerres de la Révolution. En l'an X, il avait reçu un sabre d'honneur en récompense de sa brillante conduite. A Austerlitz il était colonel, se battit à Gustatt, à Friedland, en Espagne, à Wagram et, comme commandant d'une brigade de cavalerie, se distingua particulièrement en 1812 à Mohilew et à la Moskowa. Général de division à la fin de la campagne de Russie, il était l'année suivante à Lutzen, à Dresde et à Leipzig.

En 1814, au mois d'avril, Bordesoulle ternit sa gloire en faisant défection avec ses troupes. Son origine noble (il appartenait à la famille des comtes de Pommeroux de Bordesoulle) le fit bien accueillir de Louis XVIII, qu'il suivit à Gand en 1815. Après le retour du roi, il s'occupa de politique, fut député de la Charente, puis pair de France jusqu'à sa mort (1837). En 1823 il avait repris du service pendant l'expédition d'Espagne et assista à la bataille du Trocadéro.

contrés dans les bois par le lieutenant Péan du 11e hussards, servirent de guides et orientèrent Bordesoulle par Sapicourt sur Rosnay, où se produisit la première prise de contact avec l'ennemi.

Ce village de Rosnay, situé à mi-côte de la montagne de Reims, avait été, comme nous l'avons vu, occupé dans la soirée du 12 par des troupes prussiennes : deux bataillons de landwehr de Poméranie et quelques escadrons de Yagow. L'arrivée des Français causa une surprise complète. Les cavaliers prussiens se précipitèrent sur leurs chevaux, se rassemblèrent dans le plus grand désordre à l'est du village et s'enfuirent rapidement dans la direction de Reims, où ils apportèrent de bonne heure la nouvelle de l'attaque, attaque dont ils ne se rendirent pas un compte exact d'ailleurs et qu'ils représentèrent comme une action isolée engagée par un parti de cavalerie. Cependant, abandonnés par leurs escadrons, les bataillons poméraniens, se voyant complètement débordés par la division Defrance, se replièrent sur la route de Gueux, puis sur Ormes.

Le général Ricard, qui marchait sur la grande route, en tête des troupes d'infanterie du 6e corps, détacha alors sur Ormes la brigade Pelleport (1). Celle-ci manœuvra habilement, et ses mouvements bien combinés avec ceux du général Bordesoulle forcèrent les bataillons prussiens à s'arrêter à Ormes, et même à

(1) Le général Pelleport, avait été général en 1812, à 39 ans. C'était un superbe soldat originaire de Montrejeau, qui avait débuté en Italie, avait été fait capitaine à Aboukir, chef de bataillon à Iéna, colonel après Essling, baron de l'empire après Wagram. Lieutenant-général en 1823, pair de France en 1841, il a laissé des mémoires appréciés.

s'enfermer dans le cimetière placé au centre du village autour de l'église, véritable cul-de-sac facile à cerner et dominé de toutes parts par les maisons.

Pelleport, profitant des dispositions mêmes du terrain, enveloppa complètement le cimetière avec ses troupes et commença, presque à bout portant, un feu nourri qui ne se prolongea pas longtemps, car les deux bataillons, absolument désemparés et pris au piège, mirent bas les armes. Deux compagnies seulement réussirent à s'échapper du village d'Ormes, cherchèrent à gagner Thillois, mais furent sabrées de leur côté par le général Piquet avec une des brigades de la division Defrance composée du 10e hussards et du 1er gardes d'honneur.

Ce premier épisode très heureux était dû à l'entrain de la cavalerie et de la brigade Pelleport (1). Il eut lieu vers neuf heures du matin ; il affaiblissait l'ennemi de près de deux mille hommes et permettait au 6e corps de continuer sa marche en avant dans de bonnes conditions. « On marcha dès lors avec plus de gaîté sur Reims », dit le colonel Fabvier (2).

Une surprise analogue à celle de Rosnay venait aussi de se produire à Muizon et à Thillois dans des circonstances semblables. Devenues très confiantes depuis leur succès de la veille, les troupes prussiennes n'avaient pris aucune précaution. Quand les Français se

---

(1) La brigade Pelleport comprenait le 6e léger, le 4e léger et le 136e, en tout moins de cinq cents hommes. Ce fut au colonel Gesener que les Poméraniens se rendirent.

(2) *Journal des opérations du 6e corps*

présentèrent inopinément devant les villages, les soldats faisaient tranquillement la soupe ou astiquaient leurs effets pour se rendre, bien propres, au fameux *Te Deum* d'actions de grâces qu'on devait chanter à Bézannes! Les fantassins prussiens, dit-on, s'enfuirent pieds nus et en bras de chemise. On raconte même que Yagow faillit être fait prisonnier vers Gueux, où il s'était rendu pour passer l'inspection de ses cantonnements et qu'il dut sauter sur un cheval non sellé.

Cependant, la marche des Français était éventée. De Rosnay, des cavaliers avait apporté la nouvelle d'une attaque de cavalerie; de Muizon, on signala à Reims l'infanterie du général Ricard et l'incroyable offensive qu'il semblait tenter.

Yagow, lui, était complètement fixé et donna l'ordre à toutes ses troupes de se rassembler immédiatement au nord de Bézannes; mais Saint-Priest, malgré les nouvelles reçues, bien qu'ayant entendu le canon dans la direction de Fismes, refusait toujours de se rendre à l'évidence, ne voulait pas admettre l'hypothèse d'une attaque sérieuse et croyait toujours avoir affaire à des reconnaissances isolées.

Persuadé que les débris de l'armée française, complètement battue le 10 par le feld-maréchal Blücher, ne pouvaient matériellement pas s'être reformés, le général en chef s'obstinait dans l'aveugle présomption qui lui avait fait choisir la veille de si déplorables cantonnements. Tout semblait cependant présager une véritable rencontre, mais « pour le malheur du comte de Saint-Priest, il avait, ce jour-là, un bandeau sur les yeux... Il y a malheureusement dans la vie de l'homme des moments où une espèce de fascination préside à tout ce qu'il fait au point de le rendre tout différent de lui-même (1). »

Les dispositions prises par le maréchal Marmont étaient d'ailleurs habiles. Sur sa droite, il donna l'ordre à la cavalerie (Bordesoulle et Defrance) de continuer à escadronner vers Thillois, vers Ormes, et jusqu'au chemin menant à Pargny et Sainte-Eufraize, afin de menacer Bézannes, de gêner le rassemblement des Prussiens et d'attirer de ce côté l'effort des Russes.

Pendant ce temps, toute la division Ricard dépassait Thillois, lançait des avant-gardes jusque vers la Croix-Saint-Pierre et vers Tinqueux, et le reste du 6ᵉ corps occupait fortement Thillois et se massait à l'est de ce village, parfaitement à l'abri.

Ces mouvements de l'infanterie n'échappèrent pas à l'état-major de Saint-Priest. On commença à s'inquiéter pour le corps de Yagow, qui était affaibli de deux mille hommes et dont le rassemblement était long et difficile. Pour couvrir ce rassemblement et pour recueillir au besoin les troupes prussiennes, Saint-Priest se décida enfin à porter une partie des troupes russes à l'ouest de Reims. Le général Bistram, avec une batterie et deux régiments de cavalerie, 33ᵉ chasseurs et régiment de Riazan, fut chargé, au sud de la montagne Sainte-Geneviève, de repousser Bordesoulle, qu'il canonna d'ailleurs inutilement ; le colonel Albrecht s'établit sur la route de Soissons pour la barrer aux

---

(1) Prince Boris GALITZINE. Cité par M. BERTIN, 1814.

cavaliers de Defrance qui opéraient jusqu'au ravin de la Muire.

Il était à ce moment environ deux heures de l'après-midi : Marmont avait ordre d'attendre l'empereur pour commencer l'attaque de la ville, son 6ᵉ corps étant absolument insuffisant pour agir isolément. A trois heures seulement, Napoléon rejoint le duc de Raguse à hauteur du Mont-Saint-Pierre. Mais il arrive seul : Ney et la vieille garde de Friant sont toujours en arrière, ne pourront prendre part au combat qu'un peu plus tard. Aussi, l'empereur, qui est résolu à ne prononcer son mouvement en avant qu'avec toutes ses troupes dans la main et qui ne veut pas, pour le moment, s'engager encore à fond, fait immédiatement reculer un peu les deux groupes de cavalerie de Bordesoulle et de Defrance et donne l'ordre aux batteries à cheval d'interrompre leur tir.

Ceci confirme l'entêté Saint-Priest dans son idée ; plus que jamais il croit à une attaque de partisans facile à repousser, à un hurrah de cavalerie soutenu par quelques troupes à pied. Il ne s'inquiète donc nullement de ses lignes de retraite. Il ne songe ni à occuper fortement la route de Berry, ni à prévoir le départ de ses bagages qui encombrent Reims. Il déploie tranquillement son armée à l'ouest de la ville, qu'il est bien décidé à conserver. Comme un de ses officiers lui demandait par où il faudrait se replier si l'on avait affaire à Napoléon, il répondit, dit-on, fièrement : « On ne reculera pas. »

L'armée alliée prend donc ses emplacements de combat. Yagow occupe la crête à l'ouest du petit ravin de la Muire, s'appuyant à Bézannes. Au centre, vingt-quatre bouches à feu sont amenées vers le faubourg d'Épernay sur la montagne de Sainte-Geneviève ; la droite est formée des troupes russes, qui se prolongent jusqu'à la Vesle du côté de Tinqueux ; de grosses réserves se massent à la sortie du faubourg de Vesle. Presque toute la cavalerie russe est envoyée vers Tinqueux, et à l'extrême gauche un bataillon prussien est détaché vers Sillery pour y garder le pont et protéger les parcs prussiens à Beaumont-sur-Vesle (1).

Aussitôt que ces différents mouvements se dessinent, vers quatre heures, Napoléon, qui s'est établi près de la Croix-Saint-Pierre et qui vient de recevoir avis de l'arrivée du maréchal Ney et de la division Friant, prend ses dispositions pour l'attaque (2). Son intention première est de tourner la position ennemie par le nord afin d'intercepter la ligne probable de retraite vers Laon. Mais les ponts de Saint-Brice sont coupés et les lignes russes se prolongent jusqu'à la Vesle, vers Tinqueux ! L'empereur se résout donc à une attaque de front, jugeant avec raison que si la destruction des ponts de Saint-Brice gêne sa propre offensive, elle a aussi pour résultat de forcer Saint-Priest, en cas d'insuccès, à traverser toute la ville pour gagner la route de Laon, et à rentrer dans Reims par le faubourg de

(1) D'après l'ouvrage de Von Damitz, la cavalerie de Yagow reformée était près de Bézannes. Mais elle était peu nombreuse.

(2) M. de Beauchamp raconte que Napoléon, arrivé à la fin de la journée en vue de Reims, plongea ses regards sur cette ville. « Un sourire cruel s'échappa de ses lèvres. Il dit en se frottant les mains : « Dans une heure, « les dames de Reims auront grand'peur. »

Cette anecdote, méchamment rapportée, ne prouve qu'une chose : la confiance de l'empereur dans un succès rapide.

Vesle, défilé étroit et dangereux qui rend la position choisie par les alliés extrêmement périlleuse. La seule excuse technique à invoquer pour justifier les mesures prises par Saint-Priest, c'est que la position avait été choisie en vue d'une attaque de partisans et non pas pour repousser Napoléon.

Car ce terrible Napoléon, le « transfuge Saint-Priest », ainsi que l'appelait l'empereur, le redoutait plus que quiconque. Quelques jours avant, le général russe avait écrit à Emanuel qui était en reconnaissance vers Fismes : « Le bruit court que Napoléon se dirige en personne de nos côtés; gardez-vous bien de vous engager avec un adversaire aussi redoutable. »

A quatre heures du soir, le 13 mars, on ne peut guère compter que sur deux heures ou deux heures et demie de jour. Aussi, dès que l'attaque de front est résolue, l'empereur prend de suite des dispositions pour prononcer une offensive vigoureuse avant la nuit. Toute l'infanterie du 6ᵉ corps se porte en avant, des deux côtés de la grande route de Soissons à Reims, en colonne par bataillon, à distance de déploiement. Le général Defrance éclaire la marche; le général Sébastiani (1) avec deux divisions de cavalerie de la garde [Colbert (2) et Exel-

---

(1) Sébastiani, qui devint plus tard maréchal de France, était né en Corse en 1772, trois ans après l'empereur. D'origine très modeste, il s'était d'abord destiné à l'état ecclésiastique, mais s'engagea à seize ans en 1788 et l'année suivante était sous-lieutenant. Bonaparte le prit en affection pendant la campagne d'Italie de 1796 et le poussa rapidement aux plus hauts grades. Après s'être distingué spécialement à Smolensk, à la Moskowa, en Saxe, Sébastiani avait été fait général de division, comte de l'empire, grand aigle. Maréchal de France en 1840.

(2) Le général Edouard Colbert, baron de l'empire, marquis de Chabannais, était l'aîné des trois frères Colbert qui s'illustrèrent au commen-

mans (1)], flanque Marmont vers Tinqueux, tandis que Bordesoulle protège le flanc droit du 6ᵉ corps au sud de la route, du côté de Bézannes ; de ce côté également l'empereur détache la division Merlin (2), soutenue par un régiment de cuirassiers pour arrêter vers Cormontreuil les troupes de l'extrême gauche prussienne qui se dirigent vers Sillery, mouvement que nous avons déjà signalé. Merlin réussit ; les bataillons prussiens, attaqués entre les Trois-Puits et Cormontreuil, sont cernés dans un fond et se rendent aux Français.

L'artillerie est établie au nord de la route, en avant de la Croix-Saint-Pierre, et les autres troupes (c'est-à-dire la brigade du général Pierre Boyer et la vieille garde), prêtes à soutenir le corps de Marmont, vont se masser, à hauteur de la ligne des batteries.

Telles furent les dispositions initiales prises vers quatre heures du soir.

Le général Ricard (3), en tête du 6ᵉ corps, aborde résolument les Russes. Avec une extrême furie il les

---

cement du dix-neuvième siècle. Édouard était né en 1774 à Paris. Il s'était distingué en Égypte, avait été aide de camp de Berthier, s'était battu à Austerlitz, Eylau, Friedland, Wagram, Bautzen. Il était général de division depuis le 25 novembre 1813. Sous la Restauration il se tint à l'écart. Pair de France en 1832.

(1) EXELMANS. Voir la notice au chapitre VI.

(2) Merlin (comte Christophe-Antoine), engagé en 1791, général de brigade en 1805, employé à Naples et en Espagne, venait de rentrer en France en 1814 comme général de division. Il était parent de Merlin de Thionville, le fameux conventionnel, et ne doit pas être confondu avec un autre général Merlin, également général en 1814, mais qui resta bloqué en Allemagne et ne put prendre part à la campagne de France.

(3) Le général Ricard, dont nous publions le portrait, a joué le rôle principal dans la bataille du 13 mars. C'était un Toulousain. Il s'était lié avec Bonaparte dès 1792, à Bonifacio. Il avait fait toutes les campagnes de Suchet et de Soult, puis comme chef d'état-major en Espagne et en

LE COMTE RICARD
GÉNÉRAL DE DIVISION EN 1814
(D'APRÈS UNE GRAVURE D'AMBROISE TARDIEU)

culbute, traverse le ravin de la Muire, atteint les pentes de la hauteur de Sainte-Geneviève, pousse des troupes jusqu'au faubourg d'Épernay, et ce choc puissant ébranle toute la ligne ennemie, la scinde en deux parties principales : au sud les Prussiens, au nord toute l'artillerie (formant une immense batterie), et une division russe.

À la vue des bataillons français, à la magnifique vigueur montrée par Ricard, au bruit répété du canon de la Croix-Saint-Pierre qui a préparé l'attaque, à la nouvelle de la prise d'une troupe prussienne vers Cormontreuil, Saint-Priest comprend enfin qu'il a affaire à toute l'armée française, que cette armée qu'il croyait détruite à Laon est ressuscitée, qu'il a l'empereur devant lui et que la position que sa trop grande confiance lui a fait prendre est détestable.

Il faut donc songer à reculer ! Il ne s'agit plus de garder Reims ! Maintenant il est nécessaire d'en sortir et tout d'abord d'y faire rentrer par le défilé du faubourg de Vesle toutes les troupes qui ont été déployées à l'ouest de la ville ! Saint-Priest charge le général

---

Portugal. Général de division en 1812, il s'était particulièrement distingué à Crasnoi, puis à Lützen, à Bautzen, à Leipzick, à Hanau. Grand officier de la Légion d'honneur après 1813, il venait de recevoir le 26 février 1814 le titre de comte de l'empire pour sa belle conduite à Champaubert et à Montmirail.

Dans les premiers jours d'avril 1814, Ricard. qui venait d'être légèrement blessé le 30 mars, eut malheureusement la faiblesse de se rallier de suite au gouvernement provisoire. Il obtint alors le commandement de la 1re division militaire à Paris. Il était en mission au congrès de Vienne au moment du retour de Napoléon et ne reprit pas de service en 1815. La seconde Restauration lui confia des commandements divers, mais sans éclat. Le général Ricard, qui avait été un des plus brillants généraux de l'empire, a porté le poids de sa faute, comme le chef du 6e corps. Mis à la retraite après 1830, il est mort en 1843.

Bistram d'établir fortement sa brigade au faubourg de Vesle, donne l'ordre aux autres éléments formant la réserve de traverser rapidement la ville pour gagner par la porte Mars la route de Berry-au-Bac, et replie toutes les troupes engagées vers Tinqueux, en les faisant appuyer dans leur mouvement de recul par douze canons. Enfin, il envoie avertir Tettenborn (qui depuis le 12 mars garde la direction d'Épernay) que Reims vient d'être attaqué (1).

Pour surveiller en personne le mouvement qu'il a ordonné à sa droite, le général de Saint-Priest se porte lui-même avec tout son état-major dans le fond de la Muire, entre la grande route et le village de Tinqueux. C'est alors que le groupe attire l'attention des batteries de la garde, toujours établies vers la Croix-Saint-Pierre. Un obus vient éclater au milieu de l'état-major, le malheureux Saint-Priest est fortement atteint à l'épaule par un éclat, tombe de cheval et perd connaissance. Le capitaine Wolkoff, son aide de camp, le relève tout ensanglanté et peut transporter le blessé jusqu'à quelques centaines de mètres de là pour le faire recueillir par le colonel Skobeleff, commandant le régiment de Riazan. Skobeleff continua

(1) C'est Tettenborn qui envoya à Schwarzenberg les premières nouvelles de la bataille du 13.

« Mon prince, j'ai l'honneur de prévenir Votre Altesse que je reçois la nouvelle que le maréchal Marmont avec douze mille hommes a attaqué Saint-Priest et a poussé jusque sous les murs de Reims. Le général Saint-Priest ne m'en a fait avertir que de bouche et je ne sais encore ce qu'il se propose de faire. »

Cette dépêche, bien que datée de Port-à-Binson, neuf heures trente du soir, ne fait pas mention de la présence de Napoléon. Tettenborn devait donc encore l'ignorer.

alors le mouvement de retraite déjà commencé, emportant au milieu de ses rangs le corps de son général.

Cet épisode n'échappa pas à Napoléon, qui se trouvait alors à proximité de son artillerie, en avant de la colline de la Croix-Saint-Pierre, avec le prince de Wagram. Il vit dans un groupe de cavaliers se produire un mouvement d'affolement et, sans pouvoir se rendre compte que c'était le général ennemi qui venait d'être mis hors de combat, il put facilement conclure que le fond de Muire venait d'être le théâtre d'un événement important.

C'était, en effet, un événement d'une haute importance que cette blessure, dans les circonstances spéciales où elle se produisait. Vite connue à l'aile droite des Russes, la nouvelle fut d'abord ignorée de Yagow, qui, ne recevant aucun ordre, était dans le plus grand embarras et qui d'ailleurs « aurait de toute façon hésité à se charger de la direction du combat et du commandement d'un corps où les Russes étaient en majorité ». Il fallait cependant un chef. Or, Pantchoulitcheff, le plus ancien général russe, était hors d'état de monter à cheval ayant eu, le matin même du 13 mars, un accident qui l'avait forcé à rester à Reims, et le général Emanuel, qui se trouvait non loin de Saint-Priest, perdit la tête. Au lieu d'assumer le commandement, il courut lui-même après Pantchoulitcheff, abandonnant la direction de ses troupes (1).

La retraite des Russes laissés sans commandement

(1) Pantchoulitcheff put se porter au faubourg de Vesle et prendre le commandement effectif. Mais il était déjà trop tard.

pendant une heure au moins, se fit donc dans des conditions déplorables. Dès qu'elles connurent la blessure de Saint-Priest, les batteries qui devaient protéger le mouvement de recul de la droite russe cessèrent leur tir et se précipitèrent sur le faubourg de Vesle, unique porte de sortie du champ de bataille. « Force fut de chercher une issue par la même voie où tout devait affluer à la fois, artillerie, infanterie et cavalerie. Le désordre et la confusion au pont de Vesle passent tout ce que l'on peut imaginer ; déjà pour se frayer une route on précipitait les canons à l'eau, et l'encombrement était tel que ceux qui ne pouvaient tenir sur le pont tombèrent dans la rivière (1). »

Napoléon, pendant cette retraite des Russes, avait abandonné son observatoire de la Croix-Saint-Pierre, avait porté son artillerie en avant et donné l'ordre à Ricard, dont la situation vers le plateau de Sainte-Geneviève était restée stationnaire, d'attaquer à la baïonnette. En même temps, pour prendre à revers ce plateau, il lance une partie de la division Defrance qui est sur la route d'Épernay.

Le 3e Gardes d'honneur, sous le commandement du général de Ségur, se jette avec une admirable crânerie sur les dragons russes qui occupent le point de jonction des deux routes d'Épernay et de Soissons. Rien ne résiste à la valeur héroïque des cavaliers français. Ségur charge les dragons russes, enlève huit canons, culbute tout ce qui se trouve sur son passage,

(1) Prince Boris GALITZINE.

LE COMTE PHILIPPE DE SÉGUR
GÉNÉRAL DE BRIGADE EN 1814, COMMANDANT LE 3ᵉ RÉGIMENT
DE GARDES D'HONNEUR

(D'APRÈS UNE GRAVURE D'AMBROISE TARDIEU)

poursuit les fuyards dans le faubourg de Vesle. « En moins de dix minutes tous ceux de ces Russes qui ne s'étaient pas jetés à terre pour fuir avaient succombé. Nous avions atteint au travers de la foule de ses chevaux abandonnés l'artillerie ennemie. Elle s'efforçait encore de nous échapper; je fis couper les traits, abattre les chevaux et tuer les canonniers sur leurs pièces (1). » Suivis par la 14e batterie de la jeune garde (2) et entraînés par l'élan de leur charge, les gardes d'honneur dépassèrent même les troupes qu'ils venaient de bousculer!

Malheureusement, à ce moment, le colonel Skobeleff, avec le régiment de Riazan, débouche d'un chemin venant de Tinqueux, derrière les gardes, pour gagner lui aussi le pont de Vesle, rapportant le corps presque inanimé du général de Saint-Priest. Ségur est pris entre les feux de Skobeleff et ceux des troupes de Bistram qui garnissent les remparts, et reçoit les coups de deux pièces d'artillerie qui tirent à mitraille.

Les gardes d'honneur ne peuvent tenir tête à ces deux attaques, subissent de grosses pertes, jonchent le sol de l'étroite chaussée qui, quelques minutes auparavant a vu passer leur charge héroïque. Le matériel de la batterie d'artillerie est perdu, les chevaux des gardes sont presque tous tués, le colonel de Belmont tombe mortellement blessé et le brave Ségur lui-même a le bras fracassé (3) et n'échappe que difficilement au régiment de Riazan.

(1) Général de SÉGUR, VII, livre VIII.
(2) *Notice sur les régiments à pied de la Garde*, par le capitaine LITRE, p. 95.
(3) Le colonel de Belmont, blessé, tomba de cheval. Le maréchal des

C'était donc une affaire plus glorieuse qu'utile. Une partie seulement du 3ᵉ régiment des gardes d'honneur avait pu prendre part à l'action, et ni Defrance, ni Bordesoulle n'avaient su appuyer Ségur en temps voulu (1). Ce ne fut que plus tard, trop tard, que la cavalerie française arriva sur la chaussée, mais après le passage de Skobeleff. Du moins cette cavalerie servit à hâter la retraite de Yagow, qui avait en vain tenté d'arrêter la déroute des troupes prussiennes et qui, lui aussi, se repliait précipitamment (sur le pont de la porte Fléchambault), pour gagner Reims.

La nuit était complètement tombée pendant les divers incidents de la retraite. A six heures et demie du soir, l'infanterie de Ricard était décidément maîtresse du faubourg de Vesle ; Marmont, puis l'empereur s'étaient portés sur le plateau de Sainte-Geneviève et les rues de Reims étaient encombrées de fuyards russes et prussiens. Il ne s'agissait donc plus que d'emporter la grille de la porte de Vesle !

Mais Bistram, laissé là avec quatre régiments pour protéger la retraite, avait habilement placé ses troupes sur les remparts et disposé devant la grille deux pièces de canon, qu'abritait un tambour en terre construit trois jours avant par le général Corbineau.

---

logis Fresneau du 3ᵉ gardes d'honneur « défendit avec un dévouement remarquable ses derniers moments ».

Ségur put se trainer dans une masure en bois qui était abandonnée et y rester jusqu'à l'arrivée de notre infanterie. Le général se rendit alors au bivouac de l'empereur et fut soigné par le chirurgien Ivan. Napoléon ne connut que plus tard, par le grand maréchal Bertrand, la blessure de Ségur que celui-ci avait eu la modestie de ne pas raconter.

(1) Ségur accuse nettement Bordesoulle de n'avoir pas soutenu la charge héroïque des Gardes.

LA VICTOIRE DE REIMS 215

En vain, le maréchal Marmont cherche-t-il avec son artillerie à détruire le tambour. Ses canonniers tombent successivement sous les balles des troupes de Bistram, il faut renoncer au canon et faire garnir de tirailleurs les maisons en bordure de la chaussée. Pendant plusieurs heures un feu peu nourri se prolonge ainsi sans résultat.

On juge de l'impatience et de la colère de l'empereur ! Il était vainqueur mais une partie de l'armée ennemie, grâce à ce maudit tambour, allait lui échapper et les débris des vaincus pourraient se reformer sur la route de Laon qu'avait pu atteindre le régiment de Riazan avec Saint-Priest (1) !

Depuis six heures et demie, le bivouac de Napoléon s'est établi sur la colline Sainte-Geneviève (2) ; la vieille garde entoure l'empereur, prête à intervenir, Ney a rejoint l'état-major et déjà les généraux parlent de remettre au lendemain l'attaque finale, de prendre des dispositions pour la nuit. Mais l'empereur, que l'attente irrite, déclare d'une voix sèche et impérieuse

(1) Bien que très grièvement blessé, Saint-Priest fut transporté à Laon à petites journées et y mourut dans les derniers jours de mars. Les alliés, maîtres de Laon, firent faire à l'ancien Français de pompeuses funérailles. Le corps fut déposé dans une des chapelles de la cathédrale, mais le tombeau a disparu sous la monarchie de Juillet. Le comte de Saint-Priest, pair de France, l'ancien colonel fait prisonnier en 1814, fit élever le 24 août 1824 un superbe monument à son frère. Les archives de Laon possèdent un curieux autographe à ce sujet. Avant de mourir, le général de Saint-Priest reçut de l'empereur de Russie la grand'croix de l'ordre de Saint-Georges en récompense de ses services.

(2) « L'empereur établit son quartier général en plein air. Nous lui fîmes un bon feu ; l'on ne voyait pas à deux pas et il était si fatigué qu'il demanda sa peau d'ours et s'allongea près du bon feu ; nous tous en silence à le contempler. » (Cahiers du capitaine Coignet.)

qu'il veut coucher dans Reims. Il redouble, il multiplie ses ordres d'attaque, pousse vers Cormontreuil et Sillery une partie de la cavalerie de Bordesoulle (1) pour culbuter les derniers éléments de Yagow et lance vers Saint-Brice la cavalerie d'Exelmans. Il veut qu'à tout prix, le soir même, la Vesle soit franchie, qu'on enfonce la grille maudite, qu'on s'empare, aux ailes, des routes de Berry et de Châlons, pour cerner l'ennemi.

La nuit est froide et lugubre. Les flammes montent du faubourg de Saint-Éloi, incendié par les Russes, éclairant de rouges lueurs les tours de la cathédrale qui dominent la ville. Les nouvelles arrivent rares et confuses au bivouac de la vieille garde, et l'irritation de l'empereur augmente encore lorsqu'il apprend vers neuf heures qu'une nouvelle tentative du 6e corps vient encore d'échouer.

Enfin, à neuf heures et demie, Exelmans réussit à réparer le pont de Saint-Brice, grâce à un équipage de pont qui vient d'arriver et qu'on a installé en se servant de torches. Immédiatement, les Polonais de Krasinski (2), que suit Exelmans, passent sur la rive

---

(1) Le chef d'escadrons Juncker reçut l'ordre, à huit heures du soir d'occuper le pont de Sillery. Il partit avec cent cinquante chevaux, traversa Cormontreuil, bouscula vers Puisieux deux escadrons cosaques, mais ne put s'emparer du pont de Sillery encore fortement gardé. Juncker cantonna à Puisieux. Les derniers défenseurs du pont de Sillery ne partirent que dans la matinée du 14. (Rapport de Junker. Registre du major général. Archives nationales.)

(2) Le comte Vincent Krasinski avait rang de chambellan de l'empereur. Il avait commandé le 1er régiment de chevau-légers lanciers de la garde, s'était distingué en 1812 et en 1813 et venait d'être fait général en février 1814. Il resta l'un des fidèles de l'empereur. Le 5 avril il lui écrivit : « Sire, des maréchaux vous trahissent, des généraux passent à l'ennemi. Les Polonais, Sire, ne vous trahiront jamais quand ils m'auront à leur tête. » (Archives nationales.)

ENTRÉE DE REIMS, PAR LA PORTE DE VESLE, EN 1814
(D'APRÈS UNE AQUARELLE DE MAQUART, MUSÉE DE REIMS.)

V. Gourdeux, phot. à Reims.

droite de la Vesle, se précipitent vers la Neuvillette, sur la route de Laon, et culbutent de flanc les troupes d'Emanuel et de Yagow qui se dirigent sur Berry-au-Bac. En vain, le général Karpenko oppose une énergique résistance. Les débris russes et prussiens sont dispersés sur les chemins de traverse vers Brimont et Neufchâtel, se perdent dans l'obscurité. Yagow n'arriva à Berry qu'à cinq heures du matin, n'ayant pu garder avec lui que deux petits bataillons (1).

Aussitôt qu'il connaît le passage d'Exelmans à Saint-Brice, l'empereur, plus que jamais résolu « à coucher dans Reims », fait faire une dernière tentative sur le tambour de la porte de Vesle. Une nouvelle batterie est placée et Ricard repousse une petite contre-attaque tentée par Bistram, qui, lui aussi, a appris le succès d'Exelmans et qui, se voyant contraint à une retraite définitive, cherche encore à gagner du temps (2). A onze heures, les Russes abandonnent la grille de Vesle, traversent la ville et, pour en ressortir, gagnent la porte de Mars.

La division Ricard les suit, s'établit solidement au pont de Vesle, par crainte d'un retour offensif, et la cavalerie de Bordesoulle, qui au même moment a pu passer

(1) Le combat de la Neuvillette eut lieu vers dix heures du soir. D'après le rapport du capitaine anglais Harris, à cette même heure, les Russes commencèrent à évacuer les remparts. Mais la porte de Vesle fut gardée jusqu'à onze heures au moins.

(2) Beauchamp raconte qu'impatient de compléter sa victoire, Napoléon fit proposer une capitulation au petit nombre de soldats ennemis qui prétendaient encore défendre Reims. Cette assertion, comme beaucoup de celles de Beauchamp, paraît démentie par les faits. Napoléon entra dans Reims dès que, avertis du passage de la Vesle à Saint-Brice, les Russes de Bistram, se voyant tournés, furent obligés d'évacuer la ville.

le pont Fléchambault, rejoint bientôt l'infanterie, balayant les derniers débris ennemis à travers les rues toujours encombrées de bagages. Napoléon, prévenu par Marmont que la route est libre, descend alors du plateau de Sainte-Geneviève, et précédé d'un régiment de cuirassiers et du 3ᵉ Gardes d'honneur, se dirige sur Reims, par la porte de Vesle, escorté de sa vieille garde.

Jusqu'à la grille, il dut traverser le faubourg jonché de cadavres russes et français, de lances, de chevaux abattus, de canons et de caissons renversés, lugubre route rendue plus triste encore par la nuit. Le cortège impérial avançait doucement, car, en plusieurs points il fallut, pour pouvoir passer, déblayer l'étroite chaussée. Andrieux, fonctionnaire-maire de la ville, qui avait rejoint l'empereur dès la retraite de Bistram, marchait à pied, à côté du cheval de Napoléon.

Mais, aussitôt la grille franchie, l'empereur est reçu par des acclamations enthousiastes. Les fenêtres s'éclairent, les cris mille fois répétés de vive l'empereur dominent le bruit des dernières salves tirées par les Russes de Bistram en fuite devant les cuirassiers. « Il faisait si clair, raconte le capitaine Coignet, qu'on aurait pu ramasser une aiguille (1), » et la grosse cloche de la cathédrale salua l'entrée des vainqueurs.

Napoléon se dirigea d'abord sur l'hôtel de ville « où le peuple dans l'ivresse de sa joie le conduisit en triomphe ». Puis, avant de mettre pied à terre, il donna les premiers ordres pour les cantonnements des

(1.) Le capitaine Coignet, dont les cahiers sont célèbres, était alors à l'état-major général.

ENTRÉE DE NAPOLÉON A REIMS DANS LA NUIT DU 13 AU 14 MARS 1814

(D'APRÈS UNE GRAVURE DU TABLEAU DE DUTHOIRE, MUSÉE DE REIMS)

V. Courtoux, phot. à Reims.

troupes. Marmont, avec tout le 6ᵉ corps, resta dans les faubourgs de Vesle et Exelmans vers la Neuvillette. Bordesoulle dut occuper les quartiers de Dieu-Lumière, la vieille garde et le corps du maréchal Ney s'installèrent au centre de la ville, et des reconnaissances durent être envoyées sur la route de Châlons et dans la direction de Berry.

Ayant ainsi pris les mesures indispensables, l'empereur, à deux heures du matin, se fit conduire par Andrieux au logement qu'on venait de lui réserver rue de Vesle, chez M. Ponsardin, fils du baron Ponsardin.

Il avait quitté Soissons depuis près de vingt-quatre heures; presque toutes les troupes avaient fait soixante kilomètres, et depuis les premiers coups de fusil tirés à Rosnay, dix-huit heures de combat s'étaient écoulées.

CHAPITRE XII

LENDEMAINS DE VICTOIRE

(14-15 mars)

Résultat moral et matériel. — Pertes des armées. — Récompenses accordées par Napoléon. — Audiences rue de Vesle. — Revue sur la place Impériale. — Mesures prises pour la défense de Reims.

La victoire du 13 mars avait une importance stratégique considérable puisqu'elle permettait à Napoléon d'occuper les lignes de communication des deux principales armées des alliés. Son effet moral fut très grand, elle redonna confiance aux troupes françaises, et paralysa pendant quelques jours tous les généraux ennemis.

Saint-Priest avait appris, à ses dépens, que l'armée française était ressuscitée et le feld-maréchal Blücher, qui s'était vanté d'avoir anéanti à Laon les corps de Napoléon, resta hypnotisé au nord de l'Aisne tant qu'il sut l'empereur à Reims. Enfin, Schwarzenberg, dès qu'il connut la bataille du 13 mars, arrêta son mouvement offensif contre le duc de Tarente, qui occupait alors Provins.

Au point de vue matériel, la victoire de Reims avait donné des résultats appréciables bien que, grâce à la belle résistance de Bistram à la porte de Vesle, une partie de l'armée de Saint-Priest se fût échappée. Les

LENDEMAINS DE VICTOIRE   221

pertes ennemies étaient de cinq mille quatre cents hommes, dont neuf cents morts, deux mille blessés, deux mille cinq cents prisonniers ; le corps de Yagow, à lui seul, avait perdu trois mille hommes, onze bouches à feu de campagne, cent caissons, un équipage de pont, une grande quantité de bagages ; enfin toutes les pièces prises par Saint-Priest le 12 restaient aux mains des Français. De notre côté, les pertes ne dépassèrent pas sept ou huit cents hommes, dont une centaine de morts (1).

La nouvelle de l'entrée à Reims fut annoncée en ces termes par l'empereur au roi Joseph : « Je suis arrivé à Reims, que le général en chef Saint-Priest avait occupé avec trois divisions russes et une nouvelle division prussienne qui venait du blocus de Stettin. Je les ai battues, j'ai repris la ville, vingt pièces de canon, beaucoup de bagages et de caissons et fait cinq mille prisonniers. Le général Saint-Priest a été blessé mortellement, on l'a amputé d'une cuisse (2). Ce qu'il y a de remarquable, c'est que Saint-Priest a

(1) La victoire de Reims eut aussi aux yeux de l'empereur une grosse importance. C'est une des dix victoires de 1814 dont il fit mention dans sa proclamation au peuple français datée du golfe Juan, 1ᵉʳ mars 1815.
« Les victoires de Champaubert, de Montmirail, de Château-Thierry, de Vauchamp, de Mormans, de Montereau, de Craonne, de Rheims, d'Arcis-sur-Aube et de Saint-Dizier ; l'insurrection des braves paysans de la Lorraine, de la Champagne, de l'Alsace, de la Franche-Comté et de la Bourgogne, et la position que j'avais prise sur les derrières de l'armée ennemie, en la séparant de ses magasins, de ses parcs de réserve, de ses convois et de tous ses équipages, l'avaient placée dans une situation désespérée, etc., etc. »
(2) On remarquera que l'empereur était médiocrement informé de la blessure de Saint-Priest. C'est à l'épaule que le général russe avait été frappé.

été blessé par le même pointeur qui a tué le général Moreau. C'est le cas de dire : O Providence, ô Providence (1) ! »

Les chiffres de l'empereur sont un peu enflés, comme souvent dans ses bulletins. « Les bulletins ne sont pas l'histoire, » disait-il parfois.

Dans l'exposé de la situation de l'armée au 14 mars, une variante fut introduite. Napoléon n'avoue qu'une perte de cent hommes, faisant sans doute abstraction des blessés; il revient encore sur la mort de Saint-Priest, mais renonce « au même pointeur ». Il met simplement : « La même batterie légère qui a frappé à mort le général Moreau devant Dresde a blessé mortellement le général de Saint-Priest, qui venait à la tête des Tartares du désert ravager notre belle patrie (2). »

Le bulletin du 14 mars finissait ainsi : « Le 10ᵉ hussards s'est, ainsi que le 3ᵉ régiment des gardes d'honneur, particulièrement distingué. Le général comte de Ségur a été blessé grièvement, mais sans danger pour sa vie (3). »

Cette citation au bulletin avait toujours été considérée comme une suprême récompense. Cette fois, elle

---

(1) Le roi Joseph accusa réception en ces termes, de Paris le 15 mars, onze heures du soir :

« Sire, je reçois la lettre par laquelle vous voulez bien me prévenir de la victoire remportée sur le corps de Saint-Priest. Elle a été annoncée dans les journaux et par une salve d'artillerie. »

(2) Le comité de surveillance du *Moniteur de l'Empire* fit à la lettre adressée par l'empereur au roi Joseph une correction analogue.

(3) Le 10ᵉ hussards était commandé par le colonel Bos qui venait de remplacer le fameux Curély nommé général de brigade pour sa brillante conduite à Montmirail, et mis à la tête d'une brigade légère de la division Berckheim, dite des escadrons réunis. Le 13 mars, Curély, était près de Soissons et n'arriva à Reims que le 16.

était largement méritée. Les gardes d'honneur, nous l'avons vu, s'étaient couverts de gloire dans une charge héroïque et Ségur obtint de l'empereur tout ce qu'il demanda pour ses superbes soldats. « L'affection des gardes pour moi, dont je m'honore, et que la mienne pour eux méritait, raconte Ségur, les avait conduits à me rapporter blessé, sur leurs bras, à la suite de l'empereur. J'étais à peine établi dans Reims qu'il envoya le duc de Bassano me demander le nom des gardes que je jugeais les plus dignes de récompense. Embarrassé du choix, mais enhardi par leur dévouement et par les promesses faites pour les attirer sous les drapeaux, je risquai d'en citer jusqu'à trente-neuf ! J'en désignai vingt pour l'ordre d'honneur et dix-neuf pour le grade d'officier. Une promotion aussi nombreuse, dans un seul corps, était inouïe ; je n'espérais pas en obtenir le tiers. Je me trompais, l'empereur approuva, il m'accorda tout et m'en envoya aussitôt l'heureuse nouvelle. »

Napoléon témoignait ainsi sa satisfaction aux gardes d'honneur, mais un autre témoignage d'admiration leur fut encore donné pour leur valeureuse conduite, celui de la vieille garde de Friant (1). Au moment où,

(1) Louis Friant, comte de l'empire, né en Picardie en 1758, s'était engagé en 1781, puis dégoûté de la vie de garnison avait quitté l'armée six ans plus tard. Dès la fin de 1789, il reprend du service et son activité, son sang-froid remarquable, sa vaillance attirent bientôt sur lui l'attention. Il sert sous Kléber devant Maëstricht, sous Marceau à Neuwied, sous Bonaparte en Italie et en Égypte et est général de division en 1800. Il a quatre chevaux tués sous lui à Austerlitz, prend une part glorieuse à la journée d'Auerstaedt, se distingue en Pologne et à Wagram. Napoléon lui donne alors le commandement des grenadiers de la garde impériale que Friant emmène en Russie, puis d'une division de la jeune garde qui combat héroïquement à Hanau. Pendant toute la campagne de France,

pendant la nuit, dans la ville illuminée et retentissant d'acclamations, les troupes défilaient, il y eut une rencontre de colonnes, « assez fréquente aux approches des riches cantonnements où chacun se dispute le passage. En toute autre occasion, ces vieux grenadiers eussent, avec raison, refusé de céder le pas à ces jeunes gardes, mais cette fois, s'arrêtant avec complaisance : « Pour aujourd'hui, dirent-ils, laissons-les passer, ce terrain est bien à eux ; ils ont le droit d'y être fiers et de prendre la tête de la colonne (1) ! »

Les pertes des 1er et 3e Gardes d'honneur avaient en effet été très grandes. Au 1er régiment, le lieutenant de Campigneulles, au 3e, le colonel de Belmont-Briançon avaient été tués ; huit lieutenants avaient été blessés (2).

Le corps du colonel de Belmont ne fut retrouvé que le 14 mars dans la matinée ; l'enterrement eut lieu au vieux cimetière de la porte Mars, en grande pompe. Une très simple épitaphe fut placée sur le tombeau en 1814 : « Ici repose le corps de M. le comte de Briançon de Belmont, colonel-major du 3e régiment

---

Friant commande la vieille garde, constamment attachée à l'empereur, auquel il était particulièrement dévoué. En 1815, nommé pair de France par Napoléon, il fit des prodiges à Waterloo.

La Restauration mit à la retraite le 4 septembre 1815 le glorieux général, qui fut un des meilleurs serviteurs de la France, une des plus belles figures militaires de l'épopée.

(1) Général DE SÉGUR, VII.

(2) Au 1er régiment : Perrier, de la Genevraye, de Lalonde, lieutenants, et Tillaye, chirurgien. Au 3e régiment : Sapinaud, Legoux-Duplessis, de Kergrist, Martin de Bourgon ; Legoux-Duplessis mourut de ses blessures.

des gardes d'honneur, âgé de cinquante ans, mort à la bataille de Reims le 13 mars 1814 (1). »

Le combat du 13 mars avait fini très tard dans la nuit et ce ne fut que dans l'après-midi du 14 qu'on put ramasser la plupart des morts. Quatre cent soixante-treize cadavres furent trouvés au fond de Muire, à Sainte-Geneviève et à la porte de Vesle. Pêle-mêle, Français et Alliés furent enterrés près de la porte de Vesle, à côté « du Lavage Becquaine », héros anonymes, morts les uns pour défendre leur patrie, les autres pour la gloire de leurs maîtres, sans qu'aucun monument ait gardé leurs noms obscurs ! Le souvenir même de leurs tombes n'existe plus aujourd'hui. De riantes maisons et des fabriques se sont élevées là où les soldats du 13 mars continuent à dormir leur dernier sommeil.

Un auteur rémois raconte ainsi sa visite le 14 mars au champ de bataille : « Je suis sorti (2) pour aller comme les autres sur le champ de bataille qui s'était donnée la nuit entre la porte de Paris et le fond de la Muire où il y avait un grand concours de peuple. J'ai vu plus de quatre-vingts morts déjà dépouillés et tout nus, épars sur le grand chemin dans les fossés et dans les marais qui vont en allant au faubourg d'Épernay. Les trois quarts sont des leurs. Trente chevaux

---

(1) Dans le même cimetière furent déposés les restes de plusieurs autres officiers : Guerrier, chef d'escadron d'artillerie de la garde, Amalric, lieutenant de cavalerie, mort à dix-huit ans, etc.
Voir aux annexes une note concernant les tombeaux de ces officiers. Pièce VII.
(2) *Manuscrit Pinon*. Cabinet de Reims.

sont sur le carreau, dont quelques-uns pas encore morts. Cela faisait horreur. L'autre quart était des Français et surtout des artilleurs, car ils avaient été tués auprès de leurs pièces, ayant l'un la tête emportée, d'autres les bras et les jambes. C'est dans cette affaire qu'ont péri le colonel et deux capitaines français et je vous assure que je n'ai jamais vu le théâtre de la guerre d'aussi près. »

Quittons, maintenant, cette douloureuse vision de champ de bataille que j'ai voulu évoquer, pour ne rien cacher des deuils de la guerre après avoir raconté ses gloires.

En parlant de la victoire du 14 mars, Marmont a écrit dans ses Mémoires : « C'était le dernier sourire de la fortune ! » Les journées passées par Napoléon à Reims sont, en tout cas, la dernière halte ; c'est à Reims qu'il put pour la dernière fois s'occuper utilement des affaires de l'empire, ne perdant de vue aucun détail, écrivant non seulement à ses généraux mais aux ministres, au roi Joseph, leur traçant leur devoir, leur exposant avec une minutie extrême ses propres idées. La prodigieuse correspondance de l'empereur, toujours dictée par lui et quelquefois même écrite de sa main, prouve que l'action et la réflexion peuvent marcher de pair chez les hommes de guerre et qu'aucun détail n'est indigne d'occuper la pensée des chefs (1).

(1) En parlant de la bataille de Reims au point de vue stratégique, le général de Clausevitz a écrit : « On ne peut refuser son admiration à cette offensive hardie sur un théâtre de guerre où l'empereur venait de

MAISON DE M. PONSARDIN FILS, RUE DE VESLE
OÙ LOGEA L'EMPEREUR EN 1814 (ÉTAT ACTUEL)

V. Coudoux, phot. à Reims.

Une des premières visites reçues par l'empereur, dans la matinée du 14 mars, à l'hôtel de M. Ponsardin fils, rue de Vesle (1), fut celle du duc de Raguse. C'était la première rencontre de Napoléon et de Marmont depuis le 9 mars, depuis le désastre d'Athies! L'entrevue, sur laquelle Marmont glisse naturellement dans ses Mémoires, fut d'abord pénible. « Napoléon, dit Ségur, accabla le maréchal de sa colère, ses reproches furent sanglants, même outrageants ; la violence en fut extrême. » Mais, dans la journée du 13 mars, Marmont avait, presque seul, supporté le poids de la lutte, avait très brillamment mené son 6ᵉ corps et pris sa revanche d'Athies. Aussi, après la première explosion de colère, « bientôt, raconte le baron Fain, les sentiments que Napoléon a toujours portés à son aide de camp prennent le dessus et ce n'est plus qu'un maître en l'art de la guerre qui relève les fautes d'un de ses élèves de prédilection (2). » Le duc de Raguse reçut verbalement les instructions de l'empereur pour les opérations ultérieures, resta à dîner rue de Vesle (3) et rejoignit ses troupes dans l'après-midi.

Les premières nouvelles connues dans la matinée du 14 mars étaient d'ailleurs agréables. Le général Corbineau, que l'empereur affectionnait particulièrement

---

perdre une bataille. C'était en tout cas une perte sérieuse qu'il infligeait à son adversaire et une revanche contre l'affront qu'il venait de recevoir. »

(1) La maison portait le numéro 206. Aujourd'hui c'est le numéro 18. Elle est parfaitement conservée. On y montre la chambre où coucha Napoléon.
(2) *Manuscrit de 1814*.
(3) Le dîner eut lieu vers midi.

et qu'on avait cru tué le 12 mars, était venu (1) reprendre son poste dès l'entrée des troupes françaises pendant la nuit ; le général Janssens avait décidément réussi à sortir de Mézières, à rallier quelques garnisons des places du nord et à gagner Rethel, prêt à se porter sur Reims (2). De Strasbourg, le comte Rœderer, commissaire extraordinaire de l'empereur, adressait d'excellentes nouvelles (3). En Belgique, Carnot avait brillamment repoussé les attaques anglaises, et le général Maison, vers Lille et Courtray, semblait avoir arrêté l'invasion. Enfin, l'inaction voulue de Bernadotte qui semblait toujours hésiter à franchir les frontières de France, pouvait autoriser les espoirs que de ce côté gardait toujours le roi Joseph (4).

La conduite du prince royal de Suède était en tout cas fort énigmatique. Soit qu'il eût vraiment l'ambitieuse visée de remplacer un jour l'empereur et qu'il crût habile de ménager les départements français, soit, tout simplement, parce qu'il n'était pas en mesure de prendre l'offensive avec ses troupes (5), il restait

(1) Corbineau se présenta à Napoléon à l'hôtel de ville, au moment même où l'empereur était acclamé par les Rémois.

(2) Janssens était arrivé le 10 à Rethel, et le même jour avait prévenu le gouverneur de Reims. Il mit ses colonnes en route le 11 sur Neufchâtel. Mais il reçut alors avis que le duc de Raguse, après la panique d'Athies, se repliait sur l'Aisne. Afin de couvrir le flanc de Marmont, Janssens rétrograda donc sur Rethel, et, apprenant le 12 au soir la prise de Reims par Saint-Priest, attendit de nouveaux ordres. Il quitta définitivement Rethel dans la nuit du 14 au 15. (Archives nationales. Lettres de Janssens.)

(3) *Moniteur de l'Empire* du 14 mars «... Les affaires vont à merveille en Alsace et en Lorraine. »

(4) *Correspondance du roi Joseph*. Livre X.

(5) Les corps de Bülow et de Winzingerode appartenant primitivement

à Liège depuis un mois. Il avait même reçu, dans les premiers jours de mars, M. de Franzenberg, médecin viennois venu pour le tâter de la part du roi Joseph (1). Franzenberg passa sept jours avec le prince de Suède, du 3 au 10 mars, revint à Paris le 13 et partit immédiatement pour rejoindre le quartier général à Reims. Il se présenta rue de Vesle dans la journée du 16. L'empereur eut avec lui une longue entrevue et écrivit ensuite à son frère : « J'ai vu la personne attachée à madame Bernadotte, que vous m'avez envoyée. Si vous êtes sûr de ce serviteur, je crois qu'il serait bon de le renvoyer une seconde fois. »

Ainsi donc, Napoléon gardait encore un certain espoir de voir Bernadotte revenir à des idées meilleures, malgré la proclamation d'Avesnes adressée à la nation française le 23 février ! Toujours est-il que l'inaction du prince royal de Suède l'avait presque rendu suspect aux alliés. Le comte de Langeron, qui, lui, n'avait même pas de scrupules de servir contre la France, dit très nettement, dans ses Mémoires, qu'au commencement de mars Bernadotte était en correspondance avec le général Maison, son ancien camarade, et qu'il méditait de tomber sur les derrières des alliés.

En somme, toutes les lettres et dépêches reçues

à l'armée du Nord. Ils avaient été appelés par l'empereur Alexandre lorsque, après le succès de la Rothière, les alliés songèrent à se porter rapidement sur Paris.

(1) Voir à ce sujet le livre sur Bernadotte de M. LÉONCE-PINGAUD (Plon, 1901), chapitre XVII.

le 14 mars étaient faites pour rendre à l'empereur toute sa confiance. De plus, les acclamations du peuple qui l'avaient accueilli pendant la nuit résonnaient encore agréablement à ses oreilles ! « Dans quinze jours, dit-il, j'espère que les ennemis n'envahiront plus la Marne, l'Aisne et les Ardennes (1). »

Les 14 et 15, l'hôtel de Ponsardin, devenu palais impérial, fut entouré par une foule compacte qui espérait voir l'empereur. Mais toute la journée du 14 Napoléon resta enfermé avec le duc de Bassano et reçut seulement à la fin de l'après-midi les différents personnages qui avaient demandé audience pour apporter leurs félicitations et leurs hommages.

Defleury, qui avait repris ses fonctions de sous-préfet dans la matinée, présenta les membres du comité central, avec Andrieux à leur tête. Cette fois, l'empereur ne leur fit aucun reproche (2). Il félicita même la municipalité sur son attitude patriotique depuis l'arrivée de Corbineau et sur l'excellente conduite de la garde nationale les 7 et 12 mars.

Avec l'abbé Maquart, dont nous avons constaté l'heureuse intervention auprès des généraux russes, l'entrevue dura près d'une heure. L'empereur fit causer le prêtre et lui annonça, dit-on, avec satisfaction,

(1) La confiance de l'empereur ne se démentit jamais. « Vous croyez, vous autres, que la France est perdue, écrit-il à Clarke. Mais quand on voit les dispositions des paysans et du peuple, on est loin de partager cette idée. On ne saurait être plus satisfait que je le suis de tous les paysans qui ne demandent que vengeance et à courir aux armes. » (*Correspondance*, n° 21450.)

(2) On se rappelle que la délégation envoyée le 5 mars à Berry-au-Bac avait été médiocrement accueillie.

la mort du « transfuge Saint-Priest (1) ». Il reçut ensuite les délégués du clergé rémois, l'abbé Rondeau, vicaire général de l'arrondissement, et les curés de Notre-Dame, Saint-Rémi et Saint-Jacques, les abbés Malherbes, Bertin et Savar. Tous ces abbés, au dire des contemporains, se rendirent au quartier impérial avec quelque appréhension, craignant des reproches et surtout les boutades parfois si dures du souverain (2). Mais, cet après-midi du 14 mars, l'empereur était de fort belle humeur ! Il rappela au curé de la cathédrale qu'il avait dernièrement fait allouer cent mille francs pour les réparations urgentes, et s'enquit de l'état des travaux. Ensuite, il se plaignit aux curés de Reims de la dépravation de mœurs des filles de la ville ! On lui avait en effet raconté que quelques coureuses s'étaient rendues aux bivouacs des Russes, dans les villages rapprochés. Les bons curés, un peu interloqués et sans doute peu renseignés, répondirent à l'empereur que cela provenait certainement de la multiplicité des fabriques rémoises ! Déjà en 1814, les pauvres fabriques passaient pour des foyers contraires aux bonnes mœurs !

Napoléon, qui s'intéressait cependant énormément à la prospérité des fabriques, reçut avec plaisir la

---

(1) Nous rappelons que le comte de Saint-Priest ne mourut que quelques jours plus tard à Laon.
(2) D'après le manuscrit Lacatte-Joltrois, les curés étaient en retard pour venir présenter leurs hommages à l'empereur. Le grand chambellan dut les envoyer chercher. Ce fait, sous l'empire, paraît bien improbable. On sait quel zèle politique fut toujours manifesté par le clergé séculier. Le 14 mars, rien ne pouvait faire croire encore à la disparition du régime impérial, et c'était en vainqueur que Napoléon était entré la veille à Reims !

visite des gros commerçants de Reims, Seillière, Jamin et Dérodé : celui-ci était connu de longue date, puisque le premier consul avait visité sa fabrique en 1803, avec Joséphine. On raconte qu'avant de quitter la maison de Ponsardin, il dit à son hôte dont l'établissement de Saint-Brice venait d'être saccagé et incendié par les Russes : « Ponsardin, vous êtes jeune et vous avez de l'esprit. Avec votre industrie vous aurez bientôt regagné ce que vous avez perdu, si les marchandises anglaises ne sont pas introduites en France. »

Enfin, une des dernières audiences accordées fut pour l'imprimeur Brigot, beau-frère du malheureux commissaire de police Gerbault, qui avait procédé à l'arrestation de Rougeville et que les Russes avaient maltraité et emmené après la prise de Reims le 12 mars. Un secours fut accordé à la femme de Gerbault (1).

La journée du 15 mars fut plus intéressante pour le peuple de Reims, très désireux de voir l'empereur.

A trois heures du soir, Napoléon monte à cheval rue de Vesle. Le prince de Wagram, le duc de Dantzig, le grand maréchal Bertrand, Belliard, Corbineau, Drouot, Flahaut, Dejean (2) l'accompagnent ainsi que les offi-

---

(1) Un rapport de Drouot, établi sur la demande du baron Larrey, signala à l'empereur la belle conduite des Sœurs de l'hôtel-Dieu de Reims. Napoléon les fit remercier chaleureusement.

(2) Les généraux Drouot, Flahaut et Dejean étaient aides de camp de l'empereur.

Drouot est trop connu pour qu'une note biographique soit nécessaire. En 1813 et 1814 il fut commandant en chef de l'artillerie et venait de jouer un rôle important à la bataille de Craonne. Napoléon l'avait, avec raison, en particulière estime. Drouot resta fidèle, fut gouverneur de l'île d'Elbe, puis disgracié par la Restauration, qui l'avait fait traduire en 1815 devant un conseil de guerre.

Dejean (Pierre-François-Marie-Auguste), qu'il ne faut pas confondre

L'EMPEREUR A REIMS EN 1814
(D'APRÈS UNE ANCIENNE GRAVURE APPARTENANT A M. MENU)

V. Coudroux, phot. à Reims.

ciers d'ordonnance. Tous ont pris la grande tenue. Seul l'empereur a conservé son costume de campagne, la légendaire redingote grise, un chapeau à la française avec une ganse noire et une petite cocarde, et il monte le cheval blanc sur lequel, trente-six heures avant, il avait fait son entrée triomphale à Reims. « Rien ne le distinguait d'un simple bourgeois, » remarque un auteur local (1).

Cependant, le brillant cortège de ce « simple bourgeois » se dirige vers la place Impériale, et la revue — la dernière avant Fontainebleau ! — commence aussitôt. Sur la place Impériale sont rangées les troupes de Janssens, arrivées le matin même (2). Les chasseurs de la garde occupent la place du Marché, les grenadiers de Friant sont sur la place de la Couture (3). La foule est énorme, acclame le souverain. Simpliste comme toujours, le bon peuple voit dans le chef qui passe devant lui, après être entré dans la ville en vainqueur, l'homme qui a chassé l'ennemi, qui a préservé Reims du pillage, qui, plus que jamais, incarne l'idée de patrie.

avec ses homonymes également généraux de l'empire, n'avait en 1814 que trente-quatre ans. Napoléon l'avait fait colonel à vingt-six ans, puis général à trente ans. Dejean sortait de la cavalerie. Il reprit ses fonctions d'aide de camp aux Cent jours et fut banni jusqu'en 1818. Mort en 1845, à Reims.

Le comte de Flahaut, de famille ancienne, n'avait pas trente ans ! Il avait fait la plupart des campagnes comme aide de camp de Murat. Lui aussi reprit ses fonctions pendant la campagne de Waterloo. La Restauration le tint à l'écart, mais Flahaut fut ambassadeur sous la monarchie de Juillet et sous le second empire. Il n'est mort qu'en 1870, à 85 ans, après avoir été sénateur et grand chancelier de la Légion d'honneur.

(1) LACATTE-JOLTROIS. Bibl. municipale de Reims.
(2) La moitié seulement des troupes de Janssens était présente à la revue. Le reste rejoignit directement le maréchal Ney.
(3) La place de la Couture porte aujourd'hui le nom du maréchal Drouet d'Erlon, glorieux enfant de Reims.

En arrivant sur la place Impériale, l'empereur met pied à terre et s'arrête très longuement devant les régiments. Il inspecte les troupes fraîches de Janssens, la vieille garde que lui présente Friant, les jeunes « Maries-Louises » et les cadres des voltigeurs. Les troupes avaient repris bon air, trente-six heures de repos leur ayant procuré un bien-être inappréciable (1). A chaque bataillon l'empereur cause avec les chefs, demande des détails sur les effectifs, qui sont sa grosse préoccupation, sur les pertes subies, sur l'équipement. Hélas ! les pertes sont grandes, l'équipement est bien incomplet et les effectifs bien réduits ! « Cette revue, dit Koch, montra à Napoléon dans toute leur nudité et leur faiblesse les débris mutilés de ses belles armées. »

Ils défilèrent cependant, très martialement encore, ces vétérans et ces conscrits que la victoire du 13 mars avait transformés ! Dans les yeux de tous on voyait briller les plus nobles espoirs, le plus absolu dévouement, et les cris mille fois répétés de vive l'empereur poussés à la fois par les soldats et par le peuple avec la plus grande chaleur étaient des cris de confiance (2).

(1) « Nous pûmes au moins faire sécher nos habits couverts par une croûte de boue si épaisse qu'ils étaient devenus méconnaissables. Nous pûmes, après avoir été si longtemps privés de coucher dans des lits, profiter chez les habitants de l'hospitalité la plus empressée, changer de linge (je parle de ceux qui en avaient !), faire notre barbe et nous métamorphoser si bien que, quand nous parûmes à cette revue (du 15 mars), nous ne nous reconnaissions plus, tant nous étions changés ! » (LEFOL, *Souvenirs sur le Prytanée de Saint-Cyr.*) Ce Lefol, sous-lieutenant en 1814, était le neveu du général baron Lefol auquel il servait d'aide de camp depuis la fin de janvier.

(2) Une lettre de Reims, du 16 mars adressée par le capitaine Faré, adjudant-major au 2ᵉ grenadiers de la garde, fait connaître les impressions d'un des officiers présents à la revue. La voici :

« Reims, le 16 mars 1814.

« ...Je profite d'un moment de repos qu'on nous accorde enfin pour

Le 16 mars, la matinée fut employée à visiter avec le gouverneur les fortifications de la ville. Des ordres furent donnés pour la continuation des travaux, car, quelque direction que dût prendre l'armée en quittant Reims, la possession de la place paraissait plus que jamais indispensable pour assurer la réussite des opérations. D'ailleurs, en prévision du départ imminent de l'armée, l'empereur prit des mesures spéciales pour assurer la défense. Elles visaient surtout la constitution d'un matériel d'artillerie qui le 7 et le 12 mars avait fait si grandement défaut au général Corbineau. Napoléon

vous donner de nos nouvelles; au milieu de nos marches et de nos bivouacs continuels, il m'a été impossible de trouver une seule occasion de vous écrire... Il semble que les barbares du Nord nous aient amené avec eux les frimas de leur pays. Jamais non plus nous n'avons tant marché et avec si peu de repos. Nous faisons une rude campagne et si nous parvenons enfin à chasser l'ennemi de notre patrie, je crois que nous aurons bien mérité d'elle.

« Que je vous félicite de n'avoir point encore eu à recevoir ces hôtes féroces! On dit que dans l'intérieur on ne veut plus croire à l'atrocité de leur conduite; certes, je ne désire pas aux incrédules d'être convaincus par leurs yeux. Je ne fais point de gazette et je dis ce que j'ai vu. Vingt fois les larmes de rage ont coulé de mes yeux à la vue et au récit des horreurs qu'ils ont commises. Le pillage le plus éhonté est le moindre de leurs forfaits; l'incendie, le viol, la mort, voilà les biens qu'apportent les libérateurs de la France! Il semble que le sexe et l'âge, au lieu d'être pour eux un objet de respect, en soit un de fureur. Bien entendu, c'est dans les campagnes que se commettent les grandes horreurs. Pour les villes, où l'on observe une espèce d'ordre, ils ont d'autres gentillesses : ils rencontrent un bourgeois dans la rue, le jettent à terre et lui prennent ses bottes, ses boucles, ses souliers, sa montre. Ils entrent dans une maison, s'y font donner les couverts que l'on n'a pas eu le temps de cacher. Ils ont surtout pour habitude de ne laisser aucun rideau dans les chambres où ils couchent. Messieurs les officiers voient tout cela, et loin de s'y opposer en font tout autant...

« Ah, pourquoi tous les Français n'entendent-ils pas mieux leurs intérêts ! En moins d'un mois tous ces brigands auraient repassé le Rhin. Ils sont pourtant parvenus, à force d'horreurs, à animer les paysans de ces contrées et qui commencent à leur donner la chasse avec vigueur. Quand la saison sera moins rigoureuse, j'espère que tous se lèveront... »
(Extraits des lettres du capitaine Faré. Delagrave, 1889.)

écrit donc au major général, de suite après la revue du 15 mars : « Donnez ordre que la quatorzième batterie de la jeune garde, qui a été prise à Reims, y soit reformée et composée de la manière suivante : quatre pièces prussiennes prises à Reims, deux obusiers français repris également à Reims : total six bouches à feu. Cette batterie ne sera que de six bouches à feu. Les hommes seront rhabillés sur-le-champ à Reims ainsi que les soldats du train; on passera à cet effet des marchés et l'on réorganisera les attelages. Il restera des pièces prises à l'ennemi deux obusiers prussiens, deux obusiers russes et quatre pièces de canon; en tout huit pièces. Deux de ces pièces seront mises en batterie à chaque porte. On organisera une compagnie de gardes nationales pour les servir et on leur procurera cent cinquante coups par pièce, non dans des caissons, mais dans des caisses qui seront déposées près des corps de garde. Par ce moyen, il y aura à Reims quatorze bouches à feu, dont six attelées appartenant à la garde, et huit en position pour la défense des portes.

« Donnez ordre au général Léry de faire sur-le-champ rétablir les traverses devant les quatre portes et de rétablir les palissades, afin que la ville soit à l'abri d'un coup de main. Il laissera un officier du génie et vingt sapeurs pour diriger ces travaux. »

On voit avec quelle minutie dans les détails l'empereur donna ses ordres pour la défense de Reims! A cette date du 15 mars les opérations qui devaient lui permettre de quitter la ville étaient déjà commencées.

CHAPITRE XIII

OPÉRATIONS SUR LA MARNE ET L'AISNE

(14-16 mars)

Le corps de Ney occupe Châlons. — Marche de Colbert sur Épernay. — Retraite du général Tettenborn. — Appel aux garnisons du nord-est. — Marmont sur l'Aisne. — Affaire de cavalerie à Berry-au-Bac. — Inaction de l'armée de Silésie.

Aussitôt son arrivée à Reims, Napoléon avait donné à Marmont ses instructions pour garder la ligne de l'Aisne. Dans la pensée de l'empereur, le 6⁰ corps du duc de Raguse devait servir de rideau, devant les reconnaissances de Blücher, et permettre à l'armée de s'emparer des routes de la Marne.

Dans la matinée du 14 mars, quelques heures seulement après l'entrée triomphale à Reims, le maréchal Ney, de son côté, reçut l'ordre de se diriger sur Sillery et d'y cantonner le soir même. Sillery n'est qu'à douze kilomètres de Reims, mais il faut remarquer que les troupes du prince de la Moskowa, quoique ayant pris une petite part au combat du 13, avaient néanmoins fourni une étape de soixante kilomètres en vingt-quatre heures! Le village de Sillery est situé entre les routes qui, de Reims, conduisent à Châlons et à Épernay. De ce cantonnement, le corps de Ney pouvait donc se diriger sur l'un ou l'autre de ces points, d'après les nouvelles reçues.

A cinq heures du soir seulement, l'empereur prit la résolution de faire occuper Châlons, où les magasins étaient considérables, où de grosses ressources devaient exister. Un exprès, dans la soirée du 14, porta l'ordre au maréchal Ney, déjà arrivé à Sillery, de prendre décidément la route de Châlons le lendemain avec son corps et la cavalerie du général Defrance, qui, à cet effet, devait réunir tous ses détachements. Janssens, avec les troupes venues de Rethel, devait rejoindre ultérieurement le prince de la Moskowa (1).

Ney partit donc de Sillery le 15 mars de très bonne heure et arriva dans la journée devant Châlons avec son petit corps d'armée (de mille hommes!) et les cinq cents cavaliers du général Defrance. Le général russe Davidoff occupait la ville avec quatre bataillons (des régiments de Wiborg et de Wiatka) et quatre escadrons (dragons de Moskowa) (2) ; mais il crut que Ney formait l'avant-garde de l'empereur et évacua la ville sans chercher à la défendre. Le soir même, le quartier général du prince de la Moskowa s'installa à la préfecture (3), les premiers renforts de Rethel arrivèrent dans la nuit et la division Defrance s'établit à Mairy-sur-Marne, Togny-aux-Bœufs et Nuisement, poussant ses reconnaissances sur la rive gauche de la Marne vers Bar-sur-Aube, Arcis-sur-Aube et Montmirail,

---

(1) *Correspondance*, n° 21483.
(2) Ces troupes avaient été antérieurement détachées du corps de Langeron.
(3) Turpin remplissait toujours les fonctions de préfet. Le lendemain 16, il fut arrêté par ordre de l'empereur. (*Correspondance*, n° 21498.)

gardant le contact avec les troupes de Davidoff qui s'étaient repliées sur Vitry. L'infanterie de Ney cantonna à Châlons même (1).

Le succès de la marche de Ney était donc complet. Il n'avait coûté que de la fatigue aux jambes des soldats! L'accueil reçu dédommagea amplement les troupes du maréchal et la réception faite à l'armée fut particulièrement chaleureuse. « La ville s'était illuminée spontanément. Tout le monde était descendu dans la rue au cri de vive l'empereur! qui retentissait de tous côtés, et cette immense clameur planait sur toute la ville. La population, ivre de joie, était mêlée à la troupe; les rangs étaient rompus par une foule de gens, hommes et femmes, qui, une bouteille à la main, versaient à boire aux soldats; personne n'avait peur des chevaux. Les soldats paraissaient vivement émus de cet accueil enthousiaste et j'en ai revu dix ans après qui, en apprenant que j'étais de Châlons, me rappelaient avec bonheur cette chaleureuse réception (2). »

Une surprise heureuse attendait le prince de la Moskowa à Châlons. On trouva d'immenses approvisionnements que Davidoff avait fait concentrer : quatre-vingt mille rations de biscuit, quinze mille rations de pain, huit mille bouteilles de vin, quatre cents

---

(1) On lit dans le *Moniteur* du 22 mars :
« Les ennemis évacuaient par la porte Sainte-Croix pendant que les Français entraient par la porte Saint-Jacques. Il est impossible de peindre l'enthousiasme spontané avec lequel l'armée française a été reçue. (Les alliés occupaient Châlons depuis le 5 février.) Toute la population de la ville faisait retentir les cris de vive l'empereur, vivent les Français ! En un instant la ville a été illuminée. Le mouvement électrique a été vivement partagé et senti par l'armée. »
(2) SALLE, *Souvenirs d'un demi-siècle*. Châlons. 1858.

quintaux de farine, trois mille livres de viande, huit cents bottes de foin, vingt-six mille bottes de paille, cent soixante boisseaux d'avoine! De plus, il existait un magasin d'avoine et trois greniers de farine au cloître de Châlons et des magasins de pain à Saint-Loup et au collège.

Ney rendit compte au major général le 15 au soir (1) et le corps municipal de Châlons partit le 16 au matin pour complimenter l'empereur à Reims.

L'occupation d'Epernay avait été résolue en même temps que celle de Châlons et l'exécution du mouvement fut confiée au général Colbert (2). A deux heures du soir, le 14 mars, l'empereur écrit à Berthier : « Donnez ordre aux lanciers du général Pac de s'arrêter à un village à deux lieues de Reims, sur la route d'Épernay. Donnez ordre au général Colbert de se porter au même village avec sa division, et alors les lanciers de Pac seront de sa division. Donnez ordre qu'un bataillon de la jeune garde, qui est ici, se rende sous les ordres du général Colbert au même village ; donnez ordre qu'une compagnie de sapeurs se rende aussi au même village.

« Faites connaître au général Colbert que mon intention est qu'il ouvre mes communications avec Épernay ; je suppose que de simples partisans sont suffisants et que l'ennemi se retire de ces positions. Il

(1) Dans sa lettre, Ney accuse réception de trois lettres du prince de Wagram, datées du 15, 1 heure 30, 1 heure 45 et deux heures ! Il fait connaître qu'il a adressé à Janssens l'ordre de rejoindre. (Archives nationales.)

(2) Épernay était occupé par le général Tettenborn.

fera sur-le-champ rétablir le pont d'Épernay. Il écrira au général Vincent qui est à Château-Thierry, de se porter à Épernay, et dès lors ma ligne d'opérations sera sur Épernay. »

Malheureusement, Vincent ne put être prévenu en temps voulu et le 15 atteignit seulement Dormans. Les mouvements des deux généraux ne purent donc se combiner utilement. Colbert, arrivé à Monchenot le 14 au soir (1), repartit le 15 au matin et divisa sa colonne en deux fractions. L'avant-garde, composée de trois escadrons et de trois cents fantassins, s'engagea vers Aÿ contre les troupes de Tettenborn. Celui-ci manœuvra très habilement, attira la cavalerie française, la bouscula sur l'infanterie et fit de nombreux prisonniers. Colbert, avec le gros de ses forces, put heureusement arriver au secours de son avant-garde décimée, et chercha à rétablir la situation fort compromise. Un événement inexpliqué favorisa les Français : le pont de pierre d'Épernay, qui avait été miné par précaution, sauta tout à coup ! Tettenborn, en hâte, fit alors établir une passerelle provisoire pour assurer sa ligne de retraite, réussit à passer sur la rive gauche de la Marne et se maintint jusqu'à cinq heures du soir à Épernay, protégé par deux canons dont les feux enfilaient le pont. Dans la soirée seulement, l'infanterie de Colbert occupa la ville, et Tettenborn put se replier au sud, sur la Somme-Tourbe (2).

(1) De Montchenot, Colbert écrivit à Reims que, d'après les renseignements reçus, il espérait sauver le pont d'Épernay. « Cela dépendra du concours des habitants et de la vivacité de l'attaque. »

(2) L'empereur reprocha à Colbert d'avoir engagé son avant-garde sans

Du côté d'Épernay, comme vers Châlons, le résultat que désirait l'empereur était donc atteint : la route de la Marne était en notre pouvoir. Mais cette double occupation affaiblissait sensiblement la petite armée de Reims et il parut urgent à l'empereur de faire un appel aux garnisons des places du nord-est! L'exemple de Janssens était encourageant : puisque ce général avait pu venir de Mézières dans un moment très critique, on était en droit d'espérer que Broussier et Durutte pourraient quitter Strasbourg et Metz, et que Merle, alors à Maëstricht, et Morand à Mayence, viendraient, eux aussi, rejoindre la ligne de la Marne. Ces garnisons lointaines n'étaient pas d'ailleurs restées inactives. Les troupes françaises avaient fait des sorties, communiquaient entre elles, enlevaient les convois (1).

Durutte eut l'ordre de rejoindre avec les deux tiers des garnisons de Luxembourg, de Thionville, de Longwy et toutes les troupes de ligne de Metz, ce qui devait faire dix mille hommes ; Broussier dut réunir à Strasbourg une forte division de six mille sept cents hommes d'infanterie, quatorze bouches à feu et cinq cents hommes de cavalerie ; Morand reçut des instructions pour quitter Mayence avec neuf mille hommes, et Merle, de Maëstricht, fut chargé de faire lever

---

la faire soutenir. Colbert répondit à Berthier : « Je suis fâché que la réussite ne suive pas toujours ce que j'entreprends. L'infanterie de la jeune garde est mauvaise, au moins celle que j'ai. Je ne pouvais pas avoir une belle affaire puisque l'ennemi, à l'approche du moindre danger, était décidé à faire sauter le pont. J'ai retrouvé à Épernay une partie des prisonniers faits ce matin. » (Archives nationales).

(1) Voir au *Moniteur* une correspondance de Mézières, 2 mars, racontant les opérations de Janssens. Voir aussi au *Moniteur* du 8 mars et du 18 mars des lettres de Metz et de Mézières.

le siège des places de la Meuse pour se réunir ensuite au général Maison en Belgique (1).

C'était un secours de plus de trente mille hommes que l'empereur espérait recevoir dans un avenir assez prochain. Tandis que Duvigneau organisait avec succès l'insurrection en Argonne, Durutte, Broussier et Morand devaient se porter d'abord sur Verdun, où commandait le général Cassagne; puis, de Verdun, les renforts seraient dirigés soit sur Reims, soit sur Châlons, d'après les mouvements de l'armée (2).

Toutes ces mesures, tous ces ordres donnés, exigeaient malheureusement de longs jours pour l'exécution! Ce qui pouvait de suite réussir, c'était la guerre de partisans sur les derrières des alliés. Duvigneau l'avait commencée en Argonne, le général Herbin-Dessaux, chargé de la levée en masse dans les Ardennes, reçut l'ordre de la tenter également dans la vallée de la Meuse (3). Enfin, l'empereur écrivit à

(1) Les instructions de détail données par l'empereur figurent aux numéros 21179, 21390, 21491 et 21492 de la *Correspondance*. Tous ces ordres sont datés de Reims, 14 et 15 mars.

(2) Les lettres du major général arrivèrent à Verdun. Le général baron Cassagne accusa réception le 18 mars. Le reçu portait :

« Le baron Cassagne, général de brigade, gouverneur des place et citadelle de Verdun, a reçu une lettre décachetée de S. A. le prince major général au général Durutte qu'il va s'empresser de faire passer à Metz. — *Signé* : Baron Cassagne.

« Le porteur est parti le 18 du courant.

« Verdun, ce 18 mars 1814.
                    Pour le gouverneur,
                        Fériet, *aide de camp.* »

(Archives de Reims.)

(3) Herbin-Dessaux adressa une lettre un peu pompeuse mais vibrante aux Ardennais :

Braves Ardennais,

« L'empereur m'a confié le commandement et l'organisation de la

à Berthier : « Chargez le prince de la Moskowa de faire une proclamation aux habitants de la Lorraine, de l'Alsace et des Vosges, qu'il leur parle de nos succès ; que le moment va bientôt arriver où je me porterai de leur côté, qu'ils se tiennent prêts ; qu'ils sonnent le tocsin aussitôt que le canon leur apprendra notre approche, qu'ils tombent sur les derrières de l'ennemi et se montrent dignes de ce qu'ils ont toujours été. »

Revenons maintenant à la situation militaire sur l'Aisne, dans la matinée du 14 mars. Dès l'aube, Bordesoulle, après avoir fait reposer ses chevaux pendant deux heures, avait été envoyé sur la route de Laon avec mission de poursuivre les débris du corps de Saint-Priest et d'occuper, si possible, le pont de Berry, qui avait été abandonné pendant la marche de l'armée française sur Reims. Marmont, après avoir conféré avec l'empereur, reçut l'ordre, à deux heures, d'appuyer le mouvement sur Berry-au-Bac, de placer des postes de cavalerie vers Maizy et Arcy et de se relier avec le duc de Trévise, toujours à Soissons, mais dont les troupes occupaient les points de Vailly et Pont-Arcy. De la sorte, tout le cours de l'Aisne devait

---

levée en masse de ce département. Sa Majesté m'a aussi confié le soin de former des corps de partisans. Je remplirai avec zèle les intérêts de notre souverain, je serai, je n'en doute pas, vivement secondé par votre amour pour la patrie.

Déjà l'ennemi est venu désoler vos campagnes. Il a, dans plusieurs circonstances, éprouvé votre valeur. S'il se représente, que la terre qui vous a vus naître, soit son tombeau. Je compte sur votre bravoure, comptez sur l'honneur et le dévouement de votre compatriote. »

se trouver fortement surveillé par des détachements français.

A peine Marmont était-il parti de Reims qu'une dépêche du colonel Planzeaux arriva au quartier impérial. Planzeaux, dans la soirée du 13, avait été chargé d'une reconnaissance sur Roucy et Pontavert. Il rendait compte dans sa dépêche qu'il avait trouvé à Roucy un escadron de hussards noirs, que le pont de Berry était fortement occupé par l'ennemi, et que, d'après le dire des paysans, plus de soixante mille hommes cantonnaient au nord de l'Aisne (1). Cette dépêche intéressante fut de suite adressée par l'empereur au maréchal Marmont, avec ordre de s'emparer de Roucy et de surveiller les colonnes qui pourraient marcher de ce côté (2).

Heureusement, à part quelques mouvements isolés et sans envergure, l'armée de Silésie continuait à rester dans une inaction presque complète que nous avons déjà signalée en donnant ses cantonnements du 12 mars. Le 13, les cantonnements avaient encore été étendus et se développaient entre Laon et l'Aisne. Le 14, un petit changement se produisit : le corps prussien de Kleist, « ayant probablement épuisé toutes les ressources des environs de Bouconville et de Chermizy, où il avait cantonné le 13 (3) », vint occuper Craonne et Craonnelle. Les débris des troupes de Yagow, arrivés dans la matinée vers Berry, dans un

(1) Rapport du colonel Planzeaux. Archives nationales.
(2) Correspondance 21485, de Reims, 14 mars.
(3) Général de Vaudoncourt, II, livre IV.

état lamentable, furent donnés à Kleist, tandis que les Russes provenant du corps de Saint-Priest passaient avec Emanuel et Pantchoulitcheff sous les ordres du comte de Langeron.

Kleist avait été chargé de tenir les ponts de Neufchâtel et de Berry. Yorck, plus au nord, avait son quartier général à Corbeny et sa cavalerie, sous le général Ziethen, à Juvincourt. Le poste prussien de Berry, que commandait le général Katzler, avait poussé une grand'garde jusqu'à hauteur de Cauroy, dans la direction de Reims.

Les premiers escadrons français, sous la conduite du général Merlin, se heurtèrent à cette grand'garde vers midi et la bousculèrent vers Cormicy et vers Berry, où les troupes prussiennes, se croyant parfaitement gardées, faisaient tranquillement la soupe. On entendit tout à coup crier : « La grand'garde se replie, les Français arrivent ! » Katzler rappelle alors à lui tous les petits éléments qui se trouvaient sur la rive gauche de l'Aisne. Trop faible pour se mesurer avec toute la cavalerie de Merlin, beaucoup plus nombreuse que la sienne, il feint la retraite et attire les Français dans un très mauvais terrain entre Cormicy et Gernicourt. Les escadrons de Merlin, pleins d'ardeur, mais mal orientés, tombent dans le piège, « se dépassent les uns les autres dans la chaleur de la poursuite, la lance en arrêt, s'éparpillent et s'échelonnent en raison de la vitesse de leurs chevaux (1). » Les pelotons prussiens font aussitôt demi-tour avec beaucoup

(1) *Relation des officiers du dépôt de la guerre de Berlin*, citée par Weil, III.

d'à-propos, chargent les Français très débandés et les poursuivent pendant une lieue jusqu'au delà de Cormicy. Le colonel Von Tossel, qui avait commandé la charge, fit alors sonner le ralliement en apercevant l'avant-garde de la division d'infanterie Ricard. Cette division, qui avait pris une part si glorieuse à la bataille du 13, avait quitté Reims à neuf heures du matin, précédant le gros du 6ᵉ corps. La présence du bataillon d'avant-garde de Ricard calma de suite l'ardeur des cavaliers prussiens, qui se portèrent immédiatement sur Berry, repassèrent l'Aisne et s'établirent au nord du village, après avoir barricadé le pont et braqué deux pièces d'artillerie sur les débouchés. La rivière resta la limite entre les deux camps. Merlin, après avoir reformé ses troupes, occupa Sapigneul presque en face de Berry, couvrant le 6ᵉ corps qui s'installa tout entier autour de Cormicy, à six heures du soir (1).

Ainsi, le 14 au soir, toute l'armée de Silésie était encore au nord de l'Aisne. Le 13, Sacken avait tenté inutilement de se porter, par Crouy, sur Soissons et avait été arrêté et suivi par le général Belliard (2).

En apprenant la prise de Reims par Napoléon et le désastre du corps de Saint-Priest, Gneisenau, chef

---

(1) Cette affaire de Berry fut en somme assez malheureuse. La cavalerie de Merlin perdit plus de cent cinquante hommes, tués, blessés ou prisonniers.
(2) Belliard, jusque-là aide-major général, avait remplacé Grouchy blessé à Craonne. Le 13 il commandait toute la cavalerie laissée vers Soissons à la disposition du duc de Trévise.

d'état-major, qui donnait les ordres pour Blücher toujours malade, résolut de concentrer un peu plus ses troupes, et le 15 au soir l'armée de Silésie occupa de nouveaux cantonnements, moins étendus : Sacken à l'Ange-Gardien et à Ursel, toujours surveillé par la cavalerie de Belliard ; Langeron à Marlieux ; Yorck et Kleist, comme la veille, à Corbény et Craonne ; Winzingerode au sud de Laon. En outre, Bülov, qui venait d'attaquer inutilement Compiègne, rétrograda sur la Fère, et Tchernitcheff avec ses Cosaques observa l'Aisne jusqu'à Neufchâtel.

Cette inaction continue, cette prudence exagérée de Gneisenau servaient les projets de Napoléon, et dans la journée du 16 l'empereur acheva ses préparatifs de départ.

Avec les quelques milliers d'hommes de Marmont, la petite garnison de Soissons et une brigade de cavalerie vers Fismes (1), il avait réussi, pendant trois jours, à immobiliser les cent mille hommes de Blücher ! Il avait occupé Châlons et Épernay, reçu quelques

---

(1) La brigade Curely. Elle fut rappelée à Reims dans la soirée du 16 et cantonna à Bétheny. Elle repartit le 17.
Curely (1774-1827) était fils d'un paysan. Engagé dans les hussards en 93, il végéta d'abord dans les bas grades. Une action d'éclat dans la campagne d'Austerlitz le fit enfin remarquer. Dès lors, sa fortune militaire fut rapide. Sous-lieutenant le 8 janvier 1806, il était chef d'escadrons en 1809, colonel en 1813, général en 1814 ! La Restauration le traita en suspect à cause de son dévouement à l'empereur. Il fit la campagne de 1815, mais dès le deuxième retour des Bourbons il fut mis en non-activité et retraité d'office à cinquante ans, en 1824 ! Curely est resté légendaire dans la cavalerie comme officier d'avant-garde. C'est un des grands cavaliers de la période impériale, qui n'a pu malheureusement donner toute sa mesure.

renforts et les soldats reposés avaient repris confiance et ardeur.

Il décida donc que les troupes qui occupaient encore Reims le 16 mars se porteraient le lendemain sur Épernay.

CHAPITRE XIV

L'EMPEREUR QUITTE REIMS

(17 mars)

Situation des armées le 16 mars. — État des négociations pour la paix. — Projets de l'empereur. — Départ de Reims pour Épernay le 17 mars. — La marche sur l'Aube.

La marche sur Épernay, décidée le 16 par l'empereur, tenait à la situation générale des affaires. Si Napoléon pouvait, en effet, se trouver satisfait des résultats qu'il avait personnellement obtenus en quelques jours après l'échec du 10 mars, et si la confiance était revenue pour les soldats de Reims, en revanche les nouvelles des autres théâtres de guerre reçues le 15 et le 16 au quartier impérial étaient bien mauvaises.

En Champagne même, depuis vingt jours que l'empereur avait quitté Troyes pour se lancer à la poursuite de Blücher, les événements militaires n'avaient pas été heureux. Aussitôt qu'il avait appris la marche de Napoléon sur les traces de l'armée de Silésie, Schwarzenberg avait repris l'offensive contre Mac-Donald et Oudinot. Ces deux maréchaux occupaient la ligne de l'Aube, le premier à la Ferté-sur-Aube avec sept mille fantassins et quatre mille cinq cents cavaliers, le second à Bar avec près de vingt-six mille hommes (1).

Le 27 février, Oudinot est attaqué par les cinquante mille hommes de Wittgenstein et de Wrède, tandis que Giulay et le prince de Wurtemberg avec quarante mille hommes déploient leurs troupes contre celles de Mac-Donald. Vaincus par le nombre, après un combat acharné, les maréchaux sont contraints de se retirer sur la Seine : Mac-Donald gagne Bar-sur-Seine et Oudinot se replie sur Troyes.

Après un nouveau combat, le 4 mars, Troyes est abandonné et les corps français se portent sur Nogent-sur-Seine, où ils réussissent à se maintenir pendant quelques jours, Schwarzenberg renonçant à l'offensive pour faire reposer ses troupes et attendre des nouvelles de Blücher. Mais, aussitôt qu'il connaît le résultat de la bataille de Laon, le généralissime allié reprend ses mouvements le 13 mars et pousse Mac-Donald sur Provins.

Sur les autres points du territoire envahis par les armées de la coalition, les nouvelles ne sont pas meilleures !

Au nord, Maison, après quelques légers succès, a été forcé de se replier sur Courtray et Lille, bien que la ville d'Anvers soit toujours victorieusement défendue par Carnot.

Vers Lyon, le duc de Castiglione, à la suite d'une série de fausses manœuvres, est rentré le 9 mars dans

(1) Le corps d'Oudinot comprenant six mille cavaliers.

la ville, abandonnant la direction de Mâcon (1), faisant manquer l'utile diversion que Napoléon espérait, justifiant, hélas! les appréhensions de l'empereur qui lui avait écrit le 21 février : « Si vous êtes toujours l'Augereau de Castiglione, gardez le commandement. Si vos soixante ans pèsent sur vous, quittez-le et remettez-le au plus ancien de vos officiers généraux... Il faut reprendre ses bottes et sa résolution de 93 ! »

En Savoie, Marchand et Dessaix maintiennent à grand'peine leurs positions ; en Italie, le prince Eugène et le général Grenier ont habilement manœuvré, mais ce n'est pas en Italie, cette fois, que doit se décider le sort de la France ! Les succès remportés au delà des Alpes sont sans valeur. Sans valeur également les combats heureux livrés en Catalogne par Suchet !

Enfin, aux Pyrénées, après la belle défense faite à Orthez, le maréchal Soult s'est retiré sur Saint-Sever et Toulouse pendant que le corps anglais de Beresford se rapproche de Bordeaux, où l'appellent le comte Lynch, maire de la ville, et quelques royalistes qui pactisent avec l'ennemi (2).

Quant aux négociations pour la paix, elles n'avançaient guère depuis déjà longtemps, et les nouvelles apportées à Reims n'étaient pas faites pour laisser entrevoir une solution prochaine, les exigences des

(1) La marche d'Augereau sur Lyon fut connue par l'empereur pendant son séjour à Reims. Augereau ne chercha à reprendre l'offensive que beaucoup trop tard, le 18 mars, et livra le 20 l'inutile bataille du Limonest qui décida du sort de Lyon.
(2) Les Anglais entrèrent le 12 mars à Bordeaux. Mais la nouvelle n'arriva à Paris que le 16 et Napoléon ne l'apprit que le 18 au matin à Épernay.

alliés étant toujours énormes et l'empereur ne voulant traiter que dans des conditions qui paraissaient inacceptables à l'Europe. Aussi, les pourparlers engagés pour un armistice avaient été rompus à Lusigny et les séances du congrès de Châtillon se traînaient péniblement sans résultats. Le soir de la bataille de Craonne, le 7 mars, à Bray, Napoléon avait reçu du duc de Vicence une lettre qui disait : « On ne veut qu'un prétexte pour rompre ! »

On n'avait pas rompu, cependant, grâce à l'habileté et au dévouement du duc de Vicence ! Mais Napoléon est resté sourd aux exhortations du roi Joseph (1), des grands corps de l'État, des politiques de Paris ; malgré les prières de son ministre des affaires étrangères, il n'a pas voulu accorder les concessions jugées nécessaires pour obtenir un résultat définitif.

Ne désespérant nullement de la victoire finale, l'empereur croit encore, le 16 mars, qu'en gagnant du temps il obtiendra des clauses plus avantageuses. Il ne désire donc pas la rupture, mais se refuse à faire lui-même des propositions et veut attendre l'ultimatum des alliés. Avant de quitter Reims le 17 mars au matin, il écrit au duc de Vicence : « J'ai reçu vos lettres du 13. Je charge le duc de Bassano d'y répondre avec détail. Je vous donne directement l'autorisation de faire les conces-

---

(1) Le 12 mars, l'empereur avait écrit au roi Joseph, de Soissons :
« Vous m'écrivez toujours comme si la paix dépendait de moi : cependant je vous ai envoyé les pièces. Si les Parisiens veulent voir les Cosaques, ils s'en repentiront, mais encore faut-il leur dire la vérité.

Je n'ai jamais cherché les applaudissements des Parisiens. Je ne suis pas un caractère d'opéra... Il est tout simple, et c'est plus expéditif, de déclarer que l'on ne peut pas faire une levée d'hommes que d'essayer de la faire... » (*Correspondance*, n° 21467.)

sions qui seraient indispensables pour maintenir l'activité des négociations et arriver enfin à connaître l'ultimatum des alliés ; bien entendu que le traité aura pour résultat l'évacuation de notre territoire et le renvoi de part et d'autre de tous les prisonniers... »

Donc, ce que veut l'empereur le 17 mars, c'est de continuer les négociations parce qu'il compte sur de nouvelles victoires et que les victoires remportées rendront moins onéreuses les conditions de la paix. Pour cela, il est nécessaire de reprendre immédiatement la lutte ; il faut combattre à outrance et par un coup décisif et retentissant sauver la capitale où les courages de tous sont prêts à s'abandonner. Et pour sauver Paris, c'est sur la grande armée alliée qu'il faut marcher, puisque celle-ci est déjà près de Provins. C'est le généralissime lui-même qu'il faut battre et non plus seulement ses lieutenants. Napoléon veut recommencer les glorieuses rencontres de février, où en cinq jours, du 9 au 14, il avait bousculé une armée et gagné quatre batailles !

Pour se porter contre Schwarzenberg, trois partis étaient prenables au départ de Reims. L'empereur pouvait marcher sur Arcis et de là sur Méry et Troyes ; il pouvait se rendre à Sézanne et gagner ensuite Provins ou Meaux : il pouvait enfin gagner Meaux directement par le plus court chemin, en contournant le massif de la montagne de Reims par Fère-en-Tardenois et Château-Thierry (1). Le premier parti, celui qui consistait

(1) Voir dans la *Correspondance*, n° 21506, la note dictée au colonel baron Atthalin dans la nuit du 16 au 17 mars.

à marcher sur Arcis, « est le plus hardi, donne une grande épouvante à l'ennemi et donne des résultats inattendus », écrivit l'empereur, et c'est ce projet qu'il adopta définitivement dans la soirée du 16 mars.

Le grand avantage du mouvement sur l'Aube était de permettre à la petite armée française de prendre en queue les troupes de Schwarzenberg, avec l'espoir « de jeter le désordre dans l'arrière-garde ennemie, de faire des prises importantes, de déranger les combinaisons de l'attaque principale et de placer les souverains alliés au cœur de la France dans une position faite pour les inquiéter (1). » L'empereur estimait que comme pis-aller il pourrait toujours effectuer sa retraite sur les places de la Lorraine. Le projet adopté, au point de vue militaire était donc très admissible et offrait des chances de succès. Mais, au point de vue politique il avait le gros inconvénient d'éloigner pour longtemps l'empereur de la capitale et il laissait Paris complètement à découvert, les forces de Mac-Donald et d'Oudinot étant absolument insuffisantes pour arrêter la marche des envahisseurs si l'armée de Napoléon éprouvait un échec sur l'Aube.

Il semble que l'hypothèse d'une marche des alliés sur Paris ait été envisagée à Reims par l'empereur. « Je vais manœuvrer de manière qu'il serait possible que vous fussiez plusieurs jours sans avoir de mes nouvelles (2). Si l'ennemi s'avançait sur Paris avec des forces telles que toute résistance devînt impossible, faites partir dans la direction de la Loire la régente,

(1) Baron FAIN, *Manuscrit de 1814*.
(2) L'empereur au roi Joseph. Reims, 16 mars.

mon fils, les grands dignitaires, les ministres. Ne quittez pas mon fils et rappelez-vous que je préférerais le savoir dans la Seine plutôt que dans les mains des ennemis de la France. »

Résolu à se porter contre la grande armée alliée, Napoléon laissa sur la Vesle et sur l'Aisne, avec ordre de s'appuyer sur Reims et Soissons, les maréchaux Marmont et Mortier déjà en position depuis trois jours. Plus loin, nous verrons leurs opérations en face de l'armée de Silésie.

Pour le départ de Reims, les instructions furent données dans la nuit du 16 au 17. Le général Berckheim (1) qui cantonnait au nord de Reims, reçut l'ordre de se porter directement sur Épernay par le pont de Saint-Brice. Le général Sébastiani, avec les 2e et 3e divisions de cavalerie de la garde (Exelmans et Letort) (2), dut quitter également ses cantonnements dans la matinée du 17, sans passer

(1) Le général baron de Berckheim, né en 1775, entra dans l'armée en 1789, fit une rapide carrière et après s'être distingué à Friedland, à Essling et à Wagram, devint général de brigade en 1810 et fut écuyer de l'empereur. Divisionnaire en 1813, il commanda en Allemagne la division des gardes d'honneur.
Berckheim combattit à Waterloo, puis fut député du Haut-Rhin et se rangea parmi les royalistes constitutionnels.
(2) Le baron Letort, renommé pour sa bravoure, avait fait sa carrière dans les dragons. Major aux dragons de la garde en 1808, il passa trois ans en Espagne, puis fit la campagne de Russie, dont il revint général de brigade. Il fit des prodiges de valeur à Wachau le 16 octobre 1813 et y fut blessé. Le lendemain de Montmirail Napoléon le fit divisionnaire. Letort joua ensuite un rôle brillant le 19 mars à Fère-Champenoise, puis à Saint-Dizier.
Aux Cent jours il devint aide de camp de l'empereur et commanda les escadrons de service à Fleurus. C'est là qu'à la tête de ses troupes le brave Letort fut frappé mortellement (1773-1815).

par la ville (1). La première division (celle du général Colbert), qui avait déjà du monde à Épernay, dut éclairer la colonne et servir d'avant-garde pendant la traversée de la montagne de Reims. Cette division Colbert devait se grossir de huit cents cavaliers polonais attendus à Épernay. Enfin, la vieille garde, « citadelle mouvante attachée aux pas de l'empereur », devait partir la dernière de Reims et être suivie du parc, de l'équipage de ponts et des batteries de réserve de Drouot.

Cela faisait pour la petite armée quittant Reims, sous les ordres directs de Napoléon, environ treize mille hommes de bonnes troupes. L'effectif était bien petit pour les vastes projets conçus, « mais, dit le commandant Koch, telle était cependant la confiance du soldat en Napoléon, que cette poignée d'hommes partit le 17 mars de Reims comme si elle marchait à une victoire assurée (2). »

A Épernay, pour grossir ces treize mille hommes (3), l'empereur espérait recevoir une colonne de quatre mille cinq cents hommes, dont quinze cents cavaliers que le général Lefebvre-Desnouettes amenait de Paris.

(1) Le 15 mars la cavalerie de la garde avait été réorganisée en trois divisions : 1re division, général Colbert, avec les Polonais de Pac, le 2e lanciers et six pièces d'artillerie légère polonaise; 2e division, général Exelmans, avec le 2e d'éclaireurs, le 1er lanciers polonais, les éclaireurs polonais et cinq cents dragons; 3e division, général Letort, avec les chasseurs et les grenadiers de la garde et le 1er d'éclaireurs. Le total du corps de cavalerie de la garde, commandé par Sébastiani, était de quatre mille deux cents cavaliers le 15 mars et devait être porté trois jours plus tard, par les renforts attendus, à plus de six mille. (Archives de la guerre.)

(2) Koch, II, XVIII.

(3) Cavalerie de la garde, 4,200; division Berckheim (brigade légère Curely et brigade de cuirassiers du Mouriez), 1,800; vieille garde sous le commandement de Friant et réserve d'artillerie sous Drouot, 7,000.

17

Ney, à Châlons, disposait depuis l'arrivée de la division Janssens de plus de six mille hommes (1), et devait rejoindre au sud de la Marne. C'était donc en résumé avec moins de vingt-quatre mille hommes (2) qu'allait s'effectuer la marche sur l'Aube, alors que la grande armée alliée que l'empereur voulait rejoindre et attaquer comptait encore plus de cent mille combattants.

Ce fut vers onze heures du matin que l'empereur quitta la maison de Ponsardin, rue de Vesle. Il traversa d'abord le long faubourg de Vesle, où trois jours avant il était passé en vainqueur au milieu des débris du combat, puis s'engagea sur le chemin d'Épernay et prit la tête de sa vieille garde. Les mêmes acclamations qui avaient salué son arrivée dans la nuit du 13 au 14 mars saluèrent son départ. Mais, en voyant s'éloigner encore l'armée de Napoléon, il parut aux Rémois que leur ville était encore destinée à subir de nouveaux affronts. Le général Corbineau restait cependant avec quelques troupes, pour attendre le duc de Trévise et disposait de vingt pièces de canon, dont huit pièces reprises aux Russes. Ce matériel semblait devoir suffire pour défendre la ville, si Mortier pouvait continuer à garder la ligne de l'Aisne.

A six heures du soir, Napoléon reçut de la cité d'Épernay, qui s'était vaillamment comportée, un accueil enthousiaste, et sur la poitrine du maire patriote

(1) Brigade Rousseau (ancienne brigade Pierre Boyer), 2,200 ; division Defrance, 800 ; division Janssens, 3,000.
(2) Le maréchal Mac Donald (avec Oudinot) disposait, il est vrai, de près de trente mille hommes en face de Schwarzenberg et avait l'ordre de disputer le terrain pied à pied.

Jean Moët, il attacha lui-même la croix de la Légion d'honneur. La réception faite à l'armée fut très chaleureuse : « Les bons habitants avaient défoncé leurs cachettes; pendant quelques heures le vin de Champagne fit oublier aux soldats leurs fatigues, aux généraux leurs inquiétudes (1). »

Épernay était la première étape de la marche sur l'Aube. C'est là que, dans la nuit du 17 au 18, arriva la douloureuse nouvelle de l'occupation de Bordeaux par les Anglais et de la proclamation des Bourbons qui en était la conséquence. En même temps, les dépêches apportèrent de Paris des appels éplorés! Plus que jamais, il devenait nécessaire de frapper un coup décisif. Aussi, la marche en avant fut-elle reprise dans la matinée du 18, et l'empereur lui-même ne resta guère que douze heures à Épernay, avant de se porter sur Fère-Champenoise, premier objectif qu'il voulait atteindre. Le maréchal Ney devait former la gauche de l'armée et reçut l'ordre de rappeler le général Defrance qui avait occupé Vitry, de laisser un petit détachement à Châlons pour garder la ville avec la garde nationale et de se porter sur Vatry et sur Mailly. Des paysans d'Épernay et de Châlons furent envoyés vers Arcis-sur-Aube pour reconnaître la ville, sans attirer de ce côté l'attention du prince de Schwarzenberg.

Telles furent les dispositions prises dans la matinée

(1) Baron FAIN, *Manuscrit de 1814*.

du 18, et la situation ainsi que les projets ultérieurs de l'empereur sont nettement résumés dans une lettre adressée au roi Joseph avant de quitter Épernay. On y voit, à chaque ligne, percer la confiance qui anime encore Napoléon, malgré les petits effectifs dont il dispose. Il espère toujours, ce n'est pas au combat qu'il croit aller, c'est à la victoire. « Je me mettrai en marche demain avant le jour pour me rendre à Arcis-sur-Aube, où je serai le 19 à midi. J'y jetterai trois ponts et, selon les circonstances, je me porterai sur Méry ou sur Troyes pour tomber sur les derrières de l'ennemi. Il faut donc que le duc de Tarente dispute le terrain pied à pied. Dès demain, à dix heures du soir, l'effet de mes dispositions aura lieu, car l'ennemi connaîtra mon mouvement, et dès ce moment, cela influera sur toute mon opération (1).

« Le duc de Raguse est resté à Berry-au-Bac ; le duc de Trévise est à Reims, le général Charpentier est à Soissons... Je laisse à Épernay le général de brigade Vincent, qui est chargé de toutes les levées en masse et qui a quelques détachements de cavalerie. Je ne suppose pas que Blücher, qui a beaucoup souffert, puisse se mettre en mouvement avant deux jours. Il aura alors l'Aisne à passer, et le duc de Raguse ainsi que le duc de Trévise lui disputeront le terrain.

« Je m'attends à de grands résultats de mon mouvement, qui va jeter un grand désordre et une grande confusion sur les derrières de l'ennemi et sur son quartier général, s'il est encore à Troyes... J'ai donné

(1) *Correspondance*, n° 21508, d'Épernay, 17 mars, soir.

ordre à une division de douze mille hommes que je fais réunir à Metz de se rendre à Châlons. Je ne sais pas si cet ordre lui parviendra. Ce serait un grand bonheur. »

CHAPITRE XV

COMBATS SUR L'AISNE ET REPRISE DE REIMS PAR L'ENNEMI

(18-19 mars)

Opérations du maréchal Marmont à Berry-au-Bac et à Pontavert. — Retraite sur Fismes. — Mortier à Reims. — Départ des troupes. — Retour de Belliard. — Belle défense de Reims. — Le bombardement. L'entrée de Winzingerode.

Nous ne voulons pas suivre la petite armée impériale qui s'éloigne à marches forcées de la région rémoise pour gagner l'Aube, et il nous faut maintenant examiner aux alentours immédiats de Reims les mouvements exécutés à partir du 16 mars par les ducs de Raguse et de Trévise.

Les instructions données par l'empereur pour pourvoir à la sûreté de la ligne de l'Aisne étaient assez vagues. Il s'agissait surtout de continuer à observer l'armée de Silésie, de lui cacher le mouvement sur l'Aube et de garder le plus longtemps possible le passage de Berry-au-Bac. En cas d'insuccès sur l'Aisne, les troupes françaises devaient empêcher Blücher de rejoindre la grande armée alliée et couvrir Paris, si l'armée de Silésie paraissait se diriger sur la capitale.

Ces missions assez délicates impliquaient une entente complète et constante entre les deux maréchaux. Mortier était plus ancien que Marmont, mais l'empereur avait pu s'expliquer de vive voix le 14 avec le duc de Raguse et avait toujours grande confiance dans ses talents. Malgré les supplications du général Belliard (1) qui croyait nécessaire la désignation d'un commandant en chef, il préféra donc s'en rapporter pour le succès des opérations à la bonne harmonie qui avait toujours régné entre les deux maréchaux.

« L'empereur désire, écrit Berthier à Marmont le 17 mars, que vous ayez la direction de votre corps et celle du duc de Trévise. Comme monsieur le maréchal duc de Trévise est plus ancien, puisqu'il est de la création, ayez l'air de vous concerter avec lui plutôt que d'avoir la direction supérieure. C'est un objet de tact qui ne vous échappera pas. »

Au moment du départ de l'empereur, le duc de Trévise, qui depuis le 13 était resté à Soissons, reçut l'ordre de se porter sur Fismes, où il arriva dans l'après-midi du 17, laissant le général Charpentier à Soissons. Raguse, lui, était toujours installé à Cormicy, surveil-

---

(1) Le général Augustin-Daniel Belliard, comte de l'empire, était le contemporain de l'empereur, étant né en 1769. Engagé au moment de la Révolution, il devint l'aide de camp de Dumouriez, fut promu brigadier après Arcole et divisionnaire en revenant d'Égypte, à trente ans.

Ses aptitudes le firent désigner en 1805 comme chef d'état-major de Murat et c'est en cette qualité que Belliard servit à Austerlitz et à Iéna.

Il partit ensuite pour l'Espagne, fut gouverneur de Madrid et revint en France pour prendre part à la campagne de Russie. Sa belle conduite à la Moskowa, sa fermeté pendant la retraite le firent nommer colonel général des cuirassiers. A la bataille de Leipzig, il eut un bras fracassé. Il remplit pendant quelque temps les fonctions d'aide-major général, puis, comme nous l'avons vu, venait de remplacer Grouchy blessé à Craonne. Aux Cent jours Belliard commanda l'armée de la Moselle et subit plusieurs mois de détention en 1815, comme complice de Ney.

Après 1830 il fut envoyé en Belgique comme ambassadeur et mourut à Bruxelles. Les Belges, dont il avait organisé l'armée, ont élevé une belle statue au général Belliard.

lant les passages de l'Aisne, cherchant à se renseigner sur les mouvements de l'ennemi (1).

Les forces dont disposaient les deux maréchaux représentaient environ treize mille hommes d'infanterie, cinq mille chevaux et soixante bouches à feu (2) et il faut observer que si les positions à maintenir sur l'Aisne avaient un développement considérable, elles s'appuyaient du moins à deux places, Reims et Soissons, qui offraient encore de grosses ressources.

En marchant sur Fismes, Trévise se rapprochait de Reims et devait dès son arrivée compléter les mesures de défense prises par Corbineau (3).

---

(1) L'empereur avait écrit à Marmont de Reims, 15 mars :
« Envoyez des paysans et tâchez de savoir si l'ennemi est toujours en grande force à Craonne. Faites passer un gros parti de cavalerie par le pont de Berry pour savoir ce qui se passe de ce côté... »

(2) État d'organisation des forces laissées sur l'Aisne, le 17 mars :
1° Corps du duc de Trévise (général Lapointe, chef d'état-major). Division Christiani, comprenant une brigade d'infanterie de jeune garde et la brigade Gros, 2,034 hommes.
Division Curial (brigades Lagrange et Le Capitaine), 2,796 hommes.
Division Charpentier (brigade Jamin et Bigarré), 2,755 hommes.
Artillerie et génie, 750 hommes.
A ces forces il faut ajouter les garnisons de Soissons (3,192 hommes), Compiègne (621) et les troupes laissées à Reims (500).
2° Corps du duc de Raguse, général Meynadier, chef d'état-major.
Division Ricard (brigades Pelleport et Clavel), 940 hommes.
Division Lagrange (brigades Joubert et Fournier), 2,060 hommes.
Division du duc de Padoue (brigades Lucotte et X...), 2,080 hommes.
Division de cavalerie Merlin (brigades Hubert et Latour-Foissac), 1,113 hommes.
Division de cavalerie Bordesoulle (brigades Thiéry et Laville), 1,266 hommes.
Artillerie (281 hommes). (Extrait du tableau XIV, Koch, II.)

(3) Napoléon à Berthier : « Recommandez au duc de Trévise de porter tous ses soins à l'organisation de la garde nationale et de la levée en masse et de se procurer quelques chevaux pour atteler la batterie que j'ai laissée. Si Blücher prenait l'offensive dans la direction de Reims, de manière que cette ville se trouve sous les pas de l'ennemi et que lui et le duc de Raguse ne fussent pas en état de la défendre, alors ils retireraient

Du côté de l'ennemi, le 16 et le 17, l'armée de Silésie était toujours à peu près immobile. Blücher, malade et fatigué, n'avait su depuis huit jours ni utiliser sa très puissante et nombreuse cavalerie, ni chercher vraiment à percer sur un des points de la ligne de l'Aisne.

« Notre situation devient de plus en plus critique, écrivait Gneisenau de Laon, le 17 mars. En restant concentrés, nous mourrons de faim ; en nous étendant, nous nous exposerons à voir un de nos corps malmené par la cavalerie ennemie, qui est remarquablement commandée (1). »

En somme, la véritable crainte de Gneisenau ou de Blücher, ce n'était ni la faim, ni la cavalerie française, c'était Napoléon. « Pourquoi l'empereur ne peut-il pas être partout (2) ! » écrivait Belliard.

Aussitôt donc que la marche sur Épernay fut connue au quartier général allié, dans la soirée du 17, Gneisenau, sûr désormais qu'il n'aurait affaire qu'à Mortier et Marmont, fit signer à Blücher un ordre de mouvement qui rapprochait enfin les différents éléments de l'armée de Silésie en vue d'opérations ultérieures (3).

avec eux la garnison et les pièces de canon et emmèneraient les gardes nationaux de la levée en masse avec eux. Mandez la même chose au duc de Raguse. (*Correspondance*, n° 2150. Épernay, 17 mars.)

(1) Gneisenau au général von Boyen. — Cité par WEIL, II.
(2) Belliard à Berthier, 19 mars. (Archives de la guerre.) Cité par M. H. HOUSSAYE
(3) Les forces de l'armée de Blücher peuvent être ainsi évaluées le 17 mars. (Tableau XIV du commandant Koch.)
Corps de Yorck, 13,799. Prussien.
— de Kleist, 10,897. Prussien.
— de Bülow, 17,362. Prussien.
— de Langeron, 25,685. Russe.
— de Sacken, 13,596. Russe.
— de Winzingerode, 27,729. Russe.
Soit un total de 109,009 hommes, dont 29,000 cavaliers.

D'après cet ordre de mouvement pour le 18, le comte de Langeron et le baron de Winzingerode devaient se porter à l'aile gauche sur Amifontaine et Ramécourt. Bülow restait près de Laon, mais Sacken devait atteindre Corbény, tandis que Yorck et Kleist, formant l'avant-garde générale, devaient diriger leur gros sur Berry-au-Bac et Pontavert, menaçant par conséquent les positions occupées par le duc de Raguse.

Marmont, prévenu le 18 au matin, à Cormicy, du mouvement des alliés, laissa devant Berry la division du général Ricard, dont la parfaite contenance arrêta l'avant-garde du corps de Yorck. Lui-même, avec quelques bataillons du 6ᵉ corps et six pièces d'artillerie, longea l'Aisne à partir de Gernicourt et alla s'établir en face de Pontavert, dans une excellente position, avec une forte réserve à Roucy, gardant la direction de Fismes.

En arrivant à Pontavert après une pénible marche de nuit, Kleist trouva donc la rive sud de l'Aisne fortement occupée par les Français. L'artillerie de Raguse ouvrit le feu sur les têtes de colonne et les efforts de Kleist pour jeter un pont furent absolument infructueux pendant toute la matinée.

A Berry, voyant les dispositions de Ricard, le général Yorck n'osa pousser trop vivement l'attaque et résolut d'attendre des nouvelles du général Tchernitcheff, qui, à l'extrême gauche des alliés, avait reçu l'ordre de dessiner par Asfeld un vaste mouvement tournant de cavalerie. Tchernitcheff fut lent à venir. Obligé d'aller jusqu'à Poilcourt pour passer la Retourne et jusqu'à Pontgivart pour passer la Suippe, il n'arriva qu'à deux heures dans la direction de Cormicy, et déboucha alors avec une grande vigueur contre le peu de cavalerie dont disposaient les Français. L'attaque se dessina au moment même où la division Ricard commençait sa retraite, après avoir fait sauter au moment opportun le pont de Berry-au-Bac (1). Cette destruction venait d'arrêter net la marche du général Yorck. « Les colonnes ennemies n'étaient plus qu'à quelques centaines de mètres des premières maisons de Berry. Tout à coup, un nuage de poussière et de fumée monte vers le ciel et une détonation sourde se fait entendre. C'est le pont qui saute au signal de Ricard et s'écroule sur lui-même. Deux arches sont détruites. Le dernier sapeur du génie s'était déjà depuis un quart d'heure replié sur son corps et le chasseur à cheval chargé d'allumer la mèche s'était enfui au galop sur Moscou. Le village avait été complètement évacué, un seul habitant s'était obstiné à rester dans sa maison (2). »

Le général Yorck fut obligé de rester au nord de l'Aisne. « Ce fut un véritable coup de théâtre, » écrivit le duc de Raguse.

Ricard avait donc pu commencer en très bon ordre sa retraite quand arriva Tchernitcheff. La cavalerie française, comme toujours, déploya une grande valeur, mais elle commit la faute de trop s'éloigner de l'infan-

---

(1) Napoléon avait prévu la destruction du pont de Berry. D'Épernay le 17 mars, à six heures, il met en post-scriptum à une lettre à Berthier : « Le prince de Neuchâtel ajoutera que le duc de Raguse ne laisse passer personne sur le pont de Berry-au-Bac sous quelque prétexte que ce soit. Qu'il prépare tout ce qu'il faut pour détruire ce pont en cas d'événement. » (*Correspondance*, 21512.)

(2) Édouard FLEURY, *Le département de l'Aisne en 1814*.

terie, se laissa attirer par les Cosaques en plaine (1), fut enveloppée et finalement repoussée après avoir perdu une centaine de prisonniers. Tchernitcheff se heurta alors, vers les bois de Gernicourt, à l'arrière-garde de Ricard, que commandait le général Pelleport et dut arrêter son mouvement offensif.

La droite du duc de Raguse était tournée. Dès lors il était difficile à sa gauche de continuer à se maintenir en face de Pontavert. De ce côté d'ailleurs, les Cosaques de Kleist venaient de découvrir un gué et de passer l'Aisne, bientôt suivis par le colonel Blücher avec toute la cavalerie légère du corps d'armée ; en même temps deux régiments de hussards (du corps de Yorck), sous les ordres du général Katzler, parvenaient à franchir la rivière au gué de la Picherie.

Marmont, forcé de se retirer, gagna Roucy, où se trouvaient déjà ses réserves et la cavalerie de Bordesoulle.

---

(1) Berkendorf, dans ses *Souvenirs sur les Cosaques*, raconte ainsi ce petit combat de cavalerie.

« Il s'agissait pour nous d'amener la cavalerie française à s'éloigner du bois et de l'attirer en rase campagne, hors de la protection de son infanterie... Les Polonais, naturellement braves et faciles à exciter lorsqu'ils se trouvent en présence des Russes, ne pouvaient voir nos lanciers, qui étaient masqués par une petite hauteur. Les lanciers polonais se portèrent peu à peu en avant, tandis que pour les attirer, nos gens les provoquaient par leurs moqueries auxquelles les autres répondaient en les appelant Moscovites... Je voulais donner l'ordre d'attaque sur-le-champ, mais quelques officiers qui m'entouraient me conjurèrent d'avoir un moment de patience... Les cavaliers polonais et français qui avaient pris ce retard pour de l'hésitation, nous chargèrent en ligne et à toutes jambes Les Cosaques firent mine de se sauver, mais en un clin d'œil et par un mouvement que leur suggéra leur instinct militaire, après avoir crié halte, firent volte-face en criant hurrah! En un instant la cavalerie ennemie fut entourée et rejetée dans le plus grand désordre sur son infanterie. » (BECKENDORF, cité par WEIL, III.)

Katzler harcela les troupes en retraite sans résultat appréciable. Mais ce même soir du 18, le pont de Pontavert fut rendu praticable et une brigade du corps de Kleist put passer sur la rive sud de l'Aisne, tandis que tout le 6ᵉ corps français s'installait autour de Fismes.

Cette direction de retraite prise par le duc de Raguse était très excentrique et l'éloignait de son collègue ; car Mortier, après avoir passé la nuit du 17 à ce même point de Fismes, avait gagné Reims dans la matinée du 18. Il y était entré à neuf heures, avait de suite conféré avec Corbineau (1), Andrieux et le sous-préfet et avait pris ses dispositions pour une occupation de quelque durée.

Marmont ne pouvait ignorer l'arrivée de Mortier à Reims. C'était donc sur Reims que logiquement il devait se replier pour donner la main à Trévise, pour pouvoir ultérieurement, d'après les instructions de l'empereur, se porter sur Épernay ou sur Châlons.

La distance, vingt-huit kilomètres, qui est celle de Fismes à Reims, ne permettait pas aux deux maréchaux d'unir leurs efforts pour la journée du 19 mars; et Marmont, malgré la fausse direction qu'il avait prise après l'attaque de la cavalerie de Tchernitcheff, sentait cependant la nécessité absolue d'une action commune. Ayant commis la faute de ne pas se

(1) Le soir du 18 mars, d'après les ordres reçus, Corbineau quitta Reims pour rejoindre le quartier impérial. L'arrivée de Mortier rendait sa présence inutile comme gouverneur.

« Donnez ordre au duc de Trévise de nommer un major pour commander la place de Reims, la garde nationale et les batteries qui s'y trouvent et de faire partir demain le général Corbineau pour venir me rejoindre. » (Napoléon au major-général. Épernay, 17 mars.)

porter sur Reims, il appela Mortier à lui. « Je pense, mon cher maréchal, écrivit-il en arrivant à Fismes, que vous n'avez pas un instant à perdre pour vous porter sur moi. » La seule raison plausible de cet appel était de ne pas abandonner complètement Charpentier à Soissons, et ce fut sans doute cette raison qui décida Mortier à se rapprocher du duc de Raguse.

Au moment de l'arrivée de la lettre de Fismes, dans la nuit du 18 au 19, le duc de Trévise avait déjà réparti ses troupes. Des postes avaient été placés aux moulins de Courcy et de Mont-d'Arène. Belliard avec le gros de la cavalerie s'était établi à la Neuvillette, occupant Merfy et Saint-Thierry, envoyant jusque vers Cauroy des reconnaissances qui se heurtèrent à des troupes cosaques. Les divisions d'infanterie (Curial (1) et Christiani) avaient pris position un peu en avant de la ville, face au nord, puisque c'était du côté d'Asfeld que les troupes russes de Winzingerode étaient signalées dans la soirée du 18 (2).

(1) Curial était Savoyard, s'engagea dans le régiment des Allobroges et devint colonel en 1801. Austerlitz, Eylau, Friedland, la Moskowa, Lützen, Vauxchamps et Craonne furent les étapes de sa brillante vie militaire. Divisionnaire en 1809, Curial fut créé comte de l'empire le 22 mars 1814. Quinze jours après, il vota la déchéance. Cependant en 1815 il revint à Napoléon. En 1823, il commanda la 5e division de l'armée d'Espagne (1774-1825).

Christiani, né à Strasbourg en 1772, frère d'un conventionnel, général de brigade en 1813, baron de l'empire. A Waterloo il commanda le 2e régiment de la garde et mourut en 1826, à cinquante-quatre ans.

(2) Pour le 19, les mouvements de l'armée de Silésie devaient être les suivants : Yorck devait passer l'Aisne à Berry et Kleist à Pontavert et menacer Marmont sur la Vesle par Cormicy et Roucy. Sacken devait suivre Kleist, Langeron devait marcher derrière Yorck, profitant des mêmes points de passages. Bülow, en réserve, devait s'avancer sur l'Ange gardien. Ainsi, cinq corps devaient se trouver groupés et d'une façon générale se diriger contre le duc de Raguse, pendant que Winzingerode hâtait sa marche sur Reims.

Cependant, par esprit de bonne camaraderie, Mortier se décida très hâtivement à abandonner Reims, fit prendre à son infanterie la route de Fismes dès six heures du matin le 19 et donna l'ordre au général Roussel de rester en position près de Reims jusqu'à dix heures, pour couvrir la retraite. Mais, se rendant compte en partie de la faute qu'on lui faisait commettre, le duc de Trévise laissant le commandement de la colonne au général Curial se porta lui-même très rapidement sur Jonchery et Breuil-sur-Vesle et rejoignit Marmont près de ce dernier village. L'erreur d'une concentration à Fismes fut sans doute reconnue à ce moment. Pour l'atténuer, il fut convenu que Reims continuerait à être occupé par la cavalerie de Roussel, pour garder la direction de Châlons, et que l'infanterie de Trévise y reviendrait dans la soirée du 19.

Il était neuf heures et demie du matin au moment de cette conférence. Mortier envoya immédiatement à Curial l'ordre d'arrêter l'infanterie et à Roussel celui de rester à Reims. Malheureusement, ces nouvelles instructions arrivaient trop tard. L'infanterie de Curial avait atteint Jonchery et Roussel était entre Thillois et Muizon, lorsque les officiers envoyés par Mortier purent les rejoindre. L'infanterie s'arrêta à l'est de Jonchery, la cavalerie fit demi-tour et se porta au trot sur Reims, se croyant suivie par l'infanterie.

Or, entre dix et onze heures, pendant que Reims se trouvait dégarni de troupes, quelques escadrons cosaques formant l'avant-garde de Winzingerode, venant de Neufchâtel et d'Asfeld, s'étaient présentés devant la ville abandonnée, avaient trouvé les portes ouvertes, étaient entrés, avaient délivré les prisonniers, et, traversant la ville, avaient suivi les traces de Roussel sur la route de Fismes pour surveiller le mouvement du corps de Trévise.

En débouchant sur la montagne Sainte-Geneviève, à midi, les cavaliers russes se heurtent alors à trois escadrons de dragons français qui reviennent précipitamment sur Reims. Les Russes sont surpris, bousculés, repoussés sur Saint-Brice, et s'enfuient par la Neuvillette et Bétheny, apportant à l'avant-garde d'infanterie de Winzingerode qui s'avance par la route de Neufchâtel la nouvelle du retour des Français.

Les trois escadrons de dragons rentrent donc dans Reims au galop par la porte de Vesle, pendant que le reste de la division Roussel, que guide Belliard en personne (1), s'établit entre Tinqueux et le faubourg de Vesle, face à Saint-Brice.

Cependant, les portes de Reims sont vivement occupées par les dragons qui mettent pied à terre,

---

(1) Nous avons dit que Belliard avait remplacé Grouchy. Il commandait toute la cavalerie des deux maréchaux. Il marchait avec Trévise depuis Soissons, et venait de suivre la division Roussel dans son retour offensif sur Reims. De droit, il commandait et c'est à lui surtout que doit revenir le mérite des heureuses dispositions qui furent prises le 19 mars. Roussel seconda parfaitement Belliard.

Voici quelle était le 19 mars la composition exacte de la division Roussel :

5ᵉ dragons, 412 hommes.
12ᵉ   —   317 hommes.
21ᵉ   —   483 hommes.
26ᵉ   —   530 hommes.
Régiment de marche, 320 hommes.
Artillerie légère, 212 hommes.
Au total, 2,274 hommes.

élèvent rapidement des barricades et paraissent très décidés à repousser les attaques.

Belliard, lui, espère toujours des renforts, se croit suivi par l'infanterie de Curial et calcule qu'elle peut arriver vers quatre heures du soir en vue de Reims (1). Aussi, pour gagner du temps, fait-il mettre en batterie ses quelques pièces de canon sur la montagne Sainte-Geneviève et défend-il énergiquement le pont de Saint-Brice avec un bataillon de fusiliers de la garde (2) contre les efforts des premières troupes russes qui viennent de se montrer devant la ville.

Winzingerode, qui s'est porté à son avant-garde, est exaspéré de cette résistance inattendue. Il pensait trouver les portes ouvertes et se voit arrêté par une poignée d'hommes résolus. A peu près renseigné sur le petit nombre des défenseurs, il ne veut pas croire à une plus longue résistance et envoie immédiatement un parlementaire sommer la ville de se rendre ; mais l'officier de dragons qui commande le petit poste de la porte Mars, répond au parlementaire russe « qu'il est Français et dragon, qu'il s'est toujours battu en bon Français et qu'il se battra jusqu'au dernier moment ».

La municipalité de Reims, qui vient d'apprendre la sommation, qui ne comprend rien au retour offensif de Belliard et qui surtout a très peur du farouche Winzingerode, est prête à entrer en pourparlers.

Le fonctionnaire-maire Andrieux est au désespoir,

---

(1) D'après le comm^t Koch, Belliard envoya plusieurs officiers aux maréchaux pour les informer de la situation et prendre leurs ordres.
(2) Ce bataillon avait le matin formé l'arrière-garde de Mortier. Il était entre Thillois et Muizon quand la division Roussel s'était reportée sur Reims et avait suivi le nouveau mouvement de la cavalerie.

craint un nouveau pillage de la ville et offre ses services comme parlementaire. Mais les dragons ne veulent rien entendre et le combat continue (1).

A Saint-Brice, les Russes sont toujours maintenus par le canon de Belliard, et il est maintenant quatre heures du soir. Winzingerode veut en finir et espère qu'en montrant ses troupes il obtiendra la reddition de la ville. Il déploie donc une partie de son armée, enveloppe l'enceinte de trois côtés, établit des batteries sur la route de Berry, sur le chemin de Bétheny et sur la route de Châlons, commence le bombardement et prend toutes ses dispositions pour l'attaque (2).

Un deuxième puis un troisième parlementaire sont envoyés, avec des paroles pleines de menaces (3), mais ils n'obtiennent aucun succès auprès des braves dragons, et Winzingerode, de plus en plus exaspéré, voyant le bombardement qu'il a ordonné rester sans effet, fait ramasser les échelles dans les villages voisins en vue d'un assaut de nuit.

« Les habitants étaient dans des angoisses terribles.

---

(1) La garde nationale de Reims ne put rendre aucun service le 19 mars, par la faute du commandement. Les gardes nationaux avaient pris leurs fusils à l'hôtel de ville, au petit jour, mais ces fusils avaient été rapportés à dix heures, au moment du départ de Roussel. Lorsque les dragons revinrent vers midi, les gardes étaient rentrés chez eux et on ne sut pas les réunir de nouveau.

(2) C'est à ce moment, d'après plusieurs auteurs, que fut tué le colonel d'état-major Jœlrich de Heck, dont la mort exaspéra le général Winzingerode.

(3) « Un perruquier du faubourg Cérès, voyant le danger de la résistance, dit à un des dragons que l'ennemi était si près qu'il était inutile de résister, qu'il fallait laisser entrer les Russes... Sur cette parole réitérée, le dragon tira son sabre, lui perça le corps et il est mort sur-le-champ. (Manuscrit Lacatte.)

M. ANDRIEUX
PREMIER ADJOINT EN 1814, MAIRE EN 1825
(D'APRÈS LE TABLEAU DE L'HOTEL DE VILLE DE REIMS
V. Courleux, phot. à Reims.

Les approches de la nuit augmentaient la crainte, les vieillards, les femmes, les enfants, se réfugièrent dans les caves ; on reconnut la nécessité de se rendre (1). »
Le bombardement avait d'ailleurs été assez sérieux (2). L'hôtel de ville, où le comité central s'était réuni en permanence, fut frappé par trois obus, « dont deux enlevèrent une partie de la couverture, et le troisième, en brisant une croisée au rez-de-chaussée, vint heurter et s'amortir contre le mur d'un des bureaux de la mairie (3). »

La nuit tombait : certain maintenant de ne pas recevoir de renforts d'infanterie, le général Belliard jugea inutile de prolonger une résistance aussi inégale, et pour éviter à la ville la continuation du bombardement se décida à ordonner la retraite. Les dragons le rejoignirent sur la hauteur Sainte-Geneviève, après avoir très vaillamment rempli leur devoir pendant toute la journée, et toute la division Roussel reprit la route de Fismes (4).

Andrieux fit alors arborer un drapeau blanc à la porte de Mars et, très courageusement cette fois, accompagné de M. Heidsieck (5), qui servait d'interprète, se porta au-devant de Winzingerode. Reims

(1) Manuscrit Lacatte.
(2) On trouve encore des traces du bombardement du 19 mars, aux n°ˢ 163 et 183 de la rue de Vesle, au n° 36 de la rue Saint-Jacques, au n° 73 de la rue Gambetta (ancienne rue Neuve). Des boulets sont restés incrustés dans les murailles. (BAZIN, *Une vieille cité de France*.)
(3) Manuscrit Lacatte.
(4) Le général Roussel, à la suite de cette affaire, fut proposé par Belliard pour commandant de la Légion d'honneur.
(5) Heidsieck était d'origine allemande. Il habitait Reims depuis 1785 et avait fondé à cette époque une importante maison de commerce de vins de Champagne.

n'ayant plus de défenseurs, il fallait maintenant chercher à arrêter le pillage. Andrieux fit, dit-on, valoir que « c'étaient les dragons seuls qui avaient prolongé la résistance » et fut assez heureux pour obtenir que l'ordre de piller ne serait pas donné. Le président du comité était d'ailleurs en bons termes avec le général, qui avait logé chez lui du 16 février au 1er mars. De plus, Winzingerode avait promis au prince Volkonski, chef d'état-major russe, de ne pas incendier la ville. Il se contenta donc d'entrer à Reims à sept heures du soir sans donner d'ordres précis, mais toujours furieux d'avoir été arrêté pendant six heures par quelques escadrons français. Cette fureur était partagée par les troupes ; aussi, si le pillage ne fut pas autorisé officiellement, du moins fut-il toléré ! Là où les Russes campèrent dans la ville, tout fut saccagé et pillé. Cinq cents maisons furent abîmées, des incendies partiels furent allumés à la Neuvillette, Saint-Brice, Courcelles, Tinqueux et Clairmarais. Les soldats traitèrent Reims en ville conquise pendant que Winzingerode, descendu cette fois encore chez Andrieux, affectait de la bienveillance pour son hôte et pour les habitants de Reims une grande générosité.

Pour la troisième fois, et pour longtemps, hélas ! Reims était donc au pouvoir des Russes. Le beau fait d'armes de la cavalerie de Belliard n'eut pas grande importance tactique. Il permit pourtant aux divisions d'infanterie Curial et Christiani de ne pas être inquiétées par la cavalerie russe pendant toute cette journée du 19 mars. Il souligne la grosse faute commise par l'abandon prématuré de Reims. En effet, non seulement la ligne de l'Aisne était perdue mais la retraite des maréchaux sur Châlons ou Épernay devenait impossible. Le soir du 19 cependant, toutes les forces françaises se trouvèrent réunies non loin de Fismes. Mortier puis Belliard rejoignirent le 6ᵉ corps, dont ils formèrent la droite, et passèrent la nuit près de Magneux, où s'établit le quartier général du duc de Trévise.

CHAPITRE XVI

LA FIN DE LA GUERRE

Le mont Saint-Martin. — Retraite des maréchaux sur la Marne. — Tettenborn à Châlons et Épernay. — Mouvements de l'armée de Silésie. — Blücher à Reims. — Résumé des opérations jusqu'au 30 mars.

Nous avons vu que la seule raison valable à invoquer pour expliquer la retraite du 6e corps sur Fismes au lieu de Reims, le 18 mars, était la présence du général Charpentier à Soissons. Marmont avait voulu se rapprocher de lui pour ne pas le laisser tout seul en face de l'aile droite de Blücher. Mais le 19, décidément très mal inspiré, le duc de Raguse fit plus encore ; il appela Charpentier à Fismes, en sorte que le 19 au soir, au moment même où Mortier s'installait à Magneux, toute la petite armée française laissée sur l'Aisne se trouvait réunie. Mais à quel prix avait été obtenue cette réunion ? Reims était abandonné et déjà occupé par l'armée russe, toute la ligne de l'Aisne était forcée et Soissons n'avait plus qu'une garnison dérisoire. Enfin, la retraite des Français était coupée. Marmont ne pouvait se replier ni par Châlons ni par Reims et difficilement par Épernay ; il lui était par conséquent difficile de chercher à se porter dans la direction de l'empereur.

A vrai dire, l'idée de retraite pour rejoindre l'empereur ne semble pas, le 19 et le 20 mars, avoir beaucoup préoccupé le maréchal. En s'installant à Fismes, il croyait remplir une des missions données par l'empereur, qui lui avait fait écrire d'Épernay : « Sa Majesté désire que vous fassiez le plus de mouvement possible de cavalerie pour imposer à Blücher et gagner du temps. Si Blücher passait l'Aisne, vous devez lui disputer le terrain et couvrir la route de Paris... » Ces mots « couvrir la route de Paris », Marmont et l'empereur les comprenaient d'une façon différente, car, trois jours après, complétant ses premières instructions, Napoléon, qui croit que Reims est toujours à lui, écrit au duc de Raguse : « Si Blücher faisait un mouvement offensif, vous devriez, monsieur le maréchal, ainsi que le duc de Trévise, vous retirer sur Châlons et Épernay afin que nous soyons tous groupés, et couvrir la route de Paris par quelques partis de cavalerie. »

Cette fois l'ordre était formel mais malheureusement trop tardif. Une nouvelle lettre part le 20, quand, à Plancy, l'empereur connaît le passage de l'Aisne par les corps de Yorck et de Kleist. « L'empereur voit avec peine que vous vous soyez retiré sur Fismes au lieu de vous retirer sur Reims et de là sur Châlons et Épernay. Sa Majesté ordonne donc que vous ayez sur-le-champ à prendre cette communication, car sans cela Blücher va se réunir au prince de Schwarzenberg, et tout cela tomberait sur vous (1) » Et cet ordre de

(1) Le major-général au maréchal Marmont, 20 mars, 10 heures du matin.

garder la communication par Reims est renouvelé presque aussitôt, le même jour 20 mars : « L'empereur ordonne que de l'endroit où vous recevrez mon ordre, vous et le maréchal duc de Trévise, vous vous dirigiez avec votre infanterie, votre cavalerie et votre artillerie sur Châlons, par Reims, et si cela ne vous paraissait pas possible, par Épernay ; mais vous devrez marcher en toute hâte et surtout accélérer les mouvements de votre cavalerie (1). »

Après la lecture de ces dépêches, il faut laisser au duc de Raguse la responsabilité du mouvement sur Fismes, qui contrariait complètement les projets de Napoléon. Du reste, si la position choisie était mauvaise au point de vue stratégique, elle était cependant assez forte et offrait certains avantages tactiques. « Cette position du mont Saint-Martin, dit Marmont dans ses Mémoires, était très bonne. Proportionnée à la force des troupes qui l'occupaient et difficile à tourner, elle exigeait des reconnaissances préalables de la part de l'ennemi. »

Le mont Saint-Martin était un vaste plateau situé à l'ouest de Fismes. Ses pentes, assez douces, aboutissaient au nord à la Vesle, et, vers l'est, aux petits ruisseaux de l'Ardre et de l'Orion. En arrière s'étendaient les forêts de Dôle. En somme, la position était couverte sur son front par des rivières et était assez difficile à aborder. Marmont occupa le mont Saint-Martin comme s'il s'attendait à une bataille pour le 20 mars, constituant une sorte d'avant-ligne entre

---

(1) Le major-général au maréchal Marmont, 20 mars, midi.

Fismette et Bas-Lieu sous le commandement du général Pelleport.

Mais l'armée de Silésie ne songeait nullement à attaquer ! Blücher, « dégoûté vraisemblablement des pointes qui lui avaient si mal réussi (1) », était résolu à rejoindre le généralissime. Aussi, dès qu'il connut l'entrée des Russes à Reims, donna-t-il l'ordre à Winzingerode de pousser des coureurs sur Beaumont-sur-Vesle et Châlons pour donner la main au général Tettenborn.

Celui-ci avait été obligé, le 15 mars, nous l'avons dit, d'abandonner Épernay et la ligne de la Marne; mais, toujours actif et entreprenant, dès qu'il sut le départ de Ney pour rejoindre l'empereur, Tettenborn revint sur ses pas, rentra dans Châlons avant que le général Duvigneau, chargé d'occuper la ville, ne fût arrivé, et se porta même jusqu'à Notre-Dame-de-l'Épine.

Une fois de plus, grâce à Tettenborn, les communications étaient donc rouvertes avec l'armée de Silésie ! En apprenant ces nouvelles, le 20 mars au soir, Blücher avait accentué son mouvement de la veille. A la fin de la journée, Bülow était devant Soissons qu'avait abandonné Charpentier et où restait seulement le commandant Gérard avec une petite garnison, et les avant-postes français avaient été chassés du plateau de Crouy. Au centre, Yorck et Kleist surveillaient Fismes. Un petit engagement de cavalerie vers Magneux (2)

(1) Commandant Kocu, II.
(2) Cet engagement eut lieu vers quatre heures du soir. La cavalerie française fut obligée de se replier sur Saint-Gilles, et Mortier transporta

avait permis au prince Guillaume de Prusse d'occuper Courlandon et à Ziethen de s'établir sur le plateau de Magneux, et les avant-gardes de Sacken avaient pu atteindre l'Aisne à Vailly. Enfin Langeron était arrivé à Berry-au-Bac, donnant la main aux troupes de Reims (1).

Cette journée du 20 mars prouvait que Blücher voulait se contenter de déborder les maréchaux, en évitant les chances d'une bataille (2). Marmont et Mortier, dans la soirée, étaient fort hésitants sur le parti à prendre lorsque arrivèrent les ordres impératifs de Napoléon. Il n'y avait plus dès lors de discussion possible, il fallait rejoindre au plus vite par une des directions qui pouvaient être encore prises : celle d'Épernay par Dormans ou celle de Château-Thierry. La première était plus courte et on savait le général Vincent à Épernay. Malheureusement le terrain à parcourir passait pour très difficile ; Marmont n'osa pas s'y engager et décida de marcher sur Château-Thierry.

Or, deux chemins, en 1814, conduisaient du plateau du mont Saint-Martin et de la forêt de Dôle vers Château-Thierry : l'un par Fère-en-Tardenois, très pénible à suivre, l'autre, plus long mais bien meilleur, par Cra-

---

son quartier général à Fismes le 20, croyant toujours à une attaque générale.

(1) Langeron détacha une colonne mobile de deux mille hommes vers Rethel sous le commandement du général de Witt. Cette colonne avait pour mission spéciale d'arrêter le mouvement insurrectionnel signalé dans les Ardennes.

(2) Marmont écrivit le soir du 20 mars au major-général : « Nous avons tenu toute la journée la forte position du mont Saint-Martin sans que l'ennemi ait osé rien entreprendre. C'est une position inexpugnable si j'avais plus de monde et qui couvre toutes les grandes communications. » (Archives de la guerre.)

LE GÉNÉRAL TETTENBORN
COMMANDANT UN PARTI DE CAVALERIE RUSSE EN 1814
(D'APRÈS UNE GRAVURE ANGLAISE)

maille et Oulchy-le-Château, où il rejoignait la grande route de Soissons.

Le 21 mars, le gros de la petite armée de Marmont prit le chemin de Cramaille pendant que des détachements sur le flanc s'engageaient vers Fère. Les arrière-gardes de la colonne principale, attaquées vers Oulchy, purent cependant continuer leur route après avoir repoussé les cavaliers de Ziethen et du colonel Blücher. Très tard dans la soirée, toutes les troupes purent se concentrer de nouveau aux alentours de Château-Thierry (1).

Mais, dans cette même journée du 21, un heureux coup de main de Tettenborn avait fait tomber Épernay ! En vérité, parmi tous les généraux des troupes alliées, ce Tettenborn, chef de partisans ou du moins de troupes irrégulières, se distingua constamment par son audace, son coup d'œil, et aussi par son bonheur ! Dès qu'il eut réoccupé Châlons, apprenant la présence du général Vincent sur la Marne, il envoya de suite le colonel Pfühl avec deux régiments cosaques et deux pièces d'artillerie légère. Vincent n'avait qu'une centaine de cavaliers et cinq cents fantassins. Sachant l'armée de Raguse en marche, il résolut cependant de se défendre.

La garde nationale d'Épernay fut très vaillante. Le maire Jean Moët, — qui ce jour-là justifia la croix d'honneur que l'empereur lui avait donnée le 17 mars —

---

(1) Marmont, de Château-Thierry, écrivit à Berthier : « Je regrette de n'avoir pas manœuvré sur Reims, Épernay et Châlons, puisque ces mouvements concordaient avec ceux de l'empereur. Mais je n'ai pu me retirer d'abord sur Reims, par suite de la nature des événements. »

donna le plus bel exemple, et la première tentative des Cosaques fut repoussée. Mais, vers deux heures, Pfühl renouvela son attaque, soutenu cette fois par des coureurs d'une avant-garde arrivant de Reims. Toute résistance devint inutile ; Vincent, complètement coupé malgré sa belle attitude, fut obligé de gagner Dormans en traversant la forêt de Vaucienne et d'abandonner la courageuse cité d'Épernay, que les Russes mirent au pillage.

Cette occupation d'Épernay fut connue des maréchaux à leur arrivée à Château-Thierry. Dès lors, ils ne pouvaient plus tenter de remonter la rivière pour rejoindre Napoléon, et les routes qui longent la Marne devaient être abandonnées. Dans la soirée du 21 mars, ils décidèrent donc de se porter le lendemain sur Montmirail et Étoges, après avoir détruit le pont de Château-Thierry.

Ainsi l'Aisne, la Vesle, la Marne étaient atteintes par l'armée de Silésie. Toute la région rémoise, dont nous avons entrepris l'histoire, était au pouvoir de l'ennemi.

Revenons maintenant à Reims même.

Après l'occupation de la ville par Winzingerode, il y eut pendant trois jours un immense et constant défilé de troupes. Mais le séjour du général russe à l'hôtel de M. Andrieux ne fut pas, cette fois, de longue durée, car, entré le 19 au soir à Reims, Winzingerode dut repartir le 21, son corps devant servir d'avant-garde générale à l'armée. En apprenant l'évacuation de la position du mont Saint-Martin par les Français, Gneisenau installa le quartier général à Fismes ; le 21 mars Yorck et Kleist devaient suivre les maréchaux sur la Marne, mais Reims devint l'objectif des corps de Sacken et de Langeron, tandis que Winzingerode devait marcher sur Épernay et détacher Vorontsov sur Châlons. Bülow restait en face de Soissons.

Ces dispositions, prévues le 22, furent exécutées le 23. Dans la soirée, Winzingerode dépassa Épernay et se dirigea au sud de la Marne ; Reims reçut quarante mille hommes et dix-huit généraux, parmi lesquels Blücher lui-même, avec son immense quartier général.

« Ce n'étaient que marches et contre-marches dans les armées, au point qu'on les croirait battues et en déroute, prises entre deux feux et dans l'impossibilité de jamais sortir de France (1). »

Le baron de Rozen, aussitôt après l'entrée de Winzingerode, avait été chargé des relations avec la municipalité, et il fit de louables efforts pour arrêter le pillage et rappeler les soldats à l'ordre et à la discipline ; mais ce n'était pas chose facile que de maintenir le bon ordre, car le nombre des troupes en station à Reims ou qui traversaient la ville était si considérable qu'il était impossible de fournir le logement. La majeure partie des régiments bivouaqua dans les rues et sur les places, et le comité central dut procurer tous les vivres nécessaires à ces troupes, qui, depuis dix jours, avaient eu au nord de l'Aisne de très mauvais

(1) *Journal d'un bourgeois de Reims.*

cantonnements et qui trouvaient Reims à leur goût (1). De plus, le froid avait repris, et les Russes, décidément très frileux ou très habitués à se chauffer, recommencèrent comme en février à réclamer du bois, et, comme en février, il fallut, pour leur donner satisfaction, abattre encore un grand nombre des arbres des promenades et des glacis. Les charges furent, de toutes façons, considérables, et pendant près d'une semaine la ville eut à fournir par jour vingt-cinq mille rations.

Blücher arrivé le 23, partit le 24 et il n'y eut plus à Reims que des détachements assez peu importants, le gros de l'armée ayant maintenant dépassé la ligne de la Marne (2). Yorck et Kleist suivaient toujours les

---

(1) En dehors de Reims, on forma un camp immense depuis la route de Rethel jusqu'à Courcelles et Saint-Brice. Des pillages inutiles eurent encore lieu dans les villages, bien des maisons furent incendiées.

(2) Voici une lettre de Gneisenau, racontant la situation au général Releyeff.

(Autographes de Laon, bibliothèque municipale.)

Cette lettre fut sans doute interceptée. Elle est, je crois, inédite.

A monsieur le général Releyeff, *gouverneur général des départements de l'Aisne et des Ardennes.*

« Reims, le 23 mars 1814.

« Mon Général,

« Le 20, l'ennemi venant par le pont de Plancy, sur la rive gauche de l'Aube, avait occupé Arcis et avait déjà dépassé cette ville, lorsqu'il fut inopinément attaqué par notre grande armée, qui avait repris l'offensive. Le combat durait le soir du 20 et recommençait le 21 avec opiniâtreté. L'ennemi ne pouvait pas percer et se vit obligé de jeter trois ponts sur l'Aube à Arcis et de repasser la rivière, en laissant vis-à-vis notre armée le maréchal Oudinot pour garder les ponts.

« Napoléon a couché le 22 à Sommepuis, et se coupant lui-même de Paris, il voulut se rapprocher de ses places. La grande armée veille ses mouvements et l'armée de Silésie est sur ses derrières. La cavalerie de Winzingerode doit l'avoir atteint hier près de Vitry.

« Aux deux journées des 20 et 21 l'ennemi a, comme nous avons vu par

maréchaux. Winzingerode avait donné la main à la grande armée alliée, Langeron et Sacken occupaient Épernay, Châlons et les routes de Vitry ; l'armée de Silésie était arrivée au contact avec la petite armée personnellement conduite par Napoléon.

Car les événements de la guerre avaient amené l'empereur à Saint-Dizier, loin des maréchaux Marmont et Mortier, loin aussi de Paris, déjà menacé par les alliés !

En partant d'Épernay, le 18 mars, l'empereur s'était d'abord porté sur l'Aube à Plancy et avait poussé sa cavalerie sur la Seine à Méry. Il avait rappelé de Villenauxe, Oudinot, Mac Donald et Gérard, mais, les 20 et 21, il s'était heurté à Arcis à des forces considérables et avait dû se replier sur Sommepuis. Le coup décisif contre l'armée de Schwarzenberg n'avait pu être frappé ! C'est donc sur les communications de l'ennemi que l'empereur avait dû alors se porter pour arrêter la marche de la grande armée alliée, pour la forcer à dégager Paris. C'est pourquoi il s'était dirigé lui-même sur Saint-Dizier après avoir fait un pressant appel à Marmont et à Mortier.

Malheureusement, parvenus très tard à Château-Thierry, comme nous l'avons raconté, les maréchaux se sont dirigés par de mauvais chemins sur Étoges, ont heurté, eux aussi, l'armée de Bohême, ont été repoussés au combat de Fère-Champenoise et se sont retirés par

des lettres interceptées, perdu vingt-six pièces de canon et cinq à six mille hommes en tués et blessés.

« Agréez, mon général, l'assurance de ma haute considération.

« Le lieutenant général DE GNEISENAU,
« chef de l'état-major. »

Sézanne. En même temps, le 25 mars, un gros convoi amené par le général Patchod a été enlevé à Sommepuis, et l'empereur a été attaqué lui-même à Saint-Dizier par le corps de Winzingerode, avant-garde de Blücher !

Ainsi, d'une part, les deux maréchaux, battus à Fère-Champenoise, sont en retraite sur Paris, et de l'autre, l'empereur, avec ses petits effectifs, est immobilisé à Saint-Dizier. Entre ces deux groupes, les deux grandes masses ennemies se sont concentrées, se sont jointes et se disposent à marcher rapidement sur Paris pour y terminer la guerre.

Aussitôt qu'il a démêlé la situation presque désespérée, l'empereur juge sa présence indispensable près de Paris. Il prend donc un nouveau parti. Pendant que Blücher et Schwarzenberg se dirigent sur la capitale, le premier par Montmirail et Meaux, le second par Sézanne et Coulommiers, Napoléon quitte Saint-Dizier en hâte et se porte, à marches forcées, par la vallée de la Seine pour devancer l'ennemi vers Paris, pour jouer sa destinée dans une dernière grande bataille.

L'armée passe à Troyes le 29, arrive le matin du 30 à Villeneuve-sur-Vannes, marchant avec une extraordinaire rapidité. A Villeneuve, l'empereur, qui craint d'arriver trop tard, quitte ses troupes et part en poste pour être plus vite de sa personne à Paris. A dix heures du soir, avec quelques aides de camp seulement, il gagne Fromenteau près de Juvisy, et c'est là qu'il apprend les plus douloureuses nouvelles : Mortier, Marmont, Moncey ont livré bataille, Paris a capitulé, sera occupé le lendemain, et le roi Joseph est parti pour Blois avec la régente, avec le petit roi de Rome!

L'empereur revient alors sur ses pas et va s'établir à Fontainebleau, où il est bientôt rejoint par les débris de sa glorieuse armée, où va se jouer l'acte le plus douloureux du drame tragique.

CHAPITRE XVII

LE GOUVERNEMENT PROVISOIRE

Le prince Volkonski. — Reims, ville de garnison. — Nouvelles de la guerre. — La cocarde blanche. — Les placards du « Prince ». — Pâques 1814. — L'engouement russe. — Le jugement de la France.

Pendant que se passent ces événements qui décident du sort de la campagne, qui vont bouleverser les destinées de la France, Reims, bien que toujours occupé par les Russes, reste cependant en dehors du grand mouvement de l'invasion.

Les nouvelles sont rares, les postes ne fonctionnent naturellement plus, on n'apprend que par hasard les combats livrés. Encore les nouvelles sont-elles généralement inexactes, puisqu'elles parviennent presque toujours par des courriers ennemis.

Dès le 21 mars, le baron de Rozen avait été remplacé par le prince Volkonski comme gouverneur de Reims(1). Ce Volkonski était parent du général du même nom qui, comme chef d'état-major, avait séjourné à Reims au moment de la première occupation par Winzingerode. Il avait le grade de major. C'était un homme d'une

---

(1) Rozen partit le 21. Mais, d'après un manuscrit, les fonctions de gouverneur auraient été remplies du 21 au 25 par le baron Wiest. Néanmoins il paraît probable que Volkonski fut nommé dès le 21.

trentaine d'années, de formes courtoises, et d'un caractère très bienveillant.

Très grand seigneur, ne se noyant pas dans le détail, demandant beaucoup avec des manières parfaites, il « épata » complètement le comité central et obtint tout ce qu'il voulut. Ses exigences furent d'ailleurs raisonnables et les réquisitions étaient nécessaires pour faire vivre les troupes. Volkonski eut le grand mérite d'éviter les vexations inutiles, et il ne me déplait pas de constater enfin chez un ennemi une certaine générosité que les Rémois n'avaient jusque-là trouvée ni chez Winzingerode ni chez Saint-Priest. Les troupes restant à Reims le 25 après le passage de Blücher et le départ de Langeron et de Sacken étaient d'ailleurs peu considérables. C'étaient des arrière-gardes, des éclopés, des malades, douze ou quinze cents soldats au total.

Dans ce nombre, il ne faut naturellement pas comprendre les soldats alliés en traitement dans les différents hôpitaux. De ces malades-là, le chiffre est énorme ! Affaiblis par une très rude campagne, par les souffrances et les privations de toute sorte, et aussi par l'abus de l'alcool — l'ivrognerie était le grand vice des troupes russes, — les malades, aux hôpitaux, mouraient comme mouche (1) ! La liste est bien longue des malheureux qui dorment leur dernier sommeil au cimetière de la porte Mars, côte à côte avec nos soldats ! En parcourant le registre des décès de l'état

---

(1) A la fin de mars, il mourait aux hôpitaux de Reims chaque jour, de dix-huit à vingt soldats de l'armée ennemie. Voir aux annexes ce qui a trait aux monuments du cimetière de Reims.

civil de la ville, que de fois, pendant cette période des derniers jours de mars, trouve-t-on la douloureuse mention : militaire prussien inconnu, militaire russe inconnu ! Pauvres diables morts sans gloire à l'hôpital, obscurs soldats de l'invasion qui êtes partis sans un ami, sans une larme, sans même que l'on sût votre nom, que la terre de France, la grande vaincue d'alors, la grande nation généreuse, vous soit éternellement légère !

Le 27 mars, les Rémois eurent enfin des nouvelles exactes de l'armée française. Elles parvinrent, hélas ! par des prisonniers ! Dans la soirée du 27, le 28, le 29 et le 30 de longues colonnes composées de douze cents Français envoyés à Laon traversèrent la ville. C'étaient des soldats d'Arcis-sur-Aube qui racontèrent leurs glorieux mais inutiles exploits et comment, après une sanglante bataille de deux jours, l'empereur avait dû se replier sur Sommepuis. C'étaient déjà aussi des soldats culbutés le 25 à Fère-Champenoise, appartenant à ce 6ᵉ corps, qui, le 13 mars, douze jours avant, s'était si glorieusement battu à Reims même. Enfin, il y avait parmi les prisonniers des gardes nationaux qui avaient assisté au désastre du général Patchod sur la route de Vitry.

A tous ces prisonniers, vaillants débris des dernières batailles, les Rémois firent un généreux accueil. Les habitants se portèrent au-devant d'eux sur les routes d'Épernay et de Châlons, cherchèrent pendant leur court passage dans la ville à les réconforter, à leur donner des vêtements et des vivres, à leur faire oublier pour quelques heures leurs infortunes. Chose étrange et admirable, malgré leurs fatigues, malgré les défaites subies, ces prisonniers n'avaient pas perdu toute confiance, tant était grande encore, à la date du 30 mars, leur foi dans le génie de celui qui les avait si souvent menés aux combats victorieux ! Jeunes soldats, gardes nationaux, vieux grognards, espéraient encore ! Dans ces terribles et douloureuses journées de la fin de la campagne, certains chefs seuls, ou du moins surtout certains chefs, étaient las ! Jusqu'à la fin les admirables troupiers de France se battirent comme des lions, marchèrent comme des forcenés et surent mourir comme des héros (1) !

Après ce passage de prisonniers (2), Reims reprend un air de garnison régulière. Il y a de petits mouvements

(1) Le baron de Bourgoing cite dans ses Mémoires l'héroïsme des jeunes soldats dans un des combats de mars. « Cette phalange novice qui subissait pour la première fois l'épreuve du feu, soutenait les charges réitérées de la cavalerie ennemie. Ces jeunes soldats étaient commandés par l'un de ces hommes dont la race ne s'éteindra jamais dans notre armée. Le chef de bataillon Taillan nous était venu des grenadiers de la vieille garde. Il avait été, comme simple soldat, l'une des pierres angulaires de ces colonnes de granit que nos bulletins ont immortalisées.

« Ce bataillon, âgé de deux mois, avait eu le temps d'apprendre le maniement d'armes ; mais, en fait de tactique, son éducation n'avait pas été jusqu'à la consolidation symétrique du carré. Notre chef de bataillon de vieille garde tournait autour de ses hommes et leur criait avec une éloquence familière mise à la portée de ses soldats récemment enlevés à leurs charrues : « Allons, mes petits, pelotonnez-vous comme un troupeau « de moutons. Ne tirez que de près, jetez-en beaucoup à bas, et toute cette « cavalerie ne pourra vous entamer. »

« C'est dans cette position que les braves conscrits de ce bataillon, d'abord entourés de toutes parts, puis entamés par le feu de l'artillerie légère, repoussèrent toutes les charges lancées contre eux et remplirent leur tâche jusqu'à la fin de la journée. »

(2) Le 30 mars les arrivées de prisonniers cessèrent. Les colonnes furent dirigées sur Laon et Fismes.

de troupes, des convois qui arrivent, des bataillons qui restent vingt-quatre heures ou qui même ne font que traverser la ville ; l'effectif de la garnison varie de cinq cents à deux mille hommes (1), mais les réquisitions se font très correctement, sans à-coups, avec un zèle jamais démenti du comité central, avec une bienveillance un peu hautaine de la part du « Prince (2) ». Les habitants se reprennent à vaquer à leurs affaires, les cloches recommencent à sonner les offices ; au marché qui se tient le 1er avril les villages des environs se risquent à envoyer du beurre et des œufs, et le tabac qui se vendait huit francs ne vaut plus que cinq francs (3). La ville est absolument tranquille, les armes des gardes nationaux de Reims ont été livrées au gouverneur, qui a fait ramasser également toutes les poudres et cartouches. La saison est maintenant devenue très bonne, les arbres verdissent par un printemps précoce et les paysans de la région rémoise, les vieux du moins, car les jeunes sont tous à la guerre, se rendent aux champs, travaillent la terre, cherchent à réparer la dévastation des vignobles (4) !

Volkonski est enchanté de ces dispositions très pacifiques, les encourage par quelques prévenances et s'efforce d'alléger les charges. Le 3 avril est un

---

(1) Trois cents Baskirs venant de Châlons bivouaquèrent le 30 mars sur les glacis, contre le Petit Temple.

Le 2 avril, le bivouac de la place Impériale fut évacué et transporté rue Large (aujourd'hui rue Buirette).

(2) Dans tous les écrits de l'époque, Volkonski est constamment appelé *le Prince* tout court.

(3) Le beurre, au marché du 1er avril, se vendit trente-six et quarante sols la livre, et les œufs vingt-huit sols la douzaine. On vendit, paraît-il, beaucoup de grenouilles!

(4) Tous les échalas avaient été arrachés et les vignes saccagées.

dimanche, le dimanche des Rameaux ; et le Prince, de plus en plus satisfait, cherche un moyen de témoigner sa gratitude à la population, et il a l'idée merveilleuse de faire jouer une musique russe sous ses fenêtres pour la plus grande joie des badauds !

A cette date du 3 avril, on est toujours dans l'incertitude à Reims, on vit au jour le jour dans une ignorance presque complète, comme si l'on était au bout du monde. On a appris qu'une autre bataille a été livrée à Saint-Dizier et que toutes les troupes de la coalition se sont portées en deux colonnes principales vers la capitale. Mais personne ne sait ce qu'est devenu l'empereur, et cette absence de nouvelles, qui est une tristesse pour tous, laisse cependant quelque espérance à ceux qui quand même veulent encore croire à des jours meilleurs pour la Patrie.

La semaine sainte commence le 4 avril et le maigre très rigoureux que font les Russes étonne les Rémois, habitués depuis des siècles aux dispenses les plus larges octroyées par les archevêques. Les réquisitions fournies sont maigres! « C'est peut-être à cause de la semaine sainte et qu'ils sont chrétiens (1). Mais s'ils le sont, on doit toujours s'en méfier, car ils font le signe de la croix à gauche, et, tout en mortifiant leurs corps, ils ne manqueraient pas de vous voler, s'ils le pouvaient, de la main droite... » Les habitudes de vol étaient en effet très grandes chez les troupes russes, et les chefs, impuissants à les arrêter, avaient renoncé à

(1) Manuscrit Lacatte.

réagir. La discipline était d'ailleurs très relâchée, malgré les punitions corporelles toujours en usage. « Un jour que j'étais à me promener sur la place de ville, dit M. Pinon, le sergent de poste s'étant absenté pour un instant et étant revenu, il trouva un soldat qui dormait étant de garde, mais pas de faction. (Les factions duraient trois heures.) Il réprimanda le soldat, qui lui répondit quelque chose qui lui déplut. Ce sergent fut de suite se plaindre à l'officier de poste, qui vint trouver le soldat sur la place, et après des pourparlers il ordonna au sergent d'aller chercher une petite baguette verte, grosse comme le pouce, et le sergent, faisant retirer la capote du soldat, lui appliqua cent vingt-cinq coups en présence de l'officier, qui les comptait en russe. À cette cérémonie il y avait de quoi rire, car le soldat avait les bras ballants et à chaque coup qu'il recevait il tournait son épaule. Quand cela fut fini, il remit sa capote et fut appointé d'une garde. Si on infligeait une pareille punition à un Français, la douleur aurait été marquée sur la figure, mais il paraît que ces soldats y sont accoutumés et cette peine, qu'ils appellent schlague, ne leur coûte aucune honte. »

Ce ne fut que le 5 avril — mardi saint — que le bruit courut dans la ville que les alliés étaient entrés dans Paris. Comment, à la suite de quels événements, de quels combats, on l'ignorait absolument. La nouvelle était arrivée de deux côtés différents, presque en même temps. De Châlons, elle avait été apportée par un voyageur qui la tenait de seconde main et ne pouvait fournir aucun détail. Elle fut aussi colportée par des prisonniers originaires d'Asfeld, remis en liberté sur les hauteurs de Montmartre et qui rejoignaient leur village en passant par Reims. Mais, ni les uns ni les autres ne savaient quoi que ce fût sur l'armée impériale. Et cela paraissait tellement improbable, cette capitulation de Paris sans que l'empereur eût livré bataille, que les habitants de Reims se refusèrent à croire à l'authenticité de la nouvelle, et cela d'autant plus que le prince Volkonski, personnellement, n'avait toujours rien reçu.

Le 6, aucune confirmation du désastre ne parvint, mais le 7 avril à l'aube arrivèrent deux armuriers d'Épernay. Ceux-ci annonçaient le retour imminent des Bourbons, avaient arboré des cocardes blanches et purent fournir un récit complet des événements : Napoléon était arrivé dans la nuit du 30 mars après la bataille de Paris, trop tard; il avait appris alors la capitulation signée par les maréchaux et avait attendu son armée à Fontainebleau; l'Impératrice, le roi de Rome, le roi Joseph avaient gagné Blois; le duc de Raguse, par faiblesse et inconscience, venait d'abandonner l'empereur, était passé aux alliés!

En apprenant ces choses extraordinaires et invraisemblables, beaucoup de Rémois crurent à ce que nous appellerions aujourd'hui « une vaste fumisterie ». Les récits des armuriers d'Épernay parurent absolument romanesques et personne ne comprenait pourquoi la cocarde blanche avait été prise par les voyageurs. On ne saurait en effet trop redire combien, dans toutes les villes de l'est qui avaient souffert des maux de l'invasion, une restauration royale quelconque était peu désirée et peu escomptée. Certes à Reims, comme ailleurs, quelques mécontents de la noblesse ou du clergé avaient gardé un fidèle souvenir à la monarchie. Mais si l'on savait dans le peuple qu'il existait des « Bourbons », on ignorait leurs noms particuliers, leurs parentés et leurs alliances. Dans ce long récit des occupations successives de la région rémoise, sauf en parlant de l'exécution du traître Rougeville, nous n'avons guère rencontré le nom de princes que l'on savait dans le camp des étrangers, que la France ne connaissait plus, qui paraissaient appartenir à un monde disparu depuis longtemps.

Dans la région du nord-est, je n'ai même trouvé trace de l'action royaliste que par le récit laissé par le général Lahure, qui commandait à Douai (1).

« A la date du 25 mars, dit Lahure, les alliés n'étaient parvenus à s'emparer par la force d'aucune des forteresses de mon commandement. Ils essayèrent alors de recourir à un autre moyen. Un certain marquis de Chabannes se rendit chez ma belle-sœur, femme du sous-préfet de Tournay, pour la prier de me transmettre de la part des Bourbons l'offre du titre de duc, avec un million de dotation, si je consentais à faire ouvrir les portes de l'une ou l'autre des villes de la frontière. Il employa toutes les flatteries pour la dé-

---

(1) Le baron Lahure (1767-1853), après un brillant début de carrière, avait, en l'an X, comme général de brigade abandonné l'armée active et était entré au Corps législatif comme député de Jemmapes, ville dont il est originaire. Très dévoué à l'empire, il venait d'être, au commencement de 1814, mis à la tête du département du Nord. Les fonctions lui furent retirées par la Restauration et il prit sa retraite. Grand officier en 1833.

cider à se faire auprès de moi l'intermédiaire de cette honteuse mission.

« Ma belle-sœur connaissait trop mes principes pour prêter l'oreille à de pareilles ouvertures. Elle refusa avec mépris.

« Justement indigné de cette provocation à la trahison, je rédigeai, séance tenante, un rapport adressé au ministre de la police générale, à Paris, dans lequel je lui donnais tous les détails de la visite du marquis de Chabannes (1). »

Une chose reste à retenir du récit du général Labure : c'est que toute tentative royaliste faite uniquement par des Français eût infailliblement échoué. Il fallut Sa Majesté le Hasard, l'acquiescement des étrangers obtenu par l'ambition intéressée d'un Talleyrand et la lâcheté des sénateurs pour que cette solution extraordinaire — la Restauration — pût être d'abord discutée puis adoptée. Ce n'est pas ici le lieu de refaire l'histoire de ces tristes jours où la France vaincue s'est abandonnée, où elle a renié sa gloire, où les grandes villes furent entraînées par l'exemple de la capitale dans une sorte de folie irraisonnée qu'il était impossible de prévoir.

A Reims, Volkonski ne reçut de nouvelles officielles

---

(1) Le marquis de Chabannes (1770-1835) avait combattu dans l'armée de Condé, puis s'était occupé à Londres d'affaires industrielles. Rentré en France sous le consulat, il devint l'ami de Talleyrand. Émissaire officieux de Louis XVIII en 1814, il toucha à la politique, à l'administration, au journalisme. Sceptique et spirituel, il a publié successivement de vigoureux pamphlets contre le duc de Blacas, Talleyrand, les ministres de Charles X et Louis-Philippe.

que dans la soirée du 7 avril, nouvelles qui corroboraient tout ce que les armuriers d'Épernay avaient raconté et faisaient connaître les premiers actes du gouvernement provisoire et la déchéance votée par le Sénat impérial. Volkonski, comme c'était son droit, exulta, et s'empressa de porter à la connaissance de tous ses dépêches officielles. Dans la nuit même il fit immédiatement tirer chez un imprimeur et afficher sur les murs sept proclamations ou placards différents dont voici l'énumération, à titre de curiosité :

1° Un extrait du journal officiel (*Moniteur*) du 4 avril. Ce placard comprenait le récit de la séance du Sénat du 3 avril où fut prononcée la déchéance. Au bas du document on voyait la signature des membres du bureau du Sénat : Barthélemy, comte de Valence (1), Pastoret. Le même placard comprenait encore la séance du Corps législatif du 3 avril, et donnait la composition du ministère.

2° Une déclaration « portant un résumé des causes de nos malheurs et celles qui ont amené la déchéance de Napoléon ». Les faits y étaient naturellement racontés d'une façon très spéciale et chantaient les louanges du gouvernement provisoire.

(1) Le général comte de Valence dont il a été plusieurs fois question, propriétaire du château de Sillery. Sa signature fut mise à son insu, paraît-il, sur l'acte de déchéance. Voici un passage du *Mémorial* de Las Cases à ce sujet : « Parcourant un jour à Longwood la liste des noms des sénateurs qui avaient signé la déchéance, l'un de nous fit observer celle de M. de Valence signant comme secrétaire ; mais un autre expliqua que cette signature était fausse, que M. de Valence s'en était plaint et avait réclamé. « C'est très vrai, dit l'empereur, je le sais, il a été très bien. Valence a été national. »

LE PRINCE P. VOLKONSKI
(D'APRÈS LE TABLEAU DE PÉRIN, MUSÉE DE REIMS)

V. Courleux, phot. à Reims.

3° Une adresse du conseil général de la Seine portant acceptation des faits accomplis.

4° Un récit officiel « des événements qui s'étaient passés à Paris du 28 mars au 3 avril. » On y signalait le départ de l'impératrice.

5° Une proclamation du marquis de Chabannes, « premier aide de camp du roi, chargé des pleins pouvoirs de Sa Majesté dans les départements du Nord. » C'était ce même Chabannes qui avait le 25 mars cherché à acheter Lahure. Il disait dans sa proclamation « que la France n'aurait plus désormais à redouter la guerre, la conscription, les abus odieux des droits réunis et que tout ce qui avait fait le malheur de la nation disparaîtrait avec le tyran ».

Enfin, les sixième et septième placards étaient de très anciens documents : une proclamation du comte d'Artois et une autre de Louis XVIII, datée du 1er février 1814!

Dans la matinée du 8, les murs de Reims furent donc couverts d'affiches blanches, portant toutes, au bas du papier, l'estampille officielle, le visa du gouverneur, ainsi libellé : « Par ordre de M. le gouverneur de la ville de Rheims, prince Volkonski. » « Malgré toutes ces proclamations cependant, remarque M. Pinon (1), et le témoignage de personnes bien connues dans la ville, qui arrivent de Paris, un assez grand nombre de personnes, et notamment le peuple, refusent opiniâtrément d'y croire; on menace même les colporteurs qui vendent ces proclamations de les frapper s'ils continuent

(1) Manuscrit Pinon. Cabinet de Reims.

à les crier par la ville, et les mêmes gens soutiennent hautement que l'empereur est vainqueur, qu'il l'a toujours été et qu'il va arriver incessamment à Reims avec ses troupes. »

Apprenant que ses colporteurs étaient molestés, le prince Volkonski eut peur. Il fit prendre immédiatement les armes à sa troupe, craignant une émeute; et persuadé qu'un mouvement de résistance allait se produire, il fit rechercher tout particulièrement l'ancien sous-préfet Defleury qu'il supposait à la tête des mécontents. M. Rivard, greffier en chef des tribunaux, passait pour cacher Defleury. Il fut donc mandé chez Volkonski et eut beaucoup de peine à faire comprendre, paraît-il, que depuis plus de quinze jours l'ancien sous-préfet avait quitté la ville.

Un peu rassuré, Volkonski se livra alors de nouveau au passe-temps de la veille, c'est-à-dire à la confection de nouvelles affiches.

Dans la soirée du 8, un placard contenant des extraits du *Moniteur* reçut le visa du gouverneur. Le comte Dupont, commissaire au département de la guerre, invitait les officiers et militaires français de tous grades et de toutes armes à faire acte d'adhésion par écrit au nouveau gouvernement!

Une autre affiche apprit aux Rémois qu'au moment de l'entrée des alliés dans Paris, de misérables fous, tristes précurseurs de la commune de 1871, le marquis de Maubreuil (1) et le comte Sosthène de la Rochefoucauld, avaient tenté, devant l'ennemi victorieux, de

(1) Ce même Maubreuil le 31 mars trouva spirituel d'attacher à la queue de son cheval la croix de la Légion d'honneur!

renverser la statue impériale placée sur la colonne de la Grande Armée!

Enfin, le 9 au matin on annonça l'abdication de l'empereur, naturellement sans en publier le noble texte : « Les puissances alliées ayant proclamé que l'empereur Napoléon était un obstacle au rétablissement de la paix en Europe, l'empereur, fidèle à son serment, déclare qu'il renonce pour lui et ses enfants aux trônes de France et d'Italie et qu'il n'est aucun sacrifice, même celui de la vie, qu'il ne soit prêt à faire aux intérêts de la France. »

Le jour de Pâques tombait le 10 avril. C'est toujours la grande fête religieuse pour les Russes, mais en 1814 cette date de Pâques fut célébrée par des réjouissances spéciales, puisqu'elle suivait une semaine si heureuse pour les alliés. On comprend donc que les soldats russes aient montré leur joie, et il est impossible de les blâmer. Leurs chefs, fidèles aux traditions orthodoxes, leur donnèrent des accolades d'amitié et, suivant l'usage russe, des œufs rouges furent distribués aux troupiers. Les curés des églises furent invités à célébrer en grande pompe la cérémonie du jour, et, dans la soirée, les soldats russes, qui avaient fait de très fortes libations en honneur de la fin de la guerre, étaient remarquablement émus, et, dans leur émotion, voulaient à tout prix, dit un témoin oculaire, embrasser tous les Rémois qu'ils rencontraient, en signe de réconciliation (1)!

(1) A cette même date du 10 avril, à Soissons on chanta un dernier

L'attitude des habitants fut très digne cependant, le jour de Pâques. La mode, toute à la Russie à Paris, n'avait pas encore envahi la province. Ce ne fut que quelques jours plus tard que le vent de fol engouement pour les Russes vint aussi souffler sur Reims! Volkonski ne négligea rien d'ailleurs pour mettre en lumière la personnalité de l'empereur Alexandre. Il fit consciencieusement afficher les extraits de journaux consacrés à la gloire de son maître, les ridicules dithyrambes insérés au *Moniteur*, les mauvais vers déclamés à l'Opéra le 3 avril par l'acteur Laïs, trois jours après la sanglante bataille de Paris.

A près de cent ans de distance, on comprend difficilement les sentiments que l'empereur Alexandre inspira à toute une catégorie de Français. Il fut chevaleresque, cela est certain, si on le compare au roi de Prusse. Il joua un rôle beaucoup moins odieux que l'empereur d'Autriche venant détrôner sa fille, applaudissant à la mise à l'écart de son petit-fils, le roi de Rome, cela est encore certain. A plus d'un titre, il mérita par ses sentiments élevés, par son tact, par la sympathie qu'il voulut et sut inspirer une reconnaissance légitime.

Mais, les expressions de cette reconnaissance furent d'une exagération que l'histoire impartiale a enregistrée sans l'expliquer complètement jusqu'ici. L'engouement russe d'alors fut follement extraordi-

Domine salvum pour l'empereur! « Tandis que les démonstrations de la joie publique se manifestaient en faveur des Bourbons au sein de la capitale, à Soissons, l'église cathédrale retentissait des prières adressées au ciel pour le triomphe de ces aigles dont le vol autrefois si rapide venait d'être tout à coup arrêté. » (BRAYER, *Essai historique sur Soissons*.)

naire, revêtit des formes navrantes et extravagantes.

Le jour de l'entrée des alliés à Paris, on ne peut malheureusement le cacher, certaines classes de la société tinrent une conduite aussi honteuse qu'inutile. « On vit des femmes prodiguer les bravos, les soins, les caresses aux soldats alliés tandis que nos malheureux blessés de la veille expiraient sans secours dans les rues et sur les chemins ; d'autres jetaient sous les pieds des chevaux les bouquets de myrte et de laurier dont elles s'étaient parées... L'élégante et belle comtesse de X..., nièce de M. de Talleyrand, se promena dans la soirée, assise à cheval derrière un Cosaque... Les filles perdues, le 31, ne parurent nulle part ; les saturnales de la rue et de la place publique, ce jour-là, appartinrent aux dames riches et titrées (1). »

Et cet engouement, hélas ! ne resta pas localisé à Paris, dans un milieu spécial qui en somme ne représentait aucunement le vaillant peuple de France. On a le regret de constater que pendant ces douloureuses semaines bien des Français et même certains membres du clergé perdirent parfois toute pudeur patriotique.

Voici comment, à la distribution des prix du collège de Reims, un prêtre osa s'exprimer quatre mois après la capitulation de Paris, sans que ses paroles odieuses aient été relevées par les assistants. « Il est digne d'entendre le langage d'un bon roi, celui que le ciel semble avoir fait naître pour être dans les jours d'orage le modérateur des choses humaines, l'ami des peuples, le vengeur des rois, le héros, le grand homme, le

---

(1) *Histoire des deux Restaurations*, de Vaulabelle, I.

Charlemagne de son siècle ; celui dont le cœur est plus grand que son empire, bien que son empire s'étende depuis les portes de l'orient jusqu'à celles de l'occident, depuis le nord jusqu'au midi ; celui à qui la Russie a décerné le titre de Béni et l'Europe celui de Magnanime et qui ne veut recevoir de titre, ni de monuments, ni de gloire, que de la postérité ! Alexandre a su vaincre les armes à la main ; il a fait plus, il a su, par sa modération, vaincre la victoire elle-même et les sentiments qu'elle inspire. Il ne lui reste plus, pour mettre le comble à ses hautes destinées, qu'à se vaincre et à se surpasser lui-même en rendant le repos à la France et en donnant la paix au monde !... (1). »

On rougit de honte en pensant que, si peu de temps après la terrible invasion, un Français inconscient ait pu dire, même dans ce langage cherché et prétentieux, de pareilles choses sur un de nos vainqueurs, sans se rendre compte de ce qu'elles avaient d'insultant pour les vaincus, pour tous ceux qui avaient lutté et souffert afin de défendre la terre envahie !

Certes, il ne faut pas juger les hommes de 1814 avec trop de sévérité, leur état d'âme n'était pas comparable au nôtre et le sentiment vrai de la patrie était moins développé qu'aujourd'hui. Il existait cependant, ce sentiment de patrie, il était très vivace chez les soldats, les paysans, les ouvriers, chez tous ceux qui, depuis vingt ans, avaient été à la peine et à la gloire, qui avaient donné leur sang pour répandre par le monde les généreuses idées françaises.

(1) Cabinet de Reims. Bibl. municipale.

Tous ceux-là, fatigués, eux aussi, voulaient la paix ; mais leur désir de la paix n'avait pas pour conséquence l'abdication de toute idée de fierté, l'oubli de leur qualité de Français ! Dans certaines classes riches au contraire, le spectacle offert fut lamentable. Tout ce que l'instinct humain a de veule fut étalé avec ostentation, le sens moral de beaucoup fut complètement atrophié, l'idée de paix prima toutes les autres ! Le roi Louis XVIII, l'empereur Alexandre, Nesselrode (1), Talleyrand, Metternich (2), tous ceux qui semblaient avoir contribué à la conclusion de la paix furent placés sur le même piédestal, devinrent l'objet du même culte. La paix ! cela permettait à tous, — émigrés revenus sans avoir rien appris et rien oublié, barons et comtes de fraîche date, fonctionnaires sans caractère, généraux usés, vieux sénateurs sans courage, bourgeois repus ou mécontents, — cela leur permettait de jouir, de jouir tranquillement des titres acquis, des biens retrouvés ou des vengeances retardées !

Cent ans ont passé, le temps a commencé à faire son œuvre. Quelle place, quelle petite place tiennent

---

(1) Célèbre diplomate russe né en 1780, dont le crédit sur l'empereur Alexandre était très grand. Il fut l'inspirateur de la coalition contre la France en 1813. En 1814, il suivit son souverain, signa le traité de Chaumont et traita avec Marmont de la capitulation de Paris. Nesselrode, après la campagne de Crimée, mit sa signature au bas du traité de Paris. Il n'est mort qu'en 1862, comblé d'honneurs et de dignités, après avoir joué un grand rôle pendant plus d'un demi-siècle.

(2) Le prince de Metternich (1773-1859) était ministre des affaires étrangères d'Autriche depuis 1809. D'abord partisan d'une alliance française, il avait ensuite, en 1813, entraîné son pays dans la coalition européenne contre la France. Il mit sa signature au bas du traité de Paris du 30 mai. Diplomate d'une très grande valeur, il resta ministre jusqu'en 1848.

dès maintenant dans l'estime de la France, tous ces célèbres personnages de 1814, les princes de Bénévent, les Dalberg (1), les Pozzo di Borgo (2), les Vitrolles (3), les de Pradt (4), les Louis (5), les Raguse, artisans conscients ou inconscients de la paix et de la restauration royale ? Dans un siècle encore, leur conduite sera plus sévèrement appréciée qu'aujourd'hui. Il ne se trouvera plus jamais un prêtre de France pour comparer Alexandre de Russie à notre Charlemagne, et aucun vrai Français ne sera prêt à justifier les hommes qui, par manque de courage ou aberration,

---

(1) Dalberg, fils du baron Wolfgang de Dalberg, né à Mayence en 1773. Neveu de l'archevêque de Mayence, et poussé par lui, il séjourna à Vienne, puis vint à Paris comme représentant du margrave de Bade. Talleyrand, qui appréciait l'esprit souple du jeune diplomate, le prit en grande amitié. Un heureux mariage avec une riche Génoise, Mlle de Brignoles, mit Dalberg au premier rang de la société parisienne. Il se fit naturaliser Français en 1808, contribua aux négociations du mariage avec l'archiduchesse Marie-Louise et obtint de l'empereur le titre de duc. La duchesse de Dalberg devint dame du palais de l'impératrice. C'est ce Français de fraîche date, comblé par Napoléon, que Talleyrand choisit comme membre du gouvernement provisoire ! Louis XVIII paya largement la conduite de Dalberg. Il le fit pair de France, ministre d'État, grand-croix. Dalberg ne joua aucun rôle politique sous la Restauration et alla mourir en Allemagne en 1833.

(2) Pozzo di Borgo. Voir la note du chapitre III.

(3) Vitrolles (baron d'Arnaud de), était né en Provence. Émigré, il servit à l'armée de Condé. Très royaliste, il agit en 1814 avec ardeur auprès des souverains alliés en faveur des Bourbons, et se rendit fréquemment au quartier général ennemi. Le comte d'Artois le nomma ministre d'État. Mais la violence des opinions du baron de Vitrolles effraya bientôt le roi. Vitrolles ne rentra en faveur qu'à l'avènement de Charles X, qui l'envoya à Turin comme ambassadeur.

(4) De Pradt est une des plus tristes figures de 1814. Aumônier de l'empereur, évêque de Poitiers, il avait obtenu de Napoléon sa nomination à l'archevêché de Malines. Il passait pour un des adulateurs les plus exagérés du régime impérial. La Restauration le fit grand chancelier de la Légion d'honneur.

(5) Louis, baron de l'empire, administrateur du Trésor public, et financier de grande valeur, était prêtre. Comblé par Napoléon, il n'hésita pas à suivre M. de Vitrolles en 1814.

s'allièrent aux étrangers pour renverser traîtreusement le chef national que la fortune des armes venait d'abandonner — au lieu de marcher au canon et de se serrer autour du drapeau !

CHAPITRE XVIII

LE RETOUR DES BOURBONS

Disparition des emblèmes impériaux à Reims. — Adresses de la région. Proclamations et *Te Deum*. — Députation à Paris. — Discours de Ponsardin. — Sentiments de l'armée. — Le général Herbin-Dessaux.

Comme après tous les changements de régime en France, dans les premiers jours d'avril, les partisans du nouveau gouvernement, très désireux de montrer leur zèle, s'empressèrent de faire disparaître tous les emblèmes qui, sur les monuments publics, pouvaient rappeler le règne du tyran Buonaparte. Car, il fut tout de suite de bon ton, et bien porté, de ne plus parler de l'empereur vaincu sans lui donner uniquement son nom de famille *avec l'orthographe ancienne!* De spirituels royalistes affectèrent même de ne plus l'appeler que « Nicolas ».

A Reims, la Révolution et l'Empire avaient laissé subsister bien des souvenirs de la royauté et il y avait peu de choses rappelant le régime impérial. Cependant, au-dessus du fronton de l'hôtel de ville, la municipalité de 1806 avait fait graver dans la pierre les armes de l'empire. Dès le 12 avril, le comité central se hâta de faire disparaître ces armes gênantes et la place

Impériale reprit son nom d'avant la Révolution (1) et redevint place Royale ; enfin, quelques jours plus tard, la devise *Napoleone magno protegente,* que le clergé avait réclamée dix ans auparavant, disparut du tombeau de saint Rémi.

Toutes ces petites mesures furent prises avec une rapidité fébrile, comme si le comité central voulait faire oublier son origine et donner des gages. Composé de bons bourgeois la veille encore très dévoués à l'empire, ou même d'anciens républicains, dès le 10 avril, le comité se trouva plus royaliste que le roi. Question d'ambition, peut-être ; surtout question de snobisme.

Ce mot de snobisme n'existait pas alors dans la langue, mais la chose, hélas! depuis longtemps était inventée! Le snobisme de 1814 se traduisit immédiatement par un zèle exagéré, par le port de la cocarde royale, par une débauche de prose et de vers, d'adresses et de compliments. Ce fut une véritable course entre les villes et même les villages, et cela d'autant plus que les premières adresses reçues à Paris eurent les honneurs du *Moniteur!* Toutes les municipalités voulurent donc se voir imprimées, tous les signataires espérèrent voir leurs noms dans les journaux de la capitale (2) ! La platitude et la banalité de toutes ces

---

(1) La république de 48, le second empire et la république actuelle lui ont laissé son nom de Royale.

Je rappelle que sur les monnaies la devise *Dieu protège la France* fut remplacée par *Domine salvum fac regem*. En apprenant ce changement, Napoléon se contenta de dire : « Voilà comment ils ont toujours été : tout pour eux, rien pour la France. » (*Mémoires* de FLEURY DE CHABOULON, I, 209.)

(2) A partir du 11, le *Moniteur* informa ses lecteurs que les adresses devenant trop nombreuses il devenait impossible de les publier.

adresses sont désespérantes. Dans aucune on ne trouve une idée patriotique, une allusion quelconque à l'héroïsme des soldats de France !

Dans ce steeple-chase d'un nouveau genre, pour la région de Reims, ce fut la municipalité de la petite ville d'Aÿ qui arriva bonne première. L'adresse, qui eut les honneurs de la publication au *Moniteur* du 9 avril, avait été envoyée à Paris dès le 6. Elle est d'un tour plaisant et enjoué et, à ce titre du moins, mérite d'être citée ici comme spécimen de prose champenoise de l'époque.

« *A nos seigneurs les membres du gouvernement provisoire.*

« Notre bon roi Henri IV, de si glorieuse mémoire, ajoutait en riant à tous ses titres, celui de seigneur d'Aÿ et de Gonesse. Nous nous sommes toujours enorgueillis de cette plaisanterie et nous nous en autorisons, Nos Seigneurs, pour être des premiers à vous offrir nos hommages, notre reconnaissance, nos respects, pour appeler de tous nos vœux le retour des illustres descendans du bon et grand Henri et pour faire retentir notre petite ville des cris joyeux de vive le roi !

« *Signé :* BRIGOT, maire ; DE VILLERMONT aîné, DE VILLERMONT jeune, DE BERMONDES père et fils, BIGOT, juge de paix ; ROGER, CHAUFOUR, F. DE LA BOULAYE. »

Reims s'était laissé devancer par Aÿ ! Cependant, le comité central avait envoyé, le 9 avril, une députation à Châlons pour y saluer le comte d'Artois, et un *Te Deum* solennel fut annoncé pour le 12, par une affiche (1) ainsi conçue :

« HABITANTS DE LA VILLE DE REIMS

« Un nouveau jour luit sur la France! La paix si désirée des Français et de l'Europe entière va mettre un terme à nos maux et tarir les larmes des peuples. Louis XVIII remonte sur le trône de saint Louis et de Henri IV aux acclamations de tous les Français.

« Rhémois, déjà un de vos députés a eu le bonheur de recevoir de l'auguste frère de votre Roi l'assurance de sa protection particulière pour votre Cité. Livrez-vous à l'espoir le plus flatteur, oubliez vos malheurs, ralliez-vous autour du trône et de vos légitimes souverains, et bientôt vous reverrez l'agriculture prospère, les arts refleurir, le commerce renaître, les ateliers se rouvrir et vos maux cesser.

« Accourez en foule au *Te Deum* solennel et au *Domine salvum fac Regem* qui seront chantés aujourd'hui mardi 12 avril 1814, à trois heures de l'après-midi, en actions de grâces de cet heureux événement.

« Vive le Roi! »

L'entrevue de Châlons à laquelle ce document fait allusion est racontée ainsi par la *Gazette de France* :

« Le 9 avril, une députation de la ville de Reims est admise à Châlons à faire la cour à Monsieur.

(1) Cabinet de Reims. Archives, 920.

M. Assy-Prévoteau (1) a dit : « Monseigneur, les habi
« tants de la ville de Reims m'ont chargé de vous pré-
« senter leurs respectueux hommages et de vous assurer
« qu'ils sont entièrement dévoués à la famille des Bour-
« bons. Mes concitoyens attendent avec impatience le
« jour heureux où ils auront le bonheur de recevoir
« dans leurs murs Louis XVIII, leur roi légitime. »

« Monsieur a répondu : « Louis XVIII a toujours
« compté sur la fidélité et l'attachement de sa bonne
« ville de Rheims. La conduite des Rhémois envers les
« puissances alliées, les reproches que Buonaparte leur
« a faits sont une preuve incontestable de leur entier
« dévouement ! »

Ainsi donc, pour le frère du roi de France, c'était un
honneur pour Reims que la défaillance passagère du
6 février que l'empereur avait reprochée à la ville ! Et
c'était aussi un honneur pour Reims que de ne pas
avoir encouru les reproches des puissances alliées (2) !
Et c'est un journal français qui, hélas ! imprime de
pareilles choses, à la louange d'un prince français !

Après avoir aussi bien rempli sa mission, Assy-
Prévoteau revint le 10 avril à Reims, avec une écharpe
et une cocarde blanches. Le 11, à six heures du soir,
on reçut un imprimé de la nouvelle constitution, et le
drapeau blanc flotta de suite sur l'hôtel de ville. Le
Te Deum fut fixé au lendemain quatre heures du soir,

---

(1) Assy-Prévoteau, membre du comité central, était manufacturier et membre du conseil des prud'hommes.
(2) Le fait matériel est d'ailleurs faux. Sauf le 6 février, la conduite des Rémois, nous l'avons vu, fut généralement courageuse, notamment le 5, le 7, le 13 et le 19 mars. Je tiens à le redire ici.

et une députation des autorités civiles et judiciaires se rendit chez le prince Volkonski « pour le complimenter de ce qu'avait fait le Sénat, et le prier d'assister à la cérémonie du lendemain, à quoi le prince a répondu en acceptant (1). »

Ce fut, d'après le récit des contemporains, une belle cérémonie! Dès six heures du matin les cloches annoncèrent la fête. Puis, à quatre heures du soir, les pompiers de Reims, avec leurs bannières, défilèrent devant Volkonski et prirent la tête du cortège qui, de l'hôtel de ville à la cathédrale, suivit les rues Vignette, Vieille-Couture, de la Poissonnerie et la place du Parvis.

Volkonski fut reçu sous le porche par tout le clergé de Notre-Dame, en triomphateur ! Il eut, dans le chœur, comme un souverain, son prie-Dieu placé au pied même du maître-autel. Le représentant de l'ennemi était le maître de Reims, et à la sortie du *Te Deum* les gens « bien pensants » criaient indifféremment « vive le Prince » et « vive le Roi ». Enfin, après le *Te Deum*, vers cinq heures du soir, un grand banquet donné dans la grande salle de l'ancien archevêché réunit, sous la présidence du prince Volkonski, tous les nouveaux adeptes du régime, les fonctionnaires et quelques curés. On pensa même au peuple de Reims ! Le comité central lui fit l'aumône de quelques pièces de vin (2) !

(1) Manuscrit Lacatte.
(2) « Au moment du toast au roi, porté par le prince, la garde tire des décharges à toutes les portes. Le peuple prend peur, on croit au retour de l'empereur. » (Manuscrit Pinon.)

Le lendemain de cette cérémonie, une députation officielle partit pour Paris. Elle était composée d'Assy-Prévoteau, d'Andrieux, du manufacturier Seillières, de Coquebert de Taizy, directeur des hôpitaux, de Ruinart de Brimont, négociant en vins de Champagne, du chanoine Maquart et de l'ex-procureur impérial Dessains de Chevrières. La députation arriva à Paris le 16 et obtint audience de Monsieur pour le 18.

L'ancien maire de l'empire, le baron Ponsardin, reparut alors, comme par miracle. Depuis son départ de la ville, le 6 février, il avait passé son temps près du Mans et n'avait pas donné signe de vie ; mais, le 18 avril, il se souvint qu'il était toujours officiellement maire de Reims et se joignit à la députation, ainsi que Félix Boisseau, un de ses anciens adjoints, et M. de Guignicourt, propriétaire des environs de Reims.

Redevenu maire, Ponsardin ne voulut laisser à personne le soin de prendre la parole ! Déjà, sous le consulat, nous l'avons vu se révéler orateur et même poète à ses heures.

Cette fois, ce fut en prose lyrique que le baron s'exprima. Voici ce morceau d'éloquence :

« Monseigneur, la ville de Rheims, que nous avons l'honneur de représenter auprès de Votre Altesse Royale, vient adhérer, avec transport, aux grandes mesures qui ont été prises pour le rétablissement de l'autorité légitime et sacrée de nos Rois.

« Nos cœurs, flétris par vingt-quatre années de

malheurs, osaient à peine se livrer à l'espérance, lorsque ces mots se firent entendre : Monsieur arrive, Monsieur est arrivé !

« Nous précipiter en foule dans ce temple auguste auquel se rattachent de si grands et de si chers souvenirs, temple consacré depuis tant de siècles à l'inauguration solennelle de nos Rois, faire retentir ses voûtes du cantique sacré de la Reconnaissance, tel fut notre premier mouvement ! Le second élan de nos cœurs nous amène aux pieds de Votre Altesse Royale pour y déposer nos sentiments d'amour et de respect et la féliciter sur son heureuse arrivée. Qu'il est doux pour la France, Monseigneur, de retrouver dans le précurseur de Louis XVIII un Prince dont le caractère affable offre le mélange heureux des qualités qui firent chérir à nos pères François Ier et Henri IV. Elle voit en vous sa seconde espérance. *Spes altera Romae !* Vive le Roi, vive Monsieur, vivent les Bourbons (1) ! »

Pendant que beaucoup de villes et de villages de France faisaient assaut de loyalisme envers le nouveau gouvernement, l'armée, elle, s'était divisée en deux

---

(1) Voici, d'autre part, un extrait de l'adresse au roi envoyée quelques jours plus tard par la ville de Reims.

Adresse de la ville de Rheims

« Sire,

« Après vingt-quatre ans de troubles, d'orage et de malheur, il nous est enfin permis de respirer à l'ombre de cet arbre antique et sacré qui pendant huit siècles a protégé la France. La ville de Rheims, recommandable par son antiquité, par les glorieuses prérogatives dont elle a joui constamment sous les rois vos ancêtres, par son industrie, par son commerce, qui a plus que jamais besoin d'une protection spéciale, s'est vue négligée, oubliée, délaissée, dans les derniers temps, sans qu'on laissât tomber sur elle aucun regard favorable. Il semblait que son nom, sa réputation, son temple, fussent un reproche... »

fractions. D'une part, beaucoup de chefs fatigués se
hâtèrent d'apporter leurs hommages à la Royauté
pour faire reconnaître par elle leurs titres et leurs
situations. De l'autre, les jeunes généraux, les soldats,
beaucoup d'officiers, tous les vaillants de la campagne, tous ceux dont le cœur vibrait encore hésitèrent à reconnaître un régime politique qui s'appuyait
si ostensiblement sur les ennemis combattus la veille.

Non seulement le petit noyau de Fontainebleau restait obstinément fidèle à l'empereur, mais sur tous les
points du territoire, l'armée semblait bien décidée à ne
pas se rallier encore. Ces sentiments, connus à Paris,
inspirèrent des inquiétudes, et les commandants de territoire, pour faire cesser les hésitations, reçurent
l'ordre d'adresser des ordres du jour à leurs troupes.

L'ordre du jour du général Herbin-Dessaux (1), qui
venait de recevoir le commandement de la 2e division
militaire (Ardennes, Meuse et Marne) fut rédigé en
termes assez corrects.

Dans le chapitre précédent nous avons assez peu
caché nos sentiments sur la manière dont s'était
opérée la Restauration royale pour avoir le droit
d'écrire ici *qu'après l'abdication de l'empereur*, le
devoir, pour l'armée, était de se soumettre, d'accepter loyalement l'ordre de choses qui venait de s'établir.
Certes, il devait être douloureux pour les héroïques
soldats de Montmirail, de Montereau et de Craonne de

(1) Herbin-Dessaux, né en 1765 dans les Ardennes, avait pris sa
retraite comme général de brigade en 1809. Il venait d'être rappelé à
l'activité le 4 février 1814. Il fit la campagne de 1815 comme divisionnaire et fut élu le 15 mai 1815, par les Ardennes, membre de la Chambre
des représentants. Il prit sa retraite définitive en 1816.

crier vive le roi alors qu'ils savaient pertinemment que depuis des mois le roi s'était réjoui de leurs défaites, avait gémi de leurs victoires! Mais cependant, par la force même des choses, le gouvernement royal, malgré son origine étrange et étrangère, devenait de fait le gouvernement de la France (1). L'armée ne pouvait songer à entrer en lutte avec lui ni à provoquer une guerre civile après l'invasion.

Le général Herbin-Dessaux disait (2) :

« Par sa lettre du 11 avril courant, le ministre de la guerre comte Dupont prévient officiellement le général commandant la 2ᵉ division militaire que, par acte du Sénat conservateur du 2 avril courant, Napoléon Bonaparte a été déclaré déchu du trône et que le droit d'hérédité établi dans sa famille a été aboli.

« Par une déclaration, en date du 3 du même mois, le Corps législatif a adhéré à l'acte du Sénat conservateur.

« Il fait appel à tous les vrais Français, c'est-à-dire à tous ceux que touchent les noms d'honneur et de Patrie, d'adhérer à tous les actes émanés de l'autorité nationale et de reconnaître immédiatement le gouvernement provisoire établi.

« Toutes les autorités militaires et civiles s'étant déjà prononcées en faveur de cet acte, le général comman-

---

(1) Un placard, extrait du *Moniteur*, affiché à Reims, disait aux soldats le 10 avril :
« Vous n'êtes plus les soldats de Napoléon. Le Sénat et la France entière vous dégagent de vos serments!
« Signé : prince DE BÉNÉVENT, François DE MONTESQUIOU, DALBERG, BEURNONVILLE, JAUCOURT. »
Ce placard portait le visa de Volkonski.
(2) Archives de Reims, 2146.

dant la 2ᵉ division militaire appelle toutes les troupes qui sont sous son commandement et tous les habitants des départements des Ardennes, de la Meuse et de la Marne, qui composent ladite division, à répondre au vœu de la majorité des Français, à l'appel du gouvernement provisoire qui nous promet à tous dans l'établissement du nouvel ordre de choses, la paix, le bonheur et la tranquillité après laquelle soupirent tous les bons citoyens.

« Au quartier général, à Mézières, le 14 avril 1814.

« *Le général commandant la 2ᵉ division militaire,*

« HERBIN-DESSAUX. »

A Reims même, l'appel du général Herbin-Dessaux était inutile, puisque la ville était toujours au pouvoir des Russes, puisque l'occupation se prolongea longtemps encore. Jusqu'à l'évacuation définitive, l'histoire de Reims offre du reste peu de faits saillants, mais il m'a paru intéressant cependant — et ce sera l'objet des derniers chapitres — de voir rapidement quelle fut la vie de la cité jusqu'au départ des alliés.

CHAPITRE XIX

L'ÉVACUATION

Le chevalier de Coll. — Contribution de guerre. — Premier départ de la garnison de Reims. — Retour du maire et du sous-préfet. — La presse en 1814. — Brochure de protestation. — Le duc de Doudeauville, commissaire extraordinaire. — Lettres du sous-préfet. — L'esprit public à Reims.

Le gouvernement provisoire avait promis la paix à la France. Mais, pour les populations urbaines et rurales, le mot paix ne signifiait pas seulement cessation des hostilités ; il voulait dire encore suppression des vexations et des charges qu'entraînait forcément l'occupation du territoire.

Or, il fallait jusqu'à l'évacuation définitive faire vivre les immenses armées ennemies ; et la Champagne, occupée par les alliés depuis près de trois mois, était sur les routes de départ ! Longtemps encore, après la cessation des hostilités, les charges restèrent donc très lourdes dans toute la région.

Dès les premiers jours d'avril, le chevalier de Coll avait été nommé, par les alliés, intendant du département de la Marne avec pleins pouvoirs administratifs, et son premier soin fut d'organiser des magasins de vivres ; pour cela, il fallait beaucoup d'argent. Il décida donc que le département serait frappé d'une contribution de guerre, dont il fixa immédiatement le chiffre à la bagatelle d'un million.

« Messieurs, écrivait-il le 23 avril au comité central de Reims, j'ai l'honneur de vous adresser mon arrêté de ce jour, qui frappe sur le département de la Marne une contribution d'un million de francs, dans laquelle l'arrondissement de Reims est compris pour une somme de 340,724 francs. Cette contribution ayant pour objet l'approvisionnement des magasins destinés à la subsistance des troupes, il est urgent que les fonds soient promptement réalisés. Le bien du service l'exige, et l'intérêt des habitants le commande. Vous voudrez donc bien vous occuper de suite et sans interruption de la répartition entre les communes de l'arrondissement de la somme qui lui est assignée, et m'envoyer sous deux jours l'état de la répartition que vous aurez arrêtée (1). »

La contribution de l'arrondissement de Reims était énorme, et le comité central se plaignit au « prince » qui continuait de son côté à faire vivre la garnison par réquisition. Volkonski transmit à Châlons les doléances du comité, sans succès d'ailleurs, car quelques jours plus tard, le 30 avril, le chevalier de Coll communiqua (2) un ordre impératif qu'il avait obtenu du comte de Langeron alors à Châlons : « Tous les

---

(1) Quatre magasins de subsistances devaient être créés dans la Marne, à Châlons, Reims, Épernay et Sainte-Menehould. La répartition était la suivante en chiffres ronds, par arrondissement : Châlons, 116,000 francs; Épernay, 267,000; Reims, 340,000; Vitry, 172,000; Sainte-Menehould, 102,000. (Archives de Châlons.)

(2) Archives de Châlons.

commandants russes de place n'ont pas le droit de s'opposer aux réquisitions que fait le gouvernement provisoire allié ou les intendants des départements, et eux-mêmes ne peuvent faire aucune réquisition. »

L'ordre de Langeron avait pour but de réserver exclusivement les ressources de Reims pour le chevalier de Coll. Mais celui-ci était bien plus exigeant que Volkonski! Le 3 mai, il fit encore écrire au prince par le général de Langeron : « Comme les réquisitions, imposées au district de Reims, se font par les ordres de Son Excellence M. Alopeus, gouverneur des départements occupés par nos troupes (1), je suis obligé de vous prescrire non seulement de ne vous y point opposer, mais encore de prêter secours aux autorités civiles pour les faire acquitter. »

Pour ne pas nous étendre trop longuement sur ce sujet des contributions, ajoutons seulement à cette correspondance que les Rémois se firent beaucoup prier pour acquitter leur quote-part, et que le règlement fut naturellement très difficile.

Cependant, le moment de l'évacuation de Reims approchait : le 8 mai, une partie des troupes russes régulières quitta la ville par la porte Dieu-Lumière pour se rendre à Châlons ; « le prince » conduisit la colonne pendant une lieue, puis rentra à l'hôtel qu'il occupait depuis le 21 mars, rue du Marc. Il ne resta

(1) Le comte David Alopeus (1769-1831), d'origine wurtembergeoise, servit en Russie comme diplomate et administrateur. Chambellan de l'empereur, il avait représenté son souverain en Suède et à Stuttgart. En 1814, il fut chargé de l'administration de la Lorraine et de la Champagne et a laissé des souvenirs honorables. Il mourut ambassadeur à Berlin.

guère à Reims que quelques petits dépôts et un très
grand nombre de malades dans les hôpitaux (1).

Volkonski, lui, n'était nullement pressé de partir.
Sa bienveillance constante depuis le 24 mars, et surtout
depuis la fin de la guerre, lui avait conquis une sorte
de popularité qui lui était fort agréable. Ses relations
avec le comité étaient extrêmement cordiales et faciles,
et pour en perpétuer le souvenir, il fut convenu « qu'en
gage de reconnaissance une superbe boîte d'or enrichie
de diamants, du prix de six mille francs », lui serait
offerte par la municipalité. Cette boîte, exécutée à
Paris, portait d'un côté les armes de la ville, et de
l'autre une devise tracée en diamants : « Au prince
Volkonski, la ville de Reims reconnaissante. »

Le surlendemain de ce premier départ de troupes
russes, le baron Ponsardin, qui avait repris officiellement ses fonctions de maire, dès son retour de Paris,
après l'audience de Monsieur, fut investi en outre des
fonctions de sous-préfet, en l'absence du titulaire
Leroi, qui négociait sans doute à Paris pour conserver
son ancien poste (2). Leroi réussit. Le ministre de

---

(1) Pendant cette période, l'organisation des hôpitaux fut insuffisante.
On trouve trace, aux arrêtés du conseil municipal, de lettres pressantes
du directeur des hospices demandant des vivres pour ses malades, exposant le peu de ressources dont il disposait. A l'hôpital de l'église Saint-
Remi, l'inspecteur russe constata le manque de soins et d'hygiène et s'en
plaignait très vivement. Le comité central fit de son mieux et ne peut
être rendu responsable de cet état de choses.

(2) « Le chevalier de Coll, intendant du gouvernement de la Marne,
nomme M. Ponsardin, maire de la ville de Reims, pour exercer les fonctions de sous-préfet de l'arrondissement, lui enjoint d'entrer de suite en
exercice et de correspondre avec nous sur tous les sujets d'administration.

« Fait à Châlons, le 10 mai.

« *Signé* : COLL. »

(Archives de Châlons.)

l'intérieur lui donna l'investiture qu'il désirait, et le 28 mai, Leroi fit sa rentrée à l'hôtel de la sous-préfecture qu'il avait occupé déjà pendant quatorze ans. Il écrivit de suite au conseil municipal pour annoncer la bonne nouvelle de son retour! On lit sur le registre des délibérations que « le sous-préfet, dans sa lettre, témoigne la peine qu'il a eue il y a plusieurs mois de quitter Reims. Il prévoyait les malheurs qui ont pesé sur ses administrés. Il se félicite d'avoir pour collaborateurs le maire Ponsardin et le conseil municipal ; il espère que de concert avec lui ils feront leurs efforts pour porter la consolation dans l'âme de ses administrés, et il sera agréable, pour tous, de n'avoir à appliquer désormais que des mesures d'administration paternelle, sous l'autorité du magistrat que le Roy a rendu au département. C'est un gage assuré de la bienveillance de Louis XVIII (1). » Ces dernières phrases font allusion au préfet, le baron de Jessaint, qui, comme Leroi, avait quitté ses fonctions au commencement de février, et qui venait, lui aussi, d'obtenir du ministre une nouvelle désignation pour son ancien poste (2).

Dès lors, Ponsardin, Leroi et Jessaint étant revenus, et les troupes russes étant à peu près parties, l'administration reprit à Reims un cours régulier. Les pas-

(1) Registre des délibérations du conseil municipal. (Archives de Reims.)
(2) Notons ici que Leroi et Ponsardin restèrent en fonctions en 1815, aux Cent jours, et qu'ils firent alors à l'empereur de nouvelles protestations de dévouement. Jessaint fut plus réservé mais trouva cependant moyen de... garder sa place.

sages de troupes, il faut le dire, furent parfaitement prévus et annoncés en temps utile, et les ordres d'évacuation préparés avec le plus grand soin (1).

Du reste, cette fois encore, Reims resta en dehors des deux principales lignes militaires passant par les vallées de la Marne et de l'Oise, lignes qui furent suivies par la plupart des corps russes au moment de leur évacuation. Les passages furent en général peu importants, et la ville eut rarement à recevoir plus d'un millier d'hommes à la fois (2).

On trouve trace de ces mouvements au registre des délibérations du conseil municipal, qui constitue à peu près le seul document authentique pouvant être consulté sur cette période dans la région de Reims. En effet, même avant l'invasion, les journaux étaient rares dans le nord-est. Chose curieuse, Reims, malgré l'importance de la ville, n'avait aucun journal politique

---

(1) Passage du 8 mai dans l'arrondissement de Reims :

Reims	9ᵉ corps. Koslow, infanterie,	729 hommes,	60 chevaux.
Le Méneux. .	—	—	504	508 —
Moronvillers.	—	—	729	60 —
Auberive . .	10ᵉ —	Haromgermarland, inf.	730	95 —

(Archives de Châlons.)

(2) Je crois intéresser les lecteurs en publiant aux annexes le tableau des routes suivies par le corps de Langeron (corps de réserve) et le premier corps russe.

J'y joins, à titre de curiosité militaire, des documents provenant des archives de Laon et Châlons :

1º Les principes arrêtés par le maréchal Barclay de Tolly pour l'approvisionnement des troupes ;

2º Un ordre du jour du même, daté du 11 avril, relatif à l'entretien des troupes au cantonnement.

Le gros des troupes autrichiennes passa par Sézanne, Arcis-sur-Aube, Brienne. Certains corps prussiens, dont celui de la garde et six mille Polonais, passèrent à Châlons. Les petites colonnes qui s'arrêtèrent à Reims venaient de Fismes et étaient dirigées sur Suippes et Sainte-Menehould.

régulier. Le *Journal de la Marne* suspendit sa publication à Châlons dans les premiers jours de février et seul le *Journal de l'Aisne*, bi-hebdomadaire, avait continué à paraître à peu près régulièrement. Ce n'est qu'en juin que la feuille publiée à Châlons fut de nouveau envoyée dans les villes du département, et jusque-là les nouvelles politiques n'étaient connues à Reims que par les journaux de Paris. Dès que ceux-ci arrivaient, l'imprimeur Lebâtard, alors établi rue de l'Arbalète, découpait les extraits intéressants et en faisait une petite plaquette qui était de suite colportée et vendue en ville. Les Rémois pouvaient donc savoir assez vite les événements de Paris et d'ordre général, mais les petits événements de la région leur échappaient presque complètement et n'étaient connus que par les conversations des voyageurs. Aussi, est-il très difficile de reconstituer pendant les mois d'avril, mai et juin, l'histoire de la ville.

A vrai dire, cette histoire est remarquablement terne : à peine trouve-t-on dans les manuscrits quelques anecdotes valant la peine d'être rapportées.

En voici une cependant ; le fait se passa le 25 avril. Ce jour-là, les habitants constatèrent avec stupéfaction que les soldats russes, qui, depuis le jour de Pâques (10 avril), portaient presque tous un ruban blanc au bras et du buis sur leurs coiffures, avaient enlevé l'un et l'autre. « Le peuple, dit un témoin oculaire, augura mal, et des brouillons firent courir le bruit que Bonaparte était rentré dans Paris. » Pour calmer l'émotion produite, le prince Volkonski reprit alors personnellement l'écharpe blanche, et se donna la peine de faire expliquer que le blanc, n'étant pas la couleur nationale russe, ses soldats n'avaient aucune raison pour porter indéfiniment des rubans blancs. Quant au buis, fit-il ajouter, c'était une tradition pour Pâques, rien de plus.

On voit, par ce petit fait, qu'une grande nervosité existait chez les Rémois, malgré leur esprit toujours aussi peu combatif que par le passé, malgré la facilité avec laquelle ils avaient accepté les événements accomplis. Beaucoup étaient agacés par les nouvelles reçues de Paris. Les journaux continuaient, en effet, à célébrer les louanges des vainqueurs, à entonner des hymnes en l'honneur des souverains ennemis, à publier contre l'empereur vaincu qui venait de quitter Fontainebleau d'ignobles pamphlets.

Un habitant de Reims, dont je regrette d'ignorer le nom, moins timoré que les autres, fit imprimer et distribuer en ville, vers le 1er mai, une petite brochure anonyme intitulée : « Réflexions sur les écrits et libelles contre Bonaparte, avec un aperçu sur les sentiments qui animent Paris et la province. » La brochure, pour l'époque, était courageuse et l'auteur raillait agréablement l'engouement de la société et des salons de Paris pour le nouvel état de choses. « Les arts et le commerce fleurissent comme auparavant, disait ironiquement la brochure, les fêtes et les spectacles n'en sont que plus animés depuis l'arrivée des alliés ; comment peut-on se plaindre dans la province ?... Tels sont les discours ordinaires des Parisiens. La province, disent-ils, n'a pas souffert. Qu'ils viennent, pour s'en convaincre, dans la Champagne ! Qu'ils parcourent les campagnes de Laon, du Soissonnais, de la Brie, de Reims même, qui a été épargné pour ainsi dire en comparaison des autres parties de cette province de Champagne... »

Puis, l'auteur, très bon Rémois et galant patriote, rappelait la belle conduite des femmes de Reims : « Qu'il me soit permis de payer ici un juste tribut d'éloges à la conduite des dames rémoises, de rappeler les bienfaits sans nombre dont elles comblèrent l'humanité souffrante. Loin de se rendre aux invitations réitérées des généraux alliés, elles ont refusé constamment d'assister à aucun spectacle. Quarante sous, disaient-elles, peuvent soulager quelques malheureux. C'est ainsi qu'elles ont appris à ne plus balancer entre leur plaisir particulier et l'intérêt général. Les maisons ont servi d'asyle à une partie des habitants de la campagne. Il a suffi d'être malheureux pour avoir part à leurs bienfaits. L'on a vu à Reims des mères de famille se priver pour ainsi dire des commodités de la vie pour voler au secours des infortunes (1). »

---

(1) Cabinet de Reims. Bibl. municipale, 21727. Brochure de douze pages, imprimée à Reims, chez Brigot. Brigot, beau-frère du commissaire de police Gerbault, était resté dévoué à l'empereur. La brochure eut un grand succès.

La brochure finissait ainsi :

« Est-il d'ailleurs de l'intérêt du gouvernement actuel de laisser décrier Bonaparte ? Non sans doute. Pouvons-nous ajouter quelque foi aux discours de ceux qui naguère le célébraient comme le plus grand homme qui ait jamais existé, qui le mettaient au-dessus de tous les potentats de l'univers, et qui maintenant le dépeignent comme le tyran, le malfaiteur, le brigand le plus exécrable qui ait jamais existé sur la terre? Une telle ingratitude, une conduite aussi odieuse, loin d'éveiller de nouveaux ennemis contre Bonaparte, ne font au contraire qu'exciter l'indignation et, s'il m'est permis de m'exprimer ainsi, rendent amis de Bonaparte ceux qui auparavant étaient ses ennemis les plus acharnés. »

Cette brochure prouve l'état de malaise qui a régné dans la ville après l'invasion ; elle est tout à l'honneur des Rémois et montre que, si les fonctionnaires avaient perdu toute mesure dans l'expression de leur nouveau dévouement, il se trouva encore à Reims certains esprits indépendants et clairvoyants qui osèrent exprimer leur opinion et protester contre l'abaissement général des caractères.

Quant à l'armée, elle ne se gêna guère, dans la région du nord-est, pour faire connaître son sentiment très net sur la Restauration. Les troupes se révoltèrent à Lille, à Douai, à Thionville ; les désertions commencèrent dès le mois d'avril et atteignirent avant la fin de 1814 le chiffre colossal de cent quatre-vingt mille hommes pour toute la France. M. de Montesquiou put écrire quelques mois plus tard : « La mutinerie des troupes croît sensiblement. Les soldats tiennent des propos effroyables. La plus grande partie de l'armée est en insurrection, l'autre est incertaine, ce qui veut dire qu'on est sans troupes… (1). »

A Reims, toujours au pouvoir des Russes, la mutinerie n'était pas à craindre ! Mais la grosse préoccupation des autorités du département fut d'éviter tout contact entre les soldats français, restés très patriotes, et les soldats étrangers de plus en plus arrogants et auxquels, par légitime reconnaissance, les fonctionnaires royalistes n'osaient absolument rien refuser.

Le département de la Marne toujours rattaché, à la fin de mai, à la 2ᵉ division militaire reçut un

(1) Cette lettre, citée par M. H. Houssaye, parut au *Moniteur*, pendant les Cent jours. 16 avril 1815.

commissaire extraordinaire du roi, le duc de Doudeauville, dont l'autorité, mal définie par son titre, était très grande. Sa situation personnelle, son nom, ses parentés, ses alliances, faisaient de lui un très gros personnage ayant barre sur les préfets et les généraux. Son rôle consista surtout à calmer les esprits surexcités, à chercher à éviter tout conflit et à prendre des mesures pratiques pour répondre aux exigences des vainqueurs (1).

Aussitôt arrivé à Châlons, probablement sur la demande du chevalier de Coll, le duc donna l'ordre de remettre aux maires du département « tous les sabres, fusils de calibres français ou étrangers, pistolets, etc. » que les habitants de la région pouvaient posséder dans leurs maisons. Cette mesure montre le peu de confiance qu'on avait alors dans le bon esprit du pays, et pour rendre son ordonnance efficace, M. de Doudeauville alloua généreusement la somme de deux francs par fusil remis !

Il faut croire, cependant, que les résultats obtenus ainsi ne furent pas considérables, car les conflits continuèrent dans une partie de la Champagne et il devint indispensable d'éviter tout contact entre ce qui restait de troupes françaises et les soldats alliés de passage.

---

(1) Le duc de Doudeauville, 1765-1841, avait épousé Mlle de Montmirail. Il résidait ordinairement dans la Marne, au château de Montmirail. Ancien émigré, il était rentré en France au commencement de l'empire, ne s'était pas occupé de politique active et était conseiller général. Esprit modéré et droit, le duc de Doudeauville a laissé de bons souvenirs dans la région. Il fut plus tard directeur des postes. Le fameux Sosthène de la Rochefoucauld était son fils.

Napoléon a logé chez le duc de Doudeauville, au château de Montmirail, le soir de Vauxchamps, 14 février.

L'intendant de Coll était parti le 25 mai et le baron de Jessaint avait repris possession de sa préfecture à cette même date. Châlons était alors devenu le siège du quartier général d'un des corps français encore constitués, le 4ᵉ corps. Mais, à ce moment, l'évacuation de l'armée de réserve russe n'était pas terminée et de nouveaux détachements alliés furent annoncés à Châlons. Immédiatement, le duc de Doudeauville fit partir de Châlons le quartier général du 4ᵉ corps français et l'envoya s'installer à Reims (1). Ce quartier général s'établit le 4 juin dans sa nouvelle résidence, où Volkonski habitait toujours.

D'assez nombreuses rixes eurent alors lieu entre soldats russes et français ; un officier russe, M. Beclechoff, qui remplissait sous Volkonski, encore officiellement gouverneur, les fonctions de commissaire inspecteur (2), s'en plaignit en termes amers à la muni-

---

(1) « Le commissaire extraordinaire du roi dans la 2ᵉ division militaire, informé que le quartier général du 4ᵉ corps français est depuis plusieurs jours en station à Châlons, que le corps de réserve de l'armée impériale russe, fort de 48,000 hommes, marchant en trois divisions, doit incessamment loger à Châlons et y avoir séjour ; qu'il est nécessaire de faire évacuer de cette ville le quartier général du 4ᵉ corps français, afin de la mettre à même de suffire aux logements considérables qu'elle sera appelée à fournir :

« Arrête :

« Le quartier général du 4ᵉ corps français en station à Châlons en partira le 2 juin prochain pour se rendre à Reims, où il restera jusqu'à ce qu'il ait été donné de nouveaux ordres à son égard de la part du gouvernement.

« Le commandant du département est chargé de l'exécution du présent.

« Fait à Châlons, le 31 mai 1814,

Signé : « Le duc de Doudeauville. »

(Archives de Châlons.)

(2) Ce commissaire inspecteur Beclechoff était spécialement chargé de surveiller les hôpitaux sous la haute direction du général major Bellagradsky.

cipalité, qui chargea le commandant de la garde nationale Miteau « de prendre des mesures pour les faire cesser (1) ». Miteau fut fort embarrassé. Dans le courant de juin, vers onze heures du soir, le prince Volkonski lui-même fut insulté par des officiers français dans les rues de la ville, et cette affaire, qui aurait pu prendre des proportions graves, ne fut arrêtée que par le tact du commissaire de police Gerbault, celui-là même que Saint-Priest avait tant maltraité le 12 mars.

Très inquiet de ces rixes et de l'énervement des soldats et des habitants, le sous-préfet Leroi écrivit alors au maire de Reims, le 8 juin ; le registre des délibérations du conseil mentionne ainsi sa lettre :

« M. le sous-préfet demande de lui faire connaître, jour par jour, les faits relatifs à la sûreté et à la tranquillité publique et à la nature de l'esprit public dans la ville de Rheims quant aux événements qui ont eu lieu depuis le 1ᵉʳ avril, le genre d'opposition qui se manifesterait ; la conduite des fonctionnaires, celle de la gendarmerie et des troupes de ligne devront aussi faire l'objet de rapports, et il convient également d'observer et de signaler exactement les hommes qui chercheraient à exciter une réaction ou à arrêter un mouvement qui doit avoir pour résultat autant d'années de repos que la France a eu d'années de troubles et de guerre. »

Le sous-préfet organisait ainsi un véritable système d'espionnage, mais ne faisait qu'exécuter les ordres

(1) Registre des délibérations du conseil.

reçus et fut assez clairvoyant pour voir d'où provenait le mal; deux mois après la fin de la guerre il était intolérable pour les Rémois de continuer à héberger des soldats russes, toujours arrogants. Leroi adressa donc, le 14 juin, au baron de Jessaint, la lettre suivante :

« Monsieur le Baron,

« La signature de la paix entre la France et les puissances alliées a donné lieu de croire que l'évacuation du territoire français par les troupes étrangères aurait lieu de suite. Je ne dois pas vous dissimuler que la présence et la prolongation de séjour d'une quantité assez considérable de Russes dans la ville de Reims, sous le commandement d'un militaire de cette nation, occasionnent quelques rumeurs et de l'agitation parmi les habitans ; les plaintes de ces derniers sont d'autant plus vives que les soldats des puissances alliées sont logés et nourris par les habitans.

« J'ai, en outre, l'honneur de vous informer que les dispositions des militaires français à l'égard de ces étrangers sont peu favorables au maintien de l'ordre, et l'amour-propre existant dans l'âme des premiers au plus haut degré, il est difficile de les maintenir dans les bornes du devoir.

« Le passage annoncé de plusieurs corps français par la ville de Reims donne aux autorités locales quelques inquiétudes sur ses suites.

« Je rends à M. le prince Volkonski la justice qui lui est due. Il maintient parmi les militaires de sa nation la discipline la plus exacte, et si quelque accident arrivait, tout annonce qu'il ne faudrait en rien lui en imputer la cause, même éloignée, mais je dois vous faire connaître que, vu la disposition très prononcée des esprits, le moyen le plus efficace pour prévenir tout malheur est le départ de tous les soldats alliés.

« Il paraît que M. le prince attend à ce sujet des ordres ultérieurs. Si ces ordres doivent émaner d'une autorité militaire ou autre existant à Châlons, je vous prie de les provoquer auprès de qui il sera convenable.

« Je crois devoir vous prier également de me faire connaître l'époque à laquelle il ne doit plus exister, dans ce département, d'autorité militaire étrangère à celle française (1). »

Cette lettre arriva à Châlons au moment où l'on s'occupait des cérémonies relatives à la publication de la paix. Le préfet ne put donner aucune réponse favorable, mais l'occupation touchait à sa fin et les accidents que craignait Leroi ne se produisirent pas à Reims.

Quant au paiement de la fameuse contribution d'un million décrétée par le chevalier de Coll, il n'avançait guère. A la fin de mai, le duc de Doudeauville avait été obligé de décider que cette contribution viendrait en déduction sur le paiement des six derniers mois des impositions directes de l'année courante. Le préfet, de son côté, s'était vu forcé de prescrire que les commissaires-receveurs devaient « en cas de retard,

---

(1) Autographe. Archives de Châlons.

envoyer la force armée dans les communes pour y rester aux frais des retardataires jusqu'à parfait paiement (1). »

Ajoutons que, malgré tous ces arrêtés, les habitants de la Marne opposèrent une remarquable force d'inertie. Les fonds, surtout dans les villages, continuèrent à n'arriver que très lentement, et lorsque, quelques mois plus tard, le préfet crut devoir faire connaître au ministre de l'intérieur les doléances de ses administrés, on lui répondit par une fin de non-recevoir très courtoise, mais malheureusement très catégorique. Le ministre promettait seulement de saisir de l'affaire son collègue des finances et espérait obtenir de lui, en fait de secours, quelques bois de construction (2) !

Il nous reste maintenant à raconter, pour terminer cette étude, déjà longue, les cérémonies qui marquèrent à Reims la publication de la paix.

(1) Voir aux annexes l'arrêté du duc de Doudeauville du 27 mai et l'arrêté préfectoral à la même date. (Archives de Châlons.)
(2) Voir aux annexes la lettre adressée au préfet par le ministre de l'intérieur. Pièce XIV. (Archives de Châlons.)

CHAPITRE XX

LA PAIX

Nécessité de hâter la signature de la paix. — Le roi et le baron de Sacken. — Le comité central de Reims reçoit la décoration du Lys. — Cérémonies diverses. — Publication de la paix. — Le duc de Berri à Reims. — Départ de Volkonski. — Conclusions.

Malgré le désir de tous les diplomates de hâter les négociations d'une paix tant désirée, bien des jours s'étaient passés depuis l'entrée des souverains alliés à Paris, sans amener les signatures définitives. La conclusion de la paix était cependant urgente au point de vue de l'ordre dans la capitale, car des rixes entre soldats, analogues à celles que nous avons signalées à Reims, mais beaucoup plus graves, devenaient journalières et causaient au gouvernement royal de très vives appréhensions. Beaucoup d'officiers français attirés à Paris par l'armistice, l'arrivée du roi et le besoin de délassements après les rudes mois de la guerre, voyaient, d'un très mauvais œil, l'arrogance des étrangers que semblaient encourager les sentiments témoignés par la société parisienne. Aussi, soit au Palais royal, promenade alors très en vogue, soit dans les quartiers populaires, les querelles furent-elles fréquentes. Le prince de Schwarzenberg, dont les soldats semblaient spécialement surexcités, dut alors faire paraître un ordre du jour qui disait : « Il ne peut entrer dans la pensée des sous-officiers et soldats autrichiens de méconnaître la valeur française dont ils ont été témoins sur un si grand nombre de champs de bataille. Les fautes qui ont ouvert la France aux alliés sont étrangères à l'armée française; les puissances mêmes le reconnaissent; l'armistice est signé, la paix va l'être. Il n'y a plus en présence que des braves faits pour s'estimer, et dont le devoir est d'attendre avec calme cette paix si nécessaire à l'Europe. »

Aussitôt l'arrivée de Louis XVIII, le 3 mai, les négociations pour la paix avaient été poursuivies avec activité; mais « le roi était dans une situation particulière vis-à-vis des souverains, auxquels il paraissait redevable de la couronne... La paix fut telle qu'ils la dictèrent(1) », — bien douloureuse! Le 28 mai, on conclut une convention qui réglementait la marche et la subsistance des troupes, les questions relatives aux hôpitaux et aux prisonniers, etc.

Enfin, le 30 mai, le prince de Bénévent mit la signature de la France au bas du traité définitif, et la paix fut proclamée le 1er juin à Paris. Le lendemain, les souverains alliés quittèrent la capitale; aussitôt les postes occupés par les troupes ennemies furent remis à la garde nationale, et le baron de Sacken, gouverneur de Paris, cessa ses fonctions.

Sacken avait rempli son devoir avec tact; mais l'ex-

---

(1) Koch, III. Dans une lettre adressée à sa femme, le feld-maréchal Blücher écrivit : « Le nouveau roi de France est arrivé et m'a publiquement remercié, disant que j'étais la cause première de son rétablissement sur le trône. » (*Correspondance* de Blücher.)

pression de la reconnaissance royale dut toutefois le surprendre étrangement ! Tel était l'état d'esprit dans l'entourage de Louis XVIII, que le roi put faire publier la lettre suivante adressée au général ennemi :

« Paris, le 3 juin.

« Monsieur le général baron de Sacken,

« Sachant apprécier la conduite que vous avez tenue envers ma bonne ville de Paris et le soin que vous avez pris d'alléger autant que possible les fardeaux qu'avaient à supporter mes sujets, je désire vous transmettre ici les témoignages de ma haute estime, de ma satisfaction et l'assurance de tous mes sentiments pour vous.

« Sur ce, je prie Dieu qu'il vous ait, Monsieur le baron de Sacken, en sa sainte garde.

« LOUIS (1). »

Dès que la nouvelle de la signature de la paix arriva à Reims, la municipalité s'occupa de donner le plus d'éclat possible à la publication. L'autorisation nécessaire se fit d'ailleurs attendre et la cérémonie ne put avoir lieu que le 22 juin.

Avant cette date, les membres de l'ancien comité central reçurent une autre nouvelle heureuse ; à la séance du conseil municipal du 17 juin, le maire

(1) Cette lettre parut dans la *Quotidienne* du 6 juin, précédée de cette note : « Le roi a écrit la lettre suivante au général de Sacken en lui envoyant son portrait sur une superbe boîte enrichie de diamants. Les expressions pleines de bonté du roi ont comblé de bonheur le général de Sacken. Elles sont pour lui le plus auguste témoignage qu'en secondant les intentions magnanimes de son nouveau maître en faveur de la ville de Paris, il a fait du bien et son devoir. »

donna lecture d'une lettre de Mgr de Talleyrand-Périgord, ancien archevêque de Reims : « Le roi m'autorise à mander à MM. les membres du comité central de la ville de Reims que Sa Majesté leur permettait de porter la décoration du Lys (1). »

Cette décoration, quoique alors extrêmement répandue, était un grand honneur pour les membres du comité, qui exprimèrent de suite leur gratitude à l'archevêque :

« Monseigneur, nous avons reçu, avec les sentiments de la plus vive sensibilité, la nouvelle que Votre Excellence a bien voulu nous faire passer de l'autorisation que Sa Majesté nous accorde de porter l'ordre du Lys. C'est à vous, Monseigneur, que nous sommes redevables de ce bienfait, nous vous supplions d'en agréer nos très sincères remercîments. Nous vous supplions aussi de vouloir bien remettre à Sa Majesté l'adresse que nous prenons la liberté de lui présenter pour lui exprimer notre reconnaissance.

« Les habitants de Reims, empressés de jouir de votre présence, désirent ardemment, Monseigneur, que vous obteniez au plus tôt de Sa Majesté l'autorisation de venir au milieu de vos ouailles, recevoir l'expression de leurs sentiments d'amour et de vénération (2) ».

(1) Archives de Reims.
(2) Le comité central adressa en même temps au roi une adresse de remerciements. Elle était très longue. Le comité y disait, entre autres choses :
« Nous n'avons pu mettre les habitants de Rheims à l'abri de sacrifices en tous genres et de dépenses incalculables; mais nous avons eu le bonheur de prévenir les désordres et d'adoucir les suites ordinaires de la guerre...
« Si le zèle, l'activité, l'accord et l'union que nous avons apportés

Les membres du comité central étaient fort nombreux (1) et l'archevêque avait atteint son but. Dès qu'ils furent collectivement autorisés à porter l'ordre du Lys, presque tous firent assaut de loyalisme envers le nouveau gouvernement, et cela dura jusqu'en mars 1815...

Cependant, l'autorisation demandée par le conseil municipal de publier la paix en grande pompe n'arrivait toujours pas de la préfecture ! Or, les Rémois, et surtout les autorités, semblent avoir eu à cette époque une véritable manie d'organiser des cérémonies. Comité central, maire et évêque, tous éprouvaient le besoin de faire dire des *Te Deum* et de remercier le bon Dieu ! Déjà, au mois de mai, Mgr de Faudoas, évêque de Meaux, avait décidé qu'un *Te Deum* solennel serait chanté à la cathédrale, et il avait, à ce sujet, adressé aux fidèles un mandement dont le lyrisme avec lequel il célébrait les Bourbons ne pouvait être comparé qu'au lyrisme avec lequel ce même évê-

---

dans notre gouvernement, méritent quelque éloge, quelle ample et douce récompense nous avons trouvée dans la satisfaction d'avoir pu être de quelque utilité à nos concitoyens, mais surtout dans l'accomplissement des vœux que nous formions depuis longtemps (!!) pour le rétablissement de la monarchie française dans la possession de son légitime souverain...

« ... Vous venez, Sire, de mettre le comble à notre satisfaction en nous permettant de porter la décoration du Lys. Ce regard paternel de Votre Majesté nous pénètre de sensibilité et de reconnaissance. Nous la supplions de vouloir bien en agréer nos remerciements respectueux. Nous nous ferons une gloire de cette décoration précieuse ; elle sera l'image des sentiments dont nous sommes animés... »

(1) Voir, aux annexes, la liste par ordre alphabétique des membres du comité central de la ville de Reims. D'une façon générale, le comité avait en somme montré beaucoup d'activité et de zèle. Il méritait la reconnaissance des Rémois. (Pièce XV.)

que (1), baron de l'empire, célébrait, quelques semaines avant, la gloire de Napoléon ! Ce *Te Deum* fut fixé au 29 mai, à la cathédrale. Andrieux, signant pour le maire, y convoqua ainsi les habitants de Reims : «Un *Te Deum* doit être chanté le dimanche 29 mai 1814, issue de la grand'messe, en l'église Notre-Dame, en actions de grâces de l'heureuse révolution qui a rétabli les Bourbons sur le trône de France. La réunion des autorités et de tous les fonctionnaires civils et militaires aura lieu dans la grande salle du palais de justice, ledit jour, à neuf heures très précises du matin, pour de là se rendre en la même église. A cet effet, vous êtes invité à vous rendre à l'hôtel de ville à huit heures du matin (2). »

Cette cérémonie religieuse d'actions de grâces ayant eu lieu en l'honneur du retour du roi, retour qu'Andrieux se permettait de qualifier « d'heureuse révolution », on songea alors à célébrer des messes expiatoires ! Celles-ci furent organisées successivement dans toutes les paroisses. La cathédrale commença la série, le 21 juin. Le 23, à Saint-Jacques, le 28, à Saint-Rémi, le 1er juillet, à Saint-Maurice, et le 14 juillet, à Saint-André, cet exemple fut suivi : des services solennels furent célébrés « pour LL. MM. les rois de France, Louis XVI et Louis XVII, S. M. la reine Marie-Antoinette d'Autriche, S. A. R. madame Élisabeth de France et S. A. S. Mgr le duc d'Enghien. »

L'idée était naturelle et généreuse, mais dans toutes les paroisses, afin de plaire au gouvernement royal,

---

(1) La nièce de l'évêque avait épousé Savary, duc de Rovigo.
(2) Archives de Reims.

les curés profitèrent largement de l'occasion qui leur était offerte pour faire de la politique et pour tonner du haut de la chaire, non seulement sur les juges de la Convention, mais sur le « tyran » que l'Europe coalisée venait de vaincre! Alors que par le traité du 11 avril les souverains alliés avaient laissé à Napoléon son titre d'empereur en lui donnant la souveraineté de l'île d'Elbe, les fonctionnaires du nouveau régime, et même les ministres de Dieu, affectèrent à Reims, comme presque partout, de ne plus désigner que par l'épithète de « tyran » celui que, pendant quatorze ans, ils avaient traité constamment « d'homme providentiel » et exagérément adulé.

Enfin, Ponsardin ayant reçu une réponse favorable du baron de Jessaint, le 19 juin, put fixer au 22 la publication de la paix, attendue depuis si longtemps. Une immense affiche, imprimée le 20 juin, l'annonça aux Rémois impatients (1). Elle était ainsi conçue :

« *Publication de la Paix.*

« Le maire de la ville de Rheims s'empresse de prévenir ses concitoyens que, par suite de la demande qu'il avait présentée à l'autorité supérieure pour la publication de la paix, il vient de recevoir les autorisations nécessaires. En conséquence, le traité de paix définitive conclu entre S. M. le roi de France et de Navarre et les puissances alliées sera solennellement publié le mercredi 22 juin 1814.

(1) Affiche imprimée chez Le Batard, imprimeur-libraire, rue de l'Arbalète, n° 21. (Archives de Reims.)

« La première publication aura lieu à onze heures précises du matin, sur les degrés de la principale porte de l'hôtel de ville, et par suite aux endroits accoutumés.

« Cette cérémonie sera annoncée la veille à 7 heures du soir, par le son du gros bourdon.

« Tous les édifices publics seront illuminés.

« Un événement aussi intéressant et aussi vivement désiré, comblant de joie tous les Français, le maire est entièrement persuadé que ses concitoyens s'empresseront de partager l'allégresse publique ; il les invite à illuminer la façade de leurs maisons.

« Des danses publiques auront lieu et des orchestres seront établis à la halle Saint-Rémi et aux Promenades.

« Rheims, le 20 juin 1814.

« *Le maire de Rheims,*

« PONSARDIN. »

Les habitants répondirent à l'appel du maire, et témoignèrent leur joie en illuminant leurs maisons. Ce soir-là, tout le monde était sincère, car en dehors de toute idée politique, chacun espérait que la paix allait apporter à la nation le calme réparateur dont elle avait besoin pour refaire ses forces.

Cet été de 1814 se présentait d'ailleurs sous d'heureux auspices ; la terre de Champagne donna d'abondantes récoltes, la vigne fut prospère, et, le 1er juillet, s'ouvrit à Reims une foire importante, celle de Pâques retardée depuis le 1er avril. La vie normale de la cité avait repris avec les beaux mois ; déjà les villages incendiés réparaient leurs ruines, rebâtissaient leurs maisons... Il semblait aux observateurs superficiels que le nouveau gouvernement donnait toute satisfaction à la nation. A Reims, les fêtes succédaient aux fêtes. Après celles dont nous avons déjà parlé, on illumina encore le 27 juin, pour la publication de la Charte ; le 17 juillet, un nouveau *Te Deum* fut chanté en l'honneur de la paix ; le 15 août, d'imposantes processions rappelèrent le vœu de Louis XIII à la Vierge ; le 25 août, la fête du saint patron du roi fut solennellement célébrée !

A peine de légères ombres, pendant cette calme période d'été, doivent-elles être signalées. Le 13 juillet, le ministre de l'intérieur avisa cependant le préfet que les prisonniers prussiens avaient été mal accueillis par les paysans, au moment où ils rejoignaient leurs corps — et surtout, « que des détachements français avaient été reçus dans des villages de Champagne au cri de vive l'empereur. » Les autorités municipales devaient être désormais rendues responsables si de pareils faits venaient à se reproduire (1).

Une ombre encore est à signaler au tableau : malgré les circulaires du duc de Doudeauville et du préfet, dont nous avons parlé, il fut impossible de réunir la contribution d'un million frappée sur le département ! La gendarmerie fut requise presque partout pour aider les commissaires-receveurs, mais sa présence ne hâta guère la solution de l'affaire.

(1) Le 23 juillet, une bande assez nombreuse parcourut les rues de Reims en criant : Vive l'empereur. (H. Houssaye, 1815.) Vive l'empereur était le cri de ralliement contre les étrangers, cri beaucoup plus patriotique que politique.

Le 1er juillet, le maire de Reims communiqua aux membres du conseil municipal une dernière lettre du prince Volkonski « jusqu'à présent commandant de cette ville au nom des troupes alliées, portant avis que M. le colonel de Meulan étant arrivé pour y prendre le commandement de la place au nom du gouvernement français, ses fonctions cessent de ce jour ; pourquoi il invite le maire d'en informer toutes les autorités, ainsi que les habitants, et de recevoir au nom de toute la ville sa plus sincère reconnaissance pour les bons procédés envers les troupes alliées, et particulièrement envers lui, en assurant que le souvenir des moments qu'il a passés à Reims lui sera toujours agréable et qu'il ne cessera jamais de former des vœux pour le bonheur de cette ville (1) ».

Par cette lettre, Volkonski répondait à l'envoi de la tabatière d'or, enrichie de diamants, que Reims lui avait offerte ! Le colonel de Meulan d'abord, puis M. Miteau, remplirent les fonctions de commandant d'armes ; mais il resta des Russes jusqu'en septembre, et Volkonski y était encore lorsque la visite attendue du duc de Berri fut enfin annoncée.

Le duc, venant de Compiègne, se rendait à Strasbourg, et s'arrêta à Reims le 22 septembre. Malgré un temps épouvantable, on avait élevé sur la route de Fismes, près de la montagne Sainte-Geneviève, — rougie du sang des soldats le 13 mars, — un arc de triomphe semblable à celui de Marie-Louise, et, comme l'impératrice, le duc de Berri dut entendre un discours

(1) Registre des délibérations du Conseil municipal. (Archives de Reims.)

du baron Ponsardin, qui lui souhaita la bienvenue ! Le prince descendit chez le maire, rue Cérès, coucha dans la chambre qu'avait occupée le premier consul en 1803 (1), donna la croix au sous-préfet Leroi, au commandant d'armes Miteau et à M. Jobert-Lucas, et invita à sa table tous les personnages de la ville. Volkonski s'assit à gauche du duc de Berri (2).

Aussitôt le repas terminé, on se rendit à un bal de gala, au théâtre. Un grand buste du roi Henri IV avait été placé et une banderole blanche, mise derrière le buste, portait en lettres gigantesques ces mots : « *Au retour des Bourbons et du Plaisir.* »

Le duc de Berri quitta Reims le 23 septembre et le prince Volkonski, avec les derniers soldats russes, se dirigea deux jours plus tard sur Châlons.

Pour la région rémoise, la période de l'invasion était terminée.

C'est donc à cette date du 23 septembre que je termine l'étude entreprise.

En écrivant ces dernières lignes, je ne me dissimule pas que les événements racontés dans plusieurs chapitres seront d'un très petit intérêt pour beaucoup de lecteurs, et que le développement donné pourra

---

(1) Au moment des fêtes du sacre en 1825, Ponsardin reçut chez lui le duc d'Orléans. Le duc de Raguse, qui revint à Reims à cette époque, logea à côté du duc d'Orléans, 26, rue Sainte-Marguerite.

(2) Le duc de Berri avait à sa droite le général commandant le département. En face étaient le préfet, le sous-préfet et le maire. (Archives de Reims).

sembler exagéré. Ce développement a paru utile cependant pour peindre la complexe physionomie de la ville, pour faire plus complètement ressortir le rôle joué par quelques personnages appartenant à l'histoire locale.

Dans le récit de ces jours sombres de 1814, il a fallu constater, hélas! bien des défaillances morales, des petitesses, des abaissements de caractère. Je n'ai pas voulu les cacher, ni plaider les circonstances atténuantes. Les récits historiques ne sont pas des romans; j'ai dit ce que je croyais la vérité. C'est au lecteur de conclure.

Heureusement, sur la route parcourue, nous avons pu aussi signaler des dévouements obscurs ou ignorés, des actes héroïques, d'admirables exemples de vigueur, que nous avons cherché à mettre en lumière.

Nous les avons trouvés, ces dévouements et ces exemples, à tous les degrés de l'échelle sociale : chez l'empereur, dont la haute et glorieuse figure domine forcément l'histoire militaire de 1814; chez beaucoup de chefs, et aussi chez les soldats, chez les paysans, chez le bon et courageux peuple de France.

Grâce à eux, grâce à tous ces vaillants, le drame a des notes claires piquées sur sa sombre toile. Ce sont ces notes claires, réconfortantes et précieuses, qu'il faut surtout voir et retenir. Elles font en partie oublier les mesquineries de l'époque, les trahisons et les défections coupables. La France aura depuis longtemps désappris les noms des diplomates, des politiciens et des revenants de 1814 que, — sur les trois couleurs du Drapeau, — les petits soldats de l'avenir, jeunes frères des héroïques « Maries Louises ». liront encore avec émotion les noms fameux de l'immortelle campagne, — Champaubert, Montmirail, Vauxchamps, Montereau, Craonne, Reims, Arcis-sur-Aube, — à côté de ceux de Valmy, de Marengo et d'Austerlitz !

ANNEXES

I. Appel du préfet de la Marne aux militaires de la Garde, 13 janvier 1814. — II. Délibération du conseil épiscopal de Reims, 6 février 1814. — III. Exposé de la conduite de la ville de Reims en février. — IV. Lettre du sous-préfet aux maires de l'arrondissement, 5 mars. — V. Rapport du général Defrance sur le combat du 7 mars. — VI. Proclamation du feld-maréchal Blücher, imprimée à Châlons. — VII. Tombes au cimetière de Mars, à Reims. — VIII. Principes arrêtés par le maréchal Barclay de Tolly pour l'évacuation. — IX. Tableau des portions et rations des officiers russes. — X. Routes pour les troupes russes jusqu'au Rhin. — X bis. Routes pour les troupes russes, corps de réserve (comte Langeron), jusqu'au Rhin. — XI. Ordre du jour pour l'entretien des troupes au cantonnement. — XII. Arrêté du duc de Doudeauville, 27 mai. — XIII. Circulaire du préfet de la Marne, 27 mai. — XIV. Lettre du ministre de l'intérieur au préfet, 16 décembre. — XV. Liste des membres du comité central de Reims. — XVI. Journal des séjours de l'empereur pendant la campagne.

I

APPEL DU PRÉFET DE LA MARNE AUX MILITAIRES DE LA GARDE

(13 janvier 1814)

Le Préfet du département de la Marne, officier de la Légion d'honneur, chevalier et baron de l'Empire,

Prévient tous les militaires qui ont servi dans la Garde impériale, et qui sont en ce moment retirés dans leur foyers, que Sa Majesté les invite à reprendre du service dans cette Garde, jusqu'au moment où l'ennemi sera chassé du territoire français.

En conséquence, les anciens militaires de la Garde qui reprendront volontairement du service se feront inscrire au secrétariat de la sous-préfecture de leur arrondissement.

Tous les cinq jours, les sous-préfets nous adresseront un état qui fera connaître l'arme dans laquelle ces militaires auront servi, et l'époque présumée de leur arrivée au chef-lieu du département, d'où ils seront dirigés par nous sur Paris.

Nous sommes persuadés que les anciens braves qui ont donné tant de preuves de leur dévouement à l'Empereur et à la Patrie, s'empresseront de répondre à l'appel qui leur est fait par le Souverain.

Le présent sera imprimé, publié et affiché dans toutes les communes du département.

MM. les maires seront tenus de donner de suite connaissance du présent avis aux militaires de la Garde qui se trouvent dans leur commune.

Baron DE JESSAINT.

Châlons, le 13 janvier 1814.

A Chaalons, chez Martin, imprimeur de la préfecture, place du Marché, n° 258.

II

DÉLIBÉRATION DU CONSEIL ÉPISCOPAL DE REIMS
(6 février 1814)

Extrait du registre des actes et délibérations du Conseil épiscopal établi à Reims, en vertu de l'article 34 du règlement portant l'établissement des doyens et archiprêtres ruraux en date du vingt du mois d'août mil huit cent cinq.

Le dimanche 6 février mil huit cent quatorze, fin de vêpres, le Conseil fut assemblé extraordinairement pour entendre la lecture d'une lettre de M. Lambert, vicaire général de Meaux, adressée à M. Rondeau, vicaire général à Rheims, concernant des prières publiques à faire pour la paix, demandées par S. M. l'Empereur à tous les vicaires de l'empire français, dont voici l'extrait :

« Pour entrer dans les vues de Sa Majesté et répondre sans délai à ses désirs, l'intention de Monseigneur l'évêque de Meaux est que vous préveniez l'arrivée de la circulaire qui est sous presse, et que vous informiez MM. les curés et desservants de son diocèse, qu'au reçu de votre lettre des prières pour la Paix doivent se faire dans toutes les églises de son diocèse pendant neuf jours consécutifs et à continuer ainsi tous les dimanches et fêtes jusqu'à la Paix. »

En conséquence, le Conseil arrêta que le lendemain, 7 février, MM. les curés et desservants de la ville de Rheims seraient invités à se rendre chez M. Rondeau pour entendre la lettre de M. le vicaire général de Meaux et convenir du mode de prières à faire et du jour où on les commencera.

Dans l'assemblée de MM. les curés et desservants, il fut arrêté que le mardi 8 février, et à continuer pendant neuf jours consécutifs, on chanterait dans toutes les églises de Rheims les prières ordinaires marquées dans le processionnal du

Diocèse, pour la Paix et pour l'Empereur, avec les oraisons correspondantes, et qu'on donnerait ensuite la bénédiction du Saint-Sacrement dans le Saint Ciboire et que ces prières se feraient tous les dimanches et fêtes jusqu'à la Paix ; et que la copie de la lettre de M. le vicaire général de Meaux ainsi que l'extrait de la délibération ci-dessus seraient envoyés à MM. les doyens le plus tôt possible, etc., etc.

(Archives de l'archevêché de Reims, page 93 du registre.)

III

EXPOSÉ DE LA CONDUITE DE LA VILLE DE REIMS DANS LA GUERRE ACTUELLE
(1814)

La population de Reims se compose de 30,000 âmes; 20,000 subsistent par l'industrie manufacturière et n'ont d'autre moyen d'existence que leur travail journalier. La présence de l'ennemi sur le territoire français avait successivement paralysé les affaires; le 1er février, toutes les fabrications chômaient, le peuple était sans ressources, la mendicité presque éteinte renaissait et multipliait avec des progrès effrayants. Nourrir les pauvres, soulager les ouvriers, et maintenir la paix et la sûreté publique était une tâche si difficile qu'on espérait à peine la pouvoir remplir quelque temps. On avait pu, par suite de la bonne administration du Bureau de bienfaisance, étendre les travaux de charité et décupler les secours à domicile; les aumônes étaient centuplées; enfin le commerce comblait ses sacrifices pour occuper une grande partie des nombreux ouvriers dont l'oisiveté allait devenir aussi redoutable que leur misère était déchirante.

Dans ces circonstances, le sénateur, les autorités constituées se retirèrent de la ville et le général commandant la place partit en confiant la garde de la police à 4 compagnies de gardes nationaux à peine organisés, mal armés et sans munitions, recommandant surtout de se concilier l'ennemi qui s'approchait.

Livrée à elle-même dans cette crise, la commune sentit l'urgence d'établir un centre, une administration municipale, tant pour contenir les séditieux que pour prévenir les derniers excès de la guerre de la part d'un ennemi déshabitué de vaincre, qui a fort peu d'idées d'ordre et presque point d'administration militaire. Cinquante notables se réunirent et firent d'abord un fonds capable de subvenir à tant de frais imprévus.

Le besoin de l'ordre était plus pressant dans un pays où il y a peu de ressources. Nous devons notre industrie à un sol ingrat ; si nous sommes parvenus à en réparer la pauvreté, ce n'est que par une application et un travail assidus ; nous avons apporté ces habitudes au maniement de la chose publique et nous l'avons conduite comme la nôtre.

Tel était l'état des choses lorsque le 6 février, à 6 heures du soir, un major et deux officiers russes demandèrent l'entrée de la ville ; ils annoncèrent qu'ils commandaient cinq cents Cosaques, et qu'un corps de quatre mille hommes les suivait à deux marches. Les discours de ces officiers n'influèrent en rien sur notre détermination, mais la position actuelle de Reims par rapport à l'ennemi et le devoir de protéger immédiatement les faux bourgs et la banlieue, nous étions entourés d'ennemis, Châlons et Laon étaient en leur pouvoir, il arrivait une armée sur nos derrières, Reims ouvrit ses portes ; nous fîmes plus, nous protégeâmes les jours suivants l'ordre et les Cosaques eux-mêmes contre une populace tumultueuse et disposée aux derniers excès ; ainsi nous donnâmes à l'ennemi un exemple à suivre.

Le 12, arrivèrent les débris du corps d'Yorck, et le 14, le corps entier du général Vincigerode. Nous avons tout mis en usage pour éviter d'abord la révolte et l'anarchie, ensuite les derniers fléaux de la guerre, de la part d'un ennemi sans magasin, dans une contrée si peu fertile, prêt à tout se procurer par le pillage et l'incendie et satisfaisant des besoins excessifs et même des fantaisies à la pointe de l'épée.

Telle a été notre conduite jusqu'au... mars, où les prodigieux succès de l'Empereur ayant forcé l'ennemi à changer de plan, reculèrent le théâtre de la guerre et nous rendirent à la patrie. Nous avons été soutenus dans une tâche si pénible et qui n'était point sans dangers par l'ardent désir de sauver et de conserver à S. M. sa bonne ville de Reims avec tous ses moyens d'industrie et de prospérité ; nous espérons avoir acquis à cette cité de nouveaux titres à la bienveillance dont S. M. a daigné plus d'une fois l'honorer.

Reims le   mars,

Les notables de la ville.

(Communiqué par M. J... de Reims.)

IV

LETTRE DU SOUS-PRÉFET AUX MAIRES DE L'ARRONDISSEMENT

(5 mars 1814)

L'auditeur, sous-préfet de Rheims, à MM. les maires de l'arrondissement.

J'ai l'honneur de vous transmettre, Monsieur, plusieurs Bulletins des Armées de Sa Majesté; vous voudrez bien les faire afficher dans votre commune.

Je vous fais passer également une proclamation que je viens d'adresser aux habitants de l'arrondissement.

Je vous prie et vous recommande, Monsieur, de leur donner toute la publicité possible. J'ai pensé qu'il suffirait de leur faire connaître ce que la Patrie et l'Empereur avaient droit d'attendre de leur dévouement et même de l'indignation que doivent exciter le pillage et les cruautés inouies commises par les ennemis.

Cependant je ne puis vous laisser ignorer que la conduite tracée à vos administrés est un devoir auquel ils ne pourroient manquer sans de grands inconvéniens.

Il est même de la plus haute importance pour votre responsabilité que les mesures indiquées soient exécutées complètement.

Ainsi donc, Monsieur le Maire, si, contre mon attente, vos administrés ne faisaient pas les dispositions nécessaires pour remplir le vœu de ma proclamation, vous devez, à l'instant même, m'en assurer l'exécution en faisant, dans les cas prévus, sonner le tocsin dans votre commune et en requérant les habitants au nom de l'Empereur de s'armer et de se lever de suite en masse. Vous voudrez bien me faire connaître ceux qui auront montré le plus de dévouement et ceux qui ne se seraient pas conduits d'une manière satisfaisante.

Je désire, Monsieur, que vous veuilliez bien faire parvenir les bulletins et les proclamations aux communes voisines de la vôtre qui pourraient être occupées par l'ennemi.

Je vous prie aussi de chercher par tous les moyens possibles à faire connoître sur les derrières de l'armée ennemie les succès toujours plus brillans de S. M. et à m'informer chaque jour par des exprès, des mouvements des ennemis, de leur force présumée en artillerie, infanterie et cavalerie et spécialement de celle des corps qui séjourneront dans votre commune ou dans celles à proximité.

Toutes les mesures que je viens de vous indiquer doivent exciter au plus haut point votre dévouement et votre vigilance.

Je m'estimerai heureux de pouvoir faire connoître le zèle, l'activité et la fermeté que vous aurez apportés dans leur exécution.

Recevez l'assurance de ma considération distinguée.

*L'auditeur au Conseil d'État, sous-préfet
de l'arrondissement de Rheims,*

D. DEFLEURY.

Rheims, le 5 mars 1814.

(Archives municipales de Reims.)

V

RAPPORT DU GÉNÉRAL DEFRANCE SUR LE COMBAT DU 7 MARS 1814

A Son Altesse Sérénissime le Prince Vice-Connétable Major général de la Grande armée.

Monseigneur,

J'ai l'honneur d'informer Votre Altesse que je suis arrivé pour 9 heures du matin à moitié chemin du bac à Berry à Rheims.

J'ai envoyé de suite à M. le général Corbineau la lettre dont Votre Altesse m'avait chargé pour lui. Il m'a mandé de me porter sur le champ sur Rheims, dont l'ennemi venait d'insulter les portes et remparts.

Je suis parti à 11 heures de la position que j'occupais; avant mon arrivée devant Rheims, l'ennemi avait déjà coupé la communication du bac à Berry et appuyé ses vedettes jusque la rivière de Vesle, ayant un parti de cent chevaux près de la route, il avait sur celle de Rethel à Rheims trois pièces de canon tirant sur la ville, soutenues par six bataillons formés en trois carrés. Ayant reconnu la position de l'ennemi et de ses intentions, je n'hésitai pas à le charger. Je fus assez heureux pour lui faire quitter la position en toute diligence et pour le rejeter sur la route de Chaalons, où il y avait 4 bataillons et 3 bouches à feu. Le mouvement rétrograde fut prononcé sur Chaalons et en un instant le feu de six pièces qui tiraient sur la ville fut éteint. J'ai poursuivi l'ennemi une lyeue et demye au delà de Rheims sur la route de Chaalons; la marche était tellement accélérée que je ne crus pas devoir aller plus loin; il avait en outre sur la rive gauche de la Vesle occupant la route de Rheims à Fismes, 3 bouches à feu et environ 2,500 hommes d'infanterie et 1,000 de cavalerie. Ces troupes voyant la retraite de ce qui marchait sur la route de Chaalons ont également effectué la leur dans la même direction par la rive gauche de la Vesle ; de sorte qu'en moins de deux heures, 9 bouches à feu, 15 bataillons et environ 2,000 chevaux ont fait leur retraite devant la ville de Rheims, ce qui est dû à la bravoure du 10e régiment de hussards, du 1er des Gardes d'honneur conduits par M. le général de brigade baron Picquet et à celle du 3e et du 4e régimens de Gardes d'honneur conduits par M. le général de brigade comte Ségur.

Je prie Votre Altesse de vouloir bien appeler la bienveillance de Sa Majesté sur le brave 10e régiment de hussards, sur les régiments des gardes, surtout sur MM. les généraux baron Piquet et comte Ségur, qui ont déployé toute la sagacité et l'à propos qui distinguent les généraux les plus consommés.

Le résultat de cette affaire le prouve d'autant mieux que Votre Altesse Sérénissime connait parfaitement les moyens que les généraux avoyent en leur pouvoir pour forcer l'ennemi à une retraite aussi précipitée.

Le 3e Gardes d'honneur a eu un garde tué dans la charge ; un hussard tué, un officier et un maréchal-des-logis du 10e hussards blessés. On a fait deux prisonniers à l'ennemi, il y a eu deux hommes tués et beaucoup de blessés. Toutes les troupes étaient russes.

La cavalerie qui était sur la rive droite de la Vesle était composée de dragons, les hussards étaient sur la rive gauche. Tous les renseignements que j'ai pu recueillir me portent à croire que les troupes étaient commandées par M. de Saint-Priest.

J'ai l'honneur d'être, etc...

Signé : DE FRANCE.

Rheims, le 7 mars 1814.

(Archives nationales.)

VI

PROCLAMATION DE SON EXCELLENCE MONSEIGNEUR LE FELD-MARÉCHAL DE BLUCHER GÉNÉRAL EN CHEF DE L'ARMÉE DE SILÉSIE

(Traduction française.)

Dans ma proclamation que j'ai adressée aux habitans de la France, je leur ai demandé la tranquilité envers les Armées alliées ; je leur ai en même temps assuré la continuation de leur autorité, en leur promettant ma protection ; malgré cela, je m'aperçois que quelques sujets malintentionnés voltigent armés et font feu sur des militaires isolés ; je saurai venir au devant de cela, en ordonnant ce qui suit :

Art. Ier.

Dans toutes les communes, le maire, ou en son absence, le plus âgé communiquera le présent à ses habitans, en le faisant afficher dans les endroits publics et auberges.

Art. II.

Deux heures après avoir communiqué le présent, tous les habitants sont tenus de délivrer au maire, ou à son représentant, les armes de tous genres ; savoir : fusils, carabines, pistolets, fusils à vent, butières, sabres, épées, lances et piques, ainsi que la poudre, le plomb et autres objets de munitions. Le susdit est chargé de la réception, dont il en fera l'expédition en un convoi, soit pour Châlons-sur-Marne ou Vitry, où les objets seront remis à une Commission militaire qui en est chargée, et qui en délivrera un récépissé.

Art. III.

Chaque habitant qui sera découvert avec des armes à lui appartenant, après la publication du présent, sera arrêté et transporté au quartier-général, où il ne sera point seulement reconnu pour un homme qui nuit à la tranquilité de ses concitoyens, mais comme un espion envers les alliés ; et sa punition sera, d'après son crime, soit qu'on le juge à mort, ou pour être exilé en Sibérie.

Art. IV.

Si un habitant, les armes à la main, se permettait quelqu'excès envers un militaire, sa punition sera la mort, ses biens confisqués et sa maison démolie.

Art. V.

La maison d'où on tirera avec une arme à feu, et où on trouvera des armes ou munitions, sera démolie.

Art. VI.

Si on entend un coup de feu dans un quartier, où on ne pourrait découvrir sur le champ l'auteur, on prendra dans la commune quatre ôtages parmi les habitans les plus fortunés, qui seront échangés vingt-quatre heures après l'arrestation contre les criminels ; dans le cas où on ne pourrait les découvrir, ils seront conduits en Sibérie.

Art. VII.

Si dans quelques communes il se formait quelques bandes armées, leurs maisons seront brûlées, et eux exécutés comme ci-dessus.

Je suis persuadé qu'il ne peut y avoir que de mauvais sujets qui pourraient troubler la tranquillité de leurs concitoyens ; c'est pourquoi je ne les confonds point avec la masse, comptant aussi que tout Français qui pense bien, apportera tous ses soins à éviter tout désagrément qui pourrait leur être très défavorable.

Si quelques militaires se portaient à des excès, comme piller, maltraiter leurs hôtes, j'autorise le maire à les faire arrêter et à les livrer au premier poste militaire, où j'aurai soin de les punir sévèrement.

Donné en mon quartier-général, à Châlons-sur-Marne, le 17 février 1814.

Signé : DE BLUCHER,
Feld-maréchal prussien.

Le préfet du département de la Marne,

Vu la proclamation de Son Excellence le Feld-Maréchal de Blücher, en date du 17 février 1814,

Ordonne que ladite proclamation sera imprimée, publiée et affichée, à la diligence des maires, dans toutes les communes du département.

Fait à Châlons, le 21 février 1814.

TURPIN.

A Chaalons, chez Mercier, imprimeur de la préfecture, rue de Brebis.
(Archives de Châlons.)

VII

TOMBES AU CIMETIÈRE DE MARS A REIMS

De toutes les tombes érigées en 1814, une seule subsiste actuellement; celle du lieutenant Amalric. On la trouve difficilement dans la vieille partie du cimetière de Mars. L'inscription, un peu effacée par le temps, est encore cependant très lisible.

« Ici repose Alfred-Ernest Amalric, lieutenant dans la cavalerie de la Garde, fils du Secrétaire général de la grande chancellerie de la Légion d'honneur, tué le 5 mars à l'âge de 18 ans, près du village de Tinqueux, dans un combat où il fit des prodiges de valeur. Sa mort est le seul chagrin que cet enfant chéri ait donné à ses parents inconsolables. »

En dehors de cette tombe d'Amalric, il existe deux monuments consacrés aux officiers morts en 1814.

Le premier, simple pierre de deux mètres de hauteur, a été érigé vers 1826. A cette époque les corps des vaillants soldats ont dû recevoir une nouvelle sépulture. La pierre tombale est une sorte de monument commémoratif, élevé par quelques mains pieuses.

Il porte d'un côté :

« Ici repose Messire Louis Legoux Duplessis, chevalier seigneur de Bordes, capitaine au service de la France, mort de ses blessures à Reims, le 3 mai 1814. Priez Dieu pour lui. »

Legoux-Duplessis appartenait au 3ᵉ régiment de gardes d'honneur. Il avait été blessé aux côtés de Ségur dans la charge du 13 mars. (Voir chapitre XII.)

Le style de cette épitaphe « chevalier seigneur de Bordes, capitaine au service de la France » indique bien l'époque probable où l'inscription a été faite.

On lit au verso de la pierre commémorative :

Honneur aux Braves :

— Joachim Abdal, né à Saint-Pons (Hérault), aide de camp du général Meunier, tué à la défense de Reims, le 11 mars 1814, âgé de trente ans.

— Louis Vidal, né à Grasse, capitaine aux chasseurs de la Garde, tué le 13 mars, âgé de vingt-neuf ans.

— Joseph Quiquand, né à Rougemont (Doubs), lieutenant aux voltigeurs de la Garde, mort de ses blessures, le 22 mars, âgé de trente-trois ans.

— Claude Gaitte, né à Autun, capitaine aux éclaireurs de la Garde, mort de ses blessures, le 25 mars, âgé de quarante-quatre ans.

— Prosper Galland, né à Blanse-Berry (Indre), lieutenant au 5ᵉ régiment de chasseurs à cheval, mort le 2 avril, âgé de trente-neuf ans.

— François Guerrier, né à Metz, officier de la Légion d'honneur, commandant d'artillerie de la Vieille Garde, mort de ses blessures, le 22 juin, âgé de trente et un ans (1).

— Maurice Brosses, sous-lieutenant au 1ᵉʳ régiment des voltigeurs de la Garde, mort de ses blessures le 14 juin.

— Désiré Berguin, né à Saint-Domingue, lieutenant au 5ᵉ régiment de ligne, mort de ses blessures le 22 juin.

— Maximilien de Guérin de Bruslard, né à Ablon, capitaine de dragons, mort le 6 juillet 1814.

Lux perpetua luceat eis.

Tel est ce monument, réparé par la Société « le Souvenir français », il y quelques années.

La Société, très généreuse, a fait plus. Vers l'époque des

(1) Le général Boulart, Rémois d'origine (c'était le fils d'un chantre de la cathédrale), dit dans ses Mémoires en parlant de la bataille du 13 mars, à laquelle il n'assistait pas : « Je donnerai un souvenir de regret à un capitaine d'artillerie de la garde, M. Guerrier, tué à Reims à l'attaque de la porte de Paris. Je l'affectionnais particulièrement à cause de ses bonnes qualités. »

débuts de l'alliance franco-russe actuelle, en 1893 ou 1894, elle a fait ériger un monument plus important, et tout neuf, celui-là, aux victimes de la guerre, russes et françaises. Le monument a la forme d'une pyramide tronquée, est entouré d'une grille et porte les inscriptions suivantes :

Sur la première face :

« A la mémoire du PRINCE GAGARINE, commandant des Baschkirs, tué à le Porte de Mars, le 5 mars 1814, âgé de vingt-trois ans ; — de JOSEPH DE HECK, capitaine de l'État-Major russe, chevalier des Ordres de Saint-Anne et Vladimir, né en 1785, tué au combat des Promenades le 7/19 mars 1814.

« *Inter arma caritus.* »

Au-dessous, on a gravé les armes de Russie entrelacées avec un cartouche aux initiales R. F.

L'intention du Souvenir français était excellente et l'on ne peut qu'y applaudir. Mais la Société et l'architecte du monument ont été bien mal conseillés ! Le prince Gagarin n'a jamais été tué à Reims. Il a été fait prisonnier à Berry-au-Bac et envoyé à Paris. (Voir chapitre VI.) Je ne sais d'où provient l'erreur commise. Personne à Reims n'a pu me renseigner à ce sujet. Il est curieux tout de même de constater, une fois de plus, comment on écrit l'histoire ! Bien des Rémois ont dû déjà s'apitoyer sur le sort du jeune prince Gagarin, tué à vingt-trois ans !

Sur le côté droit du monument, on lit :

A LA MÉMOIRE DES FRANÇAIS MORTS A LA DÉFENSE
DE REIMS EN 1814.
PRO PATRIA CECIDERUNT.

Et sur le côté gauche :

AUX SOLDATS RUSSES MORTS A REIMS EN 1814.
HOSTES... FRATRES...

Enfin, la partie postérieure du monument est consacrée au souvenir du colonel de Belmont. L'inscription offre une variante avec celle que j'ai donnée au chapitre XII, qui était l'inscription primitive de la tombe véritable. Celle du monument porte :

César-René-Marie-François-Rodolphe de Vachon, comte de Belmont Briançon, colonel major du 3ᵉ régiment de gardes d'honneur, marié a mademoiselle Clémentine de Choiseul Gouffier, mort a la défense de Reims le 13 mars 1814.

Decorum pro Patria mori.

Tels sont les souvenirs que l'on trouve encore au cimetière de Mars. Les inscriptions actuelles ne sont pas tout à fait semblables à celles dont parlent les auteurs locaux et spécialement Geruzez. Mais j'ai cru devoir les transcrire telles que je les ai vues moi-même.

VIII

ARMÉES IMPÉRIALES RUSSES

Principes arrêtés par M. le Maréchal comte de Barclay de Tolly, contenant les règles d'après lesquelles l'approvisionnement des troupes doit se faire sur les routes militaires partant de la France jusqu'à l'Oder.

1° Les troupes en marche recevront les subsistances par étape dans leurs logements.

2° Les troupes marcheront sur les routes marquées, par échelons, dont chaque corps d'armée formera trois ; savoir, deux échelons d'infanterie et un de cavalerie. Chacun d'eux comprendra son artillerie.

Les échelons se suivront l'un l'autre à une journée de distance.

3° La marche des troupes sera arrangée par les quartiers-maîtres des corps d'armée, avec l'agrément du commandant du corps, de manière que, conformément à la situation des pays par lesquels le passage aura lieu, les troupes, autant qu'il sera possible, suivront, outre les grandes routes, aussi les chemins de traverse, de village en village, en observant toutefois, avec la plus grande attention, de ne pas obstruer les chemins, ni causer aucun autre désordre dans les mouvements des équipages.

L'artillerie ne quittera jamais les grandes routes.

4° Pour prévenir d'avance les autorités locales par quelle contrée la marche des troupes aura lieu, afin qu'elles puissent de suite faire des arrangements pour leur approvisionnement régulier, un officier quartier-maître du corps, ou un officier de l'état-major, devancera d'un temps suffisant les troupes. Il instruira les autorités sur la quantité de rations de vivres et de fourrages à délivrer aux troupes; et d'après les moyens des différents endroits qui lui seront indiqués par les autorités, il fixera les lieux destinés au quartier général du corps, ainsi que les villages qui doivent recevoir les troupes

5° Les chefs de corps préviendront les troupes de cette fixation, quelques jours avant leur arrivée, pour qu'aucun village, autre que ceux qui seront nommément désignés avec l'agrément des autorités locales, ne soit occupé.

6° Un jour avant l'arrivée de chaque échelon, des officiers seront envoyés en avant, avec un commissaire des guerres, pour prendre une connaissance spéciale de la dislocation, et pour mettre ordre à l'approvisionnement. Ces officiers et commissaires seront toujours envoyés au moins par deux, pour que, pendant que deux resteront dans les anciens quartiers, les autres puissent aller en avant pour soigner l'approvisionnement. Pour accélérer leur marche, il leur est permis de prendre une voiture de relais pour deux personnes.

7° Les autorités établiront dans tous les chefs-lieux d'étape un commissaire de marche, et adjoindront un commissaire à chaque échelon de troupes.

8° Il sera établi des magasins à des endroits convenables pour la quantité de subsistances fixées par l'intendant général. Les troupes ne pourront rien recevoir de ces magasins de leur propre chef, et sans une autorisation particulière des autorités, vu que ces magasins ne seront établis dans les lieux d'étape que pour les quartiers généraux et pour le soulagement des propriétaires qui logent les troupes.

Ces magasins seront soumis à l'inspection et direction des autorités locales; cependant les commandants d'étape, qui seront envoyés par les troupes, seront responsables de leur intégrité, ainsi que de la régularité de la distribution qui en sera faite; à cette fin ils y feront placer des sentinelles.

9° Il est défendu, sous peine d'être traduit devant un Conseil de guerre, d'intercepter les transports destinés aux magasins, d'y prendre quelque chose sans assignation, de réclamer des rations pour le temps passé, d'en recevoir plus qu'il n'en revient légitimement. La distribution des denrées ne doit se faire, sous aucun prétexte, avec désordre, et chacun attendra son tour avec patience. Les parties prenantes seront obligées de délivrer une quittance de la recette, qui contiendra la désignation des poids, mesures, ou le nombre des portions et rations fournies. On fera imprimer des quittances en blanc, desquelles chaque régiment et commandant militaire recevra un nombre suffisant.

10° Il sera accumulé aux bords du Rhin, de l'Elbe et de l'Oder, un approvisionnement de dix jours, pour en remplir les fourgons. L'Intendant général est chargé de veiller très particulièrement à ce que ces provisions, et notamment celles en biscuit, soient infailliblement délivrées aux troupes.

11° Il est rigoureusement défendu d'envoyer des équipages en avant, ou de permettre qu'il en reste en arrière.

12° Il est défendu, sous peine sévère, de faire des réquisitions ou demandes particulières ou d'autres dispositions de cette nature, ou de s'approprier des caisses, des provisions, etc.

13° Le tarif d'approvisionnement, émané lors du passage du Rhin, restera en vigueur en France. Les autorités locales feront afficher ce tarif dans des lieux convenables. Les tableaux comparatifs susmentionnés des poids et mesures seront communiqués à tous les villages où les troupes seront logées.

14° Si la nécessité le demande, les troupes doivent se contenter de compensations suffisantes d'autres articles d'approvisionnement que ceux qui se trouvent au tarif, surtout quant aux fourrages : ils recevront de l'orge, et, dans le cas d'extrême besoin, du seigle, en place d'avoine; et en place de foin, une double quantité d'herbes fraiches, en faisant toutefois mention de ce dernier changement dans les quittances.

15° Les chevaux d'équipages seront, faute de fourrages secs, nourris d'avoine et de pâturage.

16° Il est particulièrement enjoint aux commandants des corps d'armée de ne point permettre de trainer à la suite des corps plus de chevaux et de voitures que les règlements n'accordent.

17° Il est très rigoureusement défendu de prendre des voitures de relais du pays, sinon par ordre exprès et d'après des billets du chef de corps. En donnant de pareils billets, les chefs de corps observeront que le nombre de ces relais ne surmonte jamais le besoin extrême et irrémissible.

ANNEXES

18° A l'égard des malades, on ne transportera que ceux qui paraissent promettre un prompt rétablissement ; les autres resteront dans les hôpitaux, moyennant des billets et des attestats sur leurs appointements.

19° L'Intendant général est chargé de faire imprimer ce règlement, conjointement avec le tarif et le tableau comparatif des poids et mesures, et d'en faire transmettre des exemplaires, en nombre suffisant, aux différents corps d'armées, ainsi qu'aux autorités locales, et même aux villages dans lesquels les troupes seront logées.

Signé : Le Maréchal comte BARCLAY DE TOLLY.

Pour expédition conforme,

L'Intendant général des armées actives impériales russes,

Signé : G. DE CANCRIN.

A Paris, de l'imprimerie royale. Avril 1814.

IX.

TABLEAU

DES PORTIONS ET RATIONS A DÉLIVRER AUX OFFICIERS DES DIFFÉRENTS GRADES DES ARMÉES IMPÉRIALES RUSSES

	Nombre des rations en nature	Où y comprend des chevaux		Portions pour les domestiques
		de selle	de trait	
Pour le général commandant en chef de l'armée............	40	la fixation des chevaux de selle est remise à sa propre volonté		autant de portions qu'il demandera d'après son grade
Le chef d'état-major...	20	8	12	
Un général en chef....	24	8	16	12
Un lieutenant général..	18	6	12	10
S'il est chef d'un corps d'armée.............	24	8	16	d'après son rang
Le quartier-maître général...............	18	8	10	id.
Le général du jour.....	18	8	10	id.
Un général-major.....	12	5	7	8
S'il commande une division...............	18	6	12	8
Pour les colonels :				
De cavalerie et d'artillerie à cheval........	7	3	4	6
Les colonels de cavalerie qui ne sont pas commandants d'un régiment...............	6	3	3	6
Les colonels quartiers-maîtres............	7	4	3	6
Les colonels d'infanterie, d'artillerie, du génie, pionniers et pontonniers............	5	3	2	6
Pour les lieutenants-colonels :				
De cavalerie et d'artillerie à cheval........	6	3	3	4
Un lieutenant-colonel, commandeur d'un régiment d'infanterie...	7	3	4	4
Les lieutenants-colonels, quartiers-maîtres....	5	3	2	4
S'ils sont en fonctions de premier quartier-maître.............	6	4	2	4

ANNEXES

	Nombre de rations en nature	On y comprend des chevaux		Portions pour les domestiques
		de selle	de trait	
Les lieutenants-colonels d'infanterie, d'artillerie, du génie, pionniers et pontonniers......	4	2	2	4
Les lieutenants-colonels d'infanterie commandeurs d'un régiment..	5	3	2	4
Pour les majors :				
De cavalerie..........	5	3	2	3
De cavalerie, commandeurs d'un régiment..	7	3	4	3
D'infanterie...........	4	2	2	3
D'infanterie, commandeurs d'un régiment.	5	3	2	3
Pour les capitaines et sous-capitaines :				
De cavalerie, d'artillerie à cheval et quartiers-maîtres............	4	2	2	2
D'artillerie...........	2	1	1	2
D'infanterie, du génie, pionniers et pontonniers............	2	»	2	2
Pour les lieutenants, sous-lieutenants, cornets et enseignes :				
De cavalerie, d'artillerie à cheval et quartiers-maîtres............	3	2	1	1
Pour le médecin de l'état-major en chef.......	5	2	3	2
Pour le médecin de l'état-major d'un corps d'armée..............	4	2	2	2
Pour les médecins divisionnaires..........	4	2	2	2
Pour le chirurgien d'un régiment...........	3	1	2	2
Pour les aides-chirurgiens............	2	1	1	1
Pour l'aumônier en chef	4	1	3	2
Pour l'aumônier ordinaire............	2	1	1	1
Pour l'auditeur en chef.	3	1	2	2
— l'auditeur.......	2	1	1	1
— l'écuyer.........	2	1	1	1

	Nombre de rations en nature	On y comprend des chevaux		Portions pour les domestiques
		de selle	de trait	
Pour les adjudans : Les adjudans-majors, les aides de camp d'un général, adjudans de brigade, régiment et bataillon, d'après leurs grades, sont assimilés aux officiers de cavalerie et reçoivent en outre une ration en plus.	»	»	»	»
Pour les chefs du génie et de l'artillerie : Pour l'intendant général de l'armée, pour le maître général des vivres, le commissaire général des guerres, l'auditeur général, les directeurs des communications militaires et des hôpitaux militaires, les intendants des pays, les employés à l'intendance, à la partie des vivres et au commissariat, les portions et rations se délivrent à l'égal des officiers de cavalerie. (La proportion entre les chevaux de selle et de trait est remise à leur propre gré.)	»	»	»	»
Pour le prévot général, s'il est moins que colonel	6	4	2	d'après les grades
S'il est plus que colonel	7	4	3	id.
Pour le prévot-major	5	3	2	id.
— le prévot	4	2	2	id.
Pour le vaguemestre général, s'il est moins que colonel	6	4	2	id.
S'il est plus que colonel	7	4	3	id.
Pour le vaguemestre-major	5	3	2	id.

(*Imprimerie Royale, avril* 1814.)   L'*Intendant général,*
                                                                                                                                                                                     DE CANCRIN.

(Archives de Châlons.)

X

ROUTES
POUR LES TROUPES RUSSES EN FRANCE
JUSQU'AU RHIN

1er *Corps d'armée*

Oise....	de Compiègne à Noyon (séjour)	3 ¼

	Chauny..........	2
	Saint-Quentin (séjour)....	4
	Guise..........	3 ¼
	Buire-Fosse......	2 ¼
	Hirson (séjour) (1)	2
	Aubenton........	3
Ardennes	Rocroy..........	3 ¼
	Givet (séjour)....	4
Sambre-	Dinant..........	2 ½
et-Meuse	Ciney..........	3
	Tervagne........	4
	Liège (séjour) (2).	4
	Herve..........	2
Roer....	Aix-la-Chapelle (séjour)..	3
	Duerant..........	3
	Bottenbroich.....	2
	Cologne (3)......	2

Le nombre des troupes est de 25,000 hommes et 15,000 chevaux, le quartier général de 600 hommes et 1,000 chevaux. Dans ce nombre de troupes, on n'a pas compris les petits détachements épars, les malades ni les prisonniers de guerre, qui pourront l'augmenter d'un tiers.

Un détachement de Cosaques se rassemblera au bord du Rhin, à Cologne pour suivre en Russie. Comme il se rassemble de plusieurs côtés, le nombre n'en est pas encore connu. Il sera publié par les officiers qui les devancent, aussi bien que le temps de leur arrivée. Ces officiers munis d'autorisations en annonceront directement la marche, l'ordre leur ayant déjà été donné.

A chaque étape, il y aura un magasin pour secourir les habitants; celui où il y aura un séjour contiendra du moins l'approvisionnement pour deux jours, étant destiné à être la réserve des autres magasins, surtout dans les endroits où les habitants auront beaucoup souffert.

L'original est signé par le chef d'état-major SABANEEFF.

Pour copie conforme,

L'intendant général, signé : DE CANCRIN.

(1) Hôpital.
(2) Hôpital ou à un endroit de la proximité.
(3) Hôpital et magasin de dix jours en biscuits et gruaux ou farine blutée, d'après le tarif.

X *bis*

ROUTES

POUR LES TROUPES RUSSES, CORPS DE RÉSERVE

(COMTE LANGERON)

JUSQU'AU RHIN

Seine-et-Marne	Paris Claye Meaux La Ferté-sous-Jouarre
Aisne	Château-Thierry
Marne	Dormans Épernay Jallons Châlons Vitry
Haute-Marne	Saint-Dizier
Meuse	Bar-le-Duc Saint-Amand Vaucouleurs
Meurthe	Toul Nancy Vic Dieuze Fénestrange Lixheim
Bas-Rhin	Saverne Haguenau

(Archives de Châlons.)

XI

ORDRE DU JOUR POUR L'ENTRETIEN DES TROUPES AU CANTONNEMENT

Au quartier général à Paris,
le 11 avril 1814 / 30 mars.

Il sera pourvu à l'entretien des troupes en cantonnement de la manière suivante :

Savoir :

1° L'approvisionnement pendant la marche se fera par étapes, par les propriétaires ; les troupes seront disloquées sur une surface convenable, et des officiers quartiers-maîtres seront envoyés en avant. Il est rigoureusement défendu de fourrager, surtout à l'insu des autorités du pays.

2° L'approvisionnement dans les départements assignés aux différents corps d'armée et détachements se fera régulièrement par étapes ; MM. les commandants des corps d'armée ordonneront des dislocations détaillées d'après les conseils de MM. les préfets et commissaires des guerres français, dont il y aura un ou plusieurs à chaque corps. Le commissaire en chef russe et les commissaires des corps d'infanterie et de cavalerie sont obligés de faire tous les arrangements, quant à l'approvisionnement, par la voie de ces autorités ; à cet effet, il est ordonné qu'il y ait à chaque corps d'infanterie ou de cavalerie un commissaire des vivres, ou qu'à défaut d'un tel, on nommera un officier capable à cet emploi. Il sera donné à ce commissaire, en qualité d'aide, un officier sachant le français, de chaque division et même de chaque brigade, et de la cavalerie de chaque régiment, ainsi qu'une escorte proportionnée.

MM. les préfets ont l'obligation d'établir des magasins de réserve, pour en donner des secours aux communes qui manqueraient de quoi fournir aux troupes ce qu'il faudra pour remplir leurs caissons, enfin pour approvisionner les troupes qui, selon les circonstances, se trouveraient aux casernes, à un cantonnement réservé ou même au bivouac. Lorsque les préfets demanderont, par des raisons suffisantes, des changements dans la dislocation, ils seront accordés, et, en général, on se réglera d'après les mesures qu'ils prendront pour l'approvisionnement des troupes ; toutes les réquisitions individuelles, et hors d'ordre, sont défendues rigoureusement, et pour chaque recette il sera donné une pleine quittance.

3° Le tarif émané lors du passage du Rhin servira pour l'approvisionnement, et MM. les généraux, officiers de l'état-major et officiers quelconques, vu le changement total des circonstances, sont obligés de ne faire la moindre demande outrée.

4° Dans le cas de nécessité, les préfets adresseront leurs réclamations aux chefs des corps, et lorsque la nature des choses l'exigera, à l'intendant général.

5° Il sera établi pour chaque corps, au compte du pays, un ou plusieurs hôpitaux. La police y sera confiée à un commissaire militaire d'hôpital tiré des troupes. En outre, chaque corps nommera un commissaire militaire supérieur des hôpitaux, qui fera ses rapports, par le général de service, au directeur des hôpitaux, colonel Belogradsky. Les malades seront entretenus d'après les ordonnances françaises ; cependant, vu que nos soldats sont accoutumés à une nourriture plus ample, la portion de pain pourra être augmentée jusqu'à deux livres.

6° Outre l'approvisionnement d'après le tarif, il ne se pourra faire aucune réquisition d'autres objets, à moins qu'elle ne se fasse par l'intendant général, et de mon avis.

7° Toutes les réquisitions antérieures en denrées des départements où se trouve un corps, cessent dès à présent ; mais les magasins de réserve doivent être conservés. Cette règle n'est pas étendue aux réquisitions des objets d'habillement, faites antérieurement, qui resteront en vigueur jusqu'à nouvel ordre. MM. les chefs des corps russes pourront faire distribuer aux régiments la moitié des magasins de cette espèce qu'ils trouveront, en en avertissant cependant l'intendant général. L'autre moitié restera intacte jusqu'à un arrangement séparé, vu que ces magasins sont destinés aussi pour les troupes de la Prusse. Cette prescription ne regarde ni Paris ni les magasins d'effets appartenant au gouvernement, à l'égard desquels il y aura des mesures particulières.

8° Afin que je sois toujours au fait de la marche de l'approvisionnement, MM. les chefs des corps d'armée en feront avertir chaque semaine, ou plus souvent, l'intendant général.

9° Sous aucun prétexte il ne pourra se faire des demandes en argent ; il est de même défendu de prendre de l'argent au lieu des denrées en nature.

10° Il est recommandé aux soins particuliers de MM. les chefs, que les militaires, de quelque grade qu'ils soient, n'aient pas plus que le nombre permis de chevaux et d'équipages. On retirera des régiments les chariots du pays ; et s'il y en avait quelques-uns qui eussent perdu des fourgons, on les remplacera par des chariots qui n'auraient plus de propriétaires, en y mettant l'inscription de leur destination, et sans augmenter le nombre prescrit par les ordonnances.

11° Dans chaque ville, bourg et grand village où il y aurait une étape pour le passage des troupes, seront placés des commandants. Les hôtels de ville, les préfectures et sous-préfectures, les maisons de poste, les hôpitaux et autres établissements publics, seront affranchis de logements militaires, et auront des factionnaires ou des sauve-garde : ceci regarde particulièrement les magasins, caisses, etc.

12° Il est défendu de demander des chevaux pour des courses particulières ; pour le service, les relais nécessaires seront donnés aux régiments d'après les ordres du chef du corps d'armée seul, avec la plus grande épargne du pays. Aux postes, la taxe fixée sera toujours payée.

13° Les lettres de service se recevront aux postes sans paiement. Il sera payé pour les estafettes, ou en cas d'urgence, on se réglera là-dessus avec les autorités.

14° Il est défendu rigoureusement, et sous peine d'être jugé par jugement de guerre, d'intercepter les transports destinés aux magasins, de prendre aux magasins sans assignation, de demander de l'approvisionnement pour le temps passé, d'en demander plus qu'il en revient, et de faire des désordres aux magasins ; partout, au contraire, l'ordre sera maintenu comme en temps de paix.

15° On prendra toutes les mesures nécessaires pour la sûreté des routes et des transports, surtout à Paris, et on placera à cet effet des piquets et fera faire des patrouilles.

On aura le plus grand soin que les soldats du train, les valets et les troupes légères ne s'éloignent de leurs cantonnements, et que personne ne reste en arrière sur les chemins.

16° Le maintien des ordres est énoncé et enjoint à MM. les chefs qui seront immédiatement responsables eux-mêmes de tous les désordres. Ces règles regardent de même les troupes du corps de réserve qui seront disloquées séparément et éloignées de Paris.

Le Maréchal-comte BARCLAY DE TOLLY.

Pour traduction conforme,
L'intendant général des armées impériales russes,
G. DE CANCRIN.

De l'imprimerie de Mouzon, rue de Cléry, n° 9, à Paris.

(Archives de Châlons.)

XII

ARRÊTÉ DE M. DE LA ROCHEFOUCAULD DUC DE DOUDEAUVILLE
COMMISSAIRE DU ROI

Le commissaire extraordinaire du roi dans la deuxième division militaire,

Informé que plusieurs corps de troupes des puissances alliées doivent incessamment traverser le département de la Marne,

Vu l'article premier de l'ordonnance de Sa Majesté, du 5 mai, et la lettre de M. le commissaire du gouvernement au département de l'intérieur, du 12, sur la nécessité et les moyens d'assurer promptement la subsistance des troupes alliées, jusqu'à leur évacuation très prochaine du territoire français ;

Considérant que le moyen le plus prompt et le moins onéreux de pourvoir à la subsistance des troupes alliées consiste, pour ce département, dont les ressources sont épuisées, à établir dans les différents lieux de passages, des magasins de vivres et de fourrages ; que les fournitures de ces magasins ne peuvent être faites que par des entrepreneurs à qui l'on en payera le montant sur le produit d'une taxe ou contribution qui sera levée immédiatement ;

Que déjà M. l'intendant de ce département pour les puissances alliées a, par un arrêté du 23 avril dernier, requis à cet effet une contribution d'un million dont la majeure partie n'a pas été acquittée, et qu'il ne s'agit plus, en ce moment, que d'assurer le prompt recouvrement de ce qui en reste dû et qui suffira à peine, d'après les renseignements qui nous ont été mis sous les yeux ;

Autorise M. le préfet du département de la Marne à faire opérer, sans aucun délai, et par tous les moyens possibles, la rentrée des sommes restant dues sur la contribution d'un million, requise par M. l'intendant des puissances alliées, pour la subsistance des troupes.

Et attendu que le département de la Marne est totalement épuisé par les événements de la guerre, et que, par cette considération, M. l'intendant des puissances alliées avait lui-même arrêté que la contribution d'un million par lui requise serait imputée sur les impositions ordinaires de l'année ;

Attendu aussi qu'il importe que le gouvernement ait les moyens d'acquitter les charges de l'État ;

Pour concilier cette obligation avec la position fâcheuse de ce département,

Nous arrêtons que cette contribution extraordinaire sera allouée et prise en déduction sur le payement des six derniers mois des impositions directes de l'année courante.

Fait à Châlons, le 27 mai 1814.

Signé : Le duc DE DOUDEAUVILLE.

(Archives de Châlons.)

XIII

LE PRÉFET DU DÉPARTEMENT DE LA MARNE

Vu l'arrêté ci-dessus de M. le Commissaire extraordinaire du Roi, dans la deuxième division militaire.

Arrête :

Article premier. Le recouvrement de la contribution d'un million requise, le 23 avril dernier, sur ce département, par M. l'Intendant des puissances alliées, pour la subsistance des troupes, sera suivi et mis à fin dans les dix jours de la publication.

Art. II. Il est adjoint aux contribuables désignés pour faire l'avance du contingent assigné à leurs communes, d'en acquitter le montant entre les mains des maires, dans le terme ci-dessus fixé.

Art. III. Les maires qui n'auraient pas encore désigné les habitants les plus imposés qui doivent avancer le contingent de leurs communes, s'occuperont à l'instant de cette désignation.

Le nombre des personnes à désigner pourra être de dix jusqu'à trois cents, et même de cinq cents pour la ville de Reims.

Art. IV. Les maires verseront de suite les fonds qu'ils auront reçus en la caisse du receveur particulier de leur arrondissement, que nous commettons spécialement pour en faire la recette et l'envoi, sous 24 heures, à M. Pein, commissaire général, qui les tiendra à notre disposition.

Art. V. Lesdits commissaires-receveurs tiendront des écritures particulières de la recette provenant de la présente contribution.

Ils veilleront à la rentrée des fonds pour le terme fixé par l'article premier ; en cas de retard, ils enverront la force armée dans les communes, pour y rester aux frais des retardataires jusqu'à parfait payement.

Art. VI. MM. les commandants et chefs des troupes françaises seront requis de déférer à toute réquisition qui leur serait faite à cet égard par nosdits commissaires.

Art. VII. Toutes personnes qui, à dater du 25 avril dernier, auraient fourni des denrées en vertu de réquisitions faites par M. le Commissaire des guerres français, ou par les Sous-Préfets, sur l'autorisation de M. l'Intendant des puissances alliées, en seront remboursées au prix des mercuriales, sur le montant de la présente contribution, et d'après nos mandats.

Art. VIII. Les sommes acquittées sur ladite contribution seront allouées et imputées sur le payement des derniers mois des impositions directes de l'année courante.

Art. IX. Le présent arrêté sera imprimé et adressé aux Maires des communes de ce département, qui auront à le publier et à s'y conformer ponctuellement.

Fait à Châlons, le 27 mai 1814.

Signé: Le baron de Jessaint.

A Chaalons, chez Mercier, imprimeur de la préfecture, rue de Brebis.

(Archives de Châlons.)

XIV

LETTRE DU MINISTRE DE L'INTÉRIEUR AU PRÉFET DE LA MARNE

Le chevalier de Coll avait ordonné le 21 avril de dresser sans délai un état des réquisitions effectuées dans les communes. A une réclamation du Préfet, le Ministre secrétaire d'État de l'intérieur répondit le 16 décembre 1814.

MONSIEUR LE BARON,

J'ai reçu la lettre que vous m'avez écrite au sujet des pertes que votre département a éprouvées par les événements de la guerre.

J'ai vu avec douleur l'énormité de la somme à laquelle ces pertes s'élèvent et j'éprouve le plus vif regret de ne pouvoir accorder aux habitants qui les ont éprouvées, les secours que leur situation réclame.

Sa Majesté ne m'a alloué aucune somme pour indemniser des pertes éprouvées par les événements de la guerre et l'énormité même de ces pertes me parait s'opposer à ce qu'il soit fait des fonds pour cet objet.

Tout ce que je puis faire dans ces circonstances est de prier le Ministre secrétaire d'État des finances de prendre en considération la situation malheureuse où se trouvent les habitants de votre département et de l'inviter à examiner s'il peut faire accorder à ces malheureux les bois de construction que vous sollicitez en leur faveur et quelques secours sur le produit des contributions extraordinaires.

Je viens d'écrire en ce sens à M. le baron Louis, en lui soumettant copie de votre lettre du 29 novembre.

J'ai l'honneur d'être, Monsieur le Baron,... etc., etc.

(Archives de Châlons.)

XV

MEMBRES QUI ONT COMPOSÉ LE COMITÉ CENTRAL DE LA VILLE DE REIMS

EN FÉVRIER, MARS, AVRIL 1814

Andrès, négociant; Andrieux, négociant, 1er adjoint; Assy-Villain, manufacturier; Assy-Prevoteau, manufacturier; Assy-Olivier, négociant; Assy-Jalabert, négociant; Baron-Guénart, juge d'instruction; Barrachin, propriétaire; Barré-Rigaut, négociant; Benoist Guélon, négociant; Bouché de Sorbon, avoué; Buffry fils, avocat-avoué; Cadot Duchastel, juge au tribunal de commerce; Camu-Didier, adjoint au maire; Champagne-Prévoteau, propriétaire; Champagne-Dereims, propriétaire; Choisy, propriétaire; Cliquot-Muiron, administrateur des hospices; Coquebert de Taizy, administrateur des hospices; Dauphinot-Choisy, manufacturier; Decorbie, juge de paix; de Haussay, ancien officier de marine; Delamotte-Fourneaux, négociant; Delamotte-Barrachin, négociant; de Récourt, propriétaire; Derodé-Jamin, manufacturier; Desaint-Genis, juge de paix, Dessain de Chevrières, procureur; de Cauzé-Nazelle de Guignicourt, ancien lieutenant-colonel de cavalerie; Fourneaux, négociant; Gadiot David, négociant; Gard, négociant; Gillotin, négociant; Godinot-Rigaut, négociant; Gouillard, juge de paix; Goulet, manufacturier; Heidsieck, négociant; Henriot-Tronson, conseiller municipal; Henriot, négociant; Hurot Deligny, manufacturier; Jacob Kolb, négociant; Jacquemet de Pymont, du bureau de bienfaisance; Jeunehomme-Boisseau, négociant; Jobert, manufacturier; Legrand-Rigard, négociant; Leleu, propriétaire; Lochet-Godinot, négociant; Maillefer-Ruinart, président du bureau de bienfaisance; Marlin, juge suppléant; Miteau-Filion, négociant, chef de la cohorte urbaine; Moignon, juge; Moreau, président du tribunal; Navier, médecin; Neveux, vice-président du tribunal; Oudin-Gadiot, teinturier; Paquot, du bureau de bienfaisance; Petit-Pluche, manufacturier; Petizon-Lucas, négociant; Peutrel David, négociant; Ponsardin fils, manufacturier; Provin, négociant; Regnart-Deligny, manufacturier; Rivals de Lasalle, ancien officier; Rivart-Allart, greffier en chef; Ruinart-Garvey, négociant; Seillière, négociant; Sutaine-Lafontaine, ancien commissaire des guerres; Thieron-Rogier, propriétaire; Tronsson-Le Conte, membre de la Chambre des députés; Tronsson-Regnart, négociant; Vélard, négociant; Walbaum-Heidsieck, négociant; Wirbel-Godinot, négociant.

(Archives de Reims.)

XVI

SÉJOURS DE L'EMPEREUR PENDANT LA CAMPAGNE

d'après le journal tenu par le baron Fain
(Archives nationales)
et l'itinéraire donné par M. Bertin (1814).

Mardi 25 janvier. — L'empereur, parti à 6 heures du matin de Paris, arrive à minuit à la préfecture de Châlons.

Mercredi 26 janvier — Vitry-le-François, chez M. Leblanc-Bugnot.

Jeudi 27 janvier. — Saint-Dizier, chez le maire, M. Varnier de Cournon.

Vendredi 28 janvier. — Montierender, chez le maire, le général Rémy Vincent (en retraite).

Samedi 29 janvier. — Maizières, au presbytère, chez l'abbé Henrion. — C'est le jour de la bataille de Brienne.

Dimanche 30 janvier. — Au château de Brienne.

Lundi 31 janvier. — Au château de Brienne.

Mardi 1er février. — Au château de Brienne, c'est le jour de la bataille de la Rothière.

Mercredi 2 février. — Piney, chez M. Collin, notaire.

Jeudi 3 février. — Troyes, chez M. Duchatel-Berthelin.

Vendredi 3 février.   *Idem.*

Samedi 5 février.   *Idem.*

Dimanche 6 février. — Les Grès, au château de M. Ferreux.

Lundi 7 février. — Nogent-sur-Seine, chez M. Bertin père.

Mardi 8 février.   *Idem.*

Mercredi 9 février. — Sézanne, chez M. Radet père.

Jeudi 10 février. — Champaubert, dans la grande Rue. C'est le soir de la bataille de Champaubert.

Vendredi 11 février. — Ferme des Grenaux, près de la Haute-Épine. (Bataille de Montmirail.)

Samedi 12 février. — Château de Nesle, près Château-Thierry, à M. Paré. (Bataille de Château-Thierry.)

Dimanche 13 février. — Château-Thierry, chez M. Souliac, maître de poste.

Lundi 14 février. — Montmirail, au château, chez le duc de Doudeauville. (Bataille de Vaux-Champs.)

Mardi 15 février. — Meaux, chez l'évêque, Mgr de Faudoas, baron de l'empire.

Mercredi 16 février. — Guigne-la-Putaine, chez M. Jean Urbain, notaire.

Jeudi 17 février. — Nangis, aux portes de la ville, au hameau de la Barraque, chez M. Salmon, juge de paix. (Combat de Bailly entre Mormans et Nangis)

Vendredi 18 février. — Château de Surville, à M. de Monginot, sur le champ de bataille de Montereau.

Samedi 19 février. — Château de Surville, à M. de Monginot, sur le champ de bataille de Montereau.

Dimanche 20 février. — Nogent-sur-Seine, chez M. Bertin père, où l'empereur a déjà logé les 7 et 8 février.

Lundi 21 février.   *Idem.*

Mardi 22 février. — Châtres, près Mézy-sur-Seine, chez M. Dauphin, maire.

Mercredi 23 février. — Château de Pouilly, au faubourg des Noës (Troyes), chez M. Aubry.

Jeudi 24 février. — Troyes, chez M. Duchatel-Berthelin.

Vendredi 25 février. — Même maison que les 3, 4 et 5 février.

Samedi 26 février.   *Idem.*

Dimanche 27 février. — Herbise (à dix kilomètres d'Arcis), chez l'abbé Richomme, curé.

Lundi 28 février. — Château d'Esternay (entre Sézanne et La Ferté-Gaucher), chez la baronne d'Aurillac.

Mardi 1er mars. — Jouarre, ferme du château de Venteuil.

Mercredi 2 mars. — La Ferté-sous-Jouarre, maison située dans le faubourg de Paris.

Jeudi 3 mars. — Bézu-Saint-Germain, chez le maire, M Harmand, ancien prêtre, ancien desservant de la paroisse (de Bézu); M. Harmand avait quitté les ordres et s'était marié.

Vendredi 4 mars. — Fismes, chez M. Lecoyer-Darconville.

Samedi 5 mars. — Berry-au-Bac, à l'ancien presbytère, chez M. Nilor.

Dimanche 6 mars. — Corbény, à l'hôtel de l'Écu-de-France, tenu par Baudouin (1re journée de Craonne).

Lundi 7 mars. — Bray-en-Laonnois, chez M. Signy (bataille de Craonne).

Mardi 8 mars. — Chavignon, auberge de l'Ange-Gardien, sur la grande route de Laon à Soissons.

Mercredi 9 mars. *Idem.* Bataille de Laon.

Jeudi 10 mars. *Idem.* Bataille de Laon.

Vendredi 11 mars. — Soissons, chez l'évêque, Mgr Leblanc de Beaulieu.

Samedi 12 mars. *Idem.*

Dimanche 13 mars. — Bataille de Reims.

Lundi 14 mars. — L'empereur entre à Reims dans la nuit du 13 au 14, et loge chez M. Ponsardin fils, 206, rue de Vesle. (La maison porte aujourd'hui le n° 18.)

Mardi 15 mars. *Idem.*

Mercredi 16 mars. *Idem.*

Jeudi 17 mars. — Épernay, chez M. Jean Moët, maire de la ville.

Vendredi 18 mars. — Fère-Champenoise, chez M. Josse, notaire.

Samedi 19 mars. — Plancy, château du baron de Plancy, préfet de Seine-et-Marne en 1814.

Dimanche 20 mars. — Château d'Arcis-sur-Aube, au comte de Labriffe, chambellan de l'empereur. (1re journée d'Arcis-sur-Aube.)

Lundi 21 mars. — Sommepuis, chez M. Leblanc (maison Royer-Collard). 2e journée d'Arcis-sur-Aube.

Mardi 22 mars. — Le Plessis (près Orconte), propriété de M. Leblanc-Bugnot. Celui-ci avait déjà reçu l'empereur à Vitry, dans sa maison de ville, le 26 janvier.

Mercredi 23 mars. — Saint-Dizier, chez le maire, M. Varnier de Cournon. Même maison que le 27 janvier.

Jeudi 24 mars. — Doulevant, chez M. Jeausson, notaire.

Vendredi 25 mars. *Idem.*

Samedi 26 mars. — Saint-Dizier (même maison que le 23 mars).

Dimanche 27 mars. *Idem.*

Lundi 28 mars. — Doulevant.

Mardi 29 mars. — Troyes, au château de Pouilly, dans un des faubourgs.

ANNEXES

Mercredi 30 mars. — L'empereur, après avoir voyagé toute la journée, s'arrête à la Cour de France près Fromenteau-Juvisy. La maison appartenait à l'ordre des Minimes de Paris.

Jeudi 31 mars. — Château de Fontainebleau.

Du 1er avril au 19 avril. — Fontainebleau.

20 avril. — Départ de l'empereur pour l'île d'Elbe.

TABLE

DES NOMS PROPRES

A

ABDAL, lieutenant de cavalerie française, 365.
ALBRECHT, colonel russe, 204.
ALEXANDRE 1er, empereur de Russie, 55, 97, 99, 151, 229, 304 à 307.
ALOPÉUS (comte David), diplomate russe, 323.
ALSACE (comte D'), chambellan de l'empereur, 41.
ALSUSIEFF, général russe, 34.
AMALRIC, lieutenant, 225, 364.
AMBLY (marquis D'), capitaine de la ville de Reims, 5.
ANDRÈS-SEILLIÈRE, négociant rémois, 58, 386.
ANDRIEUX, premier adjoint. Avert., 31, 61, 64, 69, 76 à 78, 99, 132, 218, 219, 230, 269, 273 à 276, 284, 316, 342, 386.
ANGOSSE (comte D'), chambellan, préfet, 21.
ANQUÉTIL, chanoine. Avert.
ARENBERG (prince D'), chambellan, 41.
ARRIGHI, général, duc de Padoue, 107, 114, 199, 200, 264.
ARTOIS (comte D'), 71, 167, 299, 301, 308, 312.

ASSY-JALABERT, négociant rémois, 31, 386.
ASSY-OLIVIER, négociant rémois, 386.
ASSY-PREVOTEAU, manufacturier rémois, 314, 316, 386.
ASSY-VILAIN, manufacturier, adjoint de Reims, 132, 133, 180, 386.
ATTHALIN (baron), colonel, 254.
AUBRY, propriétaire du château de Pouilly, 389.
AUBUSSON (comte D'), 21.
AUDENARDE (baron D'), écuyer, 21.
AUGER, négociant rémois, 31.
AUGEREAU, maréchal, duc de Castiglione, 251, 252.
AURILLAC (baronne D'), propriétaire du château d'Esternay, 389.

B

BALK, général russe, 87.
BARCLAY DE TOLLY, maréchal, 326, 368, 371, 380.
BARNECKI (chevalier DE), 139.
BAROL (comte DE), chambellan, 21.
BARON-GUÉNART, juge d'instruction à Reims, 386.
BARRACHIN, propriétaire à Reims, 76, 386.
BARRACHIN-PONSARDIN (Mlle), 24.

BARRAL (Mgr DE), évêque, 15, 16.
BARRÉ-RIGAUT, négociant à Reims, 386.
BARTHELEMY (comte DE), sénateur, 300.
BASSANO (Maret, duc DE), 98, 137, 169, 223, 230, 253.
BASSANO (duchesse DE), 20.
BÉARN (comte DE), chambellan, 21.
BEAUCHAMP (DE), historien, 29, 163, 168, 206, 217.
BEAUCHART, Rémois, 31.
BEAUDOIN, de Corbény, 389.
BEAUHARNAIS (comte DE), sénateur, 20.
BEAUMONT (baron DE), chevalier d'honneur de l'impératrice Joséphine, 41.
BEAUSSET (DE), préfet du palais, 21.
BEAUVEAU (comte DE), chambellan, 41.
BECKENDORF, officier russe, 88, 268.
BEKLECHOFF, fonctionnaire russe, 332.
BELAGRADSKY, fonctionnaire russe, 332.
BELLEGARDE (maréchal DE), 32.
BELLIARD (comte), général, 173, 232, 247, 248, 263, 265, 270 à 277.
BELMONT (comte DE), colonel de gardes d'honneur, 213, 224, 366, 367.
BENOIST-GUÉLON, négociant à Reims, 386.
BEUCKHEIM (baron DE), général, 192, 256, 257.
BERESFORD, général anglais, 252.
BERGUIN, lieutenant, 365.
BERMONDES (DE) d'Ay, 312.
BERNADOTTE, prince royal de Suède, 32, 93 à 95, 183, 228.
BERRI (duc DE), 346, 347.
BERTIN père, de Nogent-sur-Seine, 388, 389.

BERTIN, curé à Reims, 231.
BERTHIER (prince de Wagram). Avert., 20, 55, 106, 110, 130, 143, 160, 193, 211, 232, 240, 264.
BERTRAND, grand maréchal, 232.
BEURNONVILLE (comte DE), général, 51, 52, 319.
BIGARRÉ, général, 192, 264.
BIGOT, d'Ay, 312.
BISTRAM, général russe, 204, 210 à 217, 220.
BLACAS (duc DE), 209.
BLUCHER, feld-maréchal. Avert. et tous les chapitres.
BLUCHER, colonel, 263, 283.
BOISSEAU (Félix), adjoint au maire, 64, 316.
BONAPARTE (Mme), voir JOSÉPHINE.
BORDESOULLE (comte DE), général, 107, 199 à 205, 208, 214 à 219, 244, 264, 268.
BORGHÈSE (prince), 20.
Bos, colonel du 10e hussards, 222.
BOUCHÉ DE SORBON, avoué à Reims, 386.
BOUILLÉ (comtesse DE), 20.
BOUILLÉ (comte DE), 41.
BOULART, général, 365.
BOULAYE (F. DE LA), d'Ay, 312.
BOURGEOIS-JESSAINT, voir JESSAINT.
BOURGOGNE (duc DE), 2.
BOURRIENNE (DE), 49.
BOYEN (VON), général, 265.
BOYER (général Pierre), 107, 192, 208, 258.
BOYER DE REBEVAL, général, 107, 118.
BRANCAS (duc DE), chambellan, 41.
BRIGOT, propriétaire à Ay, 312.
BRIGOT, imprimeur à Reims, 232, 329.
BROSSES, sous-lieutenant, 365.
BROUSSIER, général, 190, 242, 243.

TABLE DES NOMS PROPRES

BUFFRY, avocat à Reims, 386.
BULOW, général, 34, 73, 93, 95, 99 à 101, 103, 115, 188, 195, 228, 248, 265, 266, 270, 281, 285.
BUDNA, général, 55.

C

CADOT-DUCHASTEL, juge à Reims, 386.
CAFFARELLI (comte), préfet, 65.
CAFFARELLI, général, 65.
CAFFIN, avocat à Reims, 171.
CAMBACÉRÈS, consul, 14.
CAMPIGNEULLES (DE), lieutenant, 224.
CAMU-DIDIER, adjoint au maire de Reims. Avert. et 64, 80, 132, 172, 386.
CANCRIN (DE), intendant russe, 371, 375, 380.
CANISY (comte DE), écuyer, 41.
CARAMAN (marquis DE RIQUET DE), officier d'ordonnance de l'empereur, 56, 185.
CARLET, Rémois, 28, 58.
CARNOT, général, 42, 228, 251.
CASSAGNE (baron), général, 243.
CAULAINCOURT, duc de Vicence, 253.
CHABANNES (marquis DE), 298, 299, 301.
CHABOT (comte DE), chambellan, 41.
CHABRILLAN (comte DE), chambellan, 41.
CHAMPAGNE-DEREIMS, Rémois, 386.
CHAMPAGNE-PRÉVOTEAU, Rémois, 386.
CHARLEMAGNE, 306, 308.
CHARLES X (voir ARTOIS).
CHARPENTIER, général, 107, 189, 192, 260, 263, 264, 270, 278, 281.
CHATEAU, Rémois, 9.
CHAUFOUR, d'Ay, 312.
CHAUMONT-QUITRY (comte DE), écuyer, 41.
CHOISEUL (comte DE), 41.

CHOISY, Rémois, 31, 386.
CHOVANSKI, général russe, 87.
CHRISTIANI, général, 107, 192, 264, 270, 276.
CLARKE, duc de Feltre, 42, 121, 230.
CLAUZEVITZ (DE), général, 226.
CLAVEL, général, 264.
CLICQUOT-MUIRON, Rémois, 386.
CLICQUOT-PIRON, Rémois, 31.
CLICQUOT (Mme veuve), 24, 31.
COCKERILL, manufacturier, 28, 273.
COIGNET, capitaine, 215, 218.
COLBERT (Le Grand), 6, 28.
COLBERT (DE), général, 41, 107, 186, 193, 196, 207, 240, 241, 257.
COLIN, notaire à Piney, 388.
COLL (DE), intendant russe, 321 à 324, 331, 332, 335, 385.
COMBE, colonel, 183.
COMEYRAS, Rémois, 31, 177.
CONSALVI (le cardinal), 168.
COSTADE (comte DE), 41.
COQUEBERT DE TAIZY, Rémois, 316, 356.
CORBINEAU (comte), général. Avert. et chap. I, III, V, VII, VIII, IX, X, XI, XII, XIII, XIV, XV, et 359.
CORNETTE, Rémois, 28.
COSTA (comte DE), page, 41.
COUPET dit BEAUCOURT, 9.
COURBET, peintre, 40.
COUTANT-PETIT, Rémois, 58.
CROIX (comte DE), chambellan, 41.
CROUTELLE, Rémois. Avert.
CURÉLY, général, 192, 222, 248, 257.
CURIAL (comte), général, 107, 114, 192, 264, 270 à 273.

D

DALBERG (duc DE), 308, 319.
DALMAS, Rémois, 31.

DARDENNE, professeur, 42.
DAUPHIN, maire de Châtres, 389.
DAUTANCOURT, général, historien, 118.
DAUPHINOT-CHOISY, manufacturier, 58, 386.
DAVID, Rémois. Avert.
DAVIDOFF, général russe, 238, 239.
DAVOUST (le maréchal), 33.
DECORBIE, juge de paix à Reims, 386.
DEFLEURY (ou FLEURY DE CHABOULON), sous-préfet de Reims, 134 à 140, 143, 161, 170, 178, 180, 230, 302, 311, 358.
DEFRANCE (comte), général, 156 à 158, 165, 176, 181, 186, 197, 200 à 207, 212, 238, 258, 360.
DEFOYE, directeur du théâtre, 81.
DEHAYE-FOURNIVAL, Rémois, 58.
DEJEAN, général, 55, 232.
DELAMOTTE-FOURNEAUX, négociant, 386.
DELAMOTTE-BARRACHIN, négociant, 386.
DÉRODÉ-JAMIN, manufacturier. Avert. et 13, 28, 179, 232, 386.
DESAIX, commandant, officier d'ordonnance, 56.
DESCARREAUX, ancien officier, 151.
DESSAINS DE CHEVRIÈRES, procureur, 316, 386.
DESSAIX, général, 252.
DIOT (abbé), évêque de Reims, 8.
DORLODOT, Rémois, 31.
DOUDEAUVILLE (duc DE), 331, 332, 335, 336, 345, 382, 389.
DREUX-BRÉZÉ (DE), page, 41.
DROUET-D'ERLON, maréchal, 233.
DROUOT (comte), général, 55, 142, 186, 196, 232, 257.
DUCHATEL-BERTHELIN, de Troyes, 388, 389.
DUDIN, Rémois, 180.
DUPONT (comte), général, 302, 319.

DUPONT, général, 13.
DUVIGNEAU, général, 241, 243.
DURAS (duc DE), 40.
DURUTTE, général, 143, 190, 242, 243.

E

ELISABETH (madame), princesse de France, 342.
EMANUEL, général russe, 146, 158, 164, 174 à 176, 207, 211, 217, 246.
ENGHIEN (duc D'), 342.
EUGÈNE, vice-roi d'Italie, 252.
EXELMANS (comte), général, 107, 114 à 117, 127, 193, 196, 208, 216 à 219, 256, 257.

F

FABVIER, colonel, 120, 163, 199, 202.
FAIN (baron), historien, 169, 227, 388.
FARÉ, capitaine, 234.
FAUDOAS (baron DE), évêque de Meaux, 23, 79, 341, 389.
FERREUX (DE), propriétaire aux Grès, 388.
FITZ-JAMES (duc DE), 40.
FLAHAUT (comte DE), général, 55, 232.
FLICOTEAU, Rémois, 31.
FLODOARD, chanoine de Reims. Avert.
FOURNIER, général, 264.
FOURNEAUX, négociant rémois, 31, 386.
FRANÇOIS Ier, 317.
FRANÇOIS, chef d'escadrons, 129.
FRANZEMBERG, médecin viennois, 229.
FRIANT (comte), général, 107, 118, 193, 196, 205, 223, 233, 234, 257.

G

GADIOT, Rémois, 31, 386.
GAGARINE (prince), major russe, 117, 119, 121 à 127, 366.
GAITTE, capitaine, 365.
GALAND, lieutenant, 365.
GALITZINE (prince Boris), officier russe, 152, 153, 176, 204, 212.
GARD, négociant rémois, 386.
GENEVRAYE (DE LA), lieutenant, 224.
GENLIS (Mme DE), 147.
GÉRARD (comte), général, 287.
GÉRARD, commandant, 196, 281.
GERBAULT, commissaire de police à Reims, 170, 171, 180, 232, 329.
GERBERT, chanoine, puis pape. Avert.
GESENER, colonel, 202.
GILBERT, Rémois. Avert.
GILLOTIN, Rémois, 386.
GIULAY, général, 251.
GNEISENEAU, général, 194, 247, 248, 265, 285, 286.
GODINOT-RIGAUT, Rémois, 386.
GONTAUT (comte DE), chambellan, 41.
GOULET, manufacturier rémois, 386.
GOURGAUD (baron), colonel, 56.
GRAMONT (comte DE), chambellan,
GRANDPRÉ (comte DE), 2.
GRENIER, général, 252.
GROS, général, 252.
GROUCHY (comte DE), général, 107, 108, 111, 247, 272.
GUERRIER, capitaine, 225, 365.
GUIGNICOURT (DE CAUZÉ DE NAZELLE, baron DE), propriétaire, 316, 386.
GUÉRIN (lieutenant DE), 365.
GUILLAUME, prince de Prusse, 85, 115, 282.
GURIALEW, général russe, 164.
GUYOT, général, 109, 111.

H

HAREL, sous-préfet de Soissons, 190.
HARMAND, maire de Bézu, 389.
HARPE, général russe, 87.
HAUSSAY (DE), Rémois, 386.
HAUSSONVILLE (comte D'), chambellan, 41.
HECK (Jœtrich DE), lieutenant-colonel russe, 274, 366.
HEIDSIECK, négociant rémois. Avert. et 31, 76, 275, 386.
HEMPEL (Joachim), auteur, 118.
HENRI IV, 313, 317, 347.
HENRION, curé de Maizières, 388.
HENRIOT, négociant à Reims, 31, 58, 386.
HENRIOT-TRONSON, conseiller municipal, 386.
HENRY, Rémois, 31.
HERBIN-DESSAUX, général, 243, 318 à 320.
HINCMAR, évêque. Avert.
HORN, général prussien, 115.
HUBERT, général, 264.

I

ILOWASKI, général russe, 88

J

JACQUEMART, colonel, 175.
JACQUEMET DE PYMONT, Rémois, 386.
JANSSENS, général, 144, 166, 190, 192, 228, 233, 234, 238, 240, 242, 258.
JAQUET-YVART, Rémois, 31.
JAUCOURT (marquis DE), 319.
JEAUSSON, notaire à Doulevant, 390.
JEUNEHOMME-BOISSEAU, Rémois, 386.
JESSAINT (Bourgeois, baron DE), 14, 63, 65, 66, 325, 334, 343, 352, 384.
JOBERT-LUCAS, manufacturier rémois,

Avert. et 11, 13, 28, 64, 69, 179, 347, 386.
JOUBERT, général, 264.
JOSSE, de l'ère-Champenoise, 390.
JOSEPH (le roi), 37, 43, 106, 198, 221, 222, 226, 228, 229, 253, 260, 289, 297.
JOSÉPHINE, impératrice, 12, 13, 29.
JUIGNÉ (comte DE), 41.
JUNCKER, commandant, 216.

K

KAPEZEWICH, général russe, 115.
KARPENKO, général russe, 217.
KATZLER (DE), général prussien, 246, 268, 269.
KELLERMANN, maréchal, duc de Valmy. Avert. et 53.
KERGARIOU (comte DE), chambellan, 41.
KERGRIST (DE), lieutenant de cavalerie, 224.
KLEIST, général prussien, 115, 181, 188, 191, 195, 246, 248, 265 à 270, 279, 281, 285.
KLÜX, général prussien, 115.
KOCH, commandant, historien, 165, 235, 257.
KOLB (Jacob), négociant rémois, 386.
KORF, général russe, 115.
KRAFT, général prussien, 115.
KRASINSKI (comte), général, chambellan de l'empereur, 117, 216.
KRASOWSKI, général russe, 88.

L

LABRIFFE (comte DE), d'Arcis-sur-Aube, 390.
LACOSTE, général, 173, 178.
LAFERRIÈRE, général, 107, 114, 117, 126 à 129, 149, 173, 184, 186.
LAGRANGE, général, 107, 199, 200, 264.
LAHURE, général, 298, 299, 301.
LAÏS, acteur, 304.
LALLEMAND, brigadier, 117.
LALONDE (DE), lieutenant, 224.
LAMEZAN, officier d'ordonnance, 56.
LANGERON (comte DE), général, émigré. Avert., 34, 115, 120, 161, 188, 195, 228, 238, 246, 248, 265, 266, 270, 282, 285, 287, 291, 322, 323, 326.
LAPOINTE, général, 264.
LAPLACE, officier d'ordonnance, 56.
LAPTIEW, général russe, 87.
LARIBOISIÈRE, officier d'ordonnance, 56.
LARREY (baron), 232.
LA TOUR-FOISSAC (DE) général, 264.
LA TRÉMOILLE (duc DE), 40.
LAUNOIS (Jacob), Rémois, 31.
LAURISTON (comte DE), 41.
LAVILLE, général, 264.
LEBATARD, imprimeur, 327.
LEBLANC, de Sommepuis, 390.
LEBLANC-BUGNOT, de Vitry, 388, 390.
LEBLANC DE BEAULIEU, évêque de Soissons, 198, 390.
LECOUVREUR (Adrienne), 103.
LECOYER-DARCONVILLE, de Fismes, 103, 389.
LE CAPITAINE, général, 264.
LEFEBVRE, maréchal, duc de Dantzig. Avert. et 232.
LEFEBVRE-DESNOUETTES, général, 258.
LEGRAND-RIGARD, Rémois, 173, 386.
LECOUX-DUPLESSIX, lieutenant, 224, 364.
LELEU, Rémois, 386.
LEMOINE-DORLOT, Rémois, 31.
LENONCOURT, archevêque de Reims. Avert.
LEROI, sous-préfet de Reims, 23, 61, 65, 135, 324, 325, 333, 334, 347.

TABLE DES NOMS PROPRES 399

Léry, général, 236.
Lescellier, de Fismes, 103.
Letort, général, 193, 196, 256, 257.
Liénart, Rémois, 28.
Lieven, général russe, 115.
Lillers (comte de), chambellan, 41.
Lithuinois-Givelet, Rémois, 81.
Lochet-Godinot, Rémois, 386.
Louis (abbé), baron de l'empire, 308, 385.
Louis XV, 22.
Louis XVI, 342.
Louis XVII, 342.
Louis XVIII, 40, 200, 301, 307, 313, 314, 317, 325, 338, 339.
Louis-Philippe Ier, 299.
Loupot, Rémois, 31.
Lucay (comtesse de), 20.
Lundy, Rémois. Avert.
Lur-Saluces (baronne de), dame d'honneur, 41.
Lynch (comte), maire de Bordeaux, 252.
Lyons (baronne de), 9.
Lucotte, général, 264.

M

Mabillon, bénédictin. Avert.
Mac-Donald, maréchal, duc de Tarente. Avert., 44, 45, 66, 81, 220, 250, 251, 255, 258, 287.
Maillefert-Ruinart, Rémois, 31, 386.
Maison, général, 73, 227, 228, 243, 251.
Malherbe, curé de Reims, 231.
Malouet (baron), préfet de l'Aisne, 64.
Maquart (abbé C.-J.), 97, 98, 180, 230.
Maquart, chanoine, 316.

Marchand, général, 252.
Marbot (de), général, 88.
Marie-Antoinette (la reine), 342.
Marie-Louise (l'impératrice), 20, 21, 22, 43, 346.
Marmont, maréchal, duc de Raguse, cité dans l'avertissement et les chapitres ii, iii, vi, ix, x, xi, xii, xiii, xiv, xv, xvi, xvii.
Marlin, juge à Reims, 386.
Marteau, Rémois. Avert.
Martin de Bourgon, sous-lieutenant, 224.
Maubreuil (marquis de), 302.
Maucroix, chanoine à Reims. Avert.
Maury, cardinal, 79.
Merle, général, 242.
Merlin, général, 107, 199, 208, 246, 247, 264.
Mercy-Argenteau (comte de), chambellan, 41.
Metternich (prince de), 307.
Meulan (de), colonel, 346.
Meunier, général, 107, 118, 365.
Meynadier, général, 264.
Michel Forest, Rémois, 31.
Miot de Melito (comte), historien, 37, 38.
Miramon (comte de), 41.
Miteau ou Miteau-Filion, chef de la cohorte urbaine de Reims, 58, 68, 69, 73 à 78, 125, 333, 346, 347, 386.
Moet (Jean), maire d'Épernay, 259, 283, 390.
Moignon, juge à Reims, 31, 386.
Monginot (de), à Surville, 389.
Moncey, maréchal, duc de Conegliano, 288.
Montaigu (comte de), chambellan, 41.
Montal, général espagnol, 2.
Montebello (duchesse de), 20.

Montesquiou (comte de), grand chambellan, 41.
Montesquiou (comtesse de), 41.
Montesquiou (baron de), officier d'ordonnance, 41.
Montesquiou (comte François de), 319, 330.
Montalivet (comte de), ministre, 65.
Montclin (Roger de), Rémois, 173.
Montmorency (baron de), officier d'ordonnance, 41, 56.
Montmorency (comtesse de), dame d'honneur, 20, 41.
Montrosier (comte de), 9, 99.
Morand, général, 242, 243.
Moreau, général à Soissons, 100, 101.
Moreau, général, tué en 1813, 55, 222.
Moreau, juge à Reims, 386.
Moreau (Mlle), 13.
Mornay (de), page, 41.
Mortemart (comte de), officier d'ordonnance, 41, 56.
Mortemart (comte de), émigré, 40.
Mortier, maréchal, duc de Trévise, cité dans l'avertissement et dans les chapitres ii, iii, vi, x, xiii, xiv, xv, xvi.
Mouriez, général, 192, 257.
Mun (comte de), chambellan, 41.
Murat (le roi), 32.

N

Napoléon, cité dans tous les chapitres.
Nansouty (comte de), général, 107, 116, 119, 129, 186.
Nariscukine, général russe, 88.
Navier, médecin à Reims, 386.
Nesselrode (comte de), diplomate russe, 307.
Neveux, vice-président, du tribunal de Reims, 386.
Ney, maréchal, prince de la Moskowa. Avert. et chap. ii, iii, vi, vii, x, xi, xii, xiii.
Nicolay (comte de), chambellan, 41.
Nilor, de Berry-au-Bac, 119, 389.
Noailles (comte de), chambellan, 41.

O

Open, général russe, 115.
Orurk, général russe, 87, 115.
Oudinot, duc de Reggio, maréchal, 41, 250, 251, 255, 258, 286, 287.
Oudin-Gadiot, Rémois, 386.

P

Pac, général, '13 à 119, 192, 240, 257.
Paez, général, 107.
Pahlen, général russe, 87.
Pantchoulitcheff, général russe, 145, 164, 165, 174, 175, 211, 246.
Paquot, Rémois, 386.
Paré, de Château-Thierry, 388.
Pastoret, sénateur, 300.
Patchod, général, 288, 292.
Paultre (baron), général, 53.
Péan, lieutenant, 201.
Pelleport (baron), général, 201, 202, 264, 268, 281.
Pérignon, Rémois, 30.
Périgord (comte de), colonel, 183.
Périgord (comtesse de), 41.
Perrier, lieutenant, 224.
Petit (Antoine), Rémois, 58.
Petit-Carlet, Rémois, 58.
Petit-Plucue, Rémois, 386.
Petizon (Lucas), Rémois, 386.
Peutrel (David), Rémois, 386.
Pfühl, colonel russe, 283, 284.

TABLE DES NOMS PROPRES

Pierrard, Rémois. Avert.
Pigalle, sculpteur, 22.
Pilar, général russe, 164, 174.
Piper, négociant rémois. Avert.
Piquet (baron), général, 202, 360.
Pirch, général prussien, 115.
Plancy (baron de), 390.
Planzeau, colonel, 245.
Polignac (comte de), 40.
Pommery, Rémois. Avert.
Ponsardin (baron), maire de Reims. Avert., 11, 14, 16, 17, 18, 24, 61 à 63, 316, 324, 325, 343, 344.
Ponsardin, fils, manufacturier, 28, 173, 219, 227, 230, 232, 258, 386, 390.
Pons-Ludon (de), Rémois, 17.
Poret de Morvan, général, 107, 192.
Potué-Muiron, Rémois, 20, 31.
Pouilly (de), 22.
Pourtalès (comte de), écuyer, 41.
Pozzo di Borgo (comte), 55, 308.
Pradt (de), archevêque, 308.
Prévost, Rémois, 31.
Prétet, officier d'ordonnance, 56.
Prinzer, colonel, à Mézières, 144.
Provin, Rémois, 386.

Q

Quiquand, lieutenant, 365

R

Radet, général, 140.
Radet, père, de Sézanne, 388.
Rapetel, officier transfuge, 55.
Récourt (de), Rémois, 386.
Régnault de Saint-Jean d'Angely (comte), 36.
Releyeff, général russe, 286
Regnart-Deligny, Rémois, 386.
Regnier, colonel, 178.

Rémi (saint), évêque de Reims. Avert., 15, 19, 311.
Repnin (prince), diplomate russe, 98.
Ricard (comte), général, 107, 199, 200 à 204, 208, 209, 212, 214, 217, 247, 264 à 268.
Richomme, curé d'Herbise, 389.
Rigau, général, 13, 58, 66 à 69.
Rigault, Rémois, 28.
Rivals de la Salle, Rémois, 387.
Rivart-Allart, greffier en chef, 302, 387.
Rochechouart (comte de), 55.
Rochefoucauld (de la), duc de Doudeauville (voir : Doudeauville).
Rochefoucauld (comte de la), 41.
Rochefoucault (comte Sosthènes de la), 40, 302.
Roche-Jaquelein (comte de la), 40.
Roederer (comte), sénateur, 228.
Roederer, préfet de l'Aube, 65.
Roederer, Rémois. Avert.
Rogelet, Rémois. Avert.
Roger, d'Ay, 312.
Rome (le roi de), 43, 289, 304.
Rondeau, grand vicaire, 231, 353.
Rosebery (lord), 40.
Rougeville (Gonzze de), 166 à 173, 232.
Rousseau, général, 258.
Roussel d'Hurbal, général, 107 à 111, 113, 192, 270, 272, 275.
Rozen (baron de), officier russe, 87, 89, 92, 285, 290.
Ruinart de Brimont, Rémois. Avert., 31, 316.
Ruinart-Garvey, Rémois, 387.
Rudzewich, général russe, 115.

S

Sabaneef, général russe, 375.
Sacken (baron), général russe. Avert,

34, 83, 86, 108, 110, 115, 185 à 188, 195, 247, 265, 270, 282, 285, 287, 291, 338, 339.
SAINT-AULAIRE (comte DE), 41.
SAINT-HILLIER (colonel DE), 101.
SAINT-MARCEAUX, Rémois. Avert.
SAINT-PRIEST (comte DE), général russe. Avert. et chap. I, II, VII, VIII, IX, X, XI, XII, 360.
SALMON, juge à Nangis, 389.
SALUCES (baron DE), 21.
SAPINAUD, lieutenant, 224.
SAVAR, curé à Reims, 231.
SAVARY (duc de Rovigo), 342.
SAVOYE, Rémois. Avert.
SCHERBATOW, général russe, 115.
SCHELLING, major russe, 77.
SCHWARZENBERG (prince DE), chap. I, II, III, V, VI, VIII, IX, X, XI, XII, XIV, XV, XX.
SEBASTIANI (comte), général, 193, 196, 197, 207, 256.
SÉGUR (comte DE), grand maître des cérémonies, 41.
SÉGUR (comte Philippe DE), général, 20, 41, 158, 159, 177, 212, 213, 222, 223, 227, 360, 364,
SEILLIÈRES, Rémois, 28, 232, 316, 387.
SESMAISONS (comte DE), 40.
SKARZYNSKI, colonel polonais, 117, 118.
SKOBELEFF, colonel russe, 210 à 214.
SIGNY (DE), de Bray-en-Laonnois, 390.
SIMBICHEN (colonel), 55.
SOULIAC, de Château-Thierry, 388.
SONNAS (comte DE), 55.
SOULT, maréchal, duc de Dalmatie, 252.
SOYER, Rémois, 31.
STAHL, général russe, 88.
STEMPEL (major VON), 182.
STOSSELL (VON), colonel, 247.

STROGONOW, général russe, 109, 115.
SWARIKIN, général russe, 87.
SWELTUCHIN, général russe, 87.
SUCHET, maréchal, duc d'Albuféra, 252.
SUTAINE-LAFONTAINE, Rémois, 387.

T

TAILLAN, commandant, 293.
TALLEYRAND, prince de Bénévent, chap. II, XVII, XVIII, XIX, XX.
TALLEYRAND-PÉRIGORD, duc, archevêque de Reims. Avert., 5, 8, 16, 340.
TCHERNIGOFF, colonel russe, 165.
TCHERNITCHEFF, général russe, 87, 115 à 118, 248, 266 à 269.
TERNAUX, Rémois, 179.
TETTENBORN, général russe, 148, 149, 154, 164, 165, 210, 241, 281, 283.
THIERON (Rogier), Rémois, 387.
THIERRY, général, 264.
THUMEN, général prussien, 115.
TILLAYE, chirurgien, 224.
TRONSSON-LECOMTE, Rémois, 11, 387.
TRONSSON-REGNART, Rémois, 387.
TURENNE (comte DE), officier d'ordonnance, 41, 151.
TURPIN, préfet de la Marne, 63, 147, 363.

U

URBAIN, notaire à Guigne, 389
URBAIN, pape. Avert.

V

VALENCE (général-comte DE), 13, 147, 148, 300.
VANTERVEKEN, Rémois, 31.
VARNIER DE COURMONT, maire de Saint-Dizier, 388, 390.
VÉLART, Rémois, 387.

TABLE DES NOMS PROPRES

VICTOR (duc de Bellune), maréchal, 35, 44, 53, 107, 113, 114, 121, 186, 192.
VIDAL, capitaine, 365.
VIEL-CASTEL (comtesse DE), dame d'honneur, 41.
VILLERMONT (DE), d'Ay, 312.
VINCENT, général, 240, 241, 260, 282 à 284.
VINCENT (Remy), général, 388.
VITROLLES (baron DE), émigré, 308.
VOLKONSKI (prince), général, chef d'état-major russe, 87, 97, 98, 157, 168, 276.
VOLKONSKI (prince S.), major russe, chap. XVII, XVIII, XIX, XX.
VORONTSOV, général russe, 87, 115, 161, 169, 185 à 188, 285.

W

WALBAUM-HEIDSIECK, Rémois, 387.
WASSILORIKOF, général russe, 115.
WELLINGTON (duc DE), 32.
WERLÉ, maire de Reims. Avert.
WRÈDE (DE), général, 55, 251.
WIEST (baron), 290.
WILLEMINOT, Rémois, Avert.

WINZINGERODE (baron DE), général. Avert. et chap. I, IV, V, VI, VIII, IX, X, XII, XIII, XV, XVI et 356.
WINZINGERODE (baron DE), diplomate, 98.
WIRBEL-GODINOT, Rémois, 58, 387.
WITT (DE), général, 282.
WITTGENSTEIN, général, 251.
WOLKOFF, capitaine russe, 210.

Y

YAGOW, général prussien, 146, 149, 154, 158, 163, 174 à 176, 181, 201 à 205, 211, 214 à 217, 221, 245.
YORCK, général prussien. Avert., 34, 66, 73, 79, 81, 83, 86, 97, 115, 181, 188, 191, 195, 246, 265 à 270, 279, 281, 285, 286, 356.
YVAN, chirurgien de Napoléon, 214.

Z

ZIELINSKI, général prussien, 115.
ZIETHEN (VON), général, 115, 246, 283.

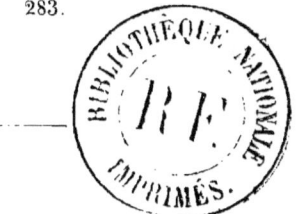

TABLE DES GRAVURES

		Chapitres	Pages
1.	Vue générale de Reims en 1814	I	3
2.	L'hôtel de M. Ponsardin	I	17
3.	Le baron Ponsardin	III	63
4.	La porte Mars	IV	75
5.	Le général de Winzingerode	V	99
6.	Berry-au-Bac	VI	117
7.	Le général Corbineau	VII	127
8.	Rapport du général Corbineau sur la prise de Reims	VII	131
9.	Le général de Saint-Priest	VIII	151
10.	Sommation de Saint-Priest	VIII	155
11.	Le général Defrance	VIII	159
12.	Le général Ricard	XI	209
13.	Le général Philippe de Ségur	XI	213
14.	La grille de Vesle	XI	217
15.	Entrée de Napoléon à Reims	XI	219
16.	La maison de M. Ponsardin fils	XII	227
17.	L'empereur à Reims	XII	233
18.	M. Andrieux, premier adjoint en 1814	XV	275
19.	Le général Tettenborn	XVI	283
20.	Le prince S. Volkonski, gouverneur de Reims	XVII	301

CARTES.	— Carte générale de la Champagne	II	33
	— Environs de Reims (carte de Cassini)	IV	85
	— Plan de Reims publié en 1825	X	199

TABLE DES MATIÈRES

Avertissement... 1

CHAPITRE PREMIER

REIMS AVANT L'INVASION

Situation militaire. — Reims en 1789. — Coup d'œil historique. — La Révolution, le Consulat et l'Empire à Reims. — Réceptions et fêtes. — Progrès accomplis. — Industrie et commerce en 1813 1

CHAPITRE II

LA FRANCE À LA FIN DE 1813. — LES PREMIERS COMBATS

L'invasion. — Situation politique. — État des esprits. — Royalistes et Jacobins. — Concentration de l'armée à Châlons. — Résumé des premières opérations. — L'empereur........................ 32

CHAPITRE III

REIMS JUSQU'AU 6 FÉVRIER

L'anxiété. — Blessés et malades. — Mission du général de Beurnonville. — Mouvements de troupes. — Proclamations des généraux alliés. — L'empereur passe à Châlons. — Appel aux ouvriers des fabriques de Reims. — Le général Rigau. — Départ des autorités. — Conduite des fonctionnaires en 1814. — Départ de Rigau. — Miteau, commandant de place.. 48

CHAPITRE IV

PREMIÈRE OCCUPATION DE REIMS PAR UN PARTI DE COSAQUES (6-16 FÉVRIER)

Remparts et portes de Reims. — Arrivée et installation des Cosaques. — Neuvaines dans les églises. — La colère du peuple. — Les débris des corps de Yorck et Sacken occupent la ville. — Leur départ..... 70

CHAPITRE V

L'ARMÉE DE WINZINGERODE A REIMS (16 FÉVRIER-1ᵉʳ MARS)

Marche de Winzingerode de Soissons sur Reims. — Occupation de la ville. — Exigences des Russes. — Le froid. — Inaction de l'armée. — Proclamation des alliés. — L'abbé Maquart. — Préparatifs de départ pour Soissons 85

CHAPITRE VI

L'EMPEREUR A FISMES. — BERRY-AU-BAC (4-5 MARS)

Arrivée de l'empereur. — Son nouveau plan. — Premières dispositions pour le 5 mars. — Nouvelle de la capitulation de Soissons. — Affaires de Braisne. — Combat de Berry-au-Bac. — Passage de l'Aisne. — Poursuite de l'ennemi 103

CHAPITRE VII

OCCUPATION DE REIMS PAR LE GÉNÉRAL CORBINEAU (5 MARS)

L'arrière-garde de Winzingerode. — Le prince Gagarin. — Marche du général Corbineau sur Reims. — Occupation de la ville. — Rendu compte à l'empereur. — Corbineau gouverneur de Reims. — Le comité central va à Berry-au-Bac féliciter Napoléon. — Le sous-préfet Defleury. — Proclamations. — Les décrets de Fismes. — Mesures prises pour la défense de Reims 122

CHAPITRE VIII

SAINT-PRIEST ET CORBINEAU (6-11 MARS)

Le 8ᵉ corps russe. — Les Saint-Priest. — Marche sur Reims le 7 mars. — Sommation de la ville. — Phases du combat. — Retraite des Russes. — La division Defrance à Reims. — Satisfaction de l'empereur. — Proclamation du sous-préfet 145

CHAPITRE IX

PRISE DE REIMS PAR SAINT-PRIEST (12 MARS)

Renforts reçus par le général de Saint-Priest. — Trahison et exécution de Rougeville. — Combat du 12 mars. — Prise de Reims. — Cantonnements ennemis 163

CHAPITRE X

AU NORD DE L'AISNE. — L'EMPEREUR A SOISSONS (6-12 MARS)

Résumé des opérations au nord de l'Aisne. — Craonne et Laon —

Retraite sur Soissons. — Mouvements du duc de Raguse. — Réorganisation de l'armée française à Soissons. — Emplacements des alliés. — Ordres donnés le 12 mars pour la marche sur Reims............ 184

CHAPITRE XI

LA VICTOIRE DE REIMS (13 MARS)

Marche du 6ᵉ corps. — Surprise de Rosnay, de Muizon et de Thillois. — Dispositions de Marmont. — Optimisme de Saint-Priest. — Arrivée de l'empereur. — Mouvements offensifs des Français. — Blessure de Saint-Priest. — Retraite des Russes. — Charge des gardes d'honneur. — Résistance de Bistram. — Impatience de Napoléon. — Prise de Saint-Brice. — Entrée de l'empereur à Reims................ 199

CHAPITRE XII

LENDEMAINS DE VICTOIRE (14-15 MARS)

Résultat moral et matériel.— Pertes des armées.— Récompenses accordées par Napoléon. — Audiences rue de Vesle. — Revue sur la place Impériale. — Mesures prises pour la défense de Reims........ 220

CHAPITRE XIII

DU 14 AU 16 MARS. — OPÉRATIONS SUR LA MARNE ET L'AISNE

Le corps de Ney occupe Châlons. — Marche de Colbert sur Épernay. — Retraite du général Tettenborn. — Appel aux garnisons du nord-est. — Marmont sur l'Aisne. — Affaire de cavalerie de Berry-au-Bac. — Inaction de l'armée de Silésie 237

CHAPITRE XIV

L'EMPEREUR QUITTE REIMS (17 MARS)

Situation des armées le 16 mars. — État des négociations pour la paix. — Projets de l'empereur. — Départ de Reims pour Épernay le 17 mars. — La marche sur l'Aube........................... 250

CHAPITRE XV

COMBATS SUR L'AISNE ET REPRISE DE REIMS (18-19 MARS)

Opérations du maréchal Marmont à Berry-au-Bac et à Pontavert. — Retraite sur Fismes. — Mortier à Reims. — Départ des troupes. — Retour de Belliard. — Belle défense de Reims. — Le bombardement. — L'entrée de Winzingerode................... 262

CHAPITRE XVI

LA FIN DE LA GUERRE

Le mont Saint-Martin. — Retraite des maréchaux sur la Marne. — Tettenborn à Châlons et Épernay. — Mouvements de l'armée de Silésie. Blücher à Reims. — Résumé des opérations jusqu'au 30 mars .. 278

CHAPITRE XVII

LE GOUVERNEMENT PROVISOIRE

Le prince Volkonski. — Reims ville de garnison. — Nouvelles de la guerre. — La cocarde blanche. — Les placards du «Prince». — Pâques 1814. — L'engouement russe. — Le jugement de la France 290

CHAPITRE XVIII

LE RETOUR DES BOURBONS

Disparition des emblèmes impériaux à Reims. — Adresses de la région. — Proclamations et *Te Deum*. — Députation à Paris. — Discours de Ponsardin. — Sentiments de l'armée. — Le général Herbin-Dessaux 310

CHAPITRE XIX

L'ÉVACUATION

Le chevalier de Coll. — Contribution de guerre. — Premier départ de la garnison de Reims. — Retour du maire et du sous-préfet. — La presse en 1814. — Brochure de protestation. — Le duc de Doudeauville commissaire extraordinaire. — Lettres du sous-préfet. — L'esprit public à Reims 321

CHAPITRE XX

LA PAIX

Nécessité de hâter la signature de la paix. — Le roi et le baron de Sacken. — Le comité central de Reims reçoit la décoration du Lis. - Cérémonies diverses. — Publication de la paix. — Le duc de Berri à Reims. — Départ de Volkonski. — Conclusions 337

ANNEXES

I. Appel du préfet de la Marne aux militaires de la garde, 13 janvier 1814. — II. Délibération du conseil épiscopal de Reims, 6 février. — III. Exposé de la conduite de la ville de Reims en février. — IV. Lettre du sous-préfet aux maires de l'arrondissement, 5 mars. — V. Rapport du général Defrance sur le combat du 7 mars. — VI. Proclamation du feld-maréchal Blücher, imprimée à Châlons. — VII. Note sur les tombes du cimetière de Mars à Reims. — VIII. Principes arrêtés par le maréchal Barclay de Tolly pour l'évacuation. — IX. Tableau des portions et rations des officiers russes. — X. Routes pour les troupes russes jusqu'au Rhin. — X *bis*. Routes pour les troupes russes, corps de réserve (comte Langeron), jusqu'au Rhin. — XI. Ordre du jour pour l'entretien des troupes au cantonnement. — XII. Arrêté du duc de Doudeauville, 27 mai. — XIII. Circulaire du préfet de la Marne, 27 mai. — XIV. Lettre du ministre de l'intérieur au préfet, 16 décembre. — XV. Liste des membres du comité central de Reims. — XVI. Journal des séjours de l'empereur pendant la campagne 351

TABLE DES NOMS PROPRES 393
TABLE DES GRAVURES 405

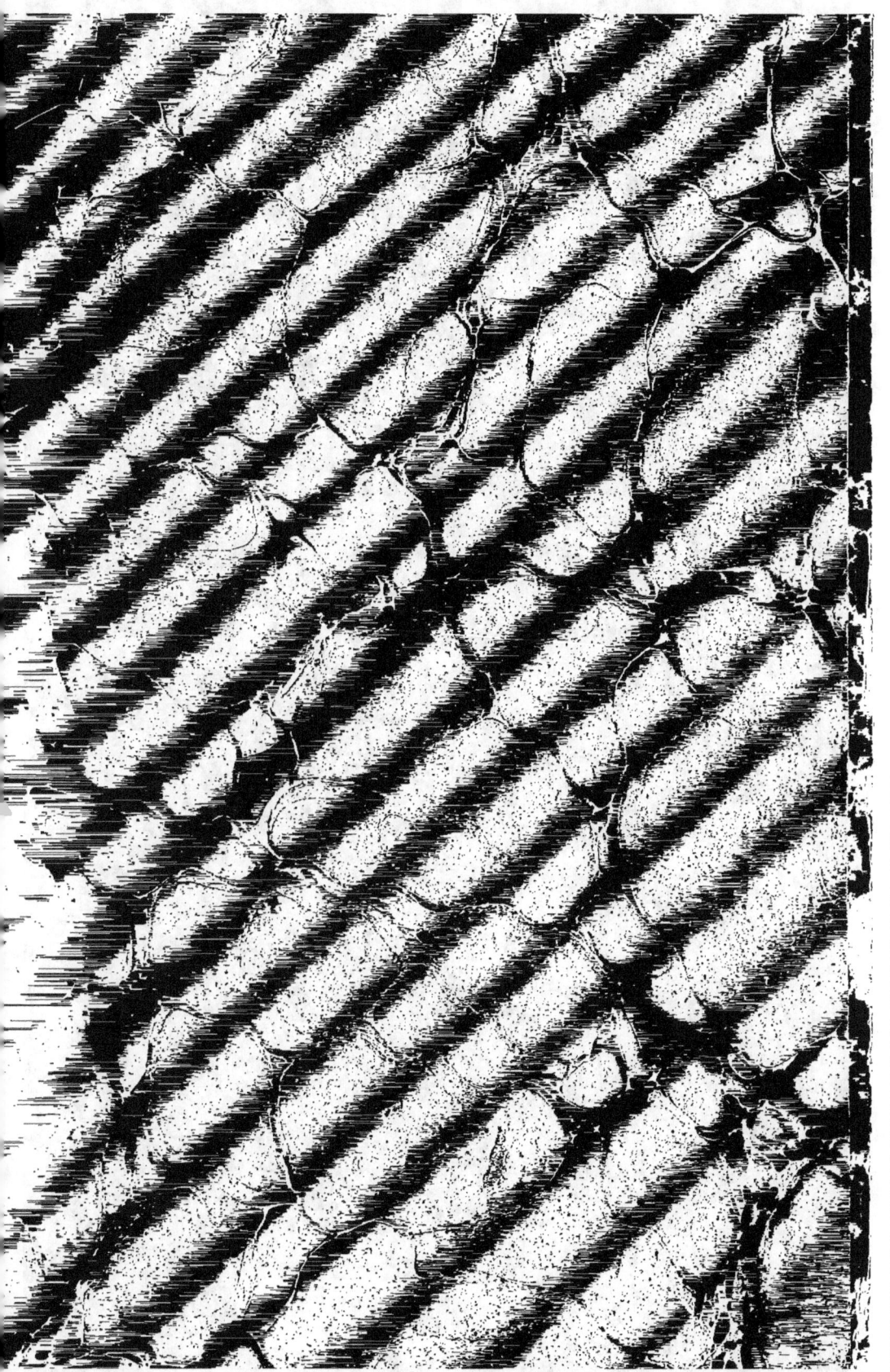

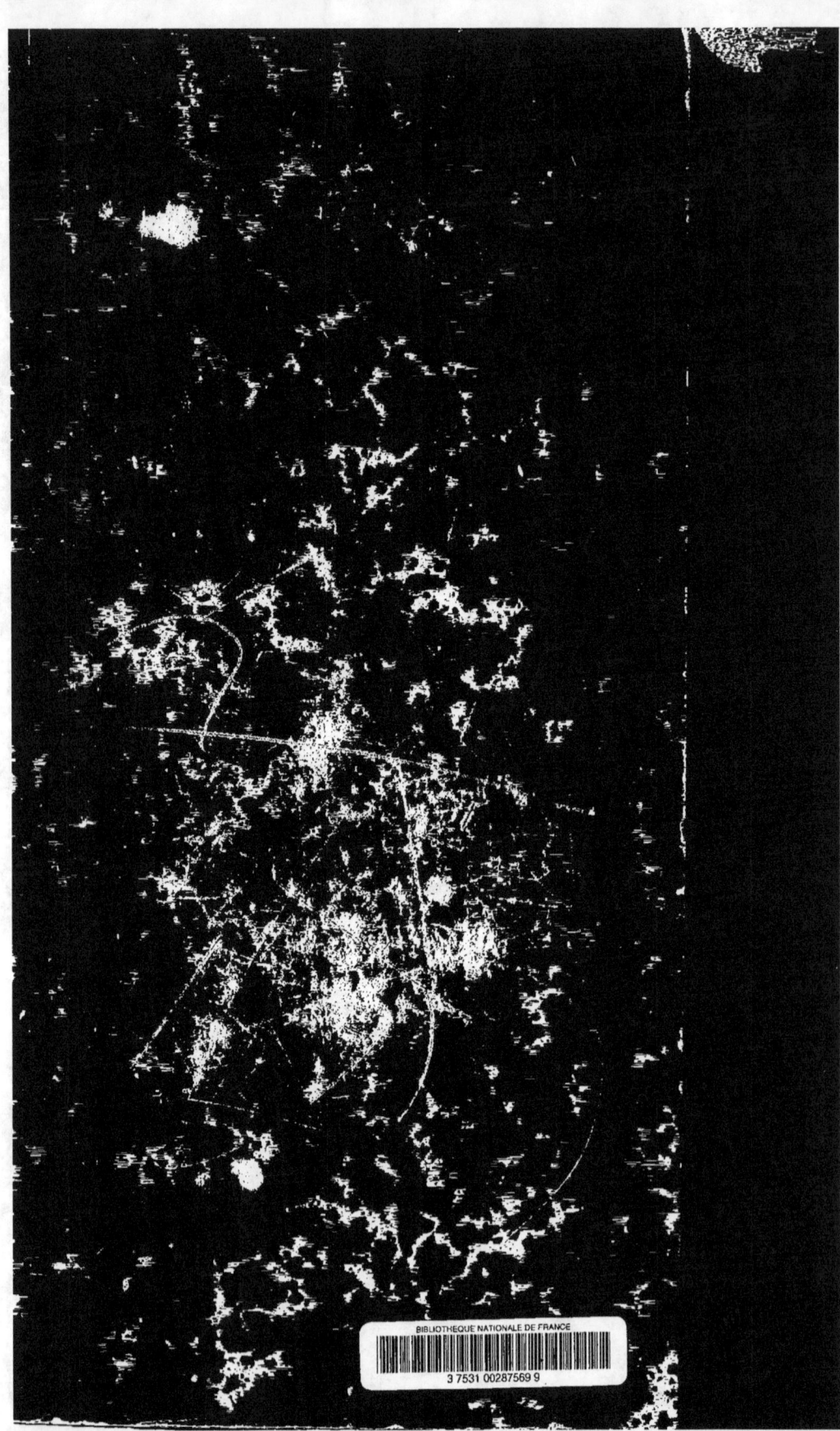

www.ingramcontent.com/pod-product-compliance
Lightning Source LLC
Chambersburg PA
CBHW050244230426
43664CB00012B/1825